U0534985

- 北方民族大学中央高校基本科研业务费专项资金项目
- 北方民族大学二〇二三年度"双一流"学科建设经费
- 北方民族大学国家民委中华民族共同体研究基地项目
- 北方民族大学校级科研平台非遗创新团队项目
- 宁夏回族自治区非物质文化遗产研究基地资助

文化遗产的
多学科理论与实践研究

张景明 著

中国社会科学出版社

图书在版编目(CIP)数据

文化遗产的多学科理论与实践研究／张景明著．—北京：中国社会科学出版社，2023.11
ISBN 978–7–5227–2445–4

Ⅰ.①文… Ⅱ.①张… Ⅲ.①文化遗产—研究—中国 Ⅳ.①K203

中国国家版本馆CIP数据核字(2023)第155119号

出 版 人	赵剑英
责任编辑	马 明 郭 鹏
责任校对	范 超
责任印制	王 超

出　　版	中国社会科学出版社
社　　址	北京鼓楼西大街甲158号
邮　　编	100720
网　　址	http://www.csspw.cn
发 行 部	010–84083685
门 市 部	010–84029450
经　　销	新华书店及其他书店
印　　刷	北京明恒达印务有限公司
装　　订	廊坊市广阳区广增装订厂
版　　次	2023年11月第1版
印　　次	2023年11月第1次印刷
开　　本	787×1092　1/16
印　　张	24.5
插　　页	2
字　　数	480千字
定　　价	129.00元

凡购买中国社会科学出版社图书，如有质量问题请与本社营销中心联系调换
电话：010–84083683
版权所有　侵权必究

目　录

第一编　考古学篇

浅谈大窑文化 ……………………………………………………（3）
内蒙古呼和浩特市郊格尔图汉墓 …………………………………（13）
俄罗斯哈卡斯自治共和国首府阿巴坎发现的汉式宫殿主人之考 …（20）
乌审旗翁滚梁北朝墓葬发掘简报及墓葬年代新探 ………………（28）
辽代骨朵分类与形制功用的讨论 …………………………………（34）
论辽代金银器 ………………………………………………………（50）
内蒙古巴林左旗王家湾金代墓葬 …………………………………（82）
元上都与大都城址平面布局 ………………………………………（90）

第二编　民族学与人类学篇

汉文古籍与北方民族研究 …………………………………………（101）
辽代契丹民族的人口及特点 ………………………………………（112）
契丹饮食文化在礼俗中的反映 ……………………………………（122）
草原丝绸之路与草原文化 …………………………………………（133）
从物质形态论草原文化的多样性 …………………………………（144）
人类学视野下的北方草原地区诸民族饮食行为中的习俗 ………（160）

第三编　艺术学篇

北方游牧民族的虎纹装饰与文化内涵 ……………………………（173）
北方草原西周至春秋青铜器的造型艺术与多样文化 ……………（184）
北方草原地区鲜卑金银器造型艺术研究 …………………………（195）
北方游牧民族造型艺术的风格与思想表述 ………………………（216）
东北民间美术的分类与特征 ………………………………………（232）

目录

论东北民族民间美术遗产的文化生态观 …………………………………（241）
辽代壁画中的茶饮及相关问题 ……………………………………………（253）
论北方游牧民族的皮木器及其造型艺术 …………………………………（269）

第四编　非物质文化遗产篇

中国民族民间工艺的非物质文化界定与保护 ……………………………（283）
中国非物质文化遗产的研究理论与保护传承及发展趋势 ………………（295）
东北地区民间美术类非物质文化遗产的现状分析 ………………………（310）
东北美术类非物质文化遗产保护的对策分析与文化产业的关系 ………（319）
东北民间皮影的造型与审美价值 …………………………………………（329）
东北民间绘画的特点与流变 ………………………………………………（341）
论东北民间美术在社会风俗中的作用 ……………………………………（354）
论南沟剪纸的传承与特色文化产业发展 …………………………………（362）

学术自传 ……………………………………………………………………（374）

后　记 ………………………………………………………………………（386）

第一编
考古学篇

浅谈大窑文化

大窑文化发现于内蒙古呼和浩特市东郊大窑村，其分布范围之广、延续时间之长，形成区域性特征明显的文化遗址。在旧石器时代早期，这里就是古人类的石器制造场，后经旧石器时代中期、晚期仍经久不衰，进入新石器时代后才日渐衰落，导致大窑古人类迁徙他方。古人类先后在以大窑为中心的活动范围内劳动、生息、繁衍，形成我国北方地区探索中华文化最早的根系之一。[①]

一 大窑文化的内涵

经过几次的发掘和调查，大窑文化分为旧石器时代早期、中期、晚期和新石器时代（原认为存在着中石器时代），前三个时期具有年代上的连续性和延续性（图一）。

（一）旧石器时代早期

主要指1983年的发掘资料，出土石器1029件。器形有石核、石片、刮削器、尖状器、砍砸器、石锤、石刀、石球等（图二）。此外，还发现人类用火的灰烬遗迹和肿骨鹿的左右下颌骨、左上颌骨及胯骨化石。

石核 28件。分大、中、小三种类型。

石片 48件。长大于宽者和宽大于长者各占半数，打击点集中，半锥体明显。

刮削器 815件。分凹刃、凸刃、直刃、圆刃、端刃、两边刃、三边刃、多边刃、龟背形等，器形偏大。

尖状器 16件。其中一件长39.8厘米、宽18.3厘米、厚7.9厘米的器物是当时发掘所获的最大石器，器身扁平，着意加工的部位在尖部，器身两侧都有修整痕

[①] 内蒙古博物馆、内蒙古文物工作队：《呼和浩特市东郊旧石器时代石器制造场发掘报告》，《文物》1977年第5期；汪宇平：《呼和浩特市大窑村南山四道沟东区旧石器时代石器制造场1983年发掘报告》，《史前研究》1987年第2期。

图一　内蒙古呼和浩特市东郊大窑旧石器时代遗址

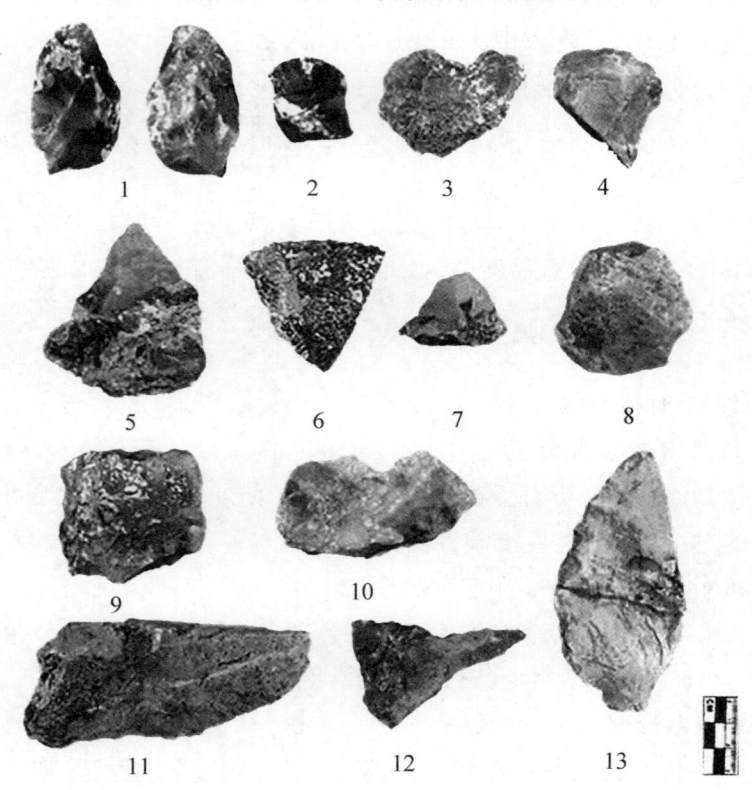

1. 两面器　2. 端刮器　3. 凹刃边刮器　4. 凸刃边刮器　5. 尖状器　6. 直刃边刮器　7. 端刮器
8. 石锤　9. 直刃边刮器　10. 凹缺器　11. 砍砸器　12. 凹刃边刮器　13. 凸刃边刮器（石刀）

图二　大型石器

（旧石器时代，内蒙古呼和浩特市大窑遗址出土）

迹，尖部有使用痕迹。

砍砸器　108 件。分凸刃、凹刃、直刃、两边刃、三边刃和多边刃等，器身一般不规则，呈多边形，横断面呈楔形。

石锤　11 件。为开采石料和狩猎工具。

石刀　3 件。器身狭长，两侧边缘薄而锋锐。

（二）旧石器时代中期

以 1983 年发掘资料为主，出土石制品 286 件。器形有石核、石片、刮削器、尖状器、砍砸器和石锤等。

石核　13 件。多数宽大于长，有的呈椭圆形。

石片　7 件。打击点和半锥体明显。

刮削器　216 件。分凸刃、凹刃、直刃、圆刃、端刃、两边刃、三边刃、多边刃和龟背形等（图三），器形比早期稍小。

尖状器　3 件。器身扁平，略近椭圆形。

砍砸器　46 件。为大型器，分两边刃和直刃。

石锤　1 件。呈圆形，器身痕迹累累，为开采石料的工具。

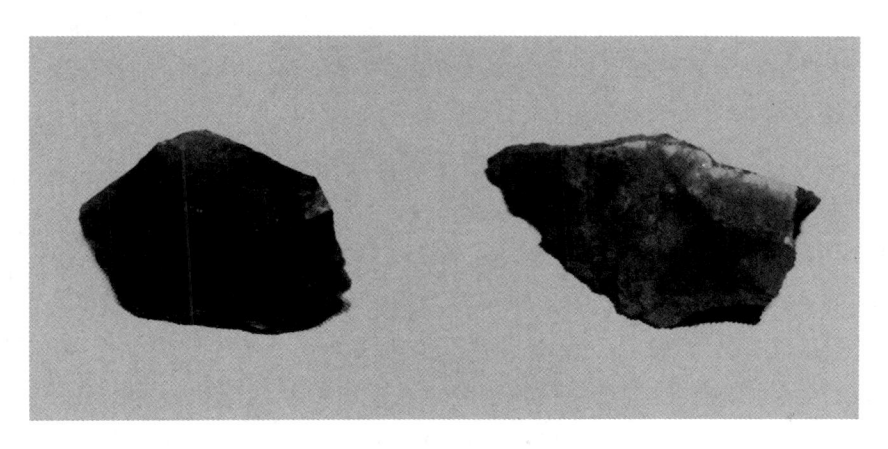

图三　龟背形刮削器
（旧石器时代，内蒙古呼和浩特市东郊大窑遗址出土）

（三）旧石器时代晚期

以 1976 年和 1983 年发掘资料为主，出土石制品 394 件。器形有石核、石片、砍砸器、尖状器、刮削器、手斧、石锤、石球等。还发现人类用火痕迹和原始牛、转角羊、披毛犀化石以及一小段人类股骨化石。

石核、石片　15件。石核形状呈盘形和多面体。石片以长大于宽者占多数，也有宽大于长者，打击点集中，半锥体明显，以中型、小型为主。

刮削器　82件。分单边和多边刃。

尖状器　3件。器身比早期小。

手斧　3件。器身两面都经加工，周边有交互打击的痕迹。

石锤　11件。用石块打成圆形或半圆形，周身遍布痕迹。

石球　1件。通体浑圆，为狩猎工具。

大窑旧石器时代早期、中期、晚期的石器打片方法都以锤击法为主，石料基本上是燧石，器形有从大到小发展的趋向。石器加工方法一般采用交互打击法，刮削器的加工方法主要是一侧交互打击而另一侧单向打击。以石片石器为主，石核石器次之，龟背形刮削器在三期中都有发现，为大窑文化石器的主要特征。

（四）旧石器时代偏晚阶段

遗址发现于1973年，位于大窑村南山兔儿山北坡二道沟北口内。一条山路把遗址分为东、西两部，路东地层上部是全新世的坡积土，厚约0.5米，其下有角砾层，厚约0.2米，南北长40米，东西宽约2.5米，其中含有大量的石渣、石块、石片和石器，这就是中石器时代文化层。下部是晚更新世的马兰黄土层，厚1.6—2.5米。对这部分地层进行过表面采集。大道两侧一部分于1976年发掘了一个探方，出土石制品18件，器形有石核、石片、刮削器等。

石片　12件。长大于宽者和宽大于长者各占半数。

刮削器　5件。分直刃和圆刃，器形小于旧石器时代早期、中期。

2011年对二道沟进行新的发掘，分早、晚两个阶段，共出土石制品5万余件，器形比较细小。就目前资料表明，原认为大窑中石器时代遗址是我国少有的具有地层关系的遗址之一，以前曾在河南灵井[①]和陕西大荔沙苑[②]发现中石器时代遗存，但缺乏地层关系。这次发掘重新认识了大窑二道沟遗址的文化内涵，处于旧石器时代偏晚阶段，与四道沟遗址的大型石器形成明显的对比，说明这是一处制造细小石器的场所，为探讨中国细石器起源提供了佐证材料。

（五）新石器时代

遗址位于大窑村兔儿山南坡、八道沟北岸的一处宽阔土坡上，发现于1985年，

---

① 周国兴：《河南许昌灵井的石器时代遗存》，《考古》1974年第2期。
② 安志敏、吴汝祚：《陕西朝邑大荔沙苑地区的石器时代遗存》，《考古学报》1957年第3期。

当地有四条小沟向南进入八道沟。遗址在东侧的头条小沟和西侧的第四条小沟之间，第二条小沟和第三条小沟一带是当时人类活动的主要区域，面积共25000平方米。

在这个范围内，地表散布大量的石制品和陶片。在第二条小沟西岸和第三条小沟的东西两岸，发现残破灶址3处。地层厚约0.5米，形成于全新世。曾对这一遗址进行多次调查，并于1989年清理发掘，共发现石制品200余件，能复原的陶器1件及大量的陶器残片。① 石器器形有石核、石片、刮削器、尖状器、砍砸器、石叶、石斧、石磨棒、石磨盘等。陶器以夹沙红陶为主，也有泥质红陶、夹沙和泥质灰陶，纹饰除素面外，还有绳纹、附加堆纹，手制，器形有罐、钵、盆、瓶等。

石核　大部分呈锥形。

石片　长大于宽者占70%。

刮削器　占全部石制品总数的39.5%。

尖状器　器身小，着意加工尖部。

石叶　长2—3厘米。器身狭长，有的扁平，有的呈三棱或多棱。

石斧　通体磨光，刃部锋利，横断面呈椭圆形。

石磨盘　呈椭圆形，无足，磨光。

石磨棒　呈圆柱状，磨光。

石叶作为复合工具之用，石磨盘和石磨棒是加工农作物的工具。这时期的打制石器原料仍然是燧石。

二　大窑文化分布和人群迁徙以及与中国北方其他文化的关系

（一）大窑文化的分布和人群迁徙

大窑旧石器时代遗址，最早于1973年在内蒙古呼和浩特市东郊大窑村南山发现，1976年进行第一次发掘。② 当时只在大窑南山二道沟进行发掘，出土旧石器时代晚期的石片、石核和石器，其中以龟背形刮削器为典型的代表性器物。同时，在兔儿山南坡还发现大量经过人工开采的石块，很多燧石露头，在其周围散布大量的石渣、石屑及石片，堆积很厚，而且可随手拣拾到石器或半成品，应为一处旧石器时代晚期的石器制造场。同年，在呼和浩特市东郊榆林乡前乃莫板村也发掘了一处旧石器时代晚期的石器制造场。以后又经过几次调查，在内蒙古阴山地带发现多处

---

① 张景明、汪英华：《呼和浩特市东郊大窑新石器时代遗址清理简报》，《内蒙古文物考古》1994年第2期。

② 内蒙古博物馆、内蒙古文物工作队：《呼和浩特市东郊旧石器时代石器制造场发掘报告》，《文物》1977年第5期。

旧石器时代石器制造场，即呼和浩特市东郊保合少乡南水泉村、卧铺窑村西部、榆林乡马鬃山南坡、卓资县三道营乡后营子村、哈达图乡火石窑村、武川县大青山乡二道洼村、四子王旗供济堂乡阿玛乌苏村北、巴彦淖尔市乌拉特后旗杭盖戈壁乡西南等。① 这几处遗址都处在阴山山脉的山坡上，所发现的石器制造场都没有地层关系。从发现的石器看，形制及打击法接近大窑南山出土的石器。可见，大窑文化是以大窑南山为中心并向周边传播。

早在20世纪20年代发现的内蒙古乌审旗萨拉乌苏文化，有人类化石、哺乳动物化石及石核、石片、石器，属于旧石器时代晚期遗址。② 在大窑遗址发现前，萨兰乌苏文化是内蒙古境内发现的时代最早的文化。大窑文化的发现，把内蒙古地区最早的文化中心及人类活动场所，从鄂尔多斯南部转移到呼和浩特市的东郊。但是，两个文化有何关系，需要做进一步分析。从打制石器的方法看很接近，大多从劈裂面向背面打击。在器形方面，萨拉乌苏文化以圆头刮削器和楔形石核为主，器形小；大窑文化以龟背形刮削器为特点，器形大。在石器原料方面，萨拉乌苏文化的石料以石英岩和燧石为主；大窑文化的石料基本是燧石。这是两个不同的石器文化系统。

从1979年开始，内蒙古博物馆汪宇平先生主持在大窑兔儿山四道沟进行了三次发掘。1983年，在四道沟进行了正式发掘③，发现大量的石核、石片、石器和人工打击开采过的石料以及哺乳动物化石等，最重要的是发现旧石器时代早期、中期、晚期的"三叠层"地层关系，这把大窑文化的时间从几万年前提前到30万年前，不能不引起考古界的重视，后又经古地磁测定为70万年前，需要我们更加关注。因为大窑旧石器时代早期文化的发现，不仅填补了内蒙古旧石器时代考古的空白，而且说明了中国文化的根系不只局限在黄河流域和长江流域，北方的内蒙古地区也是中国文化的最早发祥地之一。正如吕遵谔先生所言："以四道沟的古代文化而论，它同北京人的关系，不是父子，也不是祖孙关系，而是兄弟关系。它是在本地土生土长的，而且同当地旧石器时代晚期的文化有密切关系。"④ 所以说，大窑旧石器时代早期文化的发现有其重大意义。"三叠层"的发现，证实了在70万年前人类就开始在此开采石料，劳动生息，这与当地的石料——燧石及气候条件有关。根据植物孢粉测定，得知在更新世中晚期，大窑南山一带属于森林草原地带，那时常有成群兽类出没其中。⑤ 在山下有河流经过，便于汲水，山上的植物可供古人类采

---

① 汪宇平：《内蒙古阴山地带的石器制造场》，《内蒙古文物考古》创刊号，1981年。
② 汪宇平：《伊盟萨拉乌苏河考古调查记》，《文物参考资料》1957年第4期；汪宇平：《内蒙伊盟南部旧石器时代文化的新收获》，《考古》1961年第10期。
③ 汪宇平：《呼和浩特市大窑村南山四道沟东区旧石器时代石器制造场1983年发掘报告》，《史前研究》1987年第2期。
④ 吕遵谔：《我国旧石器时代考古概况——兼论大窑文化》，内蒙古博物馆编印1979年版，第19页。
⑤ 汪宇平：《大窑文化的新收获》，内蒙古博物馆油印本1981年版，第9页。

集。制造工具的原料燧石无比坚硬，燧石碰撞可以产生火花，当时人类用火就采用这一方法。在1983年发掘中，离石黄土层中发现了人类用火灰烬，离之不远处发现烧过的肿骨鹿化石，可以想象当时的肿骨鹿是人类主要的狩猎食用动物。正因为有多种适应古人类生活的有利条件，才使其长时期在此进行制造工具、生息、采集、狩猎等一系列活动。

早在旧石器时代早期，大窑古人类就有可能南迁。到旧石器时代晚期，气候条件的变化以及人口的增长，迫使大窑古人类向各方迁徙，寻找适宜生存的地方。到新石器时代，大窑古人类多数已迁走。在大窑南山，没有发现新石器时代早期遗址。从旧石器时代偏晚阶段向新石器时代过度有跳跃性，破坏了人类一直在大窑生活的连续性。大窑新石器时代遗址属于仰韶文化晚期的一个类型，时代定在新石器时代中期，早于龙山文化。那么，在新石器时代早期，大窑古人类迁徙到何方？需要进行科学的判断和推理。进入新石器时代以后，大窑南山地理和气候条件发生了变化，山上的森林草原都遭到破坏，以狩猎和采集为生存条件的古人类无法在此生活，就全部迁往他方。其中，一部分人群接受仰韶文化的影响，在实践中学会了种植农作物，饲养家畜，以补充经济上的不足。到新石器时代中期，有部分古人类又迁回大窑，在八道沟定居并生活了一段时间。在新石器时代晚期，大窑南山居住的人群由于环境和气候原因导致农业无法继续发展，狩猎和采集空间变小，最后只能离开，迁往更有利于生存的地方。

（二）大窑文化与中国北方其他文化的关系

大窑南山四道沟遗址发掘后，从石器器形看，从旧石器时代早期到晚期由大变小的发展趋势，早期的石器基本偏大，属于匼河——丁村大型石器系统。那么，大窑旧石器时代文化与山西丁村文化有何关系？丁村文化遗址位于山西省襄汾县丁村附近，其分布范围在汾河沿岸，可到达交城范家庄[1]、太原古交[2]、静乐风程山[3]，以及曲沃县和侯马市等地。丁村文化遗址于1953年发现，1954年进行第一次发掘，1976—1979年进行第二次发掘，发现大量的石制品，这些石制品原料以角页岩为主，还有燧石、石灰岩、石英岩、闪长石等。石器的打击法采用碰砧法，也有锤击法；加工方法以交互打击为主；石器以石片石器为主，类型有砍砸器、刮削器、尖状器、三棱大尖状器、石球，其中以三棱大尖状器为典型器物。[4] 综合分析，丁村文化属于旧石器时

---

[1] 贾兰坡、王择义、邱中郎：《山西旧石器》，科学出版社1961年版，第22—23页。
[2] 王择义、王建：《太原古交工矿区旧石器的发现》，《古脊椎动物与古人类》1960年第1期。
[3] 贾兰坡、王择义、邱中郎：《山西旧石器》，科学出版社1961年版，第19—22页。
[4] 裴文中、吴汝康：《山西襄汾县丁村旧石器时代遗址发掘报告》，科学出版社1958年版，第97—110页。

代中期，而大窑早期文化要比丁村文化早。从石器器形、打击方法、加工方法及原料看均有相似之处。大窑早期文化的石制品原料基本是燧石，石器制造法多采用锤击法，以石片石器为主，石器类型有砍砸器、刮削器、尖状器、球形石锤，有的石锤颇似丁村文化的石球。大窑早期文化与丁村文化的石器属于大型石器系统，即匣河——丁村大型石器系统，而大窑早期文化比丁村文化早，其中的内在联系是很明显的，可以说大窑早期文化对丁村文化有一定的影响。大胆设想，如果在雁北地区能发现与大窑文化相似的旧石器时代文化遗址或遗存，那么，从大窑经内蒙古卓资县进入丰镇市，再经过雁北到晋中，最后进入丁村，恰好是一条路线，古人类沿此路迁徙，一边保持着传统文化特征，又随着气候条件及石器原料的改变而改进生活习惯和制造石器的方法。因大窑早期文化缺乏人类化石，所以不能从人体结构上加以对比，这有待于大窑文化遗址的再发掘才能最后解决和定论。

在大窑东部卓资县的东北方约25公里的哈达图乡火石窑沟发现属于大窑类型遗址的石器制造场，再往东至今没有发现。往西有武川县的大青山乡二道洼东北的石器制造场和乌拉特后旗杭盖戈壁乡西南方的石器制造场。向北有四子王旗供济堂乡阿玛乌苏村北的石器制造场。向南可进入山西省境内。这样，大窑旧石器时代文化的分布范围以呼和浩特市东郊大窑南山为中心，东到卓资山县，西到乌拉特后旗及鄂尔多斯境内，北到四子王旗，南到山西的晋中南地区。在内蒙古境内主要分布在阴山主脉和大青山支脉一带。

随着社会经济的向前发展，人类生活也在发生变化，第四纪气候、地质上的变化，导致大窑南山四道沟的古人类被迫向东边的二道沟迁徙或迁到别处。南山二道沟本身就已居住着古人类，在方圆不大的地方继续生活。在1万年左右，人类进入新石器时代，大窑南山已不见人类活动的痕迹。学术界原有人认为，中石器时代和新石器时代早期相当。① 随着各地新石器时代早期遗址的发现，已经打破了原有的传统看法，陶器和农业遗迹已不能作为新石器时代开始出现的标志，如广东英德青塘洞穴群②属于新石器时代早期遗址，发现有打制石器、陶器及野猪、鹿等动物骨骼，没有发现原始农业遗迹，称之为前农业新石器时代。在中原地区属新石器时代早期的遗址有河北磁山文化③和河南新郑裴李岗文化④及陕西宝鸡北首岭下层文化⑤，这些遗址都发现有陶器和磨光石器及农作物痕迹、家禽骨骼。证实大窑原来

---

① 汪宇平：《大窑村南山的原始社会文化》，《内蒙古社会科学》1987年第3期。
② 广东省博物馆：《广东英德县青塘新石器时代遗址》，《考古》1961年第11期。
③ 邯郸市文物保管所等：《河北磁山新石器时代遗址试掘》，《考古》1977年第6期。
④ 开封地区文管会等：《河南新郑裴李岗新石器时代遗址》，《考古》1978年第2期。
⑤ 中国社会科学院考古研究所宝鸡工作队：《一九七七年宝鸡北首岭遗址发掘简报》，《考古》1979年第2期。

断定的中石器时代遗址并不能与新石器时代早期遗址相当，应属于旧石器时代晚期偏晚阶段。从大窑二道沟遗址出土的小型石制品看，奠定了内蒙古、甘肃、宁夏、东北三省和亚洲东北部、美洲西北部的细石器文化的基础，向南波及山西、河北及中原地区的细石器文化。

1985年，在大窑兔儿山南坡八道沟北岸的一处宽阔土坡上发现新石器时代遗址，整个大窑南山至今只发现这一处，说明当时气候条件已经发生变化，有少部分古人群又迁回此地生活。这处新石器时代遗址面积达2万余平方米，地表散布大量的石制品和陶片，地层厚约0.5米，形成于全新世晚期。从地表采集和清理所出土的石制品及陶器残片看，石制品有石核、石片、刮削器、尖状器、砍砸器、石磨盘、石磨棒、石斧及石叶等，陶器以夹沙红陶为主，也有灰陶，彩陶只有一片，器物多素面，纹饰有绳纹和附加堆纹，器形有罐、钵、盆、瓶等。根据石制品和陶器器形及纹饰的对比，与中原仰韶文化晚期类型相似。仰韶文化在关中、豫西、晋南地区分为半坡类型、庙底沟类型和西王类型。其中西王类型[①]属仰韶文化晚期类型，陶器以红陶为主，灰陶次之；纹饰以绳纹、附加堆纹最多，蓝纹次之，细绳纹再次之，出现少量的方格纹和极少彩陶。这与大窑新石器时代文化所发现的资料相比非常接近，说明大窑南山新石器时代文化遗址属于仰韶文化晚期的一个北方类型。

三 大窑文化的命名问题

内蒙古呼和浩特市东郊大窑村南山发现的四个时期的遗址，文化内涵都很丰富，而且与内蒙古境内的其他遗址及相邻省份的遗址又有内在的联系，这就涉及一个文化命名问题。早在1976年大窑南山第一次发掘后就提出了文化命名问题，裴文中先生把大窑南山二道沟发现的以龟背形刮削器为典型代表的旧石器时代晚期遗址命名为"大窑文化"。此后又相继发现了大窑南山四道沟东区旧石器时代早期、中期、晚期遗址和二道沟北口旧石器时代偏晚遗址及八道沟北岸的新石器时代遗址。旧石器时代早期文化中的龟背形刮削器在所有石制品中占相当比例，这就不得不重新命名大窑文化，使大窑文化的内涵更加丰富。

纵观大窑南山四道沟旧石器时代早期、中期、晚期遗址，首先各期都是古人类制造石器的场所，所用原料为无比坚硬的燧石。1979—1983年的几次试掘、发

---

① 中国社会科学院考古研究所山西队：《晋西南地区新石器时代和商代遗址的调查和发掘》，《考古》1962年第9期。

掘，在地层里发现许多大石块，其上疤痕累累，周围散落大量石片、石屑、石渣，经仔细观察，发现制造石器的燧石原料都是从这些大石块石上开采下来，从旧石器时代早期到晚期都是这个现象。打片方法采用锤击法，石片上的打击点集中，半锥体突出，辐射线清晰，台面不经修理，多为石片石器，也有少量的石核石器。石器加工方法一般是交互打击法，刮削器的加工法为一侧交互打击而另一侧单向打击，两边刃刮削器数量最多，龟背形刮削器在旧石器时代早期至晚期遗址中都有出土，晚期数量更多。在石器的组合中，刮削器数量占绝对优势，种类繁多，砍砸器次之，还有尖状器，石球从旧石器时代早期到晚期的地层中均有发现，晚期更多。从石器总体上看，器形偏大，早期石器大于晚期石器，出现由大逐渐变小的趋势，属于匼河—丁村大型石器系统。这样，大窑旧石器时代文化遗址与我国北方其他旧石器时代文化遗址存在着必然联系。大窑南山四道沟东区"三叠层"的发现，使我们认识到大窑旧石器时代文化的连续性。在从早到晚的延续中，文化内涵也由早到晚发生变化，特别是龟背形刮削器在旧石器时代早期到晚期都有发现，可以说龟背形刮削器不但是旧石器时代晚期的典型器物，也是旧石器时代早期、中期的代表性器物。正因为有这些诸多方面的因素，不能仅把旧石器时代晚期遗址命名为大窑文化，应把旧石器时代早期、中期也包含在大窑文化之中。

1976年发现大窑南山二道沟旧石器时代晚期遗址时，同时也发现二道沟北口的遗址，原定为中石器时代，2011年发掘出土的石制品细小，石器类型有边刮器、端刮器、凹缺器、尖状器、两面器、砍砸器，有别于四道沟遗址的石器系统，说明可能存在着两种石器类别，属于旧石器时代偏晚阶段。该遗址虽然没有包括在四道沟"三叠层"之内，但同属于大窑南山的范围，也应归入大窑文化的体系中。

1985年发现和1989年清理发掘的大窑南山新石器时代遗址，虽然与旧石器时代地层没有叠压关系，但是，同在大窑南山发现，就目前发现的新石器时代资料看，石制品中的石片、石核、刮削器等都与前几个时期相似，只是器形更为细小，属于同一石器工艺系统。因此，新石器时代遗址也应归入大窑文化的命名范畴。

综上所述，大窑文化分四个发展时期，即旧石器时代早期、中期、晚期和新石器时代，与之相对应的地层是离石黄土层、过渡淡红色土层、马兰黄土层和全新世土层。这种命名，使大窑文化内涵更加完整和充实，不要把大窑文化的命名局限在旧石器时代晚期。大窑文化的发现，不仅为我国旧石器时代考古增添了新的文化类型，而且对第四纪地质学的研究和探讨中国境内早期古人类活动情况及其中华文化根系提供了丰富的资料。

内蒙古呼和浩特市郊格尔图汉墓

1993年8月,呼和浩特市南郊八拜乡格尔图村民挖沙时,发现一座古代墓葬,已塌陷,内蒙古博物馆得知这一情况后,立即上报自治区文化厅,并且派专业人员在公安部门的协助下,收回全部文物,对墓葬进行了现场调查和抢救性清理,现简报如下。

墓葬位于格尔图村西北的沙湾中,这里地势平坦,处在土默川平原上。经过清理,墓葬为带有斜坡墓道的砖室墓,内有防潮的白膏泥和木炭,因遭破坏结构不详。墓内出土青铜器和陶器,具体出土位置因扰乱已经不清。

铜器,22件。多数保存完好,器种有鼎、钫、壶、镰盉、洗、盆、甑、熏炉、灶、勺及铜镜等。

鼎 1件。敛口,短颈,鼓腹,上腹附两个长方形立耳,腹中部起棱,圜底,下接三兽蹄形足。覆浅腹钵形盖,盖顶有三个等距离的环形钮,钮上有长方形突饰。素面。口径15.8厘米、通高14.9厘米。

钫 2件。方形直口,束颈,深弧腹,方形圈足。上盖方形子母口盖,盖顶有环钮。上腹饰两个对称的铺首衔环。一件盖上以回纹为地纹,四角各饰一个云头纹。口径6厘米、通高17.8厘米(图一)。另一件盖上中间有方框,内以回纹为地纹,上饰四个桃形纹,盖四角各饰一个云头纹。口径6厘米、通高17.8厘米。

扁壶 2件。直口,长颈,扁圆腹,椭圆形,圈足外撇。上盖圆形子母口盖,中间有一环钮。肩部饰两个对称的环钮。素面。口径6.5厘米、通高19.5厘米(图二)。

图一 青铜钫
(汉代,内蒙古呼和浩特格尔图墓葬出土)

图二 双系青铜扁壶

（汉代，内蒙古呼和浩特格尔图墓葬出土）

圆壶 2件。直口，长颈，鼓腹，圈足外撇。上有圆形子母口盖，盖顶有一环钮。腹部饰两个对称的铺首衔环。颈、腹部饰一条宽带纹。盖上饰两圈凹弦纹，内以席纹为地纹，上饰柿蒂纹。口径8厘米、通高20厘米。

镵盉 1件。直口，短颈，扁圆腹，腹前出龟首状流，流口有盖，可上下活动。腹一侧为曲形兽头柄。圜底，下接三兽形足。盉上覆圆形穹庐顶子母口盖，盖顶饰衔环钮，有链条与肩部相接成活动钮。盖顶部外区饰凸弦纹、连珠纹，中区饰夔纹，内区饰一兽头纹，内区与中区间饰栉齿纹。口径7.2厘米、通高12.5厘米。

洗 2件。形制相同，宽斜沿，折腹，矮圈足内收。一件盘内有一层朱色颜料，出土时还有一层灰色保护层。口径39.8厘米、高7.5厘米（图三）；另一件口径32厘米、高5.5厘米。

盘 1件。敞口，卷沿，弧腹，矮圈足。腹部有两个对称的铺首衔环，上腹饰两条宽带纹，其中一条宽带纹上饰一周凸弦纹。口径27.2厘米、高11.2厘米。

铞 4件。其中2件敞口，斜沿，弧腹，矮圈足。腹部饰两个对称的铺首衔环钮，上腹饰一周宽带，上有一圈凸弦纹。口径20.5厘米、高9.7厘米（图四）。另外2件大小、形制相同，敞口，平沿，弧腹，矮圈足。腹部饰两个对称的铺首衔环。素面。口径19.5厘米、高9.6厘米。

甑 1件。敞口，平沿，弧腹，圈足稍内收。腹部饰两个对称的铺首衔环，底部有四组长条形箅孔。口径18.8厘米、高10.5厘米（图五）。

图三 青铜洗

（汉代，内蒙古呼和浩特格尔图墓葬出土）

图四 青铜䥝

（汉代，内蒙古呼和浩特格尔图墓葬出土）

图五 青铜甑

（汉代，内蒙古呼和浩特格尔图墓葬出土）

灶　1件。平面呈船形，正面为长方形灶门。灶面上有三个火口，火口上置釜。两侧各饰一个铺首衔环，平底下附四个相互对称的兽蹄足。后插立龙头形烟筒，龙张巨口，双目圆睁，两耳竖立。火口上的铜釜为敞口，折腹，圜底。灶长40.5厘米、宽28.5厘米、通高40厘米，灶门长22厘米、宽9.4厘米（图六）。

图六　龙首青铜灶
（汉代，内蒙古呼和浩特格尔图墓葬出土）

熏炉　2件。一件上有球形镂空子母口罩，炉盘，一侧出斜直柄，另一侧有一环钮与罩相连。平底，下有三足。口径6.5厘米、通高7.4厘米（图七）。另一件失罩，炉身子母口，弧腹，腹中部起棱，底部有圆孔与下面凤鸟的喙部相接。凤昂首、展翅、翘尾，粗壮的双足立于龟背之上。龟首上昂，作爬伏状。下衬一铜盘，炉底部饰一圈凸弦纹。整体造型精致。炉身口径7.8厘米、盘座口径17.6厘米、通高15.5厘米（图八）。

瓢形勺　1件。勺身大，短把。通长13厘米。

长把勺　1件。圆形勺头，斜直把。勺径6.2厘米、通长16.0厘米。

镜　1件。呈圆形，半球形钮，圆形钮座。内区饰四组短线纹和八曲内向连弧纹，其外一周栉齿纹。外区为铭文带，曰"内清之以昭明光而象乎日月心忽壅塞不泄"，外饰一周栉齿纹。窄沿，镜身光亮。直径9.1厘米。

陶器　11件。泥质灰陶，以轮制为主，少数有刮削痕，大部分素面。器种有

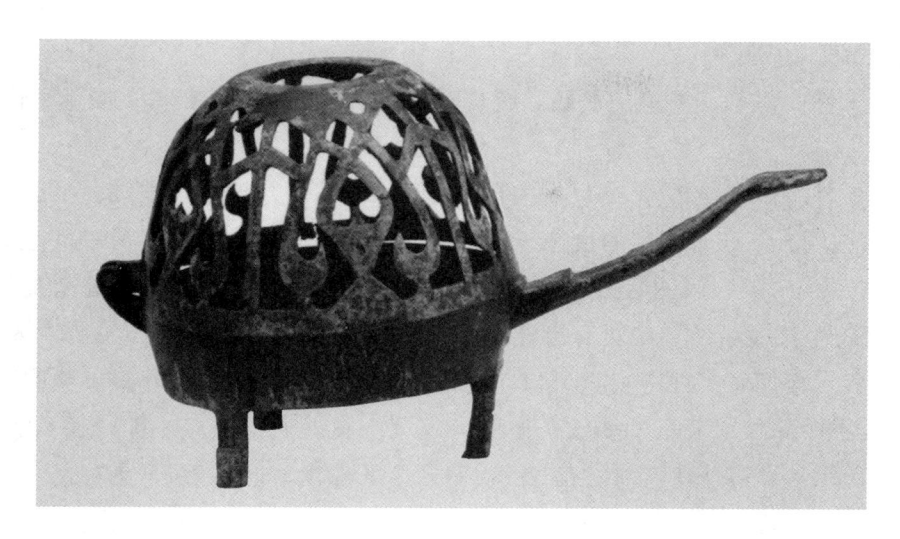

图七 曲柄青铜熏炉

（汉代，内蒙古呼和浩特格尔图墓葬出土）

图八 龟负凤青铜熏炉

（汉代，内蒙古呼和浩特格尔图墓葬出土）

罐、壶、甑、釜等。

罐 1件。侈口，短颈，平底。腹部饰一周算点纹。口径22.7厘米、高19.5厘米。

壶 5件。无盖壶2件。其中一件喇叭形口，平沿，长颈，鼓腹，平底。上腹饰两道凹弦纹，下腹有刮削的痕迹。口径10.2厘米、高20厘米。另一件盘口，斜沿，长束颈，鼓腹，假圈足外撇。器表磨光，上腹饰两个对称的铺首衔环，环已残。肩部饰一周宽带纹，中腹有接合缝，下腹饰一周横向戳刺纹。口径14.8厘米、高36厘米。有盖壶3件，喇叭形口，平沿，长颈，圆腹，圈足外撇。覆圆形子母口盖。其中两件顶饰五道凹弦纹，中间有气孔。腹外表素面。一件口径8.7厘米、通高24.5厘米。另一件盖顶间有气孔。口径9.8厘米、通高24.5厘米。

甑 1件。敞口，斜沿，弧腹，平底。底有大小不等的圆形算孔。素面。口径12.6厘米、高7.5厘米。

釜 3件。一大二小。大釜为敛口，斜折沿，弧腹，圜底。素面。口径5.8厘米、高5.6厘米。小釜为敞口，长颈，折腹，圆底。素面。口径4.3厘米、高4.2厘米。

烟筒 1件。敞口，短颈，双腹。上腹周身作三角形图案，内有小圆孔。喇叭形高柄，底部为子口，与灶相接。高15厘米。

格尔图墓葬出土文物没有明确的纪年，其时代可从以下几个方面断定。

铜鼎与洛阳烧沟汉墓二、三期墓葬[1]和安徽天长县三角圩西汉中晚期墓葬[2]，以及包头市召湾西汉中晚期墓[3]的同类器相同。铜钫与广西贵县罗泊湾1号墓[4]、徐州市东郊陶楼西汉中期墓[5]出土的器物相同。类似的铜壶在洛阳浅井头西汉中晚期墓[6]和山东济宁师专西汉中晚期墓[7]中也有出土。此外，出土的镶盉与湖南衡阳市凤凰山西汉晚期墓[8]和内蒙古杭锦旗乌兰陶勒盖西汉晚期墓[9]出土的镶盉相似，只是在流口和柄部装饰上略有变化。

---

[1] 中国科学院考古研究所洛阳区考古发掘队：《洛阳烧沟汉墓》，科学出版社1959年版，第115—117页。
[2] 安徽省文物考古研究所、天长县文物管理所：《安徽天长县三角圩战国西汉墓出土文物》，《文物》1993年第9期。
[3] 包头市文物管理所：《包头郊区召湾汉墓清理简报》（一），《内蒙古文物考古》创刊号，1981年。
[4] 广西壮族自治区文物工作队：《广西贵县罗泊湾一号墓发掘简报》，《文物》1978年第9期。
[5] 徐州市博物馆：《徐州市东郊陶楼汉墓清理简报》，《考古》1993年第1期。
[6] 洛阳市第二文物工作队：《洛阳浅井头西汉壁画墓发掘简报》，《文物》1993年第5期。
[7] 济宁市博物馆：《山东济宁师专西汉墓群清理简报》，《文物》1992年第9期。
[8] 衡阳市文物工作队：《湖南衡阳市凤凰山汉墓发掘简报》，《考古》1993年第3期。
[9] 伊克昭盟文物工作站：《杭锦旗乌兰陶勒盖汉墓发掘报告》，《内蒙古文物考古》1991年第1期。

格尔图墓葬出土的昭明镜，镜缘窄而高，时代可定为西汉中期或偏晚。

根据以上分析，格尔图墓葬的时代应为西汉中晚期。此墓出土的铜器较多，有几件当为精品。其中龙首铜灶是内蒙古目前发现的最大的铜灶，造型精致，龙首栩栩如生，不失为汉代铜器中的珍品。镳盉、盘座龟负凤熏炉，设计独具匠心。铜洗经过两千余年几乎没有锈蚀，也十分难得。格尔图汉墓为研究西汉时期内蒙古中南部地区的墓葬形制、葬俗葬仪提供了重要的资料。

俄罗斯哈卡斯自治共和国首府阿巴坎发现的汉式宫殿主人之考

1940年，在今俄罗斯南西伯利亚的哈卡斯自治共和国首府阿巴坎（以前译为阿巴干）南8公里处，发现一座汉式宫殿遗址，并于1941年由著名学者C. B. 吉谢列夫主持进行全面的调查发掘，发现有中央大殿和两旁的厢房，经复原为四面坡垂檐瓦顶式建筑，被称为"最北方的汉式宫殿"。在中央大殿的四周发现板瓦、瓦当，其中有"天子千秋万岁常乐未央"等有铭瓦当。此外，还发现建筑中的炕，用石块砌成的取暖设备以及绿玉椭圆形花瓶残片、环首刀、尖端的铜扣、铜制铺首等遗物。① 关于这座汉式宫殿的主人，国内外学者众说纷纭，笔者根据史书记载和考古资料，尝试提出新的看法。

一　宫殿发现的具体情况

宫殿遗址及周围的出土物与我国汉代建筑遗址以及出土的文物都很相似。汉代建筑一般以中央大殿为中心，两旁列有厢房，与此宫殿构造相同。中央大殿四周散落的板瓦、瓦当，从其结构及形制看都属汉代同期的文物，特别是"天子千秋万岁常乐未央"有铭瓦当，字体结构及释读顺序与汉代相同，其吉语也为汉代所流行。王仲殊先生认为，用"长乐未央""千秋万岁"等吉祥文字作为瓦当上的装饰，是从西汉开始的，以后一直在汉代盛行。② 在考古学资料中，发现的汉代有铭瓦当数量很多，常见"千秋万岁""长乐未央""亿年无疆""与天无极"等。至于铜制铺首，虽没有汉代原建筑物保存下来，但在山东沂南县北村寨发现的汉墓石刻画像中，有整座房屋的透视图，房屋门上有铺首。③ 在江苏等地发现有石刻铺首，与宫

---

① ［苏联］C. B. 吉谢列夫：《南西伯利亚古代史》（下册），王博译，新疆人民出版社1985年版，第80页。
② 王仲殊：《汉代考古学概说》，中华书局1984年版，第75—84页。
③ 华东文物工作队山东组：《山东沂南汉画像石墓》，《文物参考资料》1954年第8期。

殿出土的铜制铺首相似。所以，从出土物及大殿结构和布局看，可断定此宫殿为汉代同期的遗址。

从遗址位置看，西汉时期生活在这一带的是匈奴统治下的丁零人。匈奴强大时，"大破灭东胡王，而虏民人及畜产。既归，西击走月氏，南并楼烦、白羊河南王。……后北服浑庾、屈射、丁零、鬲昆、薪犁之国"①。《汉书》卷五十四《李广苏建传》记载："天雨雪，武卧啮雪与旃毛并咽之，数日不死。匈奴以为神，乃徙武北海上无人之处，使牧羝，羝乳乃得归。……其冬，丁令盗武牛羊，武复穷厄。"②《山海经·海内经》记载："北海之内，有山名曰幽都之山……有钉灵之国。"③ 这里的丁令、钉灵、丁零是同一民族在不同时期的名称，北海即今贝加尔湖。在匈奴征服丁零之后，匈奴人有可能与丁零人在贝加尔湖一带长期混居在一起。从俄罗斯地图看，阿巴坎就在贝加尔湖之西不远的地方，可见宫殿遗址的发现处，早在公元前后便是丁零人的聚居区，受匈奴的控制。此宫殿瓦当之大，门之宽，说明宫殿规模很大，绝非普通人的建筑。

二　国内外学者对宫殿主人的考证与质疑

这座汉式宫殿主人究竟为何人，国内外学术界有不同的看法。汉朝时期，今贝加尔湖地区属于匈奴统治下的丁零人居住区，汉式宫殿恰好发现于这个区域内。在长期过着游牧生活的民族中，能建造这样的汉式宫殿是难以想象的，况且是在离匈奴单于王庭甚远的地方。民族史学界的前辈考证，汉朝时期，匈奴单于王庭在今蒙古国首都乌兰巴托附近，此地距阿巴坎的直线距离为1300余公里，不可能是匈奴单于直接居住的宫殿。如果看成是匈奴单于的行宫，可能性也不大，因为至今在匈奴单于王庭所在地还没发现过汉式宫殿遗址。

《汉书》卷九十四《匈奴传》中有"范夫人城"的记载："汉军乘胜追北，至范夫人城，匈奴奔走，莫敢距敌。"据应劭解释说："本汉将筑此城。将亡，其妻率余众完保之，因以为名也。"④ 所以，匈奴无城池。汉朝时期，匈奴有强兵几十万，如果有坚固的城池，汉朝军队也不会多次轻易攻入匈奴地。匈奴当时以部落为单位，以各王侯的领地为主要分布区。《史记》卷一百十《匈奴列传》之《索隐》记载："谓匈奴所都处为'庭'。乐户云：'单于无城郭，不知何以国之，穹庐前地若

---

① （汉）司马迁：《史记》卷一百十《匈奴列传》，中华书局1959年版，第2889—2893页。
② （汉）班固：《汉书》卷五十四《李广苏建传》，中华书局1962年版，第2462—2463页。
③ 《山海经》，郭璞注，毕沅校，上海古籍出版社1989年版，第119页。
④ （汉）班固：《汉书》卷九十四《匈奴传》，中华书局1962年版，第3780页。

庭，故云庭。'"① 因此，不可能是匈奴单于的行宫。那么，既然不是匈奴单于所筑，又是何人所建。苏联学者吉谢列夫等人认为是汉降将李陵所建②，其依据为《新唐书》卷二百一十七《回鹘传下》所记载："黠戛斯，古坚昆国也。地当伊吾之西，焉耆北，白山之旁。或曰居勿，曰结骨。其种杂丁零，乃匈奴西鄙也。匈奴封汉降将李陵为右贤王，卫律为丁零王。"③ 同传又载："人皆长大，赤发、析面、绿瞳，以黑发为不祥。黑瞳者，必曰陵苗裔也。"④ 从这段资料看，李陵被匈奴单于封为右贤王，是地位仅次于左贤王的封疆大吏，这样似乎有条件建筑汉式宫殿，再加上当时在此地区有许多黑瞳者（汉朝人）被说成是李陵的后裔，断定这座宫殿为李陵所建。但是，《史记》中无明确记载李陵的官职。《汉书》卷五十四《李广苏建传》记载："陵与韩延年俱上马，壮士从者十余人，虏骑数千追之，韩延年战死。陵曰：'无面目报陛下。'遂降。军人分散，脱至塞者四百余人。"⑤ 李陵当时率兵五千余人，而回到汉朝的只有四百多人，其余的不可能全部战死，必有一部分跟随李陵投降了匈奴，匈奴为了防止汉降兵将逃离，置之离汉朝较远的地方。所以在丁零人居住中心就出现了"黑瞳者"，这也许是李陵随从的后裔。此外，在汉朝以前，由于民族大迁移，很可能有一部分北部居民迁入贝加尔湖一带，造成史书中所记载的"黑瞳者"。

《汉书》卷五十四《李广苏建传》记载："陵痛其家以李绪而诛，使人刺杀绪。大阏氏欲杀陵，单于匿之北方，大阏氏死乃还……单于壮陵，以女妻之，立为右校王，卫律为丁灵王，皆贵用事。"⑥ 同传又载："匈奴爱之（卫律），常在单于左右。陵居外，有大事，乃入议……陵在匈奴二十余年，元平元年病死。"⑦《资治通鉴》也有这样的记载。从文献资料看，唐宋时期及以后的史籍，除《新唐书》外，都记载李陵为右校王，可能是《新唐书》的编撰者在音译上的错误。还有匈奴规定，左右贤王必由单于子弟担任，因为左右贤王各自统管匈奴国土的近半。这样看来，李陵当时是右校王，而不是右贤王，位在丁零王卫律之下，李陵无条件去建筑汉式宫殿。《汉书》卷九十四《匈奴传》记载："匈奴使大将与李陵将三万余骑追汉军，至浚稽山谷，转战九日，汉兵陷陈却敌，杀伤虏甚众。"⑧《汉书》卷五十四《李广

---

① （汉）司马迁：《史记》卷一百十《匈奴列传》，中华书局1959年版，第2892页。
② [苏联] C. B. 吉谢列夫：《南西伯利亚古代史》（下册），王博译，新疆人民出版社1985年版，第80页。
③ （宋）欧阳修：《新唐书》卷二百一十七《回鹘传下》，中华书局1975年版，第6146—6147页。
④ （宋）欧阳修：《新唐书》卷二百一十七《回鹘传下》，中华书局1975年版，第6147页。
⑤ （汉）班固：《汉书》卷五十四《李广苏建传》，中华书局1962年版，第2455页。
⑥ （汉）班固：《汉书》卷五十四《李广苏建传》，中华书局1962年版，第2457页。
⑦ （汉）班固：《汉书》卷五十四《李广苏建传》，中华书局1962年版，第2457—2459页。
⑧ （汉）班固：《汉书》卷九十四《匈奴传》，中华书局1962年版，第3779页。

苏建传》记载："陵在匈奴岁余，上遣因杆将军公孙敖将兵深入匈奴迎陵。敖军无功还，曰：'捕得生口，言李陵教单于为兵以备汉军，故臣无所得。'上闻，于是族陵家，母弟妻子皆伏诛。"① 当汉朝使臣说服李陵重新归汉时，陵曰："吾已胡服矣"；又曰："归易耳，恐再受辱奈何，大丈夫不能再辱"。② 看来李陵已经忠诚于匈奴，与汉朝为敌，不可能为了思念汉朝而建筑宫殿，也不能在建筑材料瓦当上书写"天子千秋万岁常乐未央"之类的吉祥语来恭维汉朝皇帝。就是不适应匈奴的游牧生活，也无理由说他建筑宫殿，可以随着匈奴生活而改变汉俗，慢慢适应匈奴的游牧生活。因此，这座汉式宫殿的主人并非李陵，而另有其人。

郭沫若认为："可能是汉家公主下嫁时，王室为慰藉她的乡愁，特别建立此屋，以为陪媵。"③ 认为属于某个汉家公主的宫殿，匈奴单于为娶汉家公主，以慰聊汉家公主的孤独或其他原因而筑。当时，由于匈奴与汉朝长期战争，双方损失都很严重，边境也不得安宁。为缓和这种关系，汉帝把皇室女儿嫁到匈奴，做单于的阏氏，与匈奴和亲，所以郭沫若认为是汉家公主下嫁单于后而建的宫殿，这太缺乏实证。《史记》卷一百十《匈奴列传》记载："汉与匈奴约为兄弟，所以遣单于甚厚，倍约离兄弟之亲者常在匈奴。"④ 匈奴时常违背条约，侵扰汉朝，也不会把嫁到匈奴的汉家公主看得很重。如果看得重，匈奴单于可能会听从其阏氏的话，就不会经常侵扰汉境。即使给予汉家公主厚待，匈奴单于也不可能把自己的阏氏置于离王庭很远的地方。如果是匈奴单于虐待汉家公主，放之偏远的地方，那又何以给其建筑豪华的宫殿居住。所以，不可能是为汉家公主所建，郭沫若的观点无史籍资料可证，无法让人确信。

同时，还有人认为是丁零王卫律所建。岑仲勉、段连勤等先生都持这一观点，认为卫律降匈奴后，受到匈奴单于的厚待，职位显耀，又是从汉朝来的人，可能是由于不适应游牧生活而建。⑤ 这一观点也有其欠缺。卫律本长水胡人，不可能不适应游牧生活。卫律降匈奴后，官拜丁零王，属匈奴单于的近臣，忠于匈奴。《汉书》卷九十四《匈奴传》记载："贰师将军将出塞，匈奴使右大都尉与卫律将五千骑要击汉军于夫羊句山狭。"⑥ 可见，卫律已忠于匈奴，绝不会建一座汉式宫殿来表达自己对汉朝的忠诚。如果卫律建筑宫殿，无论是从与汉朝的关系还是从在匈奴的地位来看都是不可能的，卫律与汉朝为敌，汉朝当然不会给予其帮助。而在匈奴内部，

---

① （汉）班固：《汉书》卷五十四《李广苏建传》，中华书局1962年版，第2457页。
② （汉）班固：《汉书》卷五十四《李广苏建传》，中华书局1962年版，第2458页。
③ 郭沫若：《苏联纪行》，中外出版社1946年版，第136页。
④ （汉）司马迁：《史记》卷一百十《匈奴列传》，中华书局1959年版，第2897页。
⑤ 段连勤：《匈奴国家时期的丁零》，《新疆社会科学》1987年第6期。
⑥ （汉）班固：《汉书》卷九十四《匈奴传》，中华书局1962年版，第3779页。

比卫律地位高者甚多，如果匈奴单于给予卫律这样的优待，会引起其他各王的嫉妒造成匈奴内乱，匈奴单于不会因为一个汉降将而得罪其他各王，以致使匈奴内部混乱。当时，从汉朝投降匈奴中地位还有比卫律高的人。《汉书》卷九十四《匈奴传》记载："贰师降。单于素知其汉大将贵臣，以女妻之，尊宠在卫律上。"① 这样，即使是匈奴单于优待从汉朝投降来的人也不会首先给予卫律。因此，丁零王卫律不可能是宫殿的主人。

周连宽认为是王昭君长女须卜居次云居住的宫殿。② 依据有五：其一，其人可能生长于王莽时代，与瓦当文字相符；其二，其人习尚中国风俗和文化；其三，其人必与汉朝有特殊的亲切关系；其四，其时单于必对汉屈节称臣；其五，其治庭必在丁零或距丁零不远。这五个条件恰好须卜居次云具备。孙家洲赞成这个观点。③《汉书》卷九十九《王莽传中》记载："始建国元年……改郡太守曰大尹，都尉曰太尉，县令长曰宰，御史曰执法，公车司马曰王路四门，长乐宫曰常乐室，未央宫曰寿成室，前殿曰王路堂，长安曰常安。"④ 考古发掘属王莽时期的实物也有把"长"字改为"常"字。⑤ 宫殿遗址正好出土有"天子千秋万岁常乐未央"字样的瓦当，据此断定为王莽时期的宫殿。《汉书》卷九十九《王莽传上》记载："……（风单于）又遣王昭君长女须卜居次云入侍，以媚事太后。"⑥ 同传下又云："初，匈奴右骨都侯须卜当，其妻王昭君女也，尝内附。"⑦ 证实王昭君之女须卜居次云是生长在王莽时期，这符合第一个依据。由于须卜居次云从小跟其母，长大后又入侍于汉太后，习尚中国风俗。须卜居次云本属汉家血统，又竭力主张和亲，当然与汉朝有特殊的亲密关系。《汉书》卷九十四《匈奴传》记载："匈奴用事大臣右骨都侯须卜当，即王昭君女伊墨居次云之婿也。云常欲与中国和亲……云、当遂劝咸（乌累单于）和亲。"⑧ 这又符合第三个条件。在乌累单于以前，乌珠留单于遵命更新印，改名号。匈奴自呼韩邪单于以来一直依附汉朝，虽然双方时常有战争，只不过是一些边境上的小摩擦，这并不破坏双方的正常关系，这又很自然地具备第四个条件。须卜当的驻牧地正好在丁零人的居住区，而云又是须卜当的妻子，这又符合最后一个条

---

① （汉）班固：《汉书》卷九十四《匈奴传》，中华书局1962年版，第4103页。
② 周连宽：《苏联南西伯利亚所发现的中国式宫殿遗址》，《考古学报》1956年第4期。
③ 孙家洲：《"最北方的汉式宫殿"与王昭君的女儿女婿》，《文史天地》2018年第4期。
④ （汉）班固：《汉书》卷九十九《王莽传中》，中华书局1962年版，第2458页。
⑤ 日本学者梅原末治的《汉代漆器纪年铭文集录》中收集有朝鲜浪郡古墓中出土的新莽始建国元年所制的漆盘，其铭文为"常乐大官始建国元年正月受第千四百五十至四千"，"长"字也作"常"字。《东方学报》第五册，1934年，第207—222页。
⑥ （汉）班固：《汉书》卷九十九《王莽传上》，中华书局1962年版，第4051页。
⑦ （汉）班固：《汉书》卷九十九《王莽传下》，中华书局1962年版，第4155页。
⑧ （汉）班固：《汉书》卷九十四《匈奴传》，中华书局1962年版，第3826—3827页。

件。这样看来，根据周连宽的五个依据似乎就是须卜居次云的宫殿。

可是，在远离汉朝的丁零人居住区建筑一座汉式宫殿，其建筑材料又从何而来。笔者认为一部分是从汉朝运来的，当时汉朝与匈奴正处于和亲阶段，双方的经济文化也随之交流往来，宫殿的建筑材料有从汉朝运到匈奴的可能。还有一部分材料就是就地取材，因为双方的经济文化交流，汉朝先进的制造技术必然传入匈奴，再加上匈奴经常侵扰汉朝边境，掠夺汉朝人口。《史记》卷一百十《匈奴列传》记载："军臣单于立四岁，匈奴复绝和亲，大入上郡、云中各三万骑，所杀略甚众而去。"① 在这些被掠人口中有不少的工匠，可以利用当地的自然原料去制造建筑材料。对于这些被掠人口，匈奴为了防止其逃回汉朝，必然把他们置之很远的地方，于是在丁零人居住区生活的"黑瞳者"中，肯定有不少的工匠，并在此繁衍后代，把技术传下去，才有可能有许多汉式建筑材料。同时，也可看出，周连宽提出的第一条依据并不严密，因为在当时的环境下，连汉家公主都无法得到如此宏伟的宫殿，更何况是远嫁匈奴的公主之女。

三　宫殿主人的新认识

笔者认为这座宫殿的主人是匈奴右骨都侯须卜当比较合适。《史记》卷一百十《匈奴列传》记载："左右贤王、左右谷蠡王最大，左右骨都侯辅政……呼衍氏、兰氏，其后有须卜氏，此三姓其贵种也。"裴骃认为"呼衍氏、须卜氏常与单于婚姻。"② 根据这些记载，右骨都侯是辅佐单于处理政务的大臣，而须卜氏又为匈奴的"贵种"，与单于联姻。须卜当既有政治地位，又有与单于的特殊关系，可见其地位之高。那么，当时须卜当的驻牧地在何处？《汉书》卷九十九《王莽传下》记载："……始欲诱迎当，大司马严尤谏曰：'当在匈奴右部，兵不侵边。'"③ 从地理位置看，《汉书》卷九十四《匈奴传》记载："右王将居西方，直上郡以西，接氐、羌。"④ 以此推断，整个匈奴右部包括上郡以西的草原及新疆天山一带。根据《汉书》卷九十四《匈奴传》记载，在匈奴右地的南部，曾是右贤王、毗邪王、休屠王、犁污王、温偶駼王等直辖地。从地理位置看，匈奴右地的南部就在今蒙古国境内的杭爱山以南，须卜当不在匈奴右地的南部。《汉书》卷九十四《匈奴传》记载："匈奴右贤王怨汉夺之河南地而筑朔方，数寇盗边，及入河南，侵扰朔方，杀

---

① （汉）司马迁：《史记》卷一百十《匈奴列传》，中华书局1959年版，第2904页。
② （汉）司马迁：《史记》卷一百十《匈奴列传》，中华书局1959年版，第2891页。
③ （汉）班固：《汉书》卷九十九《王莽传下》，中华书局1962年版，第4156页。
④ （汉）班固：《汉书》卷九十四《匈奴传》，中华书局1962年版，第3751页。

略吏民甚众。……于是汉已得毗邪，则陇西、北地、河西益少胡寇，徙关东贫民处所夺匈奴河南地新秦中以实之，而减北地以西戍卒半。"① "其明年，汉使贰师将军将三万骑出酒泉，击右贤王于天山，得首虏万余级而还。"② "后无几，右贤王、犁汙王四千骑分三队，入日勒、屋兰、番和。"③ "成帝绥和元年（公元前8年），尚书王根遣使至匈奴，向单于索取张掖，单于答曰：'此温偶駼王所居之地，且为先父遗留之地，不敢失。'"④ 以上这几个地名，如朔方、陇西、北地、酒泉、番和、张掖等属于匈奴右地南部，须卜当不可能在此地驻牧。

西域一带又由日逐王统辖。《汉书》卷九十六《西域传》记载："匈奴西边日逐王设置僮仆都尉，使之管领西域，常川驻在焉耆、危须、尉犁之间，征收各族赋税。"⑤ 根据这段文献，须卜当也不在西域，可以判断应该在匈奴右地的北部。《汉书》卷九十四《匈奴传》记载："校尉常惠与乌孙兵至右谷蠡庭，获单于父行及嫂、居次、名王、犁汙都尉、千长、将以下三万九千余级，虏马、牛、羊、驴、骡、橐驼七十余万。"⑥ 乌孙在今伊犁河谷一带，其能兵伐强大的匈奴，可见乌孙进入只是匈奴的边地，乌孙在天山以北，右谷蠡王应在天山以北一带。《后汉书》卷二《明帝纪》记载："永平十六年春，窦固破呼衍王于天山，留兵屯伊吾卢城。"⑦ 伊吾卢即今哈密，可见呼衍王在今新疆哈密至吐鲁番一带，这两地仍不是须卜当所辖之地。此外，学者考证，东蒲类王驻牧地在今新疆准噶尔盆地西南部，南犁污王的驻牧地在今新疆吐鲁番以西腾格里山一带。⑧ 这样，匈奴右地北部只剩下今贝加尔湖一带及以南的地区。《汉书》卷五十四《李广苏建传》记载："武既至海上，廪食不至，掘野鼠去草实而食之。杖汉节牧羊，卧起操持，节旄尽落。积五六年，单于弟于靬王弋射海上。武能网纺缴，檠弓弩，于靬王爱之，给其衣食。"⑨ 在今贝加尔湖一带及以南的地区属匈奴于靬王。那么，须卜当的统辖区就可能在今贝加尔湖以西的地方，而阿巴坎就在此地。丁零王卫律死后，史书虽无明确记载丁零王继任者为谁，但须卜当既是右骨都侯，又是辅佐之臣，完全有可能兼领丁零，其势力之大，修建一座宫殿并不为奇，也不会招致匈奴其他首领的妒恨。

无论是从政治地位，还是驻牧地的位置看，这座宫殿的主人非右骨都侯须卜当

---

① （汉）班固：《汉书》卷九十四《匈奴传》，中华书局1962年版，第3767—3769页。
② （汉）班固：《汉书》卷九十四《匈奴传》，中华书局1962年版，第3777页。
③ （汉）班固：《汉书》卷九十四《匈奴传》，中华书局1962年版，第3783页。
④ （汉）班固：《汉书》卷九十四《匈奴传》，中华书局1962年版，第3810页。
⑤ （汉）班固：《汉书》卷九十六《西域传》，中华书局1962年版，第3872页。
⑥ （汉）班固：《汉书》卷九十四《匈奴传》，中华书局1962年版，第3786页。
⑦ （宋）范晔：《后汉书》卷二《明帝纪》，中华书局1965年版，第120页。
⑧ 林干：《匈奴通史》，人民出版社1986年版，第33—45页。
⑨ （汉）班固：《汉书》卷五十四《李广苏建传》，中华书局1962年版，第2463页。

莫属。更重要的是能得到汉朝的支持和帮助，因为须卜当力主与汉和亲。《汉书》卷九十四《匈奴传》记载："匈奴用事大臣右骨都侯须卜当，即王昭君女伊墨居次云之婿也。云常欲与中国和亲……云、当遂劝咸和亲。"[1]《资治通鉴》中记载王莽天凤元年（14年）："匈奴右骨都侯须卜当、伊墨居次云劝单于和亲，遣人之西虎猛制虏塞下。"[2] 此外，《汉书》卷九十四《匈奴传》记载："咸等至，多遗单于金珍，因谕说改其号，号匈奴曰'恭奴'，单于曰'善于'，赐印绶。封骨都侯当为后安公，当子男为后安侯。"[3] 这些记载都可看出右骨都侯须卜当对汉朝的和亲态度，汉朝也对须卜当予以厚待。虽然汉朝未必是真心对待须卜当，但以其优势的有利条件，又受须卜居次云的影响，必对汉朝有某种仰慕之情。因此，须卜当或是出于对汉朝的尊敬，或是爱怜自己的妻子，或是出于某种想法，当然也不排除在汉朝的帮助下去修筑一座汉式宫殿，须卜居次云只不过当时生活在宫殿里而已。这样，这座汉式宫殿的主人应该是须卜当。

总之，在俄罗斯南西伯利亚地区发现的汉式宫殿遗址，其主人可以肯定是受汉朝影响甚大，且身居要职，只有这样，才具备建筑宫殿的条件。不过，目前史学界对宫殿主人争议很大，尚未形成统一看法，需要有大量的实据去进一步考证。弄清这座宫殿的主人，对研究匈奴和汉朝的民族关系史非常重要。

---

[1] （汉）班固：《汉书》卷九十四《匈奴传》，中华书局1962年版，第3826—3827页。
[2] （宋）司马光：《资治通鉴》，中华书局1967年版，第3779页。
[3] （汉）班固：《汉书》卷九十四《匈奴传》，中华书局1962年版，第3828页。

乌审旗翁滚梁北朝墓葬发掘简报及墓葬年代新探

翁滚梁墓地，位于鄂尔多斯市乌审旗沙尔利格苏木西北17公里处，东北距旗政府所在地达布察克镇约40公里。该墓地因被盗扰，遭到严重破坏。内蒙古自治区博物馆和鄂尔多斯博物馆联合组队，于1994年7月初至8月中旬，对这处墓地进行调查钻探和清理发掘，获得部分实物资料，现将情况介绍如下。

一 遗迹

翁滚梁是一条较大的山梁，墓葬就分布在翁滚梁的东南坡地及其坡下的开阔地。这里丘梁起伏，沙海浩瀚，气候较为干燥，属荒漠草原地区。因沙丘移动，有的墓葬暴露于地表，有的则覆盖了较厚的沙层。经钻探，发现十余座墓葬，除被盗的4座外，此次清理了6座（编号为94WWM5—M10）。除M10东南向外，墓道均向西南。墓葬排列有序，基本依墓道方向呈东北—西南纵向排列，从被盗和发掘清理的墓葬看，由北向南分为三列。

墓葬均在后来形成的流动沙层下开口，基本形制为带斜坡或台阶式墓道的凸字形洞室墓。墓地上层为疏松的沙土层，下层为较软的砂岩。墓葬一般在沙土层和砂岩上挖墓道，在砂岩上开凿墓室。墓室大致呈圆角方形，弧顶，有的墓葬在墓室侧壁上凿壁龛，置陪葬者。葬具为木棺，大多已腐朽塌陷。人骨大多因早期被盗而凌乱不堪。

M5墓向210度。长条形斜坡式墓道，在斜坡中部近墓室处留有三级台阶，墓道两壁上有明显的挖掘工具齿痕。墓道长6.8米，宽1—1.16米，深3米，填土为沙土和碎石。墓门呈六边形，宽0.7—1米，高1.24米。墓室略呈圆角长方形弧顶洞式，里面淤满了沙土和碎石，长2.15米，宽2.08—2.58米，高1.44米。因早期被盗，墓内除遗留几块棺木朽板外，不见任何随葬器物和尸骨，只在墓道前部的填土中出土1件残灰陶罐。

M6墓向195度。长条形斜坡墓道，因上壁为沙层，为防坍塌，在靠近墓室的墓道口右侧垒砌石块，下壁砂岩上有明显的挖掘工具的齿痕。墓道长25米，宽1.4—1.5米，深7.22米。填土为沙土、碎石和砂岩块。墓门用大石块封堵，呈长方形，留有门楣、门檐、门框，用红彩绘成屋檐状，宽1.18米，高1.62米。墓室呈圆角梯形弧顶洞式，长2.9米，前宽3.42米，后宽2.8米，高2.15米。墓室略靠后部置一木棺，已腐朽塌陷，从残留痕迹看为长方形，棺板厚5—6厘米，用榫卯和锥形铁棺钉组合，棺四角各嵌入一铁环。墓主人骨架因潮湿已腐朽，葬式不清。墓室左侧壁靠前处，凿一长1.62米、宽0.6米、高0.82米的长方形弧顶壁龛，内置一具保存较完整的女性骨架，仰身直肢，用草席裹卷，应为陪葬者。随葬器物较少，只在墓室出土罐、钵各1件，在墓门填土中出土羊股骨。

M6墓室内发现3件彩绘浮雕。墓室内墓门左右两侧彩绘浮雕武士门神一对，墓室右侧壁与左侧壁龛相对处立有一块长1.75米、宽0.74—0.86米、厚0.1米的砂岩石板，上面浮雕彩绘猛虎和人面兽身像。墓门左侧武士头戴盔式披肩帽，身着短衣裤，束腰，脚蹬小靴，怒目斜视，胡须飘逸，张口，双脚左右分立，两手作打拳状。身高1.2米（图一）。墓门右侧武士头戴盔帽，身着短衣裤，束腰，脚踏小靴，瞪目前视，张口威吼，胡须上翘，面部表情似在发怒。双脚前后分立，右手高擎环首长刀，左手执弧尖长方形盾牌（图二）。盾牌正面用红彩绘花卉纹（图三）。身高1.2米。武士衣着均绘红彩，须、眉、目绘黑彩。墓室右侧石板浮雕均以黑、红彩绘，左为老虎，右为人面兽身

图一 打拳状武士壁画
（内蒙古乌审旗翁滚梁墓葬出土）

图二 持剑武士壁画
（内蒙古乌审旗翁滚梁墓葬出土）

像，相对而踞。老虎张口吐舌，怒目嘶吼，昂首似扑，尾巴绕身上翘，背有枝状物，似长翼，身长0.9米。人面兽身像面部较小，与兽身不成比例，面部表情安详，背有高鳍式翅，尾巴绕身上翘，身长0.95米。（图四）

M7墓向200度。长条形斜坡式墓道，墓道两壁砂岩上有明显的挖掘工具齿痕，墓道长26米，宽0.7—1.1米，深9.9米。填土为沙土和碎石，大块岩石较少。墓门封门石已经塌落。门呈长方形，有门额、门楣。门宽1.03米，高1.4米。墓室呈不规则长方形，前后斜坡顶洞式结构。墓室右壁长3.25米，左壁长3.1米，宽2.9米，高2.05米。左右两壁中部均雕刻有对称的树木纹。近门道处有两级台阶，右侧前角有一长0.9米、宽0.55米、高0.2米的平台，应为放置随葬品的地方。墓室后部置木棺，已被烧毁，残留棺板厚4—5厘米，用锥形铁钉钉合。左壁前侧开凿一长1.5米、宽0.6米、高0.7米的侧龛。骨架已凌乱不堪，只剩顶骨、椎骨、骶骨等。因早期被盗，随葬器物仅出土1件残陶壶和1枚五铢钱。墓室内有2件元代的白瓷碗和1件灰陶龙头螭首，还出土

图三　盾牌壁画

（内蒙古乌审旗翁滚梁墓葬出土）

图四　墓主人与老虎壁画

（内蒙古乌审旗翁滚梁墓葬出土）

牛骨。此外，在墓道填土中出土元代的板瓦。根据封门石塌落、棺木烧毁、人骨凌乱及晚期器物的混入，说明此墓可能早在元代就已被盗。

M9 墓向 216 度。长条形斜坡墓道，两壁上留有明显的挖掘齿痕。墓道长 1.72 米，宽 1.0—1.3 米，深 6.8 米。填土为沙土、碎石及砂岩块。墓门封门石已塌落，门呈长方形，宽 1.3 米，高 1.6 米。墓室略呈方形弧顶洞式，长 2.96—3.07 米，宽 2.8—3.2 米，高 2.3 米。墓室后部置尸床，长 3.1 米，宽 1.4 米，高 0.36 米。其上置木棺，已朽，残留棺板厚 5—6 厘米，用锥形铁钉钉合。尸骨凌乱，葬式不清。因被盗，随葬器物甚少，在墓室左侧有 2 件陶钵，靠近墓门的墓道填土中发现 1 件残陶罐和 1 件牛肩胛骨。在墓道中距墓门 2 米处发现被 M10 打破的现象。M10 规模较小，方向东南，长条形墓道与长条形墓室同宽，形制与其他墓葬不同。未见木棺、尸骨和随葬品。

M8 的形制结构与 M7 大致相同，该墓因早期被盗，未见任何随葬品。

二 遗物

因大多数墓葬早期被盗，出土遗物数量较少，主要是陶器，泥质灰陶，轮制，素面。类型有罐、壶、钵，另有铁棺钉、铁棺环、五铢钱等。

罐 2 件，泥质灰陶。标本 M6：1，敞口，方唇，短颈，鼓腹，平底。素面。高 20 厘米，口径 11.2 厘米，底径 7.6 厘米。

壶 2 件，泥质灰陶，已残。喇叭口，长颈，鼓腹，平底。素面。

钵 3 件，泥质灰陶。标本 M6：2，敛口，弧腹，矮假圈足。素面。口径 12.4 厘米，底径 8 厘米，高 7 厘米。标本 M9：1，敛口，弧腹，平底。素面。口径 8.8 厘米，底径 5 厘米，高 3.6 厘米。

铁棺钉 圆锥形。长 10.6—13.2 厘米。

铁棺环 圆形，上箍铁钉，用于木棺的四角。环径 7.2 厘米，钉长 16 厘米。

五铢钱 1 枚。圆廓方孔，孔正面的边缘有凸出的方边廓，书"五铢"二字，"五"字两叉较为圆转。直径 2 厘米。

三 墓葬相关问题

"翁滚"一词为蒙古语，汉译为"坟地"或"祭祀"之意。在这次钻探和清理工作中，在墓地东、西两侧发现两处西夏至元代的祭祀遗址，可见翁滚梁自古就是埋葬和祭祀之地，这里至今仍是当地蒙古族的祭祀场所。

从清理的 6 座墓葬看，除 M10 外，形制大体相同，只在结构上有小的差异。墓葬均为长墓道，以斜坡式为主。墓室为单洞室，有的在墓室壁上开凿侧龛，内置陪葬尸骨，个别墓葬有尸床和供台。各墓都有封门石，用大小不等的石块垒堵墓门。墓室形状为圆角方形穹顶式，个别墓室为长方形或斜坡顶圆角方形。这里流行的长墓道，或为当时一种特有的葬俗。

由于墓葬早期被盗，随葬品只有 M6 保存完整，器物组合少而简单，为罐、钵组合。其他墓葬在墓室和填土中残留有陶罐、陶壶残片和陶钵。

墓葬出土物中没有明确纪年的遗物，M6 武士门神浮雕像的头盔、衣着与呼和浩特市大学路北魏墓葬①中的立式陶俑极为相似；反映墓主人升天情景的浮雕，是汉魏以来墓葬壁画特别流行的主题；陶罐、陶钵为北朝时期常见的器物；"五铢"钱与湖北武昌马店山隋墓②出土的南朝陈钱相同。由此可见，这批墓葬的年代应为北魏时期。这一时期彩绘浮雕墓并不多见，M6 彩绘浮雕的发现，对研究我国北方地区南北朝时期的兵器和衣甲提供了重要资料。

四　墓葬年代讨论

原报告对翁滚梁墓葬的年代定论推断为北魏时期。③ 根据已发表的考古学资料，对这批墓葬年代提出新的认识。

在发掘过程中，经调查在墓葬东、西两侧各发现一处西夏至元代的祭祀遗址。可见，这一地区自古就是埋葬和祭祀之地。翁滚梁墓地，位于内蒙古乌审旗沙尔利格苏木西北 17 公里处，墓葬分布在翁滚梁的东南坡地及其坡下的开阔地。十六国时期，墓葬所在地为大夏国的范围。大夏国于 407 年由铁弗匈奴赫连勃勃建立。413 年，赫连勃勃发岭北夷、夏十万人，筑都城于朔方水北、黑水之南，自谓"朕方统一天下，君临万邦，可以统万为名"④。统万城在今陕西省靖边县北部，与内蒙古乌审旗交界。大夏国势力最强盛时，疆域包括今陕西渭水以北、内蒙古河套地区、山西太原、临汾西南部和甘肃东南部。1992 年，内蒙古乌审旗郭家梁墓葬出土大夏国"真兴二年"墓志，证实该地为大夏国境。⑤ 因此，从地域看翁滚梁墓地为大夏国的属地。

---

① 郭素新：《内蒙古呼和浩特北魏墓》，《文物》1977 年第 5 期。
② 武汉市博物馆：《武昌马店山隋墓清理简报》，《考古》1994 年第 11 期。
③ 内蒙古自治区博物馆等：《乌审旗翁滚梁北朝墓葬发掘简报》，载魏坚主编《内蒙古文物考古文集》第二辑，中国大百科全书出版社 1997 年版，第 478—483 页。
④ （唐）房玄龄等：《晋书》卷一三〇《赫连勃勃载记》，中华书局 1974 年版，第 3205 页。
⑤ 《内蒙古发现大夏国纪年墓志铭》，《内蒙古社会科学》（文史哲版）1993 年第 1 期。

翁滚梁墓葬形制为带斜坡墓道的洞室墓，墓道很长，最长达 26 米。墓室为单室，个别墓带壁龛。葬具为长方形木棺。洞室墓在战国晚期开始出现，西晋时期墓道变长，流行于十六国时期。郭家梁墓葬形制为带斜坡墓道的土洞墓，墓道长达 38 米，墓室为方形两面坡顶，内用石块垒砌尸床。与翁滚梁 M7 的形制接近，但没有天井和甬道结构。尸床与翁滚梁 M9 的设置相近。北魏墓葬与翁滚梁墓葬形制相比，缺乏长墓道和洞室结构。

翁滚梁 M6 墓门两侧的浮雕武士壁画，起镇墓的作用，其做法基本上保留了真人形象，面目表情虽然呈现愤怒之态，但比较清秀，与呼和浩特市大学路北魏墓出土的镇墓俑的风格完全不同。① 镇墓兽出现的时间较早，置于墓门两侧，十六国时期仍然流行。镇墓俑据现有考古学资料看，出现于十六国时期，北魏大量流行，到唐代出现人面兽身的镇墓俑。翁滚梁墓葬的镇墓俑壁画，形象处于初创阶段，与北魏墓葬镇墓俑有较大的区别。

翁滚梁 M6 持刀武士壁画，刀为单刀、直背、环首，这类刀在卓资县石家沟东汉墓葬中大量出现，说明这种刀从东汉一直流行至北朝。② 陶罐为敞口，方唇，短颈，鼓腹，平底。与郭家梁和呼和浩特市美岱村北魏墓出土的同类器形制相近。③"五铢"钱经对比分析，与南朝陈钱有一定的差别，更接近东汉五铢钱。

壁画中墓主人升仙的场面，在战国晚期楚墓出土的帛画中多有表现，一直延续到北朝时期。翁滚梁 M6 墓主人升仙的画面，表现升仙前的情景，其身体演变为兽身，反映了当时的一种葬俗。

北魏于 386 年由鲜卑拓跋珪所建，初定都盛乐（今内蒙古和林格尔县土城子），后迁都平城（今山西大同市东北）。494 年，孝文帝拓跋宏迁都洛阳，完成北魏的封建化进程。534 年，北魏分裂为东魏和西魏，历 150 年。大夏国于 407 年由铁弗匈奴赫连勃勃所建，431 年灭亡，处于十六国晚期和北魏早期阶段。翁滚梁墓葬的墓制和壁画内容及出土遗物，既有十六国时期的风格，又有北魏的特征。基于上述的论证，应为大夏国时期的墓葬。

翁滚梁墓葬的出土遗物虽然不甚丰富，但墓葬形制和壁画内容在内蒙古地区尚不多见。原报告中初定为北魏，根据多方面的综合分析，应为大夏的遗迹，对研究这一时期的墓葬形制、葬俗及当时人们生活情景，提供了十分珍贵的资料。

---

① 郭素新：《内蒙古呼和浩特北魏墓》，《文物》1977 年第 5 期。
② 内蒙古博物馆：《卓资县石家沟墓群出土资料》，《内蒙古文物考古》1998 年第 2 期。
③ 内蒙古文物工作队：《内蒙古呼和浩特美岱村北魏墓》，《考古》1962 年第 2 期。

辽代骨朵分类与形制功用的讨论

关于辽代骨朵的问题，近年来学术界已有初步的研究，如陆思贤的《释"骨朵"》（《考古与文物》1982年第5期），梁淑琴的《"骨朵"释析》（《辽海文物学刊》1989年第1期），陈永志的《骨朵形制及相关诸问题》（《内蒙古文物考古》1992年第2期），李明晓的《"骨朵"小考》（《历史文献研究》第28辑，华东师范大学出版社2008年版），贾秀梅的《赤峰博物馆藏辽代铁骨朵》（《东方收藏》2020年第9期），兰维的《宋辽金时期的骨朵及其功能》（《北方文物》2022年第2期），等等。随着考古新资料的不断发现，结合历史文献记载，进一步探讨骨朵的分类、形制、渊源、功用和族属等问题。骨朵在辽代的考古发现中既有出土的实物，又有丰富的墓葬壁画和石刻画像资料，在文献中也有记载。从现有的研究成果看，辽代骨朵的功用有兵器说、刑具说、仪仗说、身份说等多种看法。其实，根据墓葬壁画资料、出土实物和历史文献的记载，骨朵分为多种类型，在不同的场域中其功能也有所差异，并且成为契丹人的专属器具和身份标志。

一 辽代骨朵的分类与形制

辽代墓葬考古调查开始于20世纪初，迄今已发现上千座，其中的壁画墓多达百余座，主要分布于内蒙古赤峰市、通辽市，河北张家口市，辽宁朝阳市、锦州市，山西大同市等地，为研究辽代政治、经济、军事、文化等提供了直观性的实物资料。骨朵作为辽代的一种器具，在辽墓中发现有铜、铁、石、玛瑙等质地的实物，但数量有限，更多地在墓葬壁画和石刻画像中体现。对于骨朵的分类和形制，学术界已有相关的研究成果，对此进行梳理并结合考古资料予以分析。

陈永志将骨朵分为三类，即蒺藜骨朵、蒜头骨朵和"沙袋"骨朵。蒺藜骨朵分为二型，Ⅰ型以铁片或利钉装饰骨朵首成花球状；Ⅱ型以凸齿和乳钉装饰骨朵首。蒜头形骨朵分二型，Ⅰ型呈竖向棱柱状；Ⅱ型呈蒜头状，分三式，Ⅰ式为竖向长圆瓜棱形，Ⅱ式为横向长圆瓜棱形，Ⅲ式为竖向椭圆或圆形瓜棱形。"沙袋"骨朵分二型，Ⅰ型的器首銎孔为通穿，上下有垫片；Ⅱ型下端有銎，上端无垫片。根据考古资料对照，以上分类中的Ⅰ型蒺藜形骨朵、Ⅰ型蒜头形骨朵、Ⅱ型Ⅰ式蒜头形骨朵在辽代不见，而是流行于宋代和青铜时代。① 师小群、杭志宏将骨朵分为蒺藜形和蒜头形两种。② 刘景文、王秀兰把作为兵器的铁骨朵分为三种类型：Ⅰ型呈扁圆形，器表有螺旋纹；Ⅱ型为长椭圆形，器表作瓜棱状，下端有长圆筒；Ⅲ型为素面圆球形，下有圆筒。③ 李明晓认为："骨朵可分为三类：蒺藜类、蒜头类、沙袋类，其中蒜头类骨朵与沙袋类骨朵实际上是蒺藜类骨朵的变体。"④

北宋曾公亮等编撰的《武经总要前集》卷十三《器图》对骨朵形制的解释说："其首形制不常，或如蒺藜，或如蒜首，俗以随宜呼之。"⑤ 在辽代骨朵中，这两种形制都有发现。综合考古资料和学术界的分类，将辽代骨朵形制进行重新分类。从形制上看，骨朵由首和柄两个部分组成，形制变化主要在首部，下端有銎，有的銎孔通穿，个别的下端带铤；柄一般为长木柄，有的包银。根据其首部变化分为椭圆形、圆球形、蒜头形、瓜棱形、蒺藜形、多面体六种类型。

1. 椭圆形首骨朵，首部为素面。分二式。Ⅰ式銎孔通穿，上下端有垫片，用以卡骨朵首部。如辽宁锦州市张扛村3号辽墓⑥出土的铁骨朵，朝阳市姑营子辽耿氏家族2号墓⑦墓门东西侧绘契丹武士手持木柄骨朵的图像。Ⅱ式首部下端带长銎，有的柄部下端有短銎，如辽宁朝阳市杜杖子辽墓⑧出土的石骨朵（图一），内蒙古科左后旗吐尔基山辽墓⑨木棺前端门两侧镂刻契丹门卫手持木柄骨朵的图像，陕西历史博物馆收藏的鎏金龙纹银骨朵，内蒙古奈曼旗辽陈国公主墓⑩前室西壁耳室门北侧壁画绘契丹侍卫右手执木柄骨朵的图像（图二），宁城县鸽子洞辽墓⑪墓道南壁归来图中契丹男子双手合抱木柄骨朵的图像，库伦旗4号辽墓⑫墓门右侧壁画绘

---

① 陈永志：《骨朵形制及相关诸问题》，《内蒙古文物考古》1992年第2期。
② 师小群、杭志宏：《辽代鎏金龙纹银骨朵考释》，《文博》2011年第2期。
③ 刘景文、王秀兰：《辽金兵器研究》，《北方文物》2004年第1期。
④ 李明晓：《"骨朵"小考》，《历史文献研究》第28辑，华东师范大学出版社2009年版，第369—377页。
⑤ （宋）曾公亮等：《武经总要》（上），陈建中、黄明珍点校，《泉州文库》，商务印书馆2017年版，第217页。
⑥ 刘谦：《辽宁锦州市张扛村辽墓发掘报告》，《考古》1984年第11期。
⑦ 朝阳地区博物馆：《辽宁朝阳姑营子辽耿氏墓发掘报告》，《考古学集刊》第3集，中国社会科学出版社1983年版，第168—195页。
⑧ 朝阳市博物馆等：《辽宁朝阳杜杖子辽代墓葬发掘简报》，《文物》2014年第11期。
⑨ 内蒙古文物考古研究所：《内蒙古通辽市吐尔基山辽代墓葬》，《考古》2004年第7期。
⑩ 内蒙古自治区文物考古研究所等：《辽陈国公主墓》，文物出版社1993年版，第13页。
⑪ 王健群、陈相伟：《库伦辽代壁画墓》，文物出版社1989年版，第63页。
⑫ 内蒙古文物考古研究所等：《宁城县鸽子洞辽代壁画墓》，载魏坚主编《内蒙古文物考古文集》第二辑，中国大百科全书出版社1997年版，第631—638页。

图一　石骨朵

（辽宁朝阳市杜杖子辽墓出土）

图二　契丹侍卫壁画

（内蒙古奈曼旗辽陈国公主墓前室西壁耳室门北侧）

契丹侍卫双手握木柄骨朵的图像，库伦旗2号辽墓①门洞南侧壁画绘契丹男子右手持木柄骨朵的图像，辽宁鞍山市白家堡子鸾峰辽墓②墓道西壁绘契丹武士左手持木柄骨朵的图像，建平县水泉2号辽墓③甬道南壁绘契丹侍从双手握木柄骨朵的图像等。

2. 圆球形首骨朵，首部为素面。分三式：Ⅰ式銎孔通穿，上下端有垫片，用以卡骨朵首部，如内蒙古阿鲁科尔沁旗扎嘎斯台辽墓④出土的铁骨朵；Ⅱ式首部下端带长銎，如辽宁康平县后刘东屯村2号辽墓⑤出土的圆形长銎铁骨朵、巴林左旗辽上京博物馆收藏的铁骨朵（图三）；Ⅲ式首部下端带长铤，如辽宁朝阳市姑营子辽耿氏家族2号墓出土的圆形带铤铁骨朵。

图三　圆球形首铁骨朵
（内蒙古巴林左旗辽上京博物馆收藏）

---

① 王健群、陈相伟：《库伦辽代壁画墓》，文物出版社1989年版，第43页。
② ［日］鸟居龙藏：《辽代の画像石墓》，《鸟居龙藏全集》第五卷，朝日新闻社发行，昭和五十一年四月十五日第一次印刷。
③ 孙国龙：《朝阳出土两座辽墓壁画管窥》，《北方文物》2005年第4期。
④ 这批墓葬资料至今未见公布，骨朵收藏于内蒙古阿鲁科尔沁博物馆。
⑤ 铁岭市文物办公室等：《辽宁康平县后刘东屯二号辽墓》，《考古》1988年第9期。

3. 蒜头形首骨朵，首部呈椭圆形，分瓣，似蒜头状，下端有銎孔。如内蒙古科左后旗吐尔基山辽墓出土的玛瑙骨朵，通辽市二林场辽墓[①]出土的铁骨朵，辽宁阜新市南皂力营子1号辽墓[②]出土的瓷骨朵，朝阳市姑营子辽耿氏家族2号墓出土的石骨朵，内蒙古巴林左旗哈拉海场辽墓[③]天井东壁绘契丹男侍卫左手持木柄骨朵的图像（图四），敖汉旗北三家3号辽墓[④]墓道西壁归来图中契丹侍从双手按握木柄骨朵的图像，敖汉旗羊山3号辽墓[⑤]墓门两侧各绘一门吏双手持木柄骨朵的图像（图五），敖汉旗内蒙古史前文化博物馆收藏的辽代木棺左侧壁引马图中契丹人右手握木柄骨朵的图像[⑥]，

图四　契丹侍卫壁画

（内蒙古巴林左旗哈拉海场辽墓天井东壁）

---

① 张柏忠：《内蒙古通辽县二林场辽墓》，《文物》1985年第3期。
② 辽宁省文物考古研究所：《阜新南皂力营子一号辽墓》，《辽海文物学刊》1992年第1期。
③ 辽上京博物馆：《内蒙古巴林左旗哈拉海场辽代壁画墓清理简报》，《文物》2014年第4期。
④ 敖汉旗文物管理所：《内蒙古昭乌达盟敖汉旗北三家辽墓》，《考古》1984年第11期。
⑤ 邵国田：《敖汉旗羊山1—3号辽墓清理简报》，《内蒙古文物考古》1999年第1期。
⑥ 邵国田：《敖汉旗博物馆收藏一批辽墓木板画》，《内蒙古文物考古》1999年第1期。

图五 门吏壁画
（内蒙古敖汉旗羊山 3 号辽墓墓门西侧）

库伦旗 1 号辽墓①天井南壁绘契丹男子右手握木柄骨朵的图像和墓道北壁出行始发图中契丹男子右手提木柄骨朵的图像，库伦旗 7 号辽墓墓道东西两壁归来图中契丹侍从双手握木柄骨朵抗于肩上的图像和 8 号墓墓道南壁出行图中契丹侍从手持木柄骨朵抗于肩上的图像②，辽宁锦州市张扛村 2 号辽墓石棺前门左侧绘契丹男子双手握木柄骨朵的图像，北票市莲花山辽墓③壁画绘侍者手持木柄骨朵的图像等。

4. 瓜棱形首骨朵，首部呈长圆形，分瓣如瓜棱状，下端带长銎。如内蒙古巴林右旗博物馆收藏的铁骨朵，河北尚义县囹囵村辽石棺墓④出土的铁骨朵，内蒙古敖汉旗韩家窝铺 2 号辽墓⑤天井东西壁绘门吏双手执木柄骨朵的图像（图六），辽宁阜

---

① 王健群、陈相伟：《库伦辽代壁画墓》，文物出版社 1989 年版，第 20 页。
② 内蒙古文物考古研究所等：《内蒙古库伦旗七、八号辽墓》，《文物》1987 年第 7 期。
③ 李宏伟：《辽宁北票莲花山辽墓壁画的揭取》，《考古》1988 年第 7 期。
④ 河北省张家口地区文物保护管理所：《河北尚义囹囵村发现辽代石棺墓》，《文物春秋》1990 年第 6 期。
⑤ 内蒙古史前文化博物馆：《内蒙古敖汉旗韩家窝铺辽代壁画墓发掘简报》，《草原文物》2020 年第 1 期。

图六 门吏壁画
（内蒙古敖汉旗韩家窝铺2号辽墓天井东壁）

新市辽萧和墓①墓道北壁出行图中骑马武士腰悬木柄骨朵的图像（图七），法库县叶茂台辽肖义墓②甬道东壁绘武士双手拄木柄骨朵的图像，建平县水泉1号辽墓甬道北壁绘契丹侍从双臂抱木柄骨朵于肩上的图像（图八），河北张家口市宣化9号墓前室墓门两侧绘契丹门吏双手执木柄骨朵的图像和4号墓前室南壁墓门两侧绘契丹门吏双手按木柄骨朵的图像③等。

5. 蒺藜形首骨朵，首部装饰利钉、凸齿或乳钉，呈多齿状。分二式，Ⅰ式首部装饰四个长利钉，上下通穿，如内蒙古阿鲁科尔沁旗辽耶律羽之墓④出土的铁蒺藜，应为蒺藜形骨朵；Ⅱ式首部装饰凸齿，下端有銎孔，无长銎，如内蒙古阿鲁科尔沁

---

① 辽宁省文物考古研究所：《阜新辽萧和墓发掘简报》，《文物》2005年第1期。
② 温丽和：《辽宁法库叶茂台辽肖义墓》，《考古》1989年第4期。
③ 河北省文物研究所：《宣化辽墓——1974—1993年考古发掘报告》，文物出版社2001年版，第188、292页。
④ 内蒙古文物考古研究所等：《辽耶律羽之墓发掘简报》，《文物》1996年第1期。

图七 出行图壁画
（辽宁阜新市辽萧和墓墓道北壁）

图八 契丹侍从壁画
（辽宁建平县水泉1号辽墓甬道北壁）

旗道尔其格辽墓出土的铁骨朵①、巴林左旗辽上京博物馆收藏的铁骨朵（图九）。

图九　蒺藜形首铁骨朵

（内蒙古巴林左旗辽上京博物馆收藏）

6. 多面体骨朵，首部呈多面体状，顶部有金属片，下部有銎孔，无长銎。如内蒙古敖汉旗萨力巴乡水泉村辽墓出土的玛瑙骨朵②（图十）。

图十　玛瑙多面体骨朵

（内蒙古敖汉旗萨力巴乡水泉村辽墓出土）

---

① 丛艳双：《阿鲁科尔沁旗道尔其格发现一座辽墓》，《内蒙古文物考古》1992年第1、2期合刊。
② 这批墓葬资料至今未见公布，骨朵收藏于内蒙古敖汉旗史前文化博物馆。

从目前发现的考古资料看，Ⅰ式椭圆形首骨朵、Ⅰ式蒺藜形首骨朵、圆球形首骨朵、多面体骨朵，见于辽代早、中期；Ⅱ式蒺藜形首骨朵，见于辽代中期；Ⅱ式椭圆形首骨朵、蒜头形首骨朵，从辽代早期到晚期的遗迹都有发现；瓜棱形首骨朵，则见于辽代中期到晚期。因此，骨朵首部形制的不同，出现和流行的阶段有所不同，只有Ⅱ式椭圆形首骨朵和蒜头形骨朵盛行于辽代的各个阶段。

二 辽代骨朵的渊源与功用

关于骨朵的渊源问题，学术界也有探讨。宿白认为，骨朵用为军器或刑具，后者主要依据《唐律疏议》的记载而来。① 陆思贤认为，骨朵来源于汉代羌、戎兵器和匈奴的刑具。② 梁淑琴认为，骨朵来源于新石器时代的棍棒头和商代的殳。③ 陈永志赞同梁淑琴的观点，认为骨朵的原始形态最早可以追溯到新石器时代的环状石器或棍棒头，其后演变为殷周之际的殳。④ 师小群、杭志宏认为，骨朵产生的渊源可以追溯到新石器时代，如环形石器，殳与骨朵就是同物异名器。⑤ 李明晓认为，骨朵来自于旧石器时代中晚期的石球、新石器时代的环状石器、殷周至春秋战国时期的铜殳。⑥ 兰维认为骨朵有四种功能，即军事、刑杖、仪卫和身份象征。⑦ 笔者认为，骨朵的功用有多种，来源并非单一。从用途上看，骨朵作为兵器，可以追溯到新石器时代的棍棒头，最初作为狩猎用具，后来逐渐演变为击打兵器；骨朵作为仪仗用具，来自于殷周时期的殳，二者的功能演变也颇为一致，即由兵器过渡为仪仗用具；骨朵作为刑杖用具，则来源于唐代的刑杖，到辽代与"沙袋"刑具并用；骨朵作为守卫用具，是兵器的一种演化形式。辽代骨朵的具体功用，可以综合考古资料和历史文献的记载，归纳为用于武备、刑杖、仪仗和守卫等方面的器具。

1. 武备中的击打兵器。《辽史》卷三十四《兵卫志上》记载："辽国兵制，……人铁甲九事，马鞯辔，马甲皮铁，视其力；弓四，箭四百，长短枪、骨𬭚、斧钺、小旗、锤锥、火刀石、马盂、秒一斗、秒袋、搭𬭚伞各一，縻马绳二百尺，皆自备。"⑧ 可见，骨朵是一种兵器，作击打之用。在辽墓出土的骨朵中，内蒙古阿鲁科尔沁旗辽耶

---

① 宿白：《白沙宋墓》，文物出版社1957年版，第46页。
② 陆思贤：《释"骨朵"》，《考古与文物》1982年第5期。
③ 梁淑琴：《"骨朵"释析》，《辽海文物学刊》1989年第1期。
④ 陈永志：《骨朵形制及相关诸问题》，《内蒙古文物考古》1992年第2期。
⑤ 师小群、杭志宏：《辽代鎏金龙纹银骨朵考释》，《文博》2011年第2期。
⑥ 李明晓："骨朵"小考，《历史文献研究》第28辑，华东师范大学出版社2009年版，第369—377页。
⑦ 兰维：《宋辽金时期的骨朵及其功能》，《北方文物》2022年第2期。
⑧ （元）脱脱等：《辽史》卷三十四《兵卫志上》，中华书局1974年版，第397页。

律羽之墓出土的蒺藜形首铁骨朵,有四个利钉,呈"十"字形,正中有长方形銎孔,上端銎孔周围有圆痕,应为垫片的痕迹。阿鲁科尔沁旗道尔其格辽墓出土的蒺藜形首铁骨朵,已经严重锈蚀。敖汉旗内蒙古史前文化博物馆收藏的辽代木棺右侧外壁绘有鹰军图,后排队列中有一人手持骨朵。阿鲁科尔沁旗扎嘎斯台辽墓、辽宁康平县后刘东屯村2号辽墓、朝阳市姑营子辽耿氏家族2号墓出土的素面圆形首铁骨朵,在壁画中不见,可能与兵器有关。这类骨朵应该作为兵器使用。

2. 刑杖用具。《辽史》卷六十一《刑法志上》记载:"杖刑自五十至三百,凡杖五十以上者,以沙袋决之;又有木剑、大棒、铁骨朵之法。木剑、大棒之数三,自十五至三十;铁骨朵之数,或五、或七。有重罪者,将决以沙袋,先于脽骨之上及四周击之。……徒刑之数详于重熙制,杖刑以下之数详于咸雍制;其余非常用而无定式者,不可殚纪。"[1] 宋人王易的《重编燕北录》记载:"铁瓜,以熟铁打作八片虚合成,用柳木作柄,约长三尺,两头铁裹,打数不过七下。"[2]《辽史》卷一百十《耶律乙辛传》记载:"乙辛党耶律燕哥独奏当入八议,得减死论,击以铁骨朵,幽于来州。"[3] 从这些文献记载看,铁骨朵作为一种刑杖用具使用。宋人王易在《重编燕北录》中记载:"沙袋,如牛皮夹缝如鞋底,内盛沙半以来,柄以柳木作胎,亦用牛皮裹,长二尺,打数不过五百。"[4] 还绘制刑具沙袋的草图,形制与辽墓壁画所绘首部末端有棱纹线的骨朵相近,日本学者田村实造、小林行雄称之为"沙袋式"骨朵。[5] 陈永志认为,"沙袋式"骨朵即是辽代刑具沙袋原形的再现。[6] 那么,辽代刑具沙袋是否就是墓葬壁画中的骨朵,其实文献记载已经非常清晰。王易的《重编燕北录》对沙袋和骨朵使用的场合作了进一步的解释:"契丹盗衣服、钱绢诸物等,捉获贼,重或累倍。估计价钱每五贯文,决沙袋一下;累至一百五十文,决沙袋五百,配役五年。若更有钱时,十贯文,打骨朵一下,至骨朵五十已上,更有钱时处死。"[7] 骨朵和沙袋都是辽代的刑杖用具,根据犯罪轻重和杖击数而使用不同的刑具,一般情况下用铁骨朵杖击不超过7下,有时对重罪者也会超过50下;用沙袋杖击从1至500下不等,多数场合超过50下以上使用。辽墓壁画从早期到晚期常见契丹人手持木柄素面椭圆形首骨朵,似乎与沙袋的造型相同,但手持这类带木柄骨朵者无一例是作为刑具沙袋使用,而是用作仪仗和守卫,只有辽宁鞍

---

[1] (元)脱脱等:《辽史》卷六十一《刑法志上》,中华书局1974年版,第936页。
[2] (宋)王易:《重编燕北录》,《说郛三种》卷三十八,上海古籍出版社1988年版,第464页。
[3] (元)脱脱等:《辽史》卷一百十《耶律乙辛传》,中华书局1974年版,第1486页。
[4] (宋)王易:《重编燕北录》,《说郛三种》卷三十八,上海古籍出版社1988年版,第464页。
[5] [日]田村实造、小林行雄:《庆陵》,京都大学文学部,1952年。
[6] 陈永志:《辽代刑具沙袋形制考实——从辽墓绘画中所反映的"沙袋式"骨朵谈起》,《内蒙古文物考古》1994年第1期。
[7] (宋)王易:《重编燕北录》,《说郛三种》卷三十八,上海古籍出版社1988年版,第467页。

山市白家堡子鸾峰辽墓画像石柱上有契丹人手持拴绳的椭圆形刑具杖击奴仆的图像，这种用具是沙袋而非骨朵。

3. 仪仗用具。《宋史》卷一百四十四《仪卫志二》记载："（皇帝行幸仪卫）凡皇城司随驾人数：崇政殿祗应亲从四指挥共二百五十二人，执擎骨朵，充禁卫。"[①] 宋代皇帝的出行仪仗队伍中有手持骨朵的禁卫。辽代皇帝出行仪仗队伍在文献中虽然没有记载有持骨朵的侍卫，但大量墓葬壁画的出行图和归来图都有手持骨朵的侍卫或侍从，说明辽朝的出行仪仗受到宋朝的影响。在出行仪仗中，手持骨朵的侍卫多数为队伍的前导，如内蒙古翁牛特旗解放营子辽墓[②]壁画出行图，宁城县鸽子洞辽墓壁画归来图，敖汉旗北三家辽墓壁画出行图和归来图（图十一），巴林右旗辽太叔祖墓[③]壁画出行图，库伦旗 2 号辽墓出行图，库伦旗 7 号墓和 8 号墓壁画归来图与出行图，辽宁阜新市辽萧和墓壁画出行图，阜新市辽平原公主墓[④]壁画归来图等。还有作为后卫和中卫，如内蒙古库伦旗 1 号辽墓壁画出行始发图，辽宁建平县水泉 2 号辽墓壁画出行图等。辽墓出土的玛瑙、瓷、石骨朵，从质地上讲也应作为仪仗用具。这种仪仗用具在金代仍在沿用，《金史》卷四十一《仪卫志》上记载："初，国制，凡朔望常朝日，殿下列卫士，帘下置甲兵。正隆元年（1156年），海陵去甲兵，惟存锦衣弩手百人，分立两阶。其仪，都副点检，公服偏带。左右卫将军、宿直将军，展紫，金束带，各执玉、水晶及金饰骨朵。左右亲卫，盘

图十一 归来图壁画
（内蒙古敖汉旗北三家 3 号辽墓）

---

① （宋）脱脱等：《宋史》卷一百四十四《仪卫志二》，中华书局 1977 年版，第 3387 页。
② 翁牛特旗文化馆等：《内蒙古解放营子辽墓发掘简报》，《考古》1979 年第 4 期。
③ 计连成：《辽太叔祖墓主室木椁壁画及相关问题》，《内蒙古文物考古》2001 年第 2 期。
④ 辽宁省文物考古研究所等：《辽代阜新县辽代平原公主墓与梯子庙 4 号墓》，《考古》2011 年第 8 期。

裹紫袄，涂金束带，骨朵，佩兵械。供御弩手、伞子百人，并金花交脚幞头，涂金铜鈒衬花束带，骨朵。"① "行仗。天子非祀享巡幸远出，则用常行仪卫。弩手二百人、军使五人，控鹤二百人、首领四人，俱服红地藏根牡丹锦袄、金凤花交脚幞头、涂金银束带，控鹤或皂帽碧袄，各执金镀银蒜瓣骨朵。"② 由此可见，陕西历史博物馆收藏的辽代鎏金龙纹银骨朵，即是皇帝或皇室成员出行所用的仪仗之物。

4. 守卫用具。常见于辽墓壁画或石刻画像中，墓门两侧或一侧所绘刻的守卫或门吏手持骨朵，起守护墓主人的作用，这是兵器的一种演化和延伸。如内蒙古科左后旗吐尔基山辽墓木棺前端门两侧棺画，库伦旗2号辽墓门洞南侧壁画（图十二），库伦旗4号辽墓墓门右侧壁画，奈曼旗辽陈国公主墓前室西壁耳室门北侧壁画，敖汉旗羊山1号辽墓甬道东侧壁画，辽宁朝阳市姑营子辽耿氏家族3号墓③门洞东侧壁画，锦州市张扛村2号辽墓石棺前端门左侧棺画，山西大同市五法村辽墓④墓门西侧壁画，河北宣化9号和4号辽墓前室墓门两侧壁画等，都有手持骨朵的守卫或门吏。

从骨朵形制看，蒺藜形首骨朵、圆球形首骨朵用于兵器，椭圆形首骨朵、蒜头形首骨朵、瓜棱形首骨朵和多面体首骨朵作为仪仗用具和守卫用具。北宋曾公亮等编撰的《武经总要前集》卷十三《器图》记载："右蒺藜、蒜头骨朵二色，以铁若木为大首。迹其意，本为脉肫。大腹也，谓其形如脉而大，后人语讹。以脉为骨，以肫为朵。短柄铁链皆骨朵类，特形制小异尔。"⑤ 因此，骨朵本名为脉肫，后人语讹称骨朵，在木柄上安装一个蒺藜形或蒜头形铁首，作为一种击打式兵器，到宋辽时期

图十二　契丹门吏壁画
（内蒙古库伦旗2号辽墓门洞南侧）

---

① （宋）脱脱等：《金史》卷四十一《仪卫志上》，中华书局1975年版，第922页。
② （宋）脱脱等：《金史》卷四十一《仪卫志上》，中华书局1975年版，第928页。
③ 朝阳博物馆等：《辽宁朝阳市姑营子辽代耿氏家族3、4号墓发掘简报》，《考古》2011年第8期。
④ 王银田、谢廷琦、周雪松：《山西大同市辽墓的发掘》，《考古》2007年第8期。
⑤ （宋）曾公亮等：《武经总要》（上），陈建中、黄明珍点校，《泉州文库》，商务印书馆2017年版，第217页。

逐渐演变为刑杖、仪仗和守卫等用具。

三 辽代骨朵的族属问题

从辽墓出土的骨朵实物看，多数来自契丹人的墓葬中，个别汉人墓中有发现，如辽宁朝阳市姑营子辽耿氏家族2号辽墓出土圆形首铁骨朵和蒜头形首石骨朵，这座辽墓的墓主人虽为汉人耿延毅，官至昭德军节度使，从墓葬结构、棺室小帐、壁画内容和随葬品中的绿釉鸡冠壶、三足铁桶、长柄三足铁平锅、方形长柄四足铁烤炉、铁穿等具有契丹文化的特点看，已经融入了契丹的生活习俗之中。在辽墓的壁画或石刻画像中，无论是作为仪仗用具还是守卫用具，都为契丹人所持，即使是汉人也是如此，如山西大同市五法村辽墓、内蒙古巴林右旗白音罕山辽代韩氏家族墓地2号墓①，敖汉旗羊山1号、3号辽墓，河北张家口市宣化4号墓（图十三）、9号辽墓等汉人墓葬，墓主属于辽代汉人望族中的韩氏、刘氏、张氏等，与耿氏一样在生活习俗上已有契丹化的倾向，宣化张氏甚至与契丹耶律氏通婚，故在墓门两侧或甬道两壁的壁画中出现契丹武士手持骨朵的图像。

在宋代的墓葬壁画和传世画中，常见汉人手持骨朵的画面，如河南禹州市白沙宋墓1号墓②前室南壁入口东西两侧的双手持骨朵的侍卫图像。根据《宋史》卷一百四十四《仪卫志二》记载，皇帝仪仗中有手持骨朵的禁卫。《宋史》卷一百五十三《舆服志五》记载："（景祐三年，1036年）民间毋得乘檐子，及以银骨朵、水罐引喝随行。"③ 说明在景祐年前庶人出行也有持骨朵者随行。在辽墓壁画或石刻画像

图十三 契丹门吏壁画
（河北张家口市宣化4号辽墓前室墓门两侧）

---

① 内蒙古文物考古研究所等：《白音罕山辽代韩氏家族墓地发掘报告》，《内蒙古文物考古》2002年第2期。
② 宿白：《白沙宋墓》，文物出版社1957年版，第35页。
③ （元）脱脱等：《宋史》卷一百五十三《舆服志五》，中华书局1977年版，第3576页。

中,最多见的就是仪仗队伍和墓门两侧壁画中契丹侍卫手持骨朵的画面,而汉人手执长杆。早期辽墓少见出行图或归来图,多以引马或牵马的图像出现,手持骨朵的契丹人形象少见,仅在墓门、门洞两侧有契丹守卫手持骨朵的壁画。中期以后,随着在墓道、甬道左右两壁或石棺侧面绘出行图和归来图的增多,在仪仗队伍中多见手持骨朵的契丹人形象。如内蒙古库伦旗1号辽墓的墓道北壁绘出行始发图,仪仗队伍中既有契丹人又有汉人,前导队伍有手执长杆的身着契丹服的汉人,中间队伍有手执长杆的契丹人,后卫有手持骨朵的契丹人(图十四);南壁归来图中只在中间的队伍中有手持骨朵的契丹人。这里出现契丹人执长杆的现象属于少数,多数为汉人所执。

图十四　出行始发图壁画
(内蒙古库伦旗1号辽墓墓道北壁)

辽代中期以后的社会生活受宋文化影响,为何在辽墓壁画出现契丹人手持骨朵的图像或契丹人墓葬出土骨朵的实物。究其原因有四个方面:其一,辽代实行"以国制治契丹,以汉制待汉人"[1]的"因俗而治"的国策,不仅在辽上京城形制和布局、壁画侍者图、服饰等方面有所体现,而且在骨朵、长杆所持人的族属上也有表现。其二,辽代中期以后出现贩卖契丹人奴婢给汉人贵族的现象,《辽史》卷十九《兴宗本纪二》记载:重熙"十五年(1046年)春正月乙酉,如混同江。禁契丹以奴婢鬻与汉人。"[2] 说明当时存在着汉人贵族买卖契丹奴婢的现象,致使辽墓壁画中出现了手持骨朵的契丹侍卫、门卫等形象。其三,与墓主人的身份和地位有关,宿

---

[1] (元)脱脱等:《辽史》卷四十五《百官志》一,中华书局1974年。
[2] (元)脱脱等:《辽史》卷十九《兴宗本纪二》,中华书局1974年版,第233页。

白先生认为："宋代上至帝王，下至士庶，仪仗中皆有骨朵。"①指明宋代拥有骨朵者并不代表主人的身份和地位。陈永志认为辽代的骨朵是某种身份地位的标志。②宋人秦再思的《洛中纪异》曰："契丹主德光，尝昼寝，梦以神人花冠美姿容，辎軿甚盛，自天而下，衣白衣，佩金带，执金骨朵，有异兽十二随其后，内一黑色兔，入德光怀而失之。"③根据"纪异"的后文所言，这里的神人就是后来耶律德光入幽州城后见到的大悲菩萨佛像，并移到木叶山建菩萨堂，并非陈永志所说的神人为成仙得道后的太祖耶律阿保机，但这里就是一种身份的象征。从出土骨朵和有壁画图像的辽墓看，都为有地位和身份的墓主，把骨朵赋予契丹人所专属，即使身份高的汉人拥有手持骨朵的契丹人守卫也能作为地位高的标志。其四，从骨朵的渊源和演变过程看，本为中原汉人所属的兵器、仪具、刑具等，却被契丹人作为族属身份的标志，反映了契丹对以汉族为核心的中华文化的认同和民族交融的历史事实。

综上所述，通过对学术界关于骨朵及相关问题研究成果的梳理，并以辽代墓葬出土的实物和壁画、石刻画像发现的图像，根据骨朵首部形制分为蒺藜形首、椭圆形首、圆球形首、蒜头形首、瓜棱形首、多面体首六种类型，其中蒺藜形、椭圆形首骨朵又分为二式，圆形首骨朵分为三式，分别流行于辽代的早、中、晚各个时期。在功用上，结合考古资料和文献记载，并与宋代骨朵作横向比较，主要作为武备、刑杖、仪仗、守卫的兵器和用具，由此追溯各自的渊源，并非来自某种器物或用具的演变和延伸。元朝以后，骨朵的功能彻底发生了变化，不再作为兵器和刑具，只作仪仗之用。清朝中后期不见使用。在辽墓出土的骨朵实物和发现的骨朵壁画中，为契丹人或契丹化的汉人所专属，尤其是壁画和石刻画像中皆为契丹人手持骨朵的图像，这种现象体现了辽代"因俗而治"、族属身份、文化认同、民族交融等历史现象和"华夷一统"的整体观念。

---

① 宿白：《白沙宋墓》，文物出版社1957年版，第46页。
② 陈永志：《骨朵形制及相关诸问题》，《内蒙古文物考古》1992年第2期。
③ （清）厉鹗：《辽史拾遗》卷二《本纪第三太宗上》引《洛中纪异》，中华书局1985年版，第34页。

论辽代金银器

内蒙古地区是辽代的政治、经济、文化中心，反映在这些方面的出土遗物非常丰富。其中，金银器最能体现辽代至高的政治权力、发达的社会经济和多姿的文化现象。辽代金银器中包含的因素很多，既有本民族的风格，又融合了中原地区、南方地区唐宋金银器的特征，并受到中亚、西亚文化的影响，在中国金银器发展史上占有极其重要的地位。北方草原地区，从属于夏商时期的夏家店下层文化就已经出现了金器，后经东胡、匈奴、鲜卑、乌桓、突厥等民族的创新发展，到契丹民族建辽政权后，达到了金银器发展的鼎盛时期，对后代北方民族金银器的发展演变序列有很大的影响。

一 辽代金银器的主要发现

中华人民共和国成立以来，辽代金银器的出土主要集中于内蒙古、吉林、辽宁、河北、北京、山西等地，特别是内蒙古赤峰地区，是辽代的政治、经济、文化中心，出土了大量的金银器。其中，以赤峰市阿鲁科尔沁旗耶律羽之墓、通辽市奈曼旗陈国公主墓、赤峰市大营子辽驸马墓、赤峰市巴林右旗白音汉窖藏等最为重要。

为便于说明，将辽代分期叙述如下：

第一期，辽代早期，为辽太祖至景宗时期（907—983年）；

第二期，辽代中期，为辽圣宗至兴宗时期（984—1055年）；

第三期，辽代晚期，为辽道宗至天祚帝时期（1056—1125年）。

以下从墓葬、窖藏、塔址的年代早晚顺序排列出土的辽代金银器。

辽代早期发现金银器的遗迹，主要分布于内蒙古东部、辽宁省西部，多见于墓葬，少数出土于窖藏。

1. 1979年，内蒙古赤峰市松山区城子乡洞山村窖藏[①]出土银器3件，器类有鎏

---

① 项春松：《赤峰发现的契丹鎏金银器》，《文物》1985年第2期。

金卧鹿纹银鸡冠壶、鎏金双摩羯形银壶。为辽代早期。

2.1989年，内蒙古阿鲁科尔沁旗扎斯台苏木辽墓①出土金银器十余件。金器有男女金人形饰、兽形金耳坠、金管项饰，银器有鎏金鸿雁纹银耳杯、鎏金鸿雁蕉叶纹五曲錾耳杯、提梁银壶、金花首银簪、鎏金双鱼形银佩饰。

3.1992年，内蒙古阿鲁科尔沁旗罕苏木辽耶律羽之墓②出土金银器30余件。金器有五瓣花形芦雁纹金杯、对雁衔花纹金杯、嵌玉盾形金戒指、盾形宝相花纹金戒指、盾形缠枝纹金戒指、椭圆形缠枝纹金戒指、嵌松石圆形金戒指、龙首形金镯、嵌松石摩羯形金耳坠、摩羯形金耳坠、鸡心形金坠、管状金坠、镂空金球饰，银器有鎏金龙纹"万岁台"银砚盒、鎏金对雁团花纹银渣斗、鎏金摩羯纹银碗、鎏金四瓣花纹银粉盒、鎏金"高士图"錾花银把杯、鎏金双狮纹银盒、鎏金双凤纹银盘、鎏金"孝子图"银壶、"左相公"银盆、银匜、银勺、鎏金连枝花纹银簪。

4.1975年，内蒙古克什克腾旗二八地1号辽墓③出土金银器48件。金器有金耳坠、兽形金耳坠、摩羯形金耳坠、金龟饰、金泡、金丝环、金圈、长条形金饰、三角形金饰。银器有五瓣花形银盏、五星纹银把杯、"大郎君"银壶、五瓣花形银杯、鎏金飞凤团花纹银碗、银碗、连枝花纹银托、银号角、银扣边、镂空银饰、银簪。

5.1954年，内蒙古赤峰市大营子辽附马赠卫国王墓④出土金银器635件。金器有三叶形金耳坠、透雕缠枝花草纹金踝鞢带，银器有鎏金鹿衔草纹银马具、鎏金卷草纹银马具、鎏金龙纹银马具、鎏金飞凤戏珠纹银马鞍饰、鎏金双龙戏珠纹银马鞍饰、银马鞍饰、鎏金八角形人兽纹银佩饰、四鱼形银璧、鎏金团龙戏珠纹银高足杯、鎏金团龙戏珠纹银碗、银匜、提梁银壶、盘带纹银盏托、银箸、银匙、银锁形饰等。

6.2003年，内蒙古科尔沁左翼后旗吐尔基山辽墓⑤出土金银器30余件。金器有八棱单耳金杯、龙首金镯、摩羯形金耳坠、金针、凤纹金冠箍、圆形三足金乌纹金饰牌等，银器有鎏金錾花银壶、鎏金"对弈图"银壶、银盖壶、鎏金錾花银盖碗、鎏金摩羯团花纹银碗、鎏金錾花银盘、鎏金龙纹银盒、鎏金狮纹金花银盒、鎏金牡丹纹银饰牌、圆形月桂纹银饰牌、鎏金錾花银鞍饰、银号角、银箸、银匙等。

7.1988年，内蒙古丰镇市永善庄三号村辽墓⑥出土银器2件，器类有鎏金鸳鸯团花纹银碗、兽纹银带銙。

---

① 张景明：《辽代金银器研究》，文物出版社2011年版，第71页。
② 内蒙古文物考古研究所等：《辽耶律羽之墓发掘简报》，《文物》1996年第1期。
③ 项春松：《克什克腾旗二八地辽墓》，《内蒙古文物考古》1984年第3期。
④ 前热河省博物馆筹备组：《赤峰县大营子辽墓发掘报告》，《考古学报》1956年第3期。
⑤ 内蒙古文物考古研究所：《内蒙古通辽市吐尔基山辽代墓葬》，《考古》2004年第7期。
⑥ 王新民、崔利明：《丰镇县出土辽代金银器》，《乌兰察布文物》1989年第3期。

8. 1974年，辽宁省法库县叶茂台辽墓①出土金银器5件。金器有琥珀金耳坠、金丝球，银器有鎏金嵌琥珀鸾凤纹银捍腰、木胎包银漆箸。

9. 1996年，内蒙古博物馆从赤峰市征集1件缠枝牡丹纹包金银捍腰。

10. 1964年，内蒙古喀喇沁旗上烧锅辽墓②出土银器3件，器类有银碗、银号角。

11. 1971年，辽宁省北票市水泉1号辽墓③出土银器20余件，器类有银马鞍饰、鎏金银马具、鎏金摩羯纹银饰板、鎏金银链。

12. 1957年，辽宁省建平县张家营子辽墓、碌碡科辽墓④出土金银器21件（组）。金器有金镯、凤形金耳坠、梅花纹金镯、摩羯形金耳坠、金吊垂，银器有契丹文花式口银碟、银匙、银箸、鎏金双龙戏珠纹银冠、鎏金飞凤纹银马鞍饰、鎏金马具、鎏金银当卢、契丹文银匕。

13. 1991年，内蒙古科尔沁右翼中旗代钦塔拉辽墓⑤出土金银器23件。金器有龙首金镯、嵌松石梅花纹金戒指、摩羯形金耳坠、金耳坠、金球饰，银器有银镜、鎏金牡丹纹银马鞍饰。

14. 1987年，内蒙古科尔沁左翼后旗白音塔拉辽墓⑥出土金银器213件。金器有金耳坠、嵌宝石金戒指、金龙饰、双鱼形金饰、金球饰，银器有银钵、鎏金錾花银罐、鎏金四曲錾花银盘、鎏金摩羯纹银盘、银壶、银钗、银镯、银戒指、银马具、梅花形银管饰等。

辽代中期发现金银器的遗迹，主要分布于内蒙古通辽市、赤峰市以及辽宁西部、河北北部、北京、吉林等地区，多为墓葬、佛塔，少数为窖藏。

15. 1972年，辽宁省朝阳市二十家子乡前窗户村辽墓⑦出土银器25件，器类有鎏金双凤戏珠纹银冠、银耳坠、鎏金鸾鸟衔草纹银镯、鎏金葡萄纹银镯、鎏金戏童纹银带饰、鎏金桃形银饰、鎏金葫芦形银饰、鎏金银丝球、鎏金管状银饰。

16. 1986年，内蒙古奈曼旗青龙山镇辽陈国公主与驸马合葬墓⑧出土金银器200余件（组）。金器有男女金面具、八曲连弧形鸳鸯纹金盒、镂花金荷包、錾花金针筒、缠枝莲花纹金镯、双龙纹金镯、錾花金戒指、镂空小金球、小金筒、金銙银鞓

---

① 辽宁省博物馆等：《法库叶茂台辽墓纪略》，《文物》1975年第12期。
② 项春松：《上烧锅辽墓》，《内蒙古文物考古》1982年第2期。
③ 辽宁省博物馆文物队：《辽宁北票水泉1号辽墓发掘简报》，《文物》1997年第12期。
④ 冯永谦：《辽宁省建平、新民的三座辽墓》，《考古》1960年第2期。
⑤ 兴安盟文物工作站：《科右中旗代钦塔拉辽墓清理简报》，载魏坚主编《内蒙古文物考古文集》第二辑，中国大百科全书出版社1997年版，第651—667页。
⑥ 贲鹤龄：《科左后旗白音塔拉契丹墓葬》，《内蒙古文物考古》2002年第2期。
⑦ 靳枫毅：《辽宁朝阳前窗户村辽墓》，《文物》1980年第12期。
⑧ 内蒙古自治区文物考古研究所等：《辽陈国公主墓》，文物出版社1993年版，第25—46页。

蹀躞带、金銙丝带，银器有鎏金银冠、鎏金双高翅银冠、银丝网络、鎏金双凤纹银靴、鎏金双凤纹银枕、鎏金行龙戏珠纹银衾、银盖罐、银盆、鎏金莲花纹银钵、银执壶、符号纹银盏托、束腰形银托盘、银渣斗、连弧纹银器盖、鎏金双鱼纹银匙、银匙、琥珀柄银刀、玉柄银刀、玉柄银锥、鎏金银流苏、银构件、银铜銙银鞢鞢躞带、玉銙银带、银带、银马具、双凤纹鎏金银马鞍饰、群鸟纹鎏金银马鞍饰。

17. 1965 年，内蒙古库伦旗奈林稿辽墓①出土金银器 41 件。金器有金蹀躞带、摩羯形金耳坠、四蒂花叶纹金戒指片、球状金饰、金吊垂，银器有鎏金立凤纹银壶、银匜、银钏。

18. 1979 年，辽宁省喀左县北岭辽墓②出土银器 5 件，器类有银面具、银靴底、桃形银匜、六曲银碗、鎏金花瓣纹银坠。

19. 1993—1994 年，河北省凌源市八里堡村小喇嘛沟 2 号辽墓③出土金银器 43 件（套）。金器有龙首錾花金镯、摩羯形金耳坠，银器有鎏金镂空银冠、鎏金对凤纹银冠饰、鎏金银面具、鎏金银下颌托、银鞍饰、鎏金独角兽纹银腰带具、鎏金莲花纹银捍腰、鎏金八瓣花纹银戒指、鎏金镂空球状银饰、鎏金管状银饰、银鞍桥、鎏金鹦鹉纹马带具、鎏金卷草纹马带具、鎏金鸳鸯纹马带具、摩羯戏珠纹银长盘、银勺、五曲花式口银杯、银钵、银碗、银执壶、银渣斗、鎏金怪兽纹银饰牌、花草纹如意形银饰牌、独角兽戏瑞兔纹银饰牌、鎏金盘龙戏珠纹银泡饰、鎏金圆薄片等。11 号辽墓出土的银器有人物凤鸟纹银冠、银面具、银鞍桥。

20. 1988 年，内蒙古敖汉旗英凤沟 7 号辽墓出土银器 30 余件，器类有鎏金镂空立凤纹高体银冠、鎏金银面具、鎏金菊花纹马具带饰、鎏金双凤戏珠纹银鞍饰、鎏金凤纹马具带饰、契丹文银碗、鎏金银碗、契丹文束腰银盘、契丹文银笔洗、双连体银笔管、银砚等。这批文物资料未发表，现藏于内蒙古敖汉旗史前文化博物馆。

21. 1983 年，内蒙古巴林右旗巴彦尔灯苏木和布特哈达 4 号墓出土金银器 10 件。金器有迦陵频迦纹金耳坠、团花绣球纹金链盒，银器有鎏金凤纹山形筒式银冠、鎏金凤纹银鞍桥。这批文物未发表，现藏于内蒙古巴林右旗博物馆。

22. 1977 年，北京市房山县北郑村辽塔④出土银器 18 件，器类有银碗、银碟、银佛幡、银宝花、银蟠架、银棍。

23. 1976 年，河北省易县净觉寺辽舍利塔地宫⑤出土金银器 11 件。金器有带盖

---

① 内蒙古文物工作队：《内蒙古哲里木盟奈林稿辽代壁画墓》，《考古学集刊》第 1 期，中国社会科学出版社 1981 年版，第 231—245 页。
② 辽宁省文物考古研究所：《辽宁喀左北岭辽墓》，《辽海文物学刊》1986 年第 1 期。
③ 辽宁省文物考古研究所：《凌源小喇嘛沟辽墓》，文物出版社 2015 年版，第 13—32、110—111 页。
④ 齐心、刘精义：《北京市房山县北郑村辽塔清理记》，《考古》1980 年第 2 期。
⑤ 河北省文物管理处：《河北易县净觉寺舍利塔地宫清理记》，《文物》1986 年第 9 期。

金瓶，银器有银器盖、银塔、银盒、银钵、银盏托、银灯、银匕、银箸、银器座。

24. 1963年，北京市顺义县辽净光舍利塔塔基①出土银器7件，器类有银座水晶佛塔、银盒、银饰。

25. 1977年，河北省平泉县小吉沟辽墓②出土银器2件，器类有鎏金龙凤纹银冠、宝相花纹银碗。

26. 1990年，在流失到国外文物市场上有一批辽代金银器出售，有的已被瑞士雷特伯格博物馆收藏。有学者认为出土于河北省涿鹿地区窖藏。③根据器物上的錾文推测为辽代文忠王府所属。笔者依据文忠王府的地理位置，认为窖藏应在离辽代乾陵不远的宗州境内，即辽宁的法库县或北镇市。金器有龙纹盝顶方盒、双凤纹金方盒、双狮纹金佩带、伎乐飞天纹盝顶金函、双鸳朵带纹金碗、双凤纹金高足杯、龙纹葵口金杯、兔纹金碗、供花菩萨纹金盘，银器有鎏金四鹿团花纹盝顶银盒，鎏金迦陵频迦伎乐天盝顶银函、鎏金奔鹿纹银碗、鎏金仙人骑鹤纹盝顶银函、鎏金伎乐飞天纹盝顶银方盒、鎏金兔纹盝顶银函、鎏金双凤纹盝顶银方盒、鎏金双鸳朵带纹银碗、鎏金坐佛纹银碗、鎏金鸿雁纹银匜等。

27. 1986年、1988年，辽宁省朝阳市北塔天宫地宫④出土金银器23件。金器有金舍利塔、金盖玛瑙舍利罐、金法轮，银器有鎏金银塔、金银经塔、木胎银棺、银宝盖、银菩提树、灯笼形银饰件、龙纹花式口银碟、银罐、戏童纹银囊盒、筒形银瓶。

28. 1988年至1992年，内蒙古巴林右旗庆州白塔天宫地宫⑤出土金银器15件。金器有金板金法舍利，银器有鎏金凤衔珠舍利塔、长颈舍利银瓶、"千年万载"银匙、花瓣口银碟、银碗、银板金法舍利。

29. 1970年，内蒙古赤峰市翁牛特旗解放营子辽墓⑥出土银器3件，器类有五瓣花形银杯、银壶、海棠形银盘。

30. 2015年，内蒙古多伦县小王力沟2号墓⑦出土金银器59件。金器有莲花纹椭圆形金戒指、铃形金垂饰，银器有鎏金镂空双高翅银冠、鎏金镂空银靴、银方盒、银匙、银勺、银箸、鎏金银托嵌玉銙捍腰、银丝链玉组佩、鎏金银鞘玛瑙柄刀、银片饰漆木枕、银盖水晶盒。1号墓填土出土鎏金银鞍饰1件。

---

① 北京市文物工作队：《顺义县辽净光舍利塔基清理简报》，《文物》1964年第8期。
② 平泉县文保所等：《河北平泉县小吉沟辽墓》，《文物》1982年第8期。
③ 韩伟：《辽代太平年间金银器錾文考释》，《故宫文物月刊》（台北）1994年第9期。
④ 朝阳北塔考古勘察队：《辽宁朝阳北塔天宫地宫清理简报》，《文物》1992年第7期。
⑤ 德新等：《内蒙古巴林右旗庆州白塔发现辽代佛教文物》，《文物》1994年第12期。
⑥ 翁牛特旗文化馆等：《内蒙古解放营子辽墓发掘简报》，《考古》1979年第4期。
⑦ 内蒙古文物考古研究所等：《内蒙古多伦县小王力沟辽代墓葬》，《考古》2016年第10期。

31. 1967 年，辽宁省阜新市新营子辽塔塔基出土金银器 3 件。金器有金塔，银器有银塔、刻经银片。这批文物资料未发表，现藏于辽宁省博物馆。

32. 1999 年，辽宁省彰武县朝阳沟 2 号辽墓①出土一批金银器，有鎏金双鹿纹银饰件、鎏金动物纹银饰件、鎏金银臂韝、双鹿纹包金银箭囊饰片、鎏金银缨罩、鎏金契丹人形银缨罩、鎏金银盏托等。

辽代晚期发现金银器的遗迹，主要分布在内蒙古赤峰市和辽宁西部地区，多为墓葬，少数为窖藏。

33. 1956 年，辽宁省新民县巴图营子辽墓②出土金银器 2 件。金器有人物鱼舟形金簪，银器有银钗。

34. 1958 年，辽宁省锦西县西孤山辽萧孝忠墓③出土银器 5 件，器类有鎏金银冠、银饰片。

35. 1971 年，辽宁省建昌龟山 1 号辽墓④出土银器 3 件，器类有花瓣式口银杯、银盘。

36. 1978 年，内蒙古巴林右旗白音汗窖藏⑤出土银器 26 件，器类有八棱錾花银执壶、八棱錾花银温碗、柳斗形银杯、荷叶形银杯、复瓣仰莲纹银杯、二十五瓣莲花口银杯、海棠形錾花银盘、筒形银饰、鎏金银边螺钿杯。

37. 1993 年，内蒙古宁城县埋王沟 4 号辽墓⑥出土银器 5 件，器类有带枝莲花朵银薰炉、鎏金双凤戏珠纹银马鞍饰。

38. 1994 年，河北省凌源市八里堡村小喇嘛沟 6 号辽墓出土金器有金丝花球、金坠饰，9 号墓出土银器有折枝花纹银饰牌、银环、银戒指。⑦

此外，在内蒙古、辽宁等地发现的辽代遗迹中，还散见有金银器，主要为装饰品，如甘肃省博物馆收藏的鎏金凤纹银冠。也有一些辽代金银器已经流散到国外，如法国收藏家乌拉尔·皮尔先生收藏的金面具、鎏金双凤兽面纹银枕、鎏金立兽纹银饰牌等，克里斯狄安·戴狄安先生收藏的花形金耳坠、摩羯纹金耳坠、联珠纹金耳坠、联珠纹金镯、龙凤形金簪等。从辽代三期遗迹出土的金银器情况看，辽代早期、中期金银器的数量和种类最多，晚期的金银器数量和种类相对较少，而且以银

---

① 李宇峰：《辽宁彰武朝阳沟辽墓发掘概况》，《阜新辽金史研究》第五辑，中国社会科学出版社 2002 年版，第 87—88 页。
② 冯永谦：《辽宁省建平、新民的三座辽墓》，《考古》1960 年第 2 期。
③ 雁羽：《锦西西孤山辽萧孝忠墓清理简报》，《考古》1960 年第 2 期。
④ 靳枫毅、徐基：《辽宁建昌龟山一号辽墓》，《文物》1985 年第 3 期。
⑤ 巴右文、成顺：《内蒙古昭乌达盟巴林右旗发现辽代银器窖藏》，《文物》1980 年第 5 期。
⑥ 内蒙古文物考古研究所等：《宁城县埋王沟辽代墓地发掘简报》，载魏坚主编《内蒙古文物考古文集》第二辑，中国大百科全书出版社 1997 年版，第 609—630 页。
⑦ 辽宁省文物考古研究所：《凌源小喇嘛沟辽墓》，文物出版社 2015 年版，第 75、96—97 页。

器为主，这与辽代晚期禁止随葬金银器的法令有关。从出土地点看，内蒙古的赤峰市、通辽市和辽宁省西部地区出土的金银器比较集中，这与辽代契丹人的主要活动区域相吻合。从遗迹的级别看，全部为辽代皇室和大贵族、上层僧侣所拥有，说明金银器主要在上层社会中流行。

二 辽代金银器的类别

从20世纪50年代以来，在内蒙古、辽宁、河北等地发现辽代金银器的数量超过千余件，由于资料有限，本文收录不很全面，只是其中的一部分。从用途上分为殡葬器、饮食器、鞍马具、宗教用具、妆洗具、装饰品、日杂器等七大类，现将发表资料中的辽代金银器分类叙述如下。

1. 殡葬器

辽代葬俗中经常发现死者面部覆金属面具、身着金属网络等现象，同时还为死者随葬殡服等明器，大贵族用金银制作，非常讲究。

鎏金高翅银冠　辽陈国公主墓出土。圆筒形，两侧对称立翅，顶心缀道教人物像饰。整个冠帽的图案采用镂雕工艺，饰双凤戏珠、云凤纹、卷云纹等，并对细微处进行錾刻。高30厘米、口径19.5厘米。

金面具　辽陈国公主墓出土。按照驸马的脸型用薄金片锤鍱成型，呈半浮雕形，眉、眼等局部錾刻，边缘有连缀网络之用的缀孔。长21.7厘米、宽18.8厘米（图一）。

银丝网络　辽陈国公主墓出土。用银丝编制的特制葬衣，分头、臂、手、胸背、腹、腿、足七部分。

云凤纹金銙银鞓蹀躞带　辽陈国公主墓出土。带鞓和系垂的小带为银片制作，方形、桃形、葫芦形带銙和带扣均采用模冲工艺，纹饰采用模压、錾刻、鎏金等技法，纹饰有兽面纹、草叶纹、双凤纹。带长156厘米、宽3厘米。

鎏金錾花银靴　辽陈国公主墓出土。用薄银片仿照实物缝缀成形。靴靿、靴面两侧各錾两组和一组云凤纹。纹饰鎏金。高34.6厘米（图二）。

鎏金双凤戏珠纹银枕　辽陈国公主墓出土。半圆形箕状。枕面为如意云头，微凹，錾刻双凤戏珠纹。高13.2厘米、宽40.8厘米、长30厘米。

2. 饮食器

碗、杯、盏托、壶是辽代金银器最为普遍的器形，壶的形制不一，用途不同；杯是发现较多的器类，形制及纹饰变化较多。

鎏金錾花银把杯　耶律羽之墓出土。通体呈七棱形，杯沿、折棱、足缘及开光边框均饰联珠纹。开光内以鱼子纹为地，平錾高士图，下腹平錾缠枝花，足壁錾

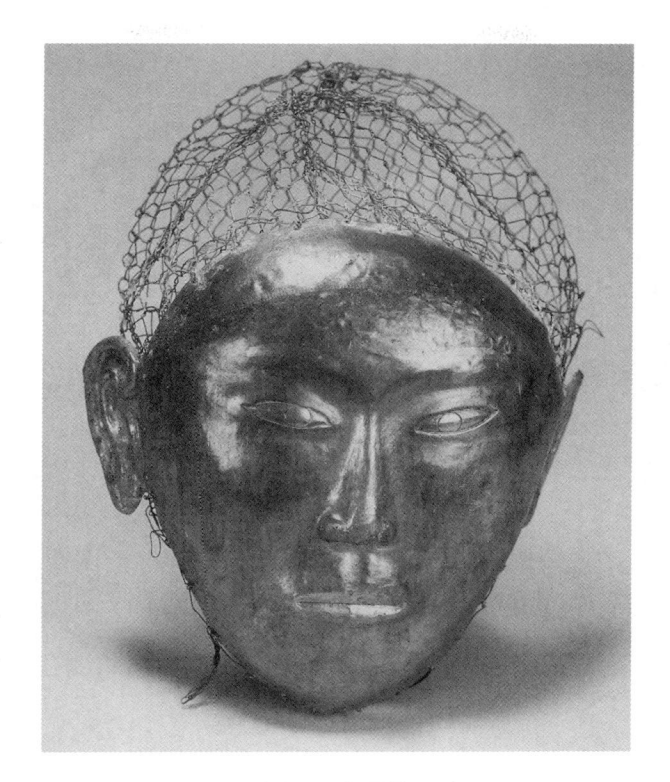

图一　金面具

（内蒙古奈曼旗辽陈国公主墓出土）

图二　鎏金錾花银靴

（内蒙古奈曼旗辽陈国公主墓出土）

"山"字纹。通体鎏金。高6.4厘米、口径7.3厘米、足径3.9厘米（图三）。

图三 鎏金錾花银把杯
（内蒙古阿鲁科尔沁旗耶律羽之墓出土）

五瓣形芦雁纹金杯　耶律羽之墓出土。口内沿錾卷草纹。腹壁纹饰呈带状分布；沿下为羽纹；腹部每个花瓣上如意开光内錾卷草芦雁纹，开光周围饰卷草纹，均以鱼子纹为地；近底处浮雕复瓣仰莲纹；足壁饰水波纹。高4.9厘米、口径2.3厘米、足径4厘米。

对雁衔花纹金杯　耶律羽之墓出土。口内沿錾宝相莲瓣纹，腹外壁以花瓣分区錾对雁衔花纹；内底錾双鱼戏水纹；足缘錾羽纹。高3厘米、口径4.2厘米、足径4.2厘米。

银把杯　克什克腾旗二八地1号辽墓出土。口侧铆一三角形錾，錾下附一指环。圈足内底錾五个五角星，錾上錾一个五角星。高9厘米、口径8厘米。

柳斗形银杯　巴林右旗白音汉窖藏出土。口沿作绳纹，其余部分压柳编纹。高5.6厘米、口径5.6厘米（图四）。

荷花形银杯　巴林右旗白音汉窖藏出土。杯壁锤鍱成盛开的荷花形，底心浮雕花蕊，花瓣錾刻叶脉纹。高3.8厘米、口径10厘米、足径4.6厘米。

复瓣仰莲纹银杯　巴林右旗白音汉窖藏出土。口至足外壁呈带状分布四层图案，依次为羽纹、卷云纹、复合仰莲纹、羽纹。足底刻字。高6.4厘米、口径9.6厘米、足径4.8厘米。

团龙戏珠纹金花银杯　赤峰大营子辽驸马墓出土。底錾团龙戏珠纹，口沿及足

图四 柳斗形银杯

(内蒙古巴林右旗白音汉窖藏出土)

缘均饰羽纹。图案鎏金。高4.5厘米、口径13.8厘米。

摩羯纹金花银碗 耶律羽之墓出土。内底錾摩羯纹,周绕花瓣;口沿饰环瓣组合纹。图案鎏金。高7.1厘米、口径23.3厘米、底径12厘米。

双凤纹金花银碗 克什克腾旗二八地1号辽墓出土。口沿至底饰五层图案,依次为花枝水珠纹、团花、羽珠纹、飞凤纹。图案鎏金。高4.8厘米(图五)。

鸳鸯纹金花银碗 丰镇市永善庄辽墓出土。口沿至底饰四层图案,口沿为俯仰

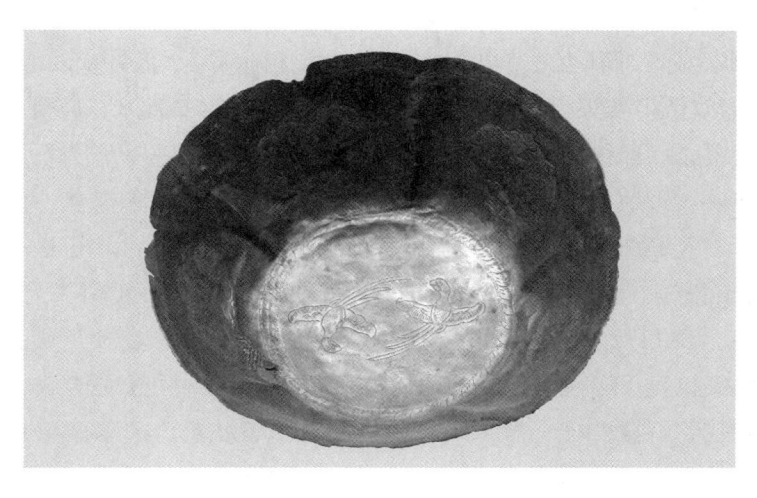

图五 双凤纹金花银碗

(内蒙古克什克腾旗二八地1号墓葬出土)

扇形花卉，腹壁饰相间的两种花结；底部为一对鸳鸯穿行于花叶丛中，周绕以曲带与羽纹组合的花纹。图案鎏金。高6.9厘米、口径22.8厘米、足径11.6厘米。

缠枝牡丹纹金花银钵　辽陈国公主墓出土。口与底錾刻四组图案，口沿为联珠间以水波纹；底部为荷花周以联珠纹，外围是缠枝荷叶纹，再周以羽纹。图案鎏金。底外刻"比"字。高6.1厘米、口径16.8厘米、底径13.8厘米。

鎏金錾花银盘　耶律羽之墓出土。口沿饰牡丹纹，腹壁及足部饰宝相莲瓣纹。通体鎏金。高3.5厘米、口径15.9厘米、足径10.3厘米。

团龙纹花瓣形银碟　辽宁朝阳北塔天宫地宫出土。十三瓣花式腹，底錾一团龙纹。高2.2厘米、口径11.4厘米、底径6厘米（图六）。

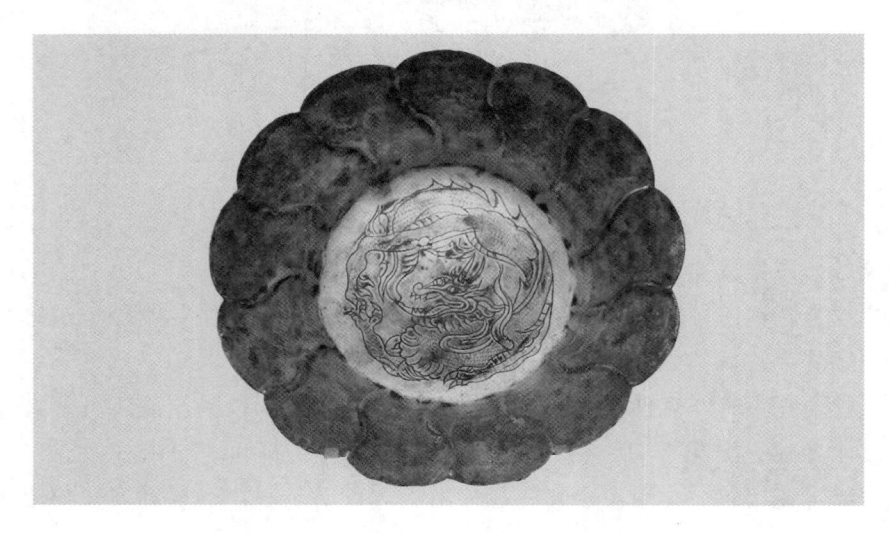

图六　团龙纹花瓣式银碟
（辽宁省朝阳市北塔天宫地宫出土）

鎏金錾花银壶　耶律羽之墓出土。颈腹部各有四个如意形开光，均錾"孝子"图，周围饰花卉，近底处为一周仰莲；足部饰缠枝花纹。通体鎏金。高14.8厘米、口径7.6厘米、足径7.1厘米。

"大郎君"银壶　克什克腾旗二八地1号辽墓出土。足底錾刻"大郎君"三字，周围刻画短线。高11.2厘米、口径6厘米。

八棱錾花银执壶、温碗　巴林右旗白音汉窖藏出土。执壶通体为八棱形，肩部附一竹节状长流，口腹间连一竹节状长曲柄，盖作塔坛八角式。壶身通錾八组相同的缠枝牡丹花纹。肩部錾石榴花纹。边棱均錾鸟羽纹。盖分两层，每层均錾牡丹花和叶纹，荷花蓓蕾坛顶。通高26厘米、腹径15厘米、足径9.5厘米（图七）。温碗通体呈八棱形，每棱图案分三组，每组四边均錾鸟羽纹，上中两组均饰牡丹花枝。高 11 厘米、口径 5.4 厘米、足径 12 厘米（图八）。

图七　八棱錾花银执壶
（内蒙古巴林右旗白音汉窖藏出土）

图八　八棱錾花银温碗
（内蒙古巴林右旗白音汉窖藏出土）

盘带纹錾花银盏托　赤峰市大营子辽驸马墓出土。碗、盘及足缘均錾羽纹，碗、盘的腹壁均錾盘带纹。高8.3厘米、口径8.7厘米、足径7.4厘米。

符号纹银盏托　辽陈国公主墓出土。托盘外壁、圈足外壁分别线刻契丹文符号。通高7.8厘米、口径8.4厘米、足径6.8厘米。

银箸　赤峰市大营子辽驸马墓出土。圆首，长圆柱式。长23.3厘米。

银匙　赤峰市大营子辽驸马墓出土。匙呈椭圆形，曲柄。长23.2厘米。

3. 鞍马具

鞍马具是辽代最具特色的器物，当时堪称天下第一，从出土的实物看，纹饰繁缛，工艺精湛，不为虚名。

鎏金鹿衔草纹银马饰具　赤峰市大营子辽驸马墓出土。由长方形节约、凸形节约和圭形节约组合而成。节约模压鹿衔草纹，呈浮雕状。表面鎏金（图九）。

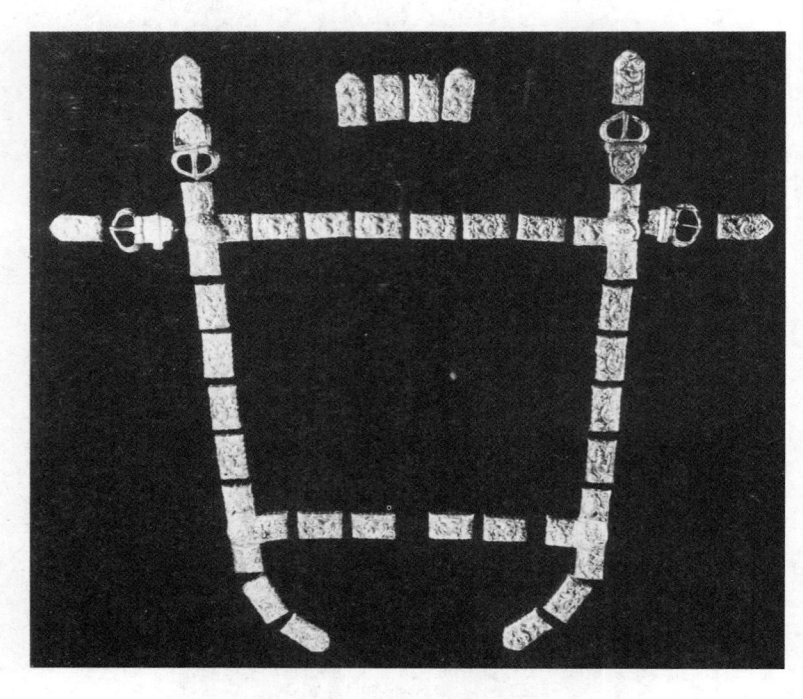

图九　鎏金鹿衔草纹银马饰具

（内蒙古赤峰市大营子辽驸马墓出土）

鎏金群鸟纹银马鞍　辽陈国公主墓出土。前后桥皆呈拱形，凸面，正面分别錾鱼子纹地的小鸟40余只，周围錾刻卷草纹。半月形鞍翅、叶形鞍翅各錾7只和12只小鸟，均以鱼子纹为地。周围錾卷草纹。前桥高24.5厘米、宽35.2厘米。后桥高38厘米、宽51.8厘米。半月形鞍翅长16.5厘米、宽6厘米。叶形鞍翅长31.5

厘米、宽 12 厘米。

鎏金缠枝莲花纹银马鞍　科尔沁右翼中旗代钦塔拉辽墓出土。由拱形前后鞍桥、刀叶形鞍翅及半月形鞍翅组成。面均錾浮雕式缠枝莲花纹，表面鎏金。前桥高 30 厘米、宽 35.5 厘米；后桥高 20 厘米、宽 48 厘米。

4. 宗教用具

从辽宁朝阳北塔天宫地宫和内蒙古巴林右旗庆州白塔中出土的大量的金银宗教用具来看，反映了辽代佛教的兴盛。

金银经塔　辽宁朝阳北塔天宫地宫出土。以金、银、铜、珍珠制成。分火炉、莲座、塔身、顶盖四部分。炉盆作浅钵形，铜质，上有银盖。炉盖上接仰莲座，内置一朵金莲，承四重圆筒形塔身，内装经卷。八角帽形顶盖，顶尖安一颗大珍珠，边缘和下面饰珍珠串。塔身第一重为金片，錾一坐佛和八大灵塔及塔名；第二重为银片，刻三尊菩萨；第三重为金片，刻大日如来佛与八大菩萨及三行题记："重熙十二年四月八日午时葬像法只八年提点上京僧录宣演大师赐紫沙门蕴侄记"；第四重为银质，素面。经卷由七块银片连接后卷成筒形，展开后全长 362.2 厘米、宽 11.3 厘米，刻写"波罗密多心经"和陀罗尼、真言密语，有汉字音译、意译及梵文三种（图十）。

图十　金银经塔
（辽宁朝阳市北塔天宫出土）

长颈舍利银瓶 巴林右旗辽庆州白塔出土。细长颈，平足。瓶盖为五瓣如意花式，盖钮作弯头状。素面。高9厘米、腹径2.8厘米。

5. 妆洗具

类别包括盆、盒、奁、荷包、匜等。

"左相公"银盆 耶律羽之墓出土。通体呈五瓣花形，素面，盆底刻"左相公"三字。高7.2厘米、口径23.5厘米。

金花银粉盒 耶律羽之墓出土。委角方形，子母口，盝式顶盖。盖顶纹饰为浮雕式花叶联珠纹；盒四壁以鱼子纹为地平錾花叶纹。图案鎏金。高2.2厘米、边长4.7厘米（图十一）。

图十一　金花银粉盒
（内蒙古阿鲁科尔沁旗耶律羽之墓出土）

鸳鸯纹八曲金盒 辽陈国公主墓出土。盒的两面图案相同，主体纹样为浮雕式的鸳鸯纹，边缘为联珠纹，周壁平錾缠枝卷草纹。高1.7厘米、直径5.5厘米

戏童纹银囊盒 辽宁朝阳北塔天宫地宫出土。椭圆八弧形，子母口，盒外壁附环钮连有索链。盒的图案采用浅浮雕式，上錾三个戏童。链长11.2厘米。

行龙戏珠纹金花银奁 辽陈国公主墓出土。外形呈圆筒形。盖顶饰浮雕式行龙戏珠纹。周壁图案上下对称，依次为丹凤纹、四叶海棠纹。图案鎏金。通高21厘米、腹径24厘米、足径20.8厘米。

金荷包　辽陈国公主墓出土。扁桃形。图案为镂雕的缠枝忍冬纹。长13.4厘米、宽7.8厘米。

银匜　耶律羽之墓出土。椭圆形，一侧有流。高5.5厘米、长21.3厘米、宽18厘米。

6. 装饰品

辽代金银器装饰品较多，有冠、簪、镯、耳坠、戒指、带饰、佩饰等。

鎏金双凤戏珠纹银冠　辽宁朝阳前窗户村辽墓出土。冠呈"山"字形。主体图案为半浮雕双凤戏珠纹，周边压印卷云纹。图案鎏金。高20厘米、周长62厘米（图十二）。

图十二　鎏金双凤戏珠纹银冠

（辽宁省朝阳市前窗户村辽墓出土）

金花银簪　耶律羽之墓出土。扁簪面以鱼子纹为地，錾刻莲枝花纹。背有残存的别卡三处。长16厘米、宽2.1厘米。

摩羯形金耳坠　通辽市奈林稿壁画墓出土。摩羯作昂首翘尾形，首端连一弯钩。高4.4厘米。

椭圆形压花金戒指　通辽市奈林稿壁画墓出土。戒面模压四叶花纹。长2.9厘米、宽1.7厘米。

缠枝花金镯　辽陈国公主墓出土。镯面为中间宽两端窄的扁条形，起边。两端打制成龙首，镯面錾半浮雕缠枝莲纹，衬以网格网。展开长21.2厘米、宽1.6厘米。

7. 日杂器

辽代金银器除上述几类外，其他归为杂器类，有渣斗、砚盒、锁、号角、刀、钉钮等。

对雁团花纹金花银渣斗　耶律羽之墓出土。盘缘錾扇形图案，盘壁为四组牡丹纹团花，腹壁錾四组对雁团花。图案鎏金。高13.8厘米、口径18厘米、底径19.5厘米。

鎏金龙纹"万岁台"银砚盒　耶律羽之墓出土。平面略呈梯形，银质夹层，中置箕形石砚；盝顶盖；盒底连 13 个花式足。盖顶以波涛纹为地，浮雕腾龙纹，三朵莲花穿绕龙身，龙口衔一朵盛开的莲花，花蕊上竖刻"万岁台"三字，上端錾刻远山浮云，并有一轮骄阳冉冉升起。盒盖四边上下饰二组图案，均錾牡丹花叶纹、扁环形花，盒四边平錾缠枝忍冬纹。通高 7.6 厘米、长 18.4 厘米、宽 11—13.6 厘米（图十三）。

图十三　鎏金龙纹"万岁台"银砚盒
（内蒙古阿鲁科尔沁旗耶律羽之墓出土）

三　辽代金银器的分期与特征

目前，学术界对辽代金银器分三期之说在时间上稍有差异。陕西学者提出的三期说认为，早期从太祖神册元年至景宗乾亨五年（916—983 年），历太祖、太宗、世宗、穆宗、景宗五朝；中期为圣宗、兴宗两朝（984—1055 年）；晚期为道宗、天祚帝两朝（1056—1125 年）。[①] 这一分期是依照辽代历史由盛而衰的线索划分，与历史分期完全相同。朱天舒在《辽代金银器》中也持这种观点，并就辽代金银器的出土情况、分期和演变规律、造型艺术、纹样特征、文化探讨、葬具和服饰以及金银器的使用和制造，进行了比较详细的阐述。[②] 笔者认为文物的发展演变有其自

[①] 韩建武：《试论辽代金银器的分期及特点》，《陕西历史博物馆馆刊》第 3 辑，西北大学出版社 1996 年版，第 41—47 页。

[②] 朱天舒：《辽代金银器》，文物出版社 1998 年版，第 7—15 页。

身特有的规律，不能简单等同于历史分期。在研究、比较大量实物的基础上，根据辽代金银器的造型、纹饰题材、装饰手法、制作工艺及艺术风格的演变，重新对其分期作了界定，并在此基础上对辽代金银器的特征演变、艺术风格及其反映的文化交流和传承关系作了新的探讨。[①]

近年来，大批纪年辽墓的发现和出土实物的增加为金银器的分期提供了科学依据。笔者通过大量的实物比较研究，认为辽初太祖至圣宗时期（907—1030年），历太祖、太宗、世宗、穆宗、景宗、圣宗六朝，金银器种类繁多，特征各异，表现出对唐文化和西方文化的兼容并蓄、繁荣发展、工艺精湛的上升趋势，应划分为第一期；兴宗时期（1031—1055年），金银器在继承前朝传统的基础上，继续受到唐文化和西方文化的影响，同时开始出现宋文化因素的渗透，仍表现出辽文化中鲜明的民族特色，是为第二期；道宗、天祚帝时期（1055—1125年），金银器的制作工艺日臻完善，文化特征则表现出更多地接受宋文化因素的影响，抑或从宋地直接输入，是为第三期。其中，第一期的器形和纹饰演变比较复杂，又可分为第一、第二两个阶段，第一阶段为太祖至穆宗时期（907—968年），第二阶段为景宗、圣宗时期（969—1030年），表现出殡葬用具盛行，佛教用具开始出现。

（一）辽代金银器第一期的主要特征

1. 器种繁杂，数量较多，器形有碗、盘、杯、壶、盒、盆、罐、钵、盏托、匝、匙、箸、渣斗、冠、簪、耳坠、戒指、带饰、捍腰等；马具成套出现，有笼头饰、盘胸饰、鞍饰、后鞧饰；殡葬器大量盛行；佛教用具已出现。在第一阶段中，主要的器物可以分成不同的类型，并各有特点。碗分三型：A型为敞口，弧腹，圈足，又可分圆形口和花瓣口两种，如阿鲁科尔沁旗辽耶律羽之墓出土的鎏金摩羯纹银碗和克什克腾旗二八地1号辽墓出土的鎏金飞凤团花纹银碗；B型为敞口，斜腹，凹底，如克什克腾二八地1号辽墓出土的银碗；C型为直口，弧腹，圜底，如赤峰市大营子辽驸马墓出土的鎏金团龙戏珠纹银碗。杯分三型：A型为花瓣式或圆形敞口，弧腹较深，圈足，如阿鲁科尔沁旗辽耶律羽之墓出土的五瓣形芦雁纹金杯；B型为高足杯，敞口，浅弧腹，高圈足，如赤峰市大营子辽驸马墓出土的鎏金团龙戏珠纹银高足杯；C型为錾耳杯，分圆口和多边口两种，口沿一侧有錾耳，下垫指环，如阿鲁科尔沁旗扎斯台辽墓出土的鎏金鸿雁纹银耳杯（图十四）。盘分三型：A型为敞口，折沿，斜垂腹，圈足外张，如阿鲁科尔沁旗辽耶律羽之墓出土的鎏金双凤纹银盘；B型为圆唇，平折沿，浅腹，圜底，如科尔沁左翼后旗白音塔拉辽墓出土的鎏金四曲錾花银盘；C型为海棠形，敞口，平底，如科尔沁左翼后旗白

[①] 张景明：《中国北方草原古代金银器》，文物出版社2005年版，第81—82页。

图十四 鎏金鸿雁纹银耳杯
（内蒙古阿鲁科尔沁旗扎斯台墓葬出土）

音塔拉辽墓出土的鎏金摩羯纹银盘。壶分三型：A型为鸡冠壶，椭圆形口，长腹略弧，口一侧有鸡冠状錾耳，有的还堆塑猴，如赤峰市松山区城子辽代窖藏出土的鎏金卧鹿纹银鸡冠壶；B型为提梁壶，分摩羯形和矮体形两种，如赤峰市松山区城子窖藏出土的鎏金双摩羯形银壶；C型为长颈折肩壶，直口，束颈，折肩，圆腹，圈足，如阿鲁科尔沁旗辽耶律羽之墓出土的鎏金"孝子图"银壶。盒分二型：A型为方形曲角状，如阿鲁科尔沁旗辽耶律羽之墓出土的鎏金四瓣花纹银粉盒；B型为外向连弧形，如阿鲁科尔沁旗辽耶律羽之墓出土的鎏金双狮纹银盒。匜分二型：A型呈椭圆形，无柄，如阿鲁科尔沁旗辽耶律羽之墓出土的银匜；B型与流口相对的一侧有扁长的空心柄，如赤峰市大营子辽驸马墓出土的银匜。渣斗为盘口，鼓腹，圈足，如阿鲁科尔沁旗辽耶律羽之墓出土的鎏金对雁团花纹银渣斗。盏托的形体较高，盏托弧腹内向，如赤峰市大营子辽驸马墓出土的盘带纹银盏托。盆为敞口，呈五瓣花形，弧腹，圈足，素面，如阿鲁科尔沁旗辽耶律羽之墓出土的"左相公"银盆。罐为斜直口，鼓腹，如科尔沁左翼后旗白音塔拉辽墓出土的鎏金錾花银罐。

在第二阶段中，主要器物形成各自的特点。碗分四型：A型为侈口，弧腹下收，喇叭形圈足，如流失到国外文物市场上的兔纹金碗（图十五）；B型分圆形口和花瓣口两种，敞口，浅腹，圜底，如流失到国外文物市场上的鎏金坐佛纹银碗；C型为花式口，曲腹，如凌源市小喇嘛沟2号辽墓出土的摩羯纹银碗；D型为直口，直壁深腹，圈足，如凌源市小喇嘛沟2号辽墓出土的银碗。杯分二型：A型为高足

图十五　兔纹金碗
（流传到国外文物市场）

杯，造型与早一阶段的差异较大，深腹，喇叭形高圈足，如流失到国外文物市场上的双凤纹高足金杯（图十六）；B型为葵形花式口，弧腹，圜底，如流失到国外文物上的龙纹葵口金杯。盘分三型：A型为直口，折沿，高圈足，如敖汉旗英凤沟辽墓出土的契丹文银盘；B型为卷唇，宽折沿，浅腹，平底，如奈曼旗辽陈国公主墓

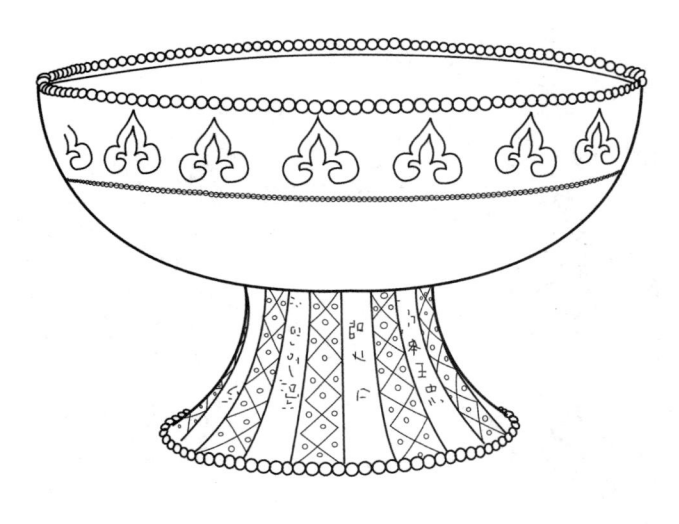

图十六　双凤纹高足金杯
（流传到国外文物市场）

· 69 ·

出土的束腰形银盘；C型为花式口，斜腹，平底，如流失到国外文物市场上的供花菩萨纹金盘。壶分二型：A型为侈口，一侧有环形单耳，如通辽市库伦旗奈林稿辽墓出土的鎏金立凤纹银壶（图十七）；B型为执壶，分高体和矮体两种，如奈曼旗辽陈国公主墓出土的银执壶。盒分三型：A型为扁圆形，子母口，直腹，平底，如奈曼旗辽陈国公主墓出土的银盒；B型为方盒，盝式盖、底，盒体方正，如流失到国外文物市场上的双凤纹金盒；C型为链盒，盖与盒身以子母口相合，有链连接上下两体，如奈曼旗辽陈国公主墓出土的八曲连弧形鸳鸯纹金盒。盏托的盏腹部较深，如奈曼旗辽陈国公主墓出土的符号纹银盏托。匜为敞口，弧腹，一侧有流，无柄，如流失到国外文物市场上的鎏金鸿雁纹银匜。匙分二型：A型匙面呈椭圆形，细长柄后部弯曲，柄上端成竹节形，柄端成扁形，内錾刻双鱼纹，鱼尾部穿孔，如奈曼旗辽陈国公主墓出土的鎏金双鱼纹银匙；B型匙面呈椭圆形，细长柄后弯曲，柄端呈扁平鸭蹼形，如奈曼旗辽陈国公主墓出土的银匙。罐为直口，矮颈，溜肩，鼓腹，平底，盖面隆起呈半圆形，中间焊环形钮，如奈曼旗辽陈国公主墓出土的银盖罐。钵为直口微敛，方唇，弧腹，平底，如奈曼旗辽陈国公主墓出土的鎏金莲花纹银钵。盒为子母口，曲腹，圈足，带盖，如奈曼旗辽陈国公主墓出土的鎏金行龙戏珠纹银盒。渣斗为盘口，束颈，鼓腹，圈足，盘下部剪成缺口，套入直颈内，将缺口外折，使盘底与颈口套连，如奈曼旗辽陈国公主墓出土的银渣斗。

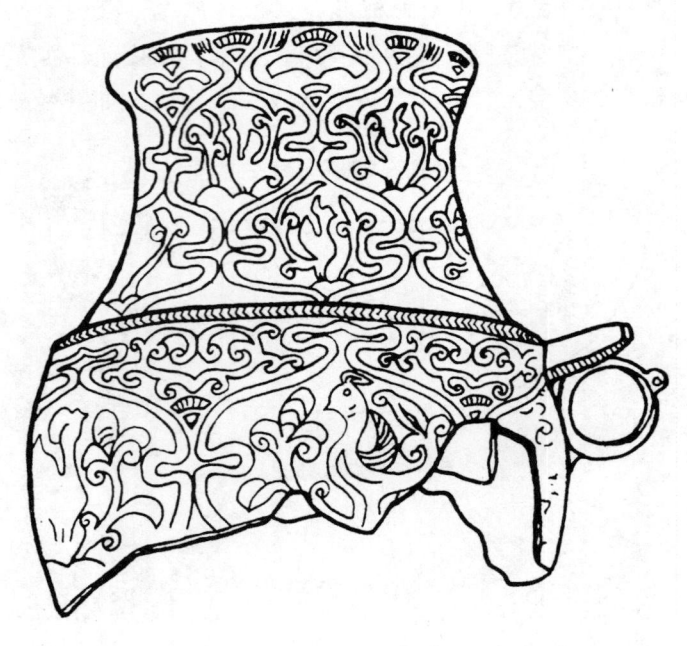

图十七　鎏金立凤纹银壶
（内蒙古通辽市库伦旗奈林稿墓葬出土）

2. 纹饰布局严谨，杯、碗、盆多用分区点饰的手法，以单纯的纹样在器物局部进行装饰，采用环带夹单点式结构和散点式结构。单点式装饰的纹样，常见组成一个圆形规范，交式辅以鱼子纹等地纹。多层散点式构图运用比较普遍，以动物或植物纹样等距离反复出现于器物的装饰部位上，纹样间留出较大空白，显得图案分明而清晰。如阿鲁科尔沁旗辽耶律羽之墓出土的鎏金摩羯纹银碗，内底中心饰一层图案，腹壁等距离散饰折枝花等，口沿錾刻莲瓣纹和联珠纹。盒、罐、函、缨罩等多采用单区满地装的手法，对器物通体装饰，分为适合纹样、连续纹样、单独纹样、格律式纹样、平视式纹样等构图方法，纹饰分布非常有规律。适合纹样和连缀纹样常用于一种器物，如奈曼旗辽陈国公主墓出土的鎏金行龙戏珠纹银奁，在器盖顶中间浅浮雕行龙戏珠纹，龙头尾刻火焰宝珠和如意云纹，边缘饰联珠纹和变形莲瓣纹；腹分四区錾刻连缀的凤纹、折枝牡丹纹和海棠纹（图十八）。格律式纹样多用于盒的图案装饰，如流失到国外文物市场上的盘龙纹盝顶金方盒，盖顶上模冲盘龙纹，盝顶叠涩饰一整二破式海棠瓣，腹部饰菱形两方连续图案，很有格律。鎏金迦陵频迦伎乐飞天纹盝顶银函，盖面斗方中有两重四出团花，花尖各有一字，读为"太平清吉"；团花外绕四个迦陵频迦，人首鸟身，上身裸露，鼓双翼，展翅华尾，两个吹奏横笛，一个手执琵琶，一个乐器不明；斗方四角各有一只腾飞的仙鹤；外斗方四角各有一朵折枝纹；四侧饰如意云纹；盖四壁饰二方连续菱形纹；函体每面有两个伎乐飞天，披帛飘飞，舞姿各异，周围满绕如意云朵；以鱼子纹为地。平视

图十八　鎏金行龙戏珠纹银奁
（内蒙古奈曼旗辽陈国公主墓出土）

式纹样的器物比较少，只在殡葬服饰中看到。如奈曼旗辽陈国公主墓出土的鎏金双凤纹银靴，在靴靿两侧各錾两只凤凰和云纹，靴面两侧各錾一只凤凰及云纹。图案比较随意、自由。装饰画式纹样用于宝函上，如流传到国外文物市场上的鎏金仙人骑凤纹盝顶宝函，顶有骑凤吹箫仙人，四周饰流云五朵；叠涩及函盖沿饰海棠纹；函体正面錾刻巨型兽面，整体纹样如同装饰画一样。

3. 金器、鎏金银器多錾刻花纹，银器少见纹饰或装饰简单的花纹。如阿鲁科尔沁旗辽耶律羽之墓出土的金器和鎏金银器，在器物的外表或内底、内腹都装饰有华丽的纹样。如五瓣花形芦雁纹金杯、对雁衔花纹金杯、嵌玉盾形金戒指、盾形宝相花纹金戒指、盾形缠枝纹金戒指、椭圆形缠枝纹金戒指、嵌松石圆形金戒指、龙首形金镯、嵌松石摩羯形金耳坠（图十九）、摩羯形金耳坠、鎏金龙纹"万岁台"银砚盒、鎏金对雁团花纹银渣斗、鎏金摩羯纹银碗、鎏金四瓣花纹银粉盒、鎏金"高士图"錾花银把杯、鎏金双狮纹银盒、鎏金双凤纹银盘、鎏金"孝子图"银壶、鎏金连枝花纹银簪等。而"左相公"银盆、银匜、银勺却为素面或錾刻简单的文字。克什克腾旗二八地1号辽墓出土的五瓣花形银盏、五星纹银把杯、"大郎君"银壶、五瓣花形银杯、银碗、连枝花纹银托、银号角、银扣边、镂空银饰、银簪等银器，多数为素面，个别的錾刻简略的纹样。

图十九 嵌松石摩羯形金耳坠
（内蒙古阿鲁科尔沁旗耶律羽之墓出土）

4. 装饰品主要有冠饰、带饰、捍腰、葫芦形坠、镯、耳坠、球形饰、簪、钗等，出现仿生和传说中的动物形象，如龙、凤、摩羯、龟、兽等。冠饰多为菩萨冠，以龙、凤为装饰纹样。如建平县张家营子辽墓出土的鎏金双龙戏珠纹银冠，正面上端呈外向弧曲，锤錾浮雕式的双龙戏珠纹，龙昂首翘尾，腾空飞跃；空隙錾卷云纹，衬卷草纹和鱼子纹为地纹。还有螺叠状和两侧立高翅的冠，如奈曼旗辽陈国公主墓出土的鎏金银冠。鎏金螺叠状银冠，前面正中为二片云朵形银片，两侧由下而上叠压十二片云朵形银片，背面上下叠压二片云朵形和莲瓣形银片，冠箍口用薄银片顺长对折成双层，卷曲成圆环形，正面饰对凤，周围缀錾刻有凤、鸟、鹦鹉、鸿雁、火焰、花卉等图案的鎏金银圆片，箍外侧周边錾刻缠枝卷叶纹。鎏金双高翅银冠为高筒式，圆顶两侧有对称的立翅高于冠顶，冠箍口用长条形银片顺长对折成双层，卷曲成圆环形，正面镂空并錾刻火焰宝珠和飞凤纹，高翅、外侧正面中心各錾刻一只展翅欲飞的凤鸟，立翅边缘和冠箍外侧周边錾刻卷草纹。带饰分蹀躞带和大带，既有契丹本民族的特色，又有汉式的风格。如赤峰市大营子辽驸马墓出土的缠枝花纹金蹀躞带，由带扣、带銙、铊尾、带箍、葫芦形饰组成，各部件錾刻或透雕缠枝花纹。朝阳市前窗户村辽墓出土的鎏金戏童纹银带饰属于汉式大带，包括带扣、带銙、铊尾，没有下垂的小带和囊、葫芦形饰等装饰，各部件上錾刻吹箫、拍板、舞旗、持长枪、执令箭、执鼓槌、骑棍、提编织灯笼等玩耍的戏童图案。捍腰一般固定在织物上，系于后腰，上边呈外向连弧形，以莲花宝塔、牡丹纹为装饰。如法库县叶茂台辽墓出土的鎏金嵌琥珀鸾凤纹银捍腰，上边呈外向连弧状，表面锤錾五个塔式建筑，塔身镶嵌琥珀，地錾鸾凤纹；两端有扣，连在棉袍的长带上。镯的中间扁宽，两端开口常铸成动物的首部。如科尔沁右翼中旗代钦塔拉辽墓出土的龙首金镯，呈椭圆形，正面錾刻十三朵梅花，两侧有联珠纹，两端铸成相对龙首（图二十）。耳坠多呈"U"形，并焊接"U"形钩，多塑造成摩羯、凤、兽等形

图二十　龙首金镯

（内蒙古科尔沁右翼中旗代钦塔拉辽墓出土）

· 73 ·

象。如克什克腾旗二八地1号辽墓出土的摩羯形金耳坠,摩羯身躯卷曲,头顶球饰,周身有小圆孔。建平县张家营子辽墓出土的凤形金耳坠,凤作展翅飞舞状,翘尾,口衔瑞草,腹下云草托足,耳针弯曲。

5. 受唐文化和西方文化影响多,反映了东西文化和南北文化交流的状况。辽代金银器的器形,在器口变化上呈多样化,有圆形、花瓣形、盘状、曲式、海棠形等,这种器形的变化多端是始自唐代的,与唐代金银器的圆形、葵式、椭方、海棠、花瓣、菱弧形口有着明显的共性,二者显然有着直接的渊源关系。从纹饰题材和布局看几乎是唐代装饰艺术的翻版,尤其是第一期的纹饰布局讲求对称,构图繁缛而层次分明。纹饰有分区装饰、单点装饰和满地装等,在器物内底或器顶饰以主体花纹,其他部位以辅助性花纹修饰。如阿鲁科尔沁旗辽耶律羽之墓出土的鎏金对雁团花纹渣斗、丰镇市永善庄辽墓出土的鎏金鸳鸯团花纹银碗、克什克腾旗二八地1号辽墓出土的鎏金双凤团花纹银碗,与陕西西安何家村唐代窖藏①出土的小簇花银盖碗、内蒙古喀喇沁旗锦山镇河东村唐代窖藏②出土的鎏金摩羯团花纹银盘、鎏金卧鹿团花纹银盘、鎏金雄狮团花纹银盘、西安北郊坑底寨③出土的唐代"裴肃进"双凤纹银盘、陕西省蓝田县杨家沟④出土的唐代鹦鹉团花纹银盘、折枝团花纹银碗盖等,都属于团花的分区装饰,从题材到布局都保持一致。同时,在辽代金银器中,多瓣形器的原形渊源于粟特地区的银器,它直接或通过唐代金银器作为媒介间接地影响了辽代金银器。那种带錾耳和指环的银杯、银壶,在粟特金银器中流行。联珠纹装饰又是波斯萨珊王朝银器的做法,饱满圆润,技法高超。摩羯形图案,则是通过唐代间接吸收印度佛教文化艺术的因素。由此,辽代第一期金银器中,唐文化与西方文化的因素比较浓厚。

6. 制作和装饰工艺精湛。辽代第一期金银器采用铸造、铆合、切削、锤镶、抛光、模冲、编缀、鎏金、镶嵌、线雕、镂雕、立雕、錾刻、镂空等工艺和技法,往往同一器物的制作使用多种工艺。如克什克腾旗二八地1号辽墓出土的鎏金飞凤团花纹银碗,采用了锤镶、錾刻、鎏金、抛光等工艺。阿鲁科尔沁旗辽耶律羽之墓出土的嵌松石摩羯形金耳坠,采用了模冲、镂空、镶嵌、锤打等工艺。

7. 器物底部錾刻归属者、制作年号、被供奉者、贡臣结署、器物泛称、工匠名及符号。如克什克腾旗二八地1号辽墓出土的银壶,底部錾刻行书"大朗君"三字。阿鲁科尔沁旗辽耶律羽之墓出土的银盆底部和银砚盒顶部,分别錾刻"左相公"和"万

---

① 陕西省博物馆等:《西安南郊何家村发现唐代窖藏文物》,《文物》1972年第1期。
② 喀喇沁旗文化馆:《辽宁昭盟喀喇沁旗发现唐代鎏金银器》,《考古》1977年第5期。
③ 李长庆等:《西安北郊发现唐代金花银盘》,《文物》1963年第10期。
④ 樊维岳:《陕西蓝田发现一批唐代金银器》,《考古与文物》1982年第1期。

岁台"三字。流失到国外文物市场的辽代太平年间的一批金银器，多数器物上錾刻铭文。如双鸳朵带纹金碗外錾文："太平丙寅又进文忠王府大殿供奉祈百福皿九拾柒"；鎏金双鸳朵带纹银碗外腹錾文："太平丙寅又进文忠王府，宣徽南院诸臣合金银百两造成贡进"；双凤纹高足金杯圈足錾文："太平丁卯至匠造，奉文忠王府大殿供养祭器龙涎香皿一桌，臣萧术哲等合供进"；双凤纹金方盒内錾文："崇仁广孝功成冶定文忠王府殿前祭器，太平六年造成又贡，臣张俭等合拜揖"；伎乐飞天纹盝顶金函内錾文："太平丙寅进奉文忠王府供养祭品，臣张俭等命吉匠造成，又合拜揖"。

（二）辽代金银器第二期的主要特征

1. 金银制作的佛教用具增多，生活器皿大量减少。如巴林右旗庆州白塔、朝阳市北塔天宫地宫、易县净觉寺舍利塔地宫、房山县北郑村辽塔、顺义县辽净光舍利塔塔基等，都出土了大量的与佛教有关的金银器。其中，巴林右旗庆州白塔出土的金银佛教文物有金板金法舍利、鎏金凤衔珠舍利塔、长颈舍利银瓶、"千年万载"银匙、花瓣口银碟、银碗、银錾金法舍利。朝阳市北塔天宫地宫出土的金银佛教文物有金舍利塔、金盖玛瑙舍利罐、金法轮、鎏金银塔、金银经塔、木胎银棺、银宝盖、银菩提树、灯笼形银饰件、龙纹花式口银碟、银罐、戏童纹银囊盒、筒形银瓶。这里的匙、碟、碗等虽然为饮食器皿，却作为佛教中的供器出现，体现了佛教在辽代的盛行。

2. 器种有碟、杯、盘、壶、罐、盒、瓶、塔等，较第一期少，器形变化不明显。碟分二型：A型为六瓣花式口，弧腹，平底，如巴林右旗辽庆州白塔出土的花瓣口银碟（图二十一）；B型为十三瓣花式口，斜直腹，平底，如朝阳市北塔出土的龙纹花式口银碟。杯为花瓣形，直口，折肩，小圈足，如翁牛特旗解放营子辽墓出土的五瓣花形银杯。盘为海棠形，浅腹，平底，如翁牛特旗解放营子辽墓出土的海棠形银盘。壶为直口，长颈，折肩，鼓腹，小圈足，如翁牛特旗解放营子辽墓出土的银壶。罐为小口，鼓腹，矮圈足，如朝阳市北塔出土的银罐。盒为花式椭圆形，带链，如朝阳市北塔出土的戏童纹银囊盒（图二十二）。塔分六型：A型为方形单层檐式，三层平台式基座，上面和侧面錾刻云纹，座上置单层八瓣金莲座，上承方形塔身，如朝阳市北塔天宫地宫出土的金舍利塔。B型为六角形三重檐式，由基座、塔身、刹顶构成，如朝阳市北塔天宫地宫出土的鎏金银塔。C型分火炉、莲座、塔身、顶盖四部分。炉盆作浅钵形，平底，铜质，上有豆座形连弧边银盖。炉盖上接仰莲座，内置一朵单层八瓣金莲叶。塔身系四重圆筒形套，内装经卷。顶盖为金片锤揲而成，八角帽顶形，上面凸起作八瓣半敷莲花，顶尖安一颗大珍珠，边缘和下面饰银丝穿珍珠。如朝阳市北塔天宫地宫出土的金银经塔。D型分数段套合

· 75 ·

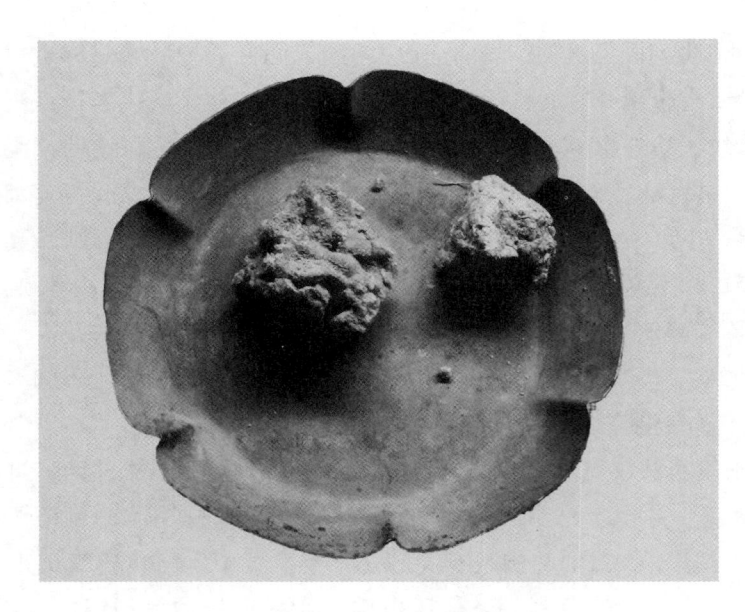

图二十一 花瓣口银碟
（内蒙古巴林右旗庆州白塔地宫出土）

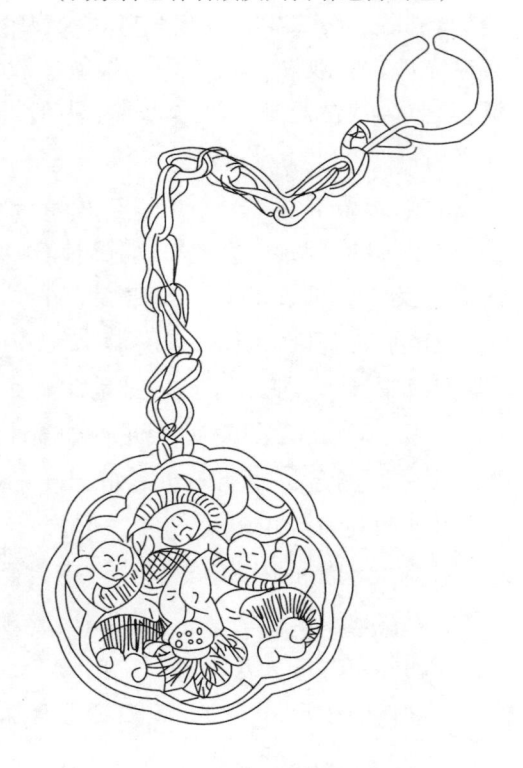

图二十二 戏童纹银囊盒
（辽宁省朝阳市北塔天宫地宫出土）

而成，塔下为圆形须弥座，上下各有三层叠涩，锤覆仰莲、卷草和牡丹花叶纹。如阜新市新营子辽塔出土的金舍利塔。E 型由塔座、塔身、塔檐、塔刹组成。塔座为圆形重台式，塔身呈六边形，塔檐、塔顶覆钵连体，刹顶饰一昂首展翅、口衔宝珠、双爪着于花盖之上的凤凰。如巴林右旗辽庆州白塔出土的鎏金凤衔珠银舍利塔。F 型由塔座、塔身、塔刹组成，塔座为八角形，模压莲花纹，塔身用水晶制作。如北京市顺义区辽净光舍利塔出土的银座水晶塔。

3. 纹饰的装饰手法继承了第一期，单点装饰和满地装饰仍流行，但趋于简化，素面器大量增加。由于此期佛教用具比较多，与佛教题材有关的纹饰也大量相应而生。单点装饰的器物局限于碟，简单而明了。如朝阳市北塔天宫地宫出土的龙纹花式口银碟，在内底錾刻盘龙纹，其他部位无纹饰。满地装饰适用于盒，纹饰较第一期简单。如朝阳市北塔天宫地宫出土的银囊盒，两面各锤鍱出三个童子及云纹，纹饰无层次。佛教图案占主要地位，如朝阳市北塔天宫地宫出土的鎏金银塔，在第一节塔身每面线刻一尊坐佛，为释迦牟尼和密宗金刚界五方如来，佛下均有莲花和生灵宝座；第二节塔身刻写下面各佛的梵文种子；第三节塔身刻写梵文"六字真言"。巴林右旗庆州白塔出土的鎏金凤衔珠银舍利塔，塔座錾刻荷叶覆莲纹；塔身正面刻塔门，两侧四面对称錾刻供养人的侍女各二，背面刻一赤足力士，说明佛教在辽代传播的盛况（图二十三）。

4. 仿三彩器增多，突出了辽代器物的特点，如翁牛特旗解放营子辽墓出土的海棠形银盘、巴林右旗辽庆州白塔出土的花瓣口银碟等。目前的考古学资料表明，辽代早期和中期早一阶段不见三彩器或者比较罕见，中期晚一阶段才开始出现一定数量的三彩器，晚期更加流行，这与辽代中期以后禁止随葬金银器有关，代之而起的便是三彩器。因此，金银器中便有了仿三彩器的器形。

5. 装饰品特别少，在所列举的遗迹中几乎不见。

6. 仍受唐文化和西方文化影响，宋文化因素已渗入。在长期的模仿唐代金银器的过程中，辽代金银器已不自觉地走向简化、涣

图二十三　鎏金凤衔珠银舍利塔
（内蒙古巴林右旗庆州白塔地宫出土）

散和潦草。如朝阳北塔天宫地宫出土的花瓣形团龙纹银碟，与敖汉旗李家营子唐代墓葬①出土的鎏金猞猁纹银盘、何家村唐代窖藏出土的龟纹银桃形器，就同是这一简约化风格的产物。同时，开始受到宋文化的影响。如朝阳市前窗户村辽墓出土的戏童纹银带上的高浮雕处理手法、辽代佛塔出土的金银塔的形制、奈曼旗辽陈国公主墓出土的鎏金高翅银冠、鎏金螺叠式银冠上使用的镂空技法等，都具有宋代金银器的风格。

7. 在工艺上新增加贴金、错金银等技法。如巴林右旗辽庆州白塔出土的木雕佛塔，使用了贴金的工艺（图二十四）；赤峰市大营子辽驸马墓出土的错金铁马镫、错银铁矛。

图二十四　七佛贴金彩绘法舍利塔
（内蒙古巴林右旗庆州白塔天宫地宫出土）

（三）辽代金银器第三期的主要特征

1. 银器大量增多，少见金器。在所列举的出土金银器遗迹中，只有新民县巴图营子辽墓出土一件人物鱼舟形金簪。

---

① 敖汉旗文化馆：《敖汉旗李家营子出土的金银器》，《考古》1978年第2期。

2. 器种较少，多为饮食器，器类有杯、碗、盘、壶等，马具、装饰品、宗教用具少见。碗为多棱形，直口，深腹，圈足外侈，如巴林右旗白音汉辽代窖藏出土的八棱錾花银温碗。杯分四型：A型为多瓣口，深弧腹，高圈足，如建昌县龟山一号辽墓出土的花瓣口银杯；B型为柳斗形，仿柳条编制成形，侈口，弧腹，圜底，如巴林右旗白音汉辽代窖藏出土的柳斗形银杯；C型为荷叶形，敞口，浅弧腹，圈足，如巴林右旗白音汉辽代窖藏出土的荷叶形银杯（图二十五）；D型为复瓣花形，花式口，卷唇，深弧腹，高圈足，如巴林右旗白音汉辽代窖藏出土的复瓣仰莲纹银杯。盘分二型：A型为敞口，浅腹，平底；B型为海棠形，敞口，斜腹，平底，如巴林右旗白音汉辽代窖藏出土的海棠形錾花银盘。壶通体呈八棱形，子母口，带八角形塔状盖，长颈，鼓腹，圈足，肩部一侧有竹节状长流，另一侧腹部与颈上端铆接竹节状弯柄，如巴林右旗白音汉辽代窖藏出土的八棱錾花银执壶。

图二十五　荷叶形银杯

（内蒙古巴林右旗白音汉窖藏出土）

3. 器形多为花瓣状，分四瓣、五瓣、二十二瓣、二十五瓣等。出现仿物形态，如荷花、海棠等。建昌龟山一号辽墓出土的花瓣式口银杯、巴林右旗白音汉窖藏出土的荷叶形银杯、复瓣仰莲纹银杯、二十五瓣莲花口银杯、海棠形錾花银盘等。

4. 纹饰题材以写实基调的花叶形为主，打破前两期的团花格局，显得生动、活泼、优美。多式的曲瓣花形，使器物的造型与纹饰和谐统一。如巴林右旗白音汉辽代窖藏出土的荷叶形银杯、复瓣仰莲纹银杯（图二十六）等。

图二十六　复瓣仰莲纹银杯
（内蒙古巴林右旗白音汉窖藏出土）

5. 装饰品的类别较少，有冠、簪、钗。冠已残缺，如锦西县西孤山辽萧孝忠墓出土的鎏金银冠，仅存冠沿一片，沿上部连着斜方格网状冠顶残部，另外的银饰片应为冠上之物。簪作人物、鱼、船蓬的组合型，如新民县巴图营子辽墓出土的人物鱼舟形金簪。钗采用锻打，分双叉，素面，如新民县巴图营子辽墓出土的银钗。

6. 主要受宋文化影响，抑或从宋地直接输入器物。宋代金银器的一个显著特点是仿生多变的造型，用钣金的方法制作如花朵、荷叶形状的碗、盘等。结合这种造型，原来适宜于唐代金银器上的四、五、六等分区法随即失去了意义，宋人在器形和纹饰统一下，曲口分瓣非常随意，瓣数增多，出现了二十多瓣的器物，这些都在这一期金银器中得以表现。但是，宋代金银器具有代表性的仿古作风、亭台楼阁、双层结构、题诗赋文等做法，未在辽代金银器此期中发现。

7. 制作工艺日臻完善，切削、抛光、焊接、模冲、压印、锤鍱、錾刻等技术应用十分娴熟，少见鎏金工艺，浮雕凸花技术得到发展，出现立体装饰技法。如巴林右旗白音汉窖藏出土的柳斗形银杯就是浮雕凸花技术的典型代表。

对于辽代金银器的分期，国内学术界研究者甚少，基本上遵循了辽代历史的分

· 80 ·

期，容易造成金银器在考古学类型学上的特征不明的结果。通过对辽代金银器的器形、纹样、工艺等特点的分析，原来的分期存在着缺陷，因为随着历史进程的发展，契丹民族在传统文化的基础上，所接受外来文化因素也有所不同，这样对辽代的物质文化产生的影响也会各有所异。金银器的各种特征，就是在这种规律中产生，不必按照历史的分期去对待，要保持器物本身的发展变化规律，因而将辽代金银器重新分为三期，使金银器的特征更加明显。

内蒙古巴林左旗王家湾金代墓葬

王家湾墓葬位于内蒙古赤峰市巴林左旗白音敖包乡王家湾村西南0.5公里处的山坡上，东距乌尔吉木伦河约3公里，西北距林东镇8公里。地势平缓，南面1公里为开阔耕地。地表散布大量的瓷片、刻槽砖等，多为金元时期的遗物（图一）。

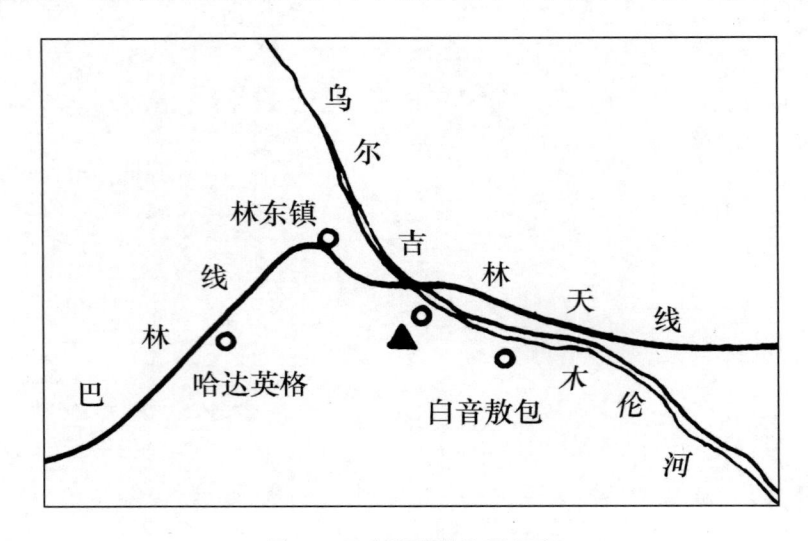

图一 王家湾墓葬位置示意

1990年10月，为配合集通（集宁—通辽）铁路工程建设，内蒙古文物考古研究所派工作人员在这一地区进行文物普查，发现一批已被盗掘的墓葬。为了弄清墓葬结构及年代等问题，内蒙古文物考古研究所于1991年5月下旬对这一地区进行钻探，在被盗掘墓葬的东南发现并清理了5座墓葬（编号91BZWM1—M5）。现将清理情况简报如下。

一 墓葬形制

这5座墓葬都在耕土层下开口，墓口距地表深0.18—0.5米。墓向分别为268

度、207度、208度、190度和211度。墓坑均为土坑竖穴，平面形制有两种：M1—M4为梯形，头向朝较宽的一侧；M5则为长方形。墓坑填土均为较硬的黄白花土，M1和M4的填土中夹杂有较松软的黑土和红烧土块。M1和M4为双人合葬，M2、M3和M5为单人葬。葬式为仰身直肢葬，头向均朝东南，个别人骨由于被扰而显得凌乱。葬具为木棺，棺板大多腐朽，从残留痕迹仍可看出平面形状为梯形，棺板间用"T"形铁钉连接，没发现漆绘和彩绘。随葬品多放在人骨架的头部和两侧。

M2位于墓地东北。方向207度。墓坑为梯形土坑竖穴。墓壁保存较好，底部平整。墓口长2.1米、宽0.7—0.9米、深0.94—1.04米。葬具为木棺，残存部分顶板、侧板，形状呈梯形，用"T"形铁钉连接。长1.86米、宽0.3—0.5米、残高0.34米，板厚0.03—0.04米。人骨保存完整，仰身直肢，头向东南，面部稍偏左。头部右侧置酱釉圈足瓷碗1件，碗下扣绿釉瓷罐1件（图二）。

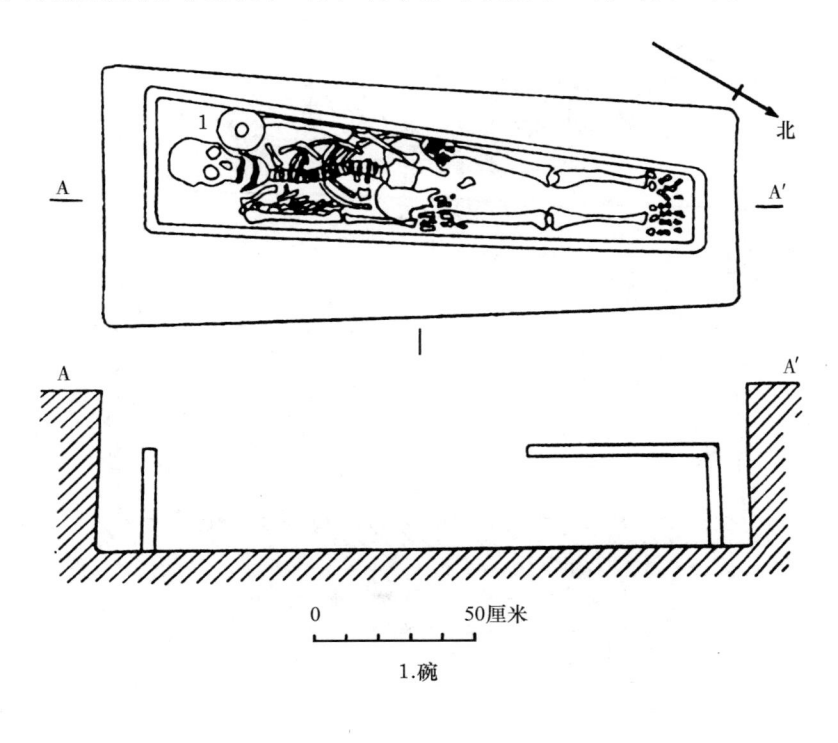

1.碗

图二 M2平、剖面图

M4在M2东侧。墓向190度。梯形土坑竖穴墓，墓壁保存良好，底部平整。墓口长2.2米、宽1.5—1.7米、深1.15米。填土为纯净的黄白花土，只在右边夹杂有黑土。双人合葬，葬具为两具木棺，左边的棺已腐朽，只剩棺钉；右边棺保存一些朽板，从残痕看，长1.9米、宽0.4—0.5米、残高0.35米，板厚0.02—0.03米。木棺形状呈梯形，棺板用"T"形铁钉连接。人骨共两具，左边的仰身直肢，右边的凌乱，头向均朝东南。从人骨保存状况看，左边人骨属于迁葬，该墓应为夫妻合葬墓。填土出土铜钗1件，铜耳坠1件；右边人骨头部外两侧各置白釉褐花瓷碗1件，头部棺内左侧置铁钩1件，肢骨左侧棺外置绿釉双系瓷瓶1件（图三）。

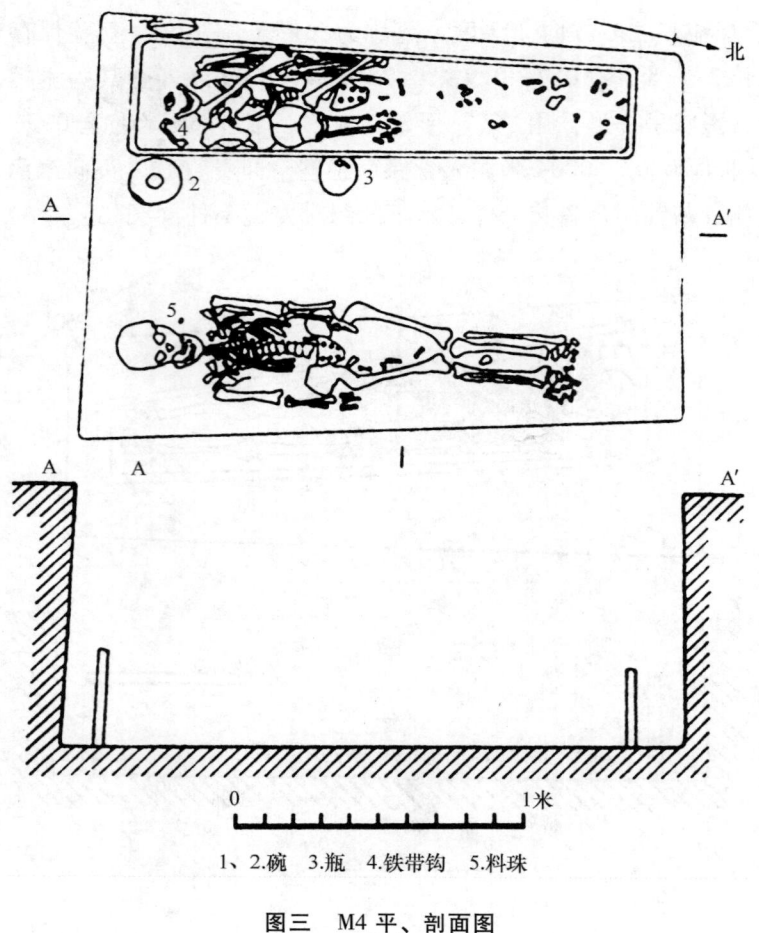

1、2.碗 3.瓶 4.铁带钩 5.料珠

图三 M4 平、剖面图

M5 在M2北侧。墓向211度。长方形土坑竖穴墓，墓壁保存较好，底部平整。墓口长1.94米、宽0.8米、深0.8米。葬具为木棺，从残痕看呈梯形，棺板间用"T"形铁钉连接。长1.6米、宽0.4—0.5米、残高0.2米，板厚0.02—0.03米。人骨仰身直肢葬，头部较凌乱，头向东南。人骨头部左侧上方棺外置黑釉瓷碗1件，右肋下置铁刀1件，残存有黄色纺织品，周身置有16枚铜钱（图四）。

1.碗　　2.铜钱

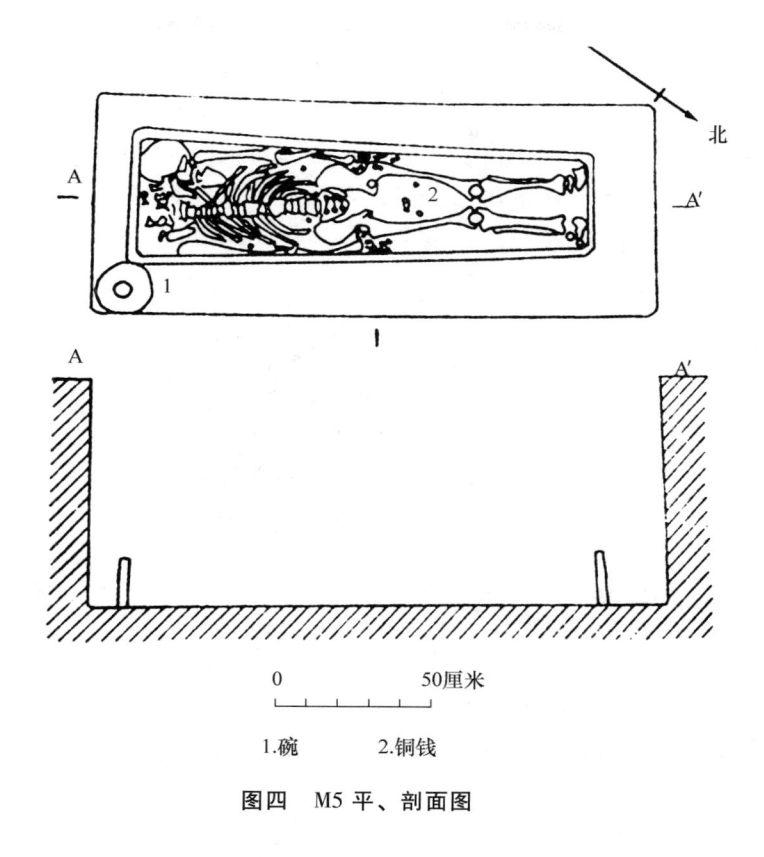

图四　M5平、剖面图

此外，被盗掘墓葬因破坏严重，形制不清。从残存的情况看，均为砖砌和石砌的小型墓。

二　随葬品

随葬品共84件。种类有陶器、瓷器、铁器、铜饰件、纺织品、料珠和铜钱等。

(一) 陶器

只有1件陶罐（M1:3）。泥质灰陶。敞口，圆唇，鼓腹，最大腹径偏上，平底。素面。口径12.2厘米、最大腹径14.4厘米、底径7厘米、高11厘米（图五，4）。

(二) 瓷器

绿釉双系瓶　1件（M4:3）。小口残，短颈，削肩，鼓腹，圈足。颈部有两个对称的桥形系，其中一系残。器身较瘦高，显得厚重。器腹上部施绿釉，下腹部及圈足露青灰胎，器表饰六道凹弦纹。底径7.4厘米、最大腹径15厘米、高24

厘米（图五，10）。

　　白釉褐花三系瓶　1件（M1：1）。直口，圆唇，短细颈，颈部有三个桥形系，鼓腹，圈足。器身较瘦高，显得厚重。系上各饰三道竖凸弦纹；腹上部施白釉，下腹部及圈足露淡红色胎，腹部绘两组褐色花草纹。口径5厘米、最大腹径15厘米、底径8厘米、高23.5厘米（图五，1）。

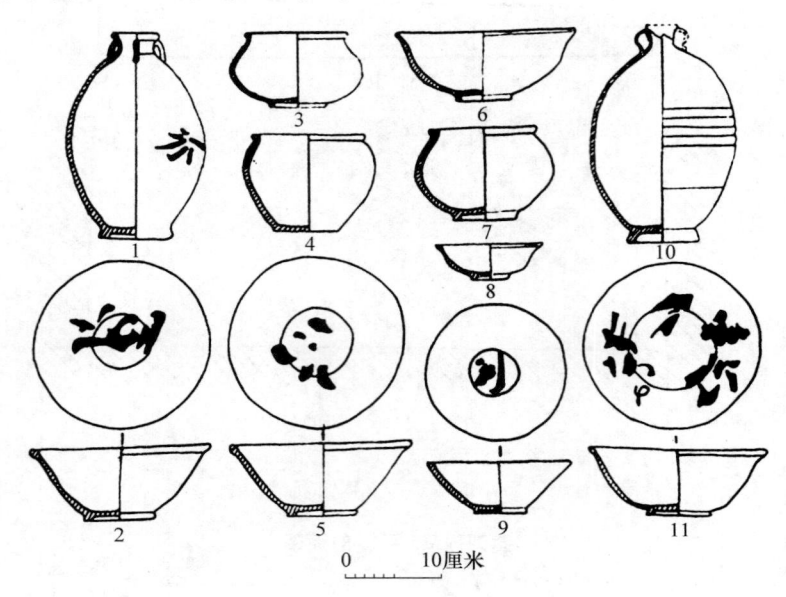

1. 白釉褐花三系瓷瓶（M1：1）　2. 白釉褐花瓷瓶（M4：2）　3. Ⅰ式瓷罐（M1：4）　4. 陶罐（M1：3）　5. 白釉褐花瓷瓶（M4：1）　6. 酱釉碗（M2：1）　7. Ⅱ式瓷罐（M2：2）　8. 黑釉碗（M1：5）　9. 白釉碗（M1：2）　10. 绿釉双系瓷瓶（M4：3）　11. 黑釉褐花瓷碗（M5：1）

图五　出土陶、瓷器

　　罐　2件，分二式。

　　Ⅰ式，1件（M1：4）。器身较矮。直口，圆唇，扁鼓腹，最大腹径在中部，圈足较矮。腹上部及内表面施绿釉，下腹部及圈足露淡红色胎。口径11厘米、最大腹径14.6厘米、底径6厘米、高8.5厘米（图五，3）。

　　Ⅱ式，1件（M2：2）。器身稍高。直口，圆唇，鼓腹，最大腹径在中部，圈足稍高。器腹大部及内表面施绿釉，接近底部露淡红色胎。口径11.2厘米、最大腹径14.8厘米、底径6厘米、高10.5厘米（图五，7）。

　　白釉碗　1件（M1：2）。敞口，斜直腹，圈足，碗内有支烧圈。腹上部及内表面施白釉，共两层：第一层特别粗糙，第二层釉较细，釉色白中泛黄；下腹部及圈足露白黄胎；内底书褐彩"刘"字。口径15厘米、底径5.6厘米、高5.5厘米（图五，9）。

　　黑釉碗　1件（M1：5）。敞口，圆唇，腹稍外弧且较浅，小圈足。外表施黑釉，较粗糙，有很多气泡；内表面施白釉，色泽泛黄。口径11.2厘米、底径4厘米、高4厘米（图五，8）。

酱釉碗　1件（M2∶1）。敞口，圆唇，弧腹，圈足。腹外表施酱红釉，细腻均匀，有气泡；内施白釉，色泽泛青；圈足沿露白胎。口径19.4厘米、底径5.8厘米、高7.8厘米（图五，6）。

白釉褐花碗　2件。敞口，圆唇，弧腹，圈足。腹上部及碗内施白釉，色泽泛黄；下腹部及圈足露白黄胎；内表面绘褐彩花草纹。M4∶1，口径19.4厘米、底径7.2厘米、高8厘米。M4∶2，口径18.8厘米、底径7.2厘米、高7.8厘米（图五，2）。

黑釉褐花碗　1件（M5∶1）。敞口，圆唇，弧腹，圈足。腹外表施黑釉，较粗糙；内表面施白釉，色泽泛黄；接近口沿露白胎；碗内绘两组褐彩花草纹，其中一组似文字。口径18.4厘米、底径6.4厘米、高6.8厘米（图五，11）。

（三）铜器

钗　1件（M4∶4）。由一根铜丝弯曲而成，形状呈倒"U"形，横断面呈圆形，齿尖呈三角形。径0.8厘米、长13.2厘米（图六，1）。

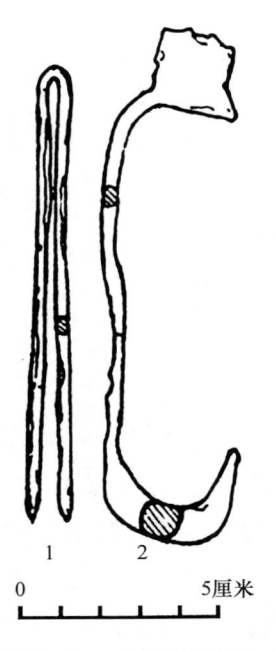

1.铜钗（M4∶4）　2.铁带钩（M4∶6）

图六　出土铜铁器

耳坠　1件（M4∶5）。由一段铜丝弯曲而成，形状呈椭圆形，最大直径2.4厘米（图七，1）。

（四）铁器

刀　1件（M5∶2）。形状呈长条形，刀背尾端有一齿，横断面呈三角形。长11厘米、宽1.7厘米、背厚0.2厘米（图七，3）。

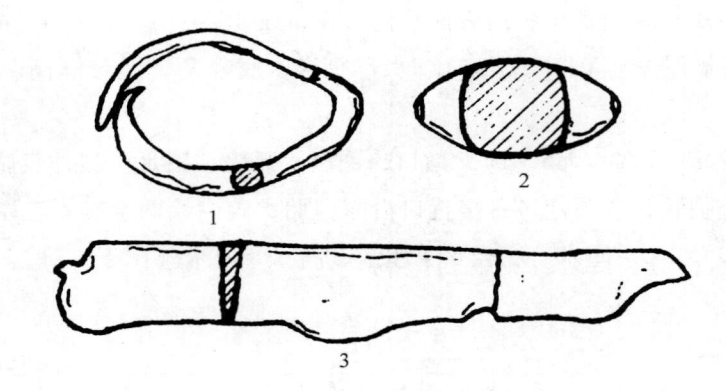

1. 铜耳坠（M4∶5）　2. 料珠（M3∶4）　3. 铁刀（M5∶2）（3. 1/2，余1/1）

图七　出土遗物

带钩　1件（M4∶6）。上部呈长方形，中部细，钩部变粗，钩横断面呈圆形。长14.2厘米（图六，2）。

（五）纺织品

M5中人架的右肋下残存几片丝织物残片，出土时呈黄色。经纬线每平方厘米分别为14根和10根，经鉴定为麻布。

（六）其他

料珠　7粒，出自M3。由白色石头磨制而成。呈枣核形，两端钻孔，横断面呈圆形，其中一粒磨成螺旋形。径1厘米、孔径0.25厘米（图七，2）。

铜钱　52枚，出自M1、M3和M5。其中5枚锈蚀严重，字迹不清，其他有"开元通宝""至道元宝""咸平元宝""景德元宝""祥符元宝""祥符通宝""天圣元宝""天圣通宝""景祐元宝""皇宋通宝""治平元宝""熙宁元宝""元丰通宝""元祐通宝""绍圣元宝""元符通宝"十六种，除"开元通宝"为唐钱外，其他均为北宋钱，字体有"真""篆""隶"三种。

铁棺钉　共十余枚，在各墓中均有出土。呈"T"字形，长5—6厘米。

三　结语

　　王家湾墓地的随葬品，从种类上看，主要是一些日常用具和装饰品，不见生产工具和马具；从质地上看，以瓷器为大宗，兼有少量的陶器、铜器、铁器及纺织品。瓷器多为本地窑烧制，质地粗糙，只有少量是外地传入。形制以圆唇、弧腹和圈足为特征。器类有罐、碗、瓶等，其中三系瓶是最具代表性的器物。施釉的方式有三种，一是器腹上部施釉，下部露胎；二是通体施釉；三是器腹下部施釉，上部露胎。釉色有绿色、白色、黑色和酱色等，其中白釉或黑釉上的褐色花纹颜色较淡，图案简单，具有铁锈花初创阶段的风格。陶器只有陶罐一种，质地较为粗糙。装饰品有铜钗、耳坠和料珠。各墓随葬品的数量均较少，有的只有少量的装饰品和铜钱，说明这是一处平民墓地。

　　墓葬未见明确的断代资料，从以下几个方面可以对其年代进行推测。第一，出土的铜钱除"开元通宝"外，最早的是北宋太宗年间的"至道元宝"（时间为995—997年），最晚的是哲宗年间的"元符通宝"（时间为1098—1100年）。这个时间正处于辽末和金初创阶段，墓葬的年代不会早于这一时期。第二，三系瓶是墓葬随葬品中最具代表性的器物，其形制与黑龙江双城县金代窖藏出土的红胎釉短颈鼓腹圈足瓷瓶[1]和吉林前郭尔罗斯蒙古族自治县塔虎城出土的金代白釉小口瓷瓶[2]大致相同，不同之处在于后二者无系。在内蒙古自治区博物馆和赤峰市宁城县辽中京博物馆的展品中也有类似的器形。第三，随葬品中有四件瓷器绘褐色花纹，颜色较淡，图案简单，应是铁锈花初创阶段的器物。目前的资料表明，辽代瓷器中的铁锈花罕见，金代开始大量流行。因此，墓葬时代应不会超出这一时期。第四，在这批墓葬的随葬品中，有少部分瓷器出现刮圈露胎的现象。根据研究表明，金代有一部分瓷窑采用砂圈迭烧工艺，所烧器物的内底存在刮圈露胎的现象。[3] 综合以上几点来看，这批墓葬的年代约为金代早、中期。

　　王家湾墓地这批墓葬的发现及清理，增进对赤峰地区金代墓葬的认识，为研究金代平民墓葬的形制、结构及随葬品组合等问题提供了重要参考资料。

---

[1] 陆家平：《双城县兰棱镇出土一批金代窖藏文物》，《北方文物》1990年第1期。
[2] 何明：《记塔虎城出土的辽金文物》，《文物》1982年第7期。
[3] 江西省文化厅文物处：《中国古代瓷器基础知识》，1982年编印，第445页。

元上都与大都城址平面布局

元上都是吸收中原地区的汉制，结合蒙古民族草原游牧的特征，在开平城基础上规划和扩建的。元大都的布局是依据儒家经典《周礼·考工记》所规定的原则，即："匠人营国，方九里，旁三门，国中九经、九纬、经涂九轨。左祖，右社；面朝，后市。"[①] 并利用原有的条件和地理特点而规划。

元上都故城，位于今锡林郭勒盟正蓝旗敦达浩特镇东北18公里处，北依连绵的龙冈山，南临滦河，处于金莲川上，时人称之为"在重山之北，地积阴冷，五谷不殖，郡县难建，盖自古极边荒弃之壤也。气候殊异，中夏降霜，一日之间寒暑交至，特与上京、中都不同，尤非圣躬将摄之所"[②]。忽必烈由漠北南下总理汉地军务，不出征时夏季都驻帐金莲川，但金莲川幕府的大多数人习惯于城居，难以适应"居穹庐，无城壁栋宇，适就水草无常"的草原生活方式。为解决这一矛盾，宪宗六年（1256年），忽必烈命刘秉忠择地兴筑新城，三年时间建成开平城。

元大都，位于今北京，今天的北京城就是在大都旧城址的基础上发展起来的。13世纪中叶，蒙古族建立了统一的封建王朝，为了"南临中土，控御四方"，元世祖忽必烈于至元元年（1264年）八月，诏示中外，迁都燕京，改名中都，以为陪都。至元四年（1267年），"始于燕京东北隅，辨方位，设邦建都，以为天下本"[③]。至元九年（1272年）改中都为大都，从此，大都城成为元代的政治、经济、文化中心，而上都则改为陪都。

一 元上都的平面布局

上都由宫城、皇城、外城组成，皇城在外城的东南部，宫城在皇城中部偏北。城外有关厢，离城不远有西内。整体设计规划，既体现了汉族传统的城市布局观

---

① 杨天宇：《周礼译注》，上海古籍出版社2004年版，第665页。
② （元）脱脱等：《金史》卷九十六《梁襄传》，中华书局1974年版，第2133页。
③ （元）熊梦祥：《析津志》，北京古籍出版社1983年版，第8页。

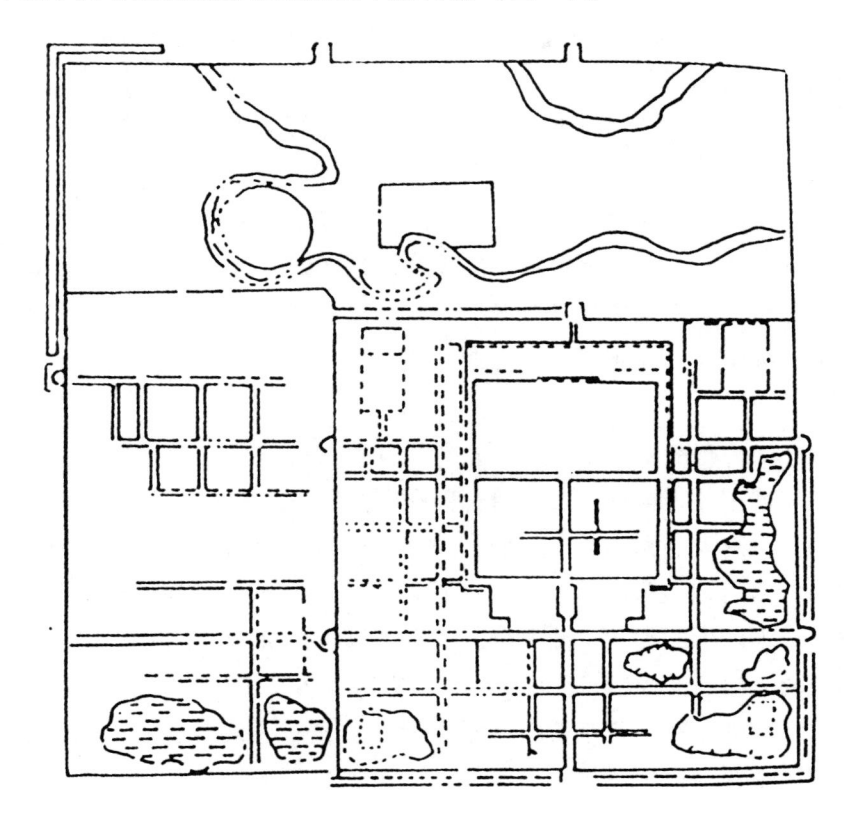

念，又体现了具有蒙古族游牧生活的草原特点（图一）。

图一 元上都平面布局示意

1. 宫城

宫城在皇城的中部偏北，位于全城的东部稍偏南，平面呈长方形，东西宽约540米，南北长605米。城墙用黄土板筑，外部砌砖，现存高约5米，下宽10米，上宽2.5米。城四角设角楼。在东、南、西三墙正中各设一门，南为御天门，东为东华门，西为西华门。元代周伯琦诗曰："东华西华南御门，三门相望凤池连。"[1] 印证了城门的名称。其中，御天门有通道与皇城相接。宫城外有宽约1.5米的石砌夹墙，外有一条环城街道。宫城南为平坦的广场，内有通向三门的"丁"字形大街，与通往南门之道相通。城内分布的建筑群落，大多有一周围墙，主要的宫殿基址有30余处，集中在西北隅，最著名的为大安阁。

---

[1] （元）周伯琦：《是年五月，扈从上京，宫学纪事，绝句二十首》，载杨富学编《元代上都诗歌选注》，中国书籍出版社2018年版，第413页。

在宫城北部城墙中间，有一阙式建筑址，台基与城墙等高，外包青砖，东西长75米。其上发现各种琉璃瓦残片，是宫城内最高大的一处宫殿遗址。

大安阁，是至元三年（1266年）拆迁汴京的熙春阁改建而成，国家的重大典礼、皇帝登基仪式、皇家佛事都在这里举行。其他的主要宫殿建筑还有洪禧殿、水晶殿、香殿、宣文阁、睿思阁、仁春阁等。

水晶殿，是以奇特的构造而命名，元代皇帝常在这里举行宴会，处理政务。洪禧殿为皇帝开设酒宴之地，香殿是供佛场所，宣文阁是后帝阅书弄墨的地方。这些宫殿的准确位置，至今大多无法确认。此外，《元史》记载的殿阁有鹿顶殿、歇山殿、崇寿殿、楠木亭、隆德殿、万安殿、清宁殿、统天阁及宫学、官署等。

2. 皇城

皇城在外城的东南角，呈方形，边长约1400米，其东、南墙是外城东、南墙的一部分。城墙用黄土板筑，表层用石块堆砌，残高约6米，下宽12米，上宽2.5米。城内四角有高大的角楼台基，南北各有一门，东西各有二门，东西二门为东门、小东门、西门、小西门，南门为明德门，其中，东二门和南门与外城为同门，门外有方形或马蹄形的瓮城。城内街道宽窄不等，主次分明，相互对称。主要大街为通向宫城的东门、明德门、西门的"十"字形大街，通向东、西门的大街为东街和西街，在其南部还有一条东西向街道，而在宫城东西两侧各有一条南北向大街，构成皇城内的主要街道。

在皇城内设有许多官署、寺院和手工业作坊，大多无法确定其准确位置，只有大龙光华严寺和乾元寺可大致知道。即"乾、艮二隅立二佛寺，曰乾元，曰龙光华严。复立老子宫于东西"①。乾为西北，艮为东北，经考古调查，在皇城西北隅和东北隅确有二处较大的寺院建筑遗址，因此，乾元寺就在皇城的西北角，大龙光华严寺就在皇城的东北角。此外，在皇城东南角发现一座有前后两殿的遗址，外有围墙，可能是当时的孔庙所在地。

3. 外城

外城平面呈方形，每边长约2200米，城墙用黄土板筑，残高约5米，下宽约10米，上宽2米。北墙有二门，西墙设一门，南墙西部设一门，门外有方形或马蹄形瓮城。从皇城北门瓮城西墙起，有一条东西向的土墙，把外城分为南北两个部分。北部主要是一片东西向的山岗，地势比较平坦，没有街道。山岗中南部有一座石砌大院遗址，南部有二条东西向大街和一条南北向大街为主要通道，靠近街道有

---

① （元）袁桷：《上都华严寺碑》，苏天爵《元文类》卷二十二，张金铣点注，安徽大学出版社2020年版，第279页。

不少建筑遗址。外城北部就是元代诗人所说的"北苑",即皇家园林。

在外城的东、南、西三面设有关厢,东关长约800米,西关向西延长约1000米,南关长约600米,只有城北没有与城门相连的关厢。据《上京杂诗》曰:"西关轮舆多似雨,东关账房乱如云。"即西关车辆繁多,而且是"马市"所在,应为商业区。东关邻近皇城,前来觐见的王公贵族把带来的部众安排在这一带居住,因而"账房如云"。南关的明德门外,是进入上都的主要通道,即"御道"所经。

城的东西各有一座规模较大的粮仓,东边的称为万盈仓,西边的称为广积仓,两仓形制相同。而在今上都城址的西关、东关外,各有一处宽大的建筑遗址,应为两仓所在之处。

城外西北的哈灯台山下有排水渠和拦洪坝,每当雨季来临,洪水暴发,这些排水设施能防止洪水对城的破坏。此外,在城外西部有西内,即离宫所在,还有举行"诈马宴"的失剌斡耳朵,即皇帝举行"御宴"的地方,也称棕毛殿,其规模庞大,可容纳几千人进宴。失剌斡耳朵是西内的一部分,在西内范围里还有慈仁殿、龙光殿等,而失剌斡耳朵是主要居所。

二 元大都平面布局

元大都城是按照古制王都方正型理论规划,呈南北略长的长方形,由外郭城、皇城、宫城自外向内三重套合组成。城内布局依据虞集《大都城隍庙碑》刻记说:"世祖圣德神功文武皇帝至元四年(1267年),岁在丁卯,以正月丁未之吉,始城大都,立朝廷、宗庙、社稷、官府、库庾,以居兆民,辨方正位,井井有序,以为子孙万世帝王之业。"[①] 可见,大都城内布局有序,规划整齐(图二)。

1. 宫城

宫城坐落在全城中央偏南,位于皇城东部,又称大内,西侧是太液池,池西岸南面是隆福宫,北面是兴圣宫。

宫城呈长方形,城墙砖砌,南北长约1000米,东西宽约740米。共有六门,南墙有三门,中为崇天门,左为星拱门,右为云从门;东墙有东华门,西墙有西华门。四角设角楼,上下三层,琉璃瓦覆盖。城内建筑按大都城中轴线为基准,南为大明殿,北为延春阁,组成两大宫殿群。

大明殿是元代皇帝登基、正旦、朝仪的正衙,殿凡十一间,东西宽66.7米,进深40米,高30米。殿为青石花础,白玉石圆碣,文石甃地,上藉重褐,丹楹金

---

① (元)虞集:《道园学古录》卷二十三《大都城隍庙碑》,上海商务印书馆1937年版,第387页。

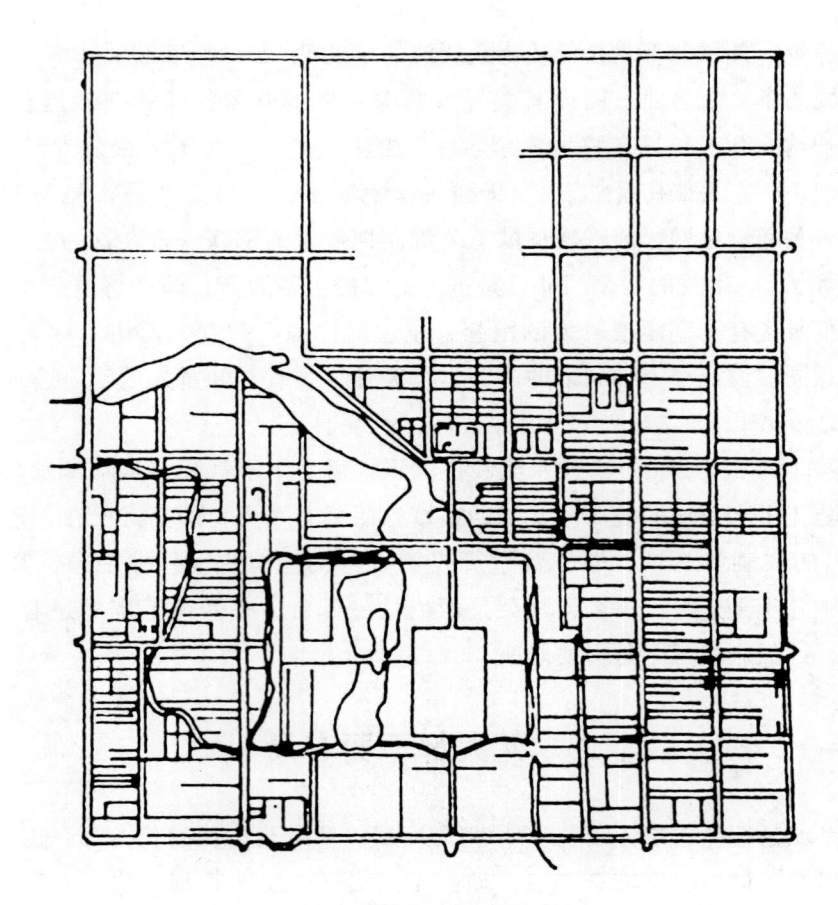

图二 元大都平面布局示意

饰,龙绕其上,整个建筑雄伟壮观,豪华富丽。延春阁之东有慈福殿,西有明仁殿,北有清宁宫。延春阁上御榻二,柱廊中设小山屏床,后面寝殿中设楠木大御榻,皇帝常在此召见大臣和大修佛事。

2. 皇城

皇城在大都城南部中央,以太液池为中心,由宫城、隆福宫、兴圣宫组成,城墙又称为萧墙,也叫阑马墙,周围约二十里,南墙正中设灵星门。在太液池西面,其南为隆福宫,北为兴圣宫。隆福宫有以光天殿为中心的一组建筑,光天殿面阔七间,其后有寝殿,四周也有廊庑。隆福宫以西有御苑,多为后妃居处,其中有香殿、荷叶殿、圆殿、歇山殿、棕毛殿等。兴圣宫以兴圣殿和延华阁为中心的前后两组建筑,兴圣殿面阔七间,延华阁面阔五间,其右有畏吾儿殿,西墙垣外又有东鹿顶殿和西鹿顶殿,此为太子读书肄业之所。

大都城内主要的苑囿是琼华岛,宫殿筑成后改名万岁山。位于宫城之北,太液池之阳，南有石桥与池心的园坻相通，园坻上有仪天殿。万岁山上广寒宫，坐落在大都城的最高点，"渎山大玉海"便放在宫中。

3. 外城

外城呈长方形，城墙用黄土板筑，墙基宽24米，墙顶设有半圆形瓦管，用以排水，并用苇草排编，自下而上将整个土墙遮掩，称为"蓑城"，以防雨水侵袭。

外城共十一座城门，东城墙，北为光熙门，中为崇仁门，南为齐化门；南城墙，东为文明门，中为丽正门，西为顺承门；西城墙，北为肃清门，中为和义门，南为平则门；北城墙，东为安贞门，西为健德门。城门外筑瓮城（元末加造），造吊桥。东、南、西设三门，北设二门，据考证是为附会神话故事中的哪吒三头六臂两足之说而设计的。城门楼采用砖石结构的地堡式建筑。在城四角建有高大的角楼，城墙外有等距离的马面，加强防御设施。

城内的街道布局，相对的城门之间，都有平坦笔直的干道贯通，连顺城街在内，全城共有九条南北和东西干道，交织成九经九纬的格局。丽正门内的干道，由南向北直抵"中心之台"，构成全城的中轴线。

大都的居民区以坊为单位，按照街道进行区划。新城共五十坊，分属右左二警巡院。各坊之间以街道为界，周围设有围墙，设门，上书坊名。坊大部分集中在城市的东部和中部，北部则地旷民稀，为贫民区。

总之，大都皇城是以太液池为中心，由宫城、隆福宫和兴圣宫三大雄伟的建筑组成。城内按照"国中九经九纬"的原则，全城街道由九条南北走向和东西走向的干道组成，对官署、民居占地面积做出规定，保证了街道布局的规整。作为帝王都城象征之一的庙坛，也恪守"左祖右社"的要求，宫城之左有太庙，在齐化门内；宫城之右有社稷坛，在和义门内。集市贸易区依据"面朝后市"的布局，集中在海子北岸至钟鼓楼一带，小型的集市以及商贩则散布全城。官署的布局按星宿的排列方位而确定，中书省在海子北岸，枢密院在宫城之东，御史台在西北肃清门内，远离宫城。后来又把重要的机构向宫城的南侧和东侧集中。整个城市整齐划一，是中国封建社会后期都城的典范。

三　两都布局之异同

元上都与大都的设计均出于刘秉忠一人之手，在布局上有许多相同之处，也有很多不同的地方。上都既有中国古代都城的汉制特点，又保留有众多的蒙古族文化的特色；而大都则完全按照汉式都城建造，继承了唐代长安城、洛阳城的建制，并打破以前封闭式的都城制度，形成中国封建社会都城发展史上的定制。

（一）上都与大都的相同之处

元上都的建造比大都的时间稍早，上都在开平城的基础上建造，其改建和扩建的时间却与大都几乎同时完成。大都建成后，元代统治者迁都于此，作为都城；而上都作为陪都，仍具有非常重要的政治、经济、军事的地位。二者之间在布局、结构上存在着一定的相同之处。

1. 整座都城由外城、皇城、宫城组成，这种结构是曹魏邺城和北魏洛阳城以来的固定格局，宫城在皇城之内，外城环围皇城、宫城，形成严格的都城制度，既把宫殿与官署分开设置，又把皇宫、官府与民居隔离开，以加强统治者的安全防范和对一般居民的控制。

2. 城内的建筑群严格区划，宫殿、官署、庙宇、集市、民居各有合适的安排，布局井然有序。

3. 城内都有南北纵向和东西横向的街道，一般都通向城内，作为交通干道。

4. 皇城都在大城的南部，这里集中了官署、官府、寺庙等，而且绕围宫城。

5. 城墙主体都为黄土板筑，筑造方法继承了唐代的都城营造方式。

6. 两都都有皇家园囿。

（二）上都与大都的不同之处

元上都是一个特殊的都城结构，与大都相比，布局、结构除具有相同的地方外，更多的是不同的地方，可以从以下几个方面论述。

1. 形状与结构。上都呈方形，由外城、皇城、宫城组成，皇城位于大城的东南部，宫城在皇城的北部，以包括皇城、宫城的内城为主，占全城的东南大部，建筑比外城坚固，外城仅附加于内城的西、北两面。大都城呈长方形，由外郭城、皇城、宫城组成，皇城位于大城的南部中央，宫城在皇城的东部，外城占全城的大部，皇城的宫城仅占全城的一小部分。

2. 设计规划。上都的规划没有按照汉制的中轴线设计，而是择地筑造，选中了桓州之东、滦水北岸的龙冈为建筑地点，既体现了汉族传统的城市布局观念，同时也考虑到蒙古族游牧生活的特点。大都的规划按照了《周礼·考工记》中记载的原则而设计，并利用原有的条件和地理特点规划，以外城、皇城、宫城的南门为中轴线，形成了"坐北朝南"的布局。

3. 城墙。上都的城墙为黄土板筑，宫城墙外层在地基上先铺一层石条，然后以青砖横竖交替砌起，皇城城墙表层用石块堆砌而成。大都外城城墙也为黄土板筑，墙顶设有半圆形瓦管，用于排水。宫城城墙用砖砌筑。

4. 城门。上都宫城东、南、西三墙正中各设一座城门；皇城南北各有一门，东西各有二门；外城北墙设二门，西墙设一门，南墙西部设一门，门外有方形或马蹄形瓮城。大都的宫城有六门，南墙设三门，东、西、北各有一门；皇城南北各有一门；外城共有十一座门，东、南、西各有三门，北有二门。

5. 街道。上都宫城内有通向三门的"丁"字形大街，东南部还有"十"字形大街与主干道相通。皇城内街道主要为通向宫城南门和皇城东、西门的"十"字形大街，其南部有一条东西向街道，在宫城东西两侧各有一条南北向大街。外城南部有二条东西向大街和一条南北向大街。大都城内共有九条南北和东西走向的干道，形成九经九纬的格局，丽正门内大街，由南至北直通"中心之台"，构成全城的中轴线。这种纵横交错的街道间又有曲折的变化，街道布局更为自然合理。

6. 官署。上都的官署主要集中在皇城，在宫城内也有重要的官署设置。大都的中央官署是分散设置的，大多在外城的东南部和中部，如中书省、枢密院、御史台、翰林国史院、太史院、国子监等。

7. 寺庙。上都的寺庙建筑分布在皇城的四隅，有大龙光华严寺和乾元寺等，在城北部也有佛寺、道观等建筑。大都的寺庙很多，大部分设在城内街道的重要地方或郊外的山上，有大宣文弘教寺、大圣寿万安寺、大崇恩福元寺、大永福寺、延寿寺等。

8. 商市。上都的城内有许多手工业作坊，西关车辆繁多，为商业区。大都的钟楼周围、海子桥一带是重要的商业区，有米面、柴炭、铁器、木器家具等行市；在城西有羊角市和西市，城东有东市；在城门口内也有许多行市，从中看出大都的商贸盛况。

9. 民居。上都外城的南部发现许多小型个体建筑，应为民居所在。大都民居的规划错落有致，居民住在外城的坊内，初划分为五十坊，后来增加到六十坊，坊各有门，以街道为分界，打破以前都城内坊的封闭式结构，

10. 园囿。上都的皇家园林设在外城的北部，称之为御花园或北苑。大都的园囿在城内主要是琼华岛，位于宫城之北，太液池之阳，内有离宫等建筑。

11. 礼仪性建筑。大都南郊、外城东齐化门内北边设郊坛、社稷和太庙等礼仪性质的建筑。上都城西北30余公里处，发现一处祭祀遗址，可能为上都城郊祭所在。[①]

12. 上都城西有西内，在此设离宫，按大蒙古国的传统，建造失剌斡耳朵，即

[①] 内蒙古文物考古研究所等：《正蓝旗羊群庙元代祭祀遗址及墓葬》，载李逸友、魏坚主编《内蒙古文物考古文集》第一辑，中国大百科全书出版社1994年版，第610—621页。

棕毛殿，王公贵族的重要政务都在此举行的"诈马宴"上决定。这一设置具有浓厚的草原生活特征。

13. 交通。上都除城内的交通干道外，开辟三路通大都，其中，驿路为两都间最重要的交通干线，路经桓州、云州、昌平、新店等地。大都有通往全国各地的陆路外，重要的是开通了水路，即把积水潭的水引向大都东南，与闸河接通，可抵达通州，连接南北大运河，与长江下游相接。

通过对元上都和大都的布局及相互比较分析，对两都的形制、城墙构造、城门设置、城内布局有了进一步的认识。上都作为北方草原地区著名的都城之一，体现了北方民族文化和中原汉文化交流交融的状况。大都又作为中国封建社会都城比较完善的发展形态，对后世都城的城体结构影响甚大。

第二编
民族学与人类学篇

汉文古籍与北方民族研究

民族学的研究，采用最常见的方法是实地调查方法。自20世纪早期发生的"马林诺夫斯基革命"以后①，创造了"参与观察"（participant observation）的田野调查方法，成为获取民族学资料的主要来源。经过近一个世纪的发展，民族学的研究方法除此之外，还有历史文献研究法、跨文化比较研究法、跨学科综合研究法，其中，历史文献研究法成为我国民族学的主要研究方法之一。

我国的历史悠久，各民族文化自古以来连续发展，从未中断，有着深远的历史渊源。早在商朝，诸王朝将各民族的历史事实以文字的形式记录下来，历史文献数量极多，浩如烟海，堪称世界第一。从历史文献的文字形式看，分为汉文古籍和少数民族文字古籍，以汉文古籍的数量、类别和应用最多，为民族学研究提供了宝贵的历史资料，也使我们站在历史的角度研究现代民族社会的发展过程和文化现象成为可能。在大量的汉文古籍中，涉及的很多北方民族的史料，是研究北方民族兴衰历程和文化发展的文献宝库。

中国的北方地区，自早商或稍早时期（约公元前16世纪）由于气候条件发生变化，由温暖、湿润向寒冷、干旱转变，生态环境大面积地向草原过渡，经济类型也由原始农业转向畜牧业，进而演变为游牧（游猎）经济，从此成为孕育北方民族的历史大舞台。在各民族的发展过程中，形成了几大民族系统，按林幹先生的研究，中国古代北方民族从广义上分五大民族系统：匈奴系统、突厥系统、东胡系统、肃慎系统、西域各族。②从狭义上分匈奴系统（匈奴、北匈奴、南匈奴、屠各、卢水胡、铁弗）、突厥系统（丁零、高车、铁勒、突厥、回纥、薛延陀、黠戛斯、畏兀儿）、东胡系统（东胡、乌桓、鲜卑、柔然、契丹、库莫奚、室韦、蒙古）。由于地域上的传统习惯和有限的篇幅，本文将从汉文古籍的角度去研究狭义上的北方民族。

---

① ［法］列维-斯特劳斯：《民族学者的责任》，《民族译丛》1979年第4期。
② 林幹：《中国古代北方民族通论》，内蒙古人民出版社2007年版，第3—4页。

一 关于北方民族的汉文古籍

涉及北方民族的汉文古籍，最早可追溯到商朝的甲骨文。根据殷墟出土的一片甲骨卜辞上说："癸巳卜，㱿，贞旬无祸？王占曰：'有祟，其有来艰？'迄至五日丁酉，允有来艰自西。沚□告曰：'土方'征于我东鄙，哉，二邑，㠭方亦侵我西鄙田。"另一片骨甲卜辞上说："王占曰：'有祟，其有来艰？迄至九日辛卯，允有来艰自北。□妻姎告曰：'土方'侵我田十人。"① 土方、㠭方是我国商朝时期分布于今山西省北部、内蒙古自治区中南部一带的部族，经常南下侵入商境。这大概是迄今最早的记录我国北方民族的汉文古籍了。其后的《诗经》《逸周书》《左传》《榖梁传》《国语》中，曾提到"猃狁""北戎""山戎""孤竹"等商、周北境的部族名称。

汉文古籍从大的类别上分为史书类、档案文书类和史部以外之群籍类（经、子、集）②，史书类包括正史（廿五史）、杂史、别史、野史、专史、通史、断代史等，记载的民族资料最为丰富。现把三大北方民族系统主要立传的汉文古籍列举如下。

匈奴：《史记》卷一百十《匈奴列传》，《汉书》卷九十四《匈奴传》，贾谊《新书》卷四《匈奴》篇，《晋书》卷九十七《北狄匈奴传》。

南匈奴：《后汉书》卷八十九《南匈奴传》。

铁弗匈奴：《魏书》卷九十五《铁弗刘虎传》。

高车、铁勒：《魏书》卷一○三《高车传》，《北史》卷九十八《高车传》，《隋书》卷八十四《铁勒传》，《旧唐书》卷一百九十九《铁勒传》。

突厥：《北史》卷九十九《突厥传》，《周书》卷五十《突厥传》，《隋书》卷八十四《突厥传》，《旧唐书》卷一百九十四《突厥传》，《新唐书》卷二百一十五《突厥传》，《通典》卷一百九十七《突厥》。

回纥（回鹘）：《旧唐书》卷一百九十五《回纥传》，《新唐书》卷二百一十七《回鹘传》，《唐会要》卷九十八《回纥传》，《旧五代史》卷一百三十八《回鹘传》，《宋史》卷四百九十《回鹘传》。

黠戛斯：《太平寰宇记》卷一百九十九《黠戛斯传》。

乌桓（乌丸）、鲜卑：《后汉书》卷九十《乌桓鲜卑传》，《三国志·魏志》卷三十《乌丸鲜卑传》。

---

① 陈梦家：《殷墟卜辞综述》，中华书局1988年版，第272页。
② 宋蜀华、白振声：《民族学理论与方法》，中央民族大学出版社1998年版，第255—261页。

柔然（蠕蠕、芮芮）：《魏书》卷一〇三《蠕蠕传》，《宋书》卷九十五《索虏传》，《梁书》卷五十四《芮芮传》，《南齐书》卷五十九《芮芮虏传》，《北史》卷九十八《蠕蠕传》。

契丹：《魏书》卷一百《契丹传》，《北史》卷九十四《契丹传》，《隋书》卷八十四《契丹传》，《旧唐书》卷一百九十九《契丹传》，《新唐书》卷二百一十九《契丹传》，《旧五代史》卷一百三十七《契丹传》，《五代会要》卷二十九《契丹》，《文献通考》卷三百四十五《契丹》。

库莫奚：《魏书》卷一百《库莫奚传》，《周书》卷四十一《库莫奚传》，《北史》卷九十四《奚传》，《隋书》卷八十四《奚传》，《旧唐书》卷一百九十九《奚传》，《新唐书》卷二百一十九《北狄传·奚传》。

室韦：《北史》卷九十四《室韦传》，《隋书》卷八十四《室韦传》，《旧唐书》卷一百九十九《室韦传》，《新唐书》卷二百一十九《北狄传·室韦传》。

蒙古：《明史》卷三百二十七《鞑靼传》，《清史稿》卷五百一十八《藩部传一》、卷五百一十九《藩部传二》、卷五百二十《藩部传三》、卷五百二十一《藩部传四》、卷五百二十三《藩部传六》。

北方民族的汉文专门史籍有鲜卑的《魏书》、契丹的《辽史》、蒙古的《元史》。

党项与女真，在中国北方地区的历史上作出了很大的贡献，曾控制过北方草原地区，分别建立西夏和金政权，谈及北方民族的研究时不能免除其外。在汉文古籍中立传和专门史籍有《北史》卷九十六《党项传》，《隋书》卷八十四《党项传》，《旧唐书》卷一百九十八《党项羌传》，《新唐书》卷二百二十一《党项传》，《旧五代史》卷一百三十八《党项传》，《辽史》卷四十五《西夏传》，《宋史》卷四百八十五、四百八十六《夏国传》，《金史》卷一百三十四《西夏传》，《后汉书》卷八十五《东夷传》，《北史》卷九十四《勿吉传》，《新唐书》卷二百一十九《黑水靺鞨传》，《旧五代史》卷一百三十八《黑水靺鞨传》，《金史》等。

此外，在廿五史的纪、传、志、表和正史之外的史类古籍、文书档案、子、经、集以及石刻（石碑、墓志、经幢等）中，散记有关于北方民族的历史资料。例如，历代编修和杜撰廿五史之外历史文献有：《诗经》《春秋左传》《尚书》《山海经》《水经注》《齐民要术》《十六国春秋》《通典》《通志》《文献通考》《唐会要》《五代会要》《资治通鉴》《太平御览》《册府元龟》《契丹国志》《皇朝实录》《续资治通鉴》《黑鞑事略》《大金国志》《元一统志》《明实录》《清实录》等。这些汉文古籍关于北方民族历史的记载，为北方民族的研究提供了丰富的资料来源，在浩如烟海的文献中追述诸民族的历史足迹。

二　汉文古籍所反映的北方民族研究状况

从汉文古籍所记载的北方民族历史资料看，研究对象为北方诸民族，涉及的内容包括各民族的生态环境、族源、政治、军事、经济、文化、民族关系等方面，较为详细地记述了诸民族的产生、发展和衰落的过程。凡是专门立传的古籍，用简略的文字记载了北方民族的发展历程，专门史却更加周详地记载了诸民族各方面的历史。其他类的古籍对北方民族的记载，有的较为详细，有的则各有偏重，繁略不同。

（一）汉文古籍对北方民族族源的研究

几乎所有的北方民族立传的汉文古籍中，都涉及诸民族的族源和始居地的问题。以突厥的族源为案例。

《北史》卷九十九《突厥传》：

> 突厥者，其先居西海之右，独为部落，盖匈奴之别种也。姓阿史那氏。后为邻国所破，尽灭其族。……至一儿……其后遂与狼交。于是若有神物，投狼于西海之东，落高昌国西北山。山有洞穴，穴内平壤茂草，周回数百里，四面俱山。狼匿其中，遂生十男。……有阿贤诸者，率部落出于穴中，臣于蠕蠕。[1]
> "或云突厥本平凉杂胡，姓阿史那氏。魏太武皇帝灭沮渠氏，阿史那以五百家奔蠕蠕，世居金山之阳，为蠕蠕铁工。金山形似兜鍪，俗号'兜鍪'为突厥，因以为号。""突厥之先，出于索国，在匈奴之北。……（泥师都）娶二妻，云是夏神、冬神之女，一孕而生四男，其一变为白鸿；其一国于阿辅水、剑水之间，号为契骨；其一国于处折水；其一居跋斯处折施山，即其大儿也。山上仍有阿谤步种类，并多寒露，大儿为出水温养之，咸得全济。遂共奉大儿为主，号为突厥，即纳都六设也。……阿史那是其（都六）小妻之子也。"[2]

综合《周书》卷五十《突厥传》、《隋书》卷八十四《突厥传》、《新唐书》卷二百一十五《突厥传》、《通典》卷一百九十七《突厥》的记载，突厥族源之说有三种：匈奴别种；平凉杂胡；铁勒之支。突厥的始居地之说也有三种：里海之东的广大地区，可能在阿姆河和锡尔河流域一带，或在阿尔泰山之南；河西走廊一带；

---

[1] （唐）李延寿：《北史》卷九十九《突厥传》，中华书局1974年版，第3285页。
[2] （唐）李延寿：《北史》卷九十九《突厥传》，中华书局1974年版，第3286页。

叶尼塞河流域。加之现代国内外学术界对突厥族源和始居地的考证，笔者认为突厥是其先人与匈奴、丁零及其他胡人互相融合而产生的一个新民族，这个民族有其自身的产生、发展到衰亡的过程，突厥的始居地就在阿尔泰山和天山之间。①

（二）汉文古籍对北方民族经济类型的研究

主要的经济类型是一个民族赖以生存的物质基础，北方民族由于所处的特定的草原生态环境，经济类型以游牧经济为主，畜牧业是经济发展的命脉，兼营狩猎、捕捞、采集和农业经济。有的民族在建立政权以后，农业占据着与畜牧业同等重要的地位，这在汉文古籍中明确地反映出来。以契丹族的经济类型为案例。

《魏书》卷一百《契丹传》：

其莫弗贺勿于率其部落车三千乘、众万余口，驱徙杂畜，求入内附，止于白狼水东。②

《北史》卷九十四《契丹传》：

逐寒暑，随水草畜牧。

《辽史》卷一《太祖纪上》：

遣北宰相迪辇率骁骑先渡。甲寅，奏擒刺葛、涅里衮阿钵于榆河，前北宰相萧实鲁、寅底石自到不殊。遂以黑白羊祭天地。……丙寅，至库里，以青牛白马祭天地，以生口六百、马二千三百分赐大、小鹘军。③

《资治通鉴》卷二百七十一《后梁纪六》：在辽代与后晋交兵之际，述律皇后谏曰：

吾有西楼羊马之富，其乐不可胜穷也，何必劳师远出乘危徼利乎！④

《辽史》卷六十《食货志下》：

---

① 张景明：《突厥的族源与铁勒的关系》，《继往开来——内蒙古博物馆文集》，内蒙古人民出版社1997年版，第320—328页。
② （北齐）魏收：《魏书》卷一百《契丹传》，中华书局1974年版，第2223页。
③ （元）脱脱等：《辽史》卷一《太祖纪上》，中华书局1974年版，第7—8页。
④ （宋）司马光：《资治通鉴》卷二百七十一《后梁纪六》，中华书局1956年版，第8870页。

"自太祖及兴宗垂二百年，群牧之盛如一日。""马犹有数万群，每群不下千匹。""累与金战，番汉战马损十六七，虽增价数倍，竟无所买，乃冒法买官马从军。诸群牧私卖日多，畋猎不足用，遂为金所败。"①

类似的记载还很多，可以看出畜牧业一直是契丹社会经济的主业。在辽与金的战争中，损失了大批牲畜，使得以牧业为基础的辽王朝失去了赖以生存的经济支柱，导致亡国。

契丹人的渔猎经济有着传统的历史，在早期活动中占有重要地位，直到建国后仍是经济门类中的重要补充。《辽史》卷三十《营卫志上》记载："有事则以攻战为务，间暇则畋渔为生。"② 记述了契丹人的渔猎生业。辽代皇帝的渔猎活动，在《辽史》中多次提及，这种活动形成了四时捺钵的定制，即春捺钵捕鹅、钓鱼，夏捺钵避暑障鹰，秋捺钵入山打虎射鹿，冬捺钵避寒出猎。这在《辽史》卷三十二《营卫志下》中有详细的记载，不仅是皇家贵族游乐活动的反映，也是契丹平民经济活动、民俗传统的镜子。

契丹立国前，农业尚处于粗放的原始水平；立国后，历代皇帝都重视农业的开发，使农业经济迅速发展。《辽史》卷五十九《食货志上》记载："太祖平诸弟之乱，弭兵轻赋，专意于农。""太宗会同初（938年），将东猎，三克奏减辎重，疾趋北山取物，以备国用，无害农务。寻诏有司劝农桑，教纺绩。以乌古之地水草丰美，命瓯昆石烈居之，益以海勒水（今海拉尔河）之善地为农田。三年（940年）诏以谐里河（今石勒喀河）、胪朐河（今克鲁伦河）近地，赐南院欧堇突吕、乙斯勃、北院温纳河剌三石烈人，从事耕种。"后经辽代历朝皇帝对农业的重视，使农业经济呈现繁荣的景象。到"道宗初年（1055年），西北雨谷三十里，春州斗粟六钱。时而蕃多叛，上欲为守御计，命耶律唐古督耕稼以给西军。唐古率众田胪朐河侧，岁登上熟。移屯镇州，凡十四稔，积粟数十万斛，每斗不过数钱"③。可见，辽代统治二百年间，农业逐渐在社会经济中居主导地位，成为契丹民用和军备的主要食物来源。

手工业、商业经济的发展状况，在《辽史》、《契丹国志》中都有详尽的记述，这里不再赘言。④ 用《辽史》卷五十九《食货志上》的记载作为辽代契丹经济类型

---

① （元）脱脱等：《辽史》卷六十《食货志下》，中华书局1974年版，第932页。
② （元）脱脱等：《辽史》卷三十一《营卫志上》，中华书局1974年版，第361页。
③ （元）脱脱等：《辽史》卷五十九《食货志上》，中华书局1974年版，第924—925页。
④ 马利清、张景明：《试析辽代社会经济发展在文献、实物中的体现》，《内蒙古大学学报》（人文社会科学版）2000年第2期。

的概括，即："契丹旧俗，其富以马，其强以兵，纵马千野，驰兵于民。……马逐水草，人仰湩酪，挽强射生，以给日用，糗粮刍茭，道在是矣。……于是五京及长春、辽西、平州置盐铁、转运、度支、钱帛诸司，以掌出纳。……若农谷、租赋、盐铁、贸易、坑冶、泉币、群牧，逐类采撷，缉而为篇，以存一代食货之略。"①

（三）汉文古籍对北方民族官制的研究

北方民族多数都建立过地方政权，自然形成一套具有本民族特点的官制，有的民族还仿照汉制设置官吏，形成"一国两制"的政治体系（如契丹族）。在北方民族自成官制的设置中，匈奴的官制比较典型。

《汉书》卷九十四《匈奴传》：

> 单于姓挛鞮氏，其国称之曰"撑犁孤涂单于"。匈奴谓天为"撑犁"，谓子为"孤涂"，单于者，广大之貌也，言其象天单于然也。置左右贤王，左右谷蠡，左右大将，左右大都尉，左右大当户，左右骨都侯。匈奴谓贤曰"屠耆"，故常以太子为左屠耆王。自左右贤王以下至当户，大者万余骑，小者数千，凡二十四长，立号曰"万骑"。其大臣皆世官。呼衍氏、兰氏，其后有须卜氏，此三姓，其贵种也。诸左王将居东方，直上谷以东，接秽貉、朝鲜；右王将居西方，直上郡以西，接氐、羌；而单于庭直代、云中。各有分地，逐水草移徙。而左右贤王、左右谷蠡最大国，左右骨都侯辅政。诸二十四长，亦各置千长、百长、什长、裨小王、相、都尉、当户、且渠之属。②

由此看出，匈奴的最高军政长官为单于，其下设置左右贤王、左右谷蠡王、左右大将、左右大都尉、左右大当户、左右骨都侯等。在军事上，单于统领自己的军队，从左右贤王以下直到大当户都分别统军作战，大者统军万骑，小者统军数千。这些统领万骑的军事首领共有二十四个，被称为"万骑"。万骑之下各置千长、百长、什长等中下级军事首领。匈奴的氏族中以呼衍氏、兰氏和须卜氏为贵。这些氏族的贵族常担任左右骨都侯，辅助单于处理军政事务。目前学术界对匈奴官制的研究，主要依靠《史记》卷一百十《匈奴列传》、《汉书》卷九十四《匈奴传》、《后汉书》卷八十九《南匈奴传》等。

---

① （元）脱脱等：《辽史》卷五十九《食货志上》，中华书局1974年版，第923页。
② （汉）班固：《汉书》卷九十四《匈奴传》，中华书局1962年版，第3751页。

（四）汉文古籍对北方民族军事行动的研究

北方民族自产生以来，为了扩充势力和获取更大的物质利益，就不断与中原王朝及周邻民族进行军事行动。在汉文古籍中，涉及诸民族军事行动的记载很多，并以较长篇幅介绍每一个民族的战争活动。以《元史》记载蒙古族军事行动为案例。

《元史》卷一《太祖纪》：

"未几，帝伐蔑里乞部，与其部长脱脱战于莫那察山，遂掠其资财、田禾，以遗汪罕。"

"须臾四将至，击乃蛮走，尽夺所掠归汪罕。"

"岁乙丑、率征西夏，拔力吉里寨，经落思城，大掠人民及其橐驼而还。"

六年（1211年）："冬十月，袭金群牧监，驱其马而还。"①

《元史》卷二《太宗纪》：

太宗七年（1235年）："冬十月，曲出围枣阳，拔之，遂徇襄、邓，入郢，虏人民牛马数万而还。"②

《元史》卷六《世祖纪三》：

至元三年（1266年）："夏四月丁卯，……亳州水军千户胡进等领骑兵渡淝水，逾荆山，与宋兵战，杀获甚众，赏钞币有差。"③

《元史》卷七《世祖纪四》：

至元七年（1270年）："五月癸卯，陕西金省也速带儿、严忠范与东西川统军司率兵及宋兵战于嘉定、重庆、钓鱼山、马湖江，皆败之，拔三寨，擒都统牛宣，俘获人民及马牛战舰无算。"④

《元史》卷二十二《武宗纪》：

成宗大德"五年（1301年）：八月朔，与海都战于迭怯里古之地，海都军溃。越二日，海都悉合其众以来，大战于合剌合塔之地。师失利，亲出阵，力战大败之，尽获其辎重，悉援诸王、驸马众军以出。"⑤

公元13世纪初，成吉思汗凭借武力统一蒙古诸部，建大蒙古国。至元朝前期，成吉思汗及其子孙不断扩大对外战争，先后经过军事行动，灭西夏、金、南宋，西征中亚、西亚及东欧，东征高丽、日本，南伐缅国、安南、占城、爪哇，成为横跨

---

① （明）宋濂等：《元史》卷一《太祖纪》，中华书局1976年版，第6、7、13、15页。
② （明）宋濂等：《元史》卷二《太宗纪》，中华书局1976年版，第34页。
③ （明）宋濂等：《元史》卷六《世祖纪三》，中华书局1976年版，第110页。
④ （明）宋濂等：《元史》卷七《世祖纪四》，中华书局1976年版，第129页。
⑤ （明）宋濂等：《元史》卷二十二《武宗纪》，中华书局1976年版，第477页。

欧亚大陆的军事强国。元朝中后期，军事行动主要用于平叛诸部之乱和镇压农民起义，以巩固蒙古的统治政权。上述列举的《元史》中的几条记载，就是成吉思汗在统一蒙古诸部和元朝建立后西征、东征、南征和平叛的史实。

（五）汉文古籍对北方民族婚丧习俗的研究

北方民族在生产和生活实践中，形成各种各样的风俗习惯，而人生礼俗中的婚俗和丧俗虽然在某些方面达到一致性，但各有其本民族的特色。汉文古籍记载的诸北方民族的婚俗和丧俗资料比较丰富，以鲜卑的婚丧习俗为案例。

《后汉书》卷九十《乌桓鲜卑传》：

"（乌桓）其嫁娶则先略女通情，或半岁百日，然后送牛马羊畜，以为娉币。壻随妻还家，妻家无尊卑，旦旦拜之，而不拜其父母。为妻家仆役，一二年间，妻家乃厚遣送女，居处财物一皆为办。"①

"其（鲜卑）言语习俗与乌桓同。唯婚姻先髡头，以季春月大会于饶乐水上，饮宴毕，然后配合。"②

从这两条记载看，早期鲜卑与乌桓的婚姻形式存在着抢婚、劳务婚和从妻居的风习，男女婚前的性行为比较自由。鲜卑人结婚前先髡发，等到春天三月时，在饶乐水（今西拉木伦河）边集会，歌舞宴饮，男女青年自由配偶。

《三国志·魏志》卷三十《乌丸鲜卑东夷传》引《魏书》：

> 贵兵死，敛尸有棺，始死则哭，葬则歌舞相送。肥养犬，以采绳婴牵，并取亡者所乘马、衣物、生时服饰，皆烧以送之。特属累犬，使护死者神灵归乎赤山。赤山在辽东西北数千里，如中国人以死之魂神归泰山也。至葬日，夜聚亲旧员坐，牵犬马历位，或歌哭者，掷肉与之，使二人口颂咒文，使死者魂神径至，历险阻，勿令横鬼遮护，达其赤山，然后杀犬马衣物烧之。③

鲜卑的丧葬重视因战争而死的勇士，从而给其特别的葬仪。送葬时要举行歌舞宴饮，并把死者生前的犬马及衣物烧掉，还要用肉祭祀，诵读咒文，送死者到先祖之地埋葬。

此外，汉文古籍对北方民族的研究还涉及生态环境、物质文化、婚丧习俗之外的精神文化、民族关系、政策法律等方面，本文不再列举，仅以单个民族的族源、

---

① （宋）范晔：《后汉书》卷九十《乌桓鲜卑传》，中华书局1965年版，第2979页。
② （宋）范晔：《后汉书》卷九十《乌桓鲜卑传》，中华书局1965年版，第2985页。
③ （晋）陈寿：《三国志·魏志》卷三十《乌丸鲜卑东夷传》，中华书局1959年版，第832—833页。

经济类型、官吏设置、军事行动和婚丧习俗五个方面为例,说明汉文古籍对北方民族的研究状况,反映历史文献在民族学研究中的重要性。

三 汉文古籍对北方民族研究的人类学分析

应用汉文古籍关于北方民族的记述,研究诸民族的社会发展历程和文化现象,迄今已越来越多地被学术界所接受。因为在同一地域、同一生态环境内生存的诸民族,在文化传承方面具有连续性和普遍性,有的民族在历史上虽然已经消失,但某种文化却为后来的民族继承,一直延续至今。如北方民族在西周以后形成独特的游牧经济和文化特征,直至今日的蒙古族等民族仍然存在,虽历经文化变迁,整体范式不会改变。有的民族的文化现象仍需从古代文献中寻踪觅迹,以求得正解。

站在历史的角度研究民族,早在民族学诞生不久后就已开始。进入19世纪之后,民族学进化论学派用比较方法重构文明社会的历史进程。美国民族学家摩尔根(Lewis Henry Morgan)指出:"人类有一部分生活在蒙昧状态中,有一部分生活在野蛮状态中,还有一部分生活在文明状态中,这是无可否认的;这三种不同的社会状态以必然而又自然的前进顺序彼此衔接起来,这同样也是无可否认的。"[①] 摩尔根把人类社会划分为三个时代七个阶段,把生产技术和生产工具的发明作为划分社会阶段的标志。

英国人类学家泰勒(E. B. Tylor)认为:"人类社会中各种不同的文化现象,只要能够用普遍适用的原理来研究,就都可成为适合于研究人类思想和活动规律的对象。一方面,在文明中有如此广泛的共同性,使得在很大程度上能够拿一些相同的原因来解释相同的现象;另一方面,文化的各个不同阶段,可以认为是发展或进化的不同阶段,而其中的每一阶段都是前一阶段的产物,并对将来的历史进程起着相当大的作用。"[②]

进化论者重视人类社会历史的进步,但把人类社会文化和生物进化看作一样,也是由简单到复杂,由低级阶段向高级阶段逐渐地发展,认为造成这种普遍性的原因在于人类心理的一致性。因此,遭到以美国人类学家博厄斯(Franz Boas)为代表的历史学派的批判。博厄斯认为,人类学的基本任务是研究社会生活现象的全部总和,这种研究构成包括一切民族在内的人类历史。每个文化集团都有自己独特的历史,因此,必须在每个民族的特点中来研究每个民族。民族学应当是文化史的一

[①] [美]摩尔根:《古代社会》,杨东莼、马雍、马巨译,中央编译出版社2007年版,第3页。
[②] [英]泰勒:《原始文化:神话、哲学、宗教、语言、艺术和习俗发展之研究》,连树声译,广西师范大学出版社2005年版,第1页。

部分，最终目的是揭示社会发展的一般规律。但他否认人类历史发展有共同的规律，即孤立地研究每个民族的历史。

苏维埃学派重视历史学，把民族学纳入历史学的一部分，特别是对各个民族的族源和原始社会史的研究。提出了"历史民族区"的概念，认为每一个历史民族区内的各族居民有相似的文化。

民族学传入我国以后，在继承和发展西方民族学理论的基础上提出"本土化"概念。我国民族学前辈吴文藻、黄文山、孙本文、岑家梧等先生都作了各自的论证，力图以本土资料以及方法和理论进行研究，发展中国化的民族学。

中国民族学最大的特点在于进行共时性研究的同时，还要进行历时性的研究，历史民族学作为民族学的一个分支学科，主要从历史的角度来观测、分析和解释当前人类社会的文化现象，这就需要应用历史文献（尤其是汉文古籍）中的民族资料来解释和研究当前社会的文化现象。北方民族的研究，同样离不开大量的汉文古籍，因为北方民族历史虽然悠久，但在唐朝时才出现了最早的文字——突厥文，很多的历史资料都收录在汉文古籍中。要想了解当今北方民族的社会文化，必须利用汉文古籍中的相关民族资料，这也是中国民族学本土化最突出的特点。

蒙古族自13世纪初形成统一的民族共同体以来，主体一直生活在北方草原地区，直到今日仍为草原地区的主体民族。谈及蒙古族的族源问题，却要追溯到很早以前的历史，除运用考古学、语言学的资料外，主要从汉文古籍记述的语言、习俗、社会制度、法规、图腾崇拜、祖源传说等方面去论证蒙古族的族源问题，从而在学术界形成了众说纷纭的观点。综合现有的资料分析，蒙古族族源大致有六种说法：（1）源于匈奴之说；（2）源于白狄—匈奴、柔然之说；（3）源于鲜卑之说；（4）源于突厥之说；（5）源于鞑靼之说；（6）源于室韦—鞑靼之说。对于这六种说法，要充分利用汉文古籍记载的资料，运用历史民族学的研究方法去分析，最终室韦—鞑靼之说逐渐被学术界所接受。从历史发展进程看，战国时期开始逐步形成东胡、匈奴、突厥等民族系统，后代北方民族多属于这几大民族系统，蒙古族先人与匈奴、鲜卑、柔然、突厥等民族必然在语言、习俗、社会制度等方面有许多相同和相近之处，以至出现多种渊源之说。

总之，对北方民族的研究，要从历史唯物主义的立场出发，充分挖掘汉文古籍中的民族资料，进行归类、整理、校勘、考证、注释等，最终取得翔实可靠的历史民族志资料，来分析当代北方民族的社会发展状况和文化现象。北方民族作为中华民族的重要组成部分，在中华民族多元一体的格局中占有重要的地位。通过汉文古籍对北方民族的研究，就是要探寻中华民族形成过程的局部历史，以找出中华民族整体的社会历史发展的普遍规律，这应该是中国民族学发展的一个远大前景。

辽代契丹民族的人口及特点

辽代为契丹族于 10 世纪初建立的我国北方民族政权,曾经占据了黄河流域以北的广大地区。在其统治的二百年间,政治、经济、文化都达到了前所未有的盛况,契丹族的人口随之发生了重大变化,在辽代以前的北方民族发展史上也是空前的。

一 契丹的族源及早期人口

关于契丹的族源问题,目前学术界有两种看法,一曰"东胡说",一曰"匈奴说"。史籍记载和现代学者多数持"东胡说",即契丹源于东胡之支的鲜卑。《旧五代史》卷一百三十七《外国列传一》记载:"契丹者,古匈奴之种也。"[①]《册府元龟》卷九百五十六《外臣部·种族》也记载契丹源于古匈奴。

"契丹"最早见于汉文古籍记载是朝鲜人金富轼著的《三国史记》。《魏书》《北史》《隋书》《旧唐书》《新唐书》《旧五代史》《新五代史》《唐会要》《五代会要》《资治通鉴》《册府元龟》《文献通考》《契丹国志》《辽史》等都记载了契丹的历史,内容繁简不一,其中多数文献古籍涉及契丹的族源。根据文献古籍记载和考古学资料,谈一下笔者的看法。

《魏书》卷一百《契丹传》记载:"契丹国,在库莫奚东,异种同类,俱窜于松漠之间。登国中(386—396 年),国军大破之,遂逃迸,与库莫奚分背。经数十年,稍滋蔓,有部落,于和龙(今辽宁省朝阳市)之北数百里,多为寇盗。"[②]没有具体说出契丹的族源,只指出契丹的始居地在库莫奚东,并与之"异种同类"。"库莫奚国之先,东部宇文之别种也。初为慕容元真所破,遗落者窜匿松漠之间。"[③]契丹与库莫奚同为鲜卑的一支,属于不同的部落而已。《隋书》卷八十四《契丹传》记载:"契丹之先,与库莫奚异种而同类,并为慕容氏所破,俱窜于松、

[①] (宋)薛居正等:《旧五代史》卷一百三十七《外国列传一》,中华书局 1976 年版,第 1827 页。
[②] (北齐)魏收:《魏书》卷一百《契丹传》,中华书局 1974 年版,第 2223 页。
[③] (北齐)魏收:《魏书》卷一百《库莫奚传》,中华书局 1974 年版,第 2222 页。

漠之间。其后稍大，居黄龙（今辽宁省朝阳市）之北数百里。"① 与《魏书》卷一百《契丹传》的记载大致相同，明确指出当契丹势力稍强大时，主要居住在今西拉木伦河流域。《新唐书》卷二百一十九《契丹传》记载："契丹，本东胡种，其先为匈奴所破，保鲜卑山。魏青龙中，部酋比能稍桀骜，为幽州刺史王雄所杀，众遂微，逃潢水之南，黄龙之北。至元魏，自号曰契丹。"② 说出了契丹的先祖为东胡的一支，北魏孝文帝时期自称为契丹。

内蒙古阿鲁科尔沁旗罕苏木辽代耶律羽之墓③出土的墓志，铭文有契丹族源的记载，说："其先宗分佶首派出石槐，历汉魏隋唐已来世为君长。"佶首即为文献记载的契丹始祖奇首可汗，石槐为东汉时期鲜卑首领檀石槐，契丹人自认为来源于鲜卑。从早期契丹墓葬形制、埋葬习俗及器物特征看，多有鲜卑的风格，证实契丹先祖与鲜卑同源之说。④《后汉书》卷九十《鲜卑传》记载："鲜卑者，亦东胡之支也，别依鲜卑山，故因号焉。"⑤ 因此，契丹族源的远源来自东胡。

东汉早期，随着鲜卑势力的逐渐强大，从大兴安岭向南迁移，占据匈奴故地。汉和帝永元年中（89—105年），"大将军窦宪遣右校尉耿夔击破匈奴，北单于逃走，鲜卑因此转徙据其地。匈奴余种留者尚有十余万落，皆自号鲜卑，鲜卑由此渐盛"⑥。鲜卑中融入了一部分匈奴人。根据《北史》卷九十八《匈奴宇文莫槐传》、《魏书》卷四十四《宇文福传》的记载，宇文部是匈奴南单于的远属，他们的语言与鲜卑颇异，习俗也不同。在匈奴余种十万余落自号鲜卑后，宇文部也东移，逐步鲜卑化。契丹、库莫奚同为东部宇文别种，这应该与匈奴宇文部有一定的关联。所以，契丹源于"匈奴说"应指的是别源。

早期契丹的畜牧业非常发达，后又有农业生产，在唐代晚期占据了大漠南北，在如此辽阔的地域内进行经济生产，必有众多的人口，而且有足够的生活资料供给人口的增长。契丹最初是一个包括"白马"和"青牛"两个氏族的小部落，后来子孙繁衍，部众逐渐兴盛，发展为八个氏族，再后由八个氏族发展为八个部落，即悉契丹部、何大何部、伏费郁部、羽陵部、日连部、匹絜部、黎部、吐六于部。6、7世纪之交，契丹又发展成十个部落，还有很多别部。7世纪，形成了一个包括很多部的大部落。从契丹势力的不断壮大，可以反映出人口增长的情况。

《魏书》卷一百《契丹传》记载："莫弗贺勿于率其部落车三千乘、众万余口，

---

① （唐）魏征、令狐德棻：《隋书》卷八十四《契丹传》，中华书局1973年版，第1881页。
② （宋）欧阳修、宋祁：《新唐书》卷二百一十九《契丹传》，中华书局1975年版，第6167页。
③ 内蒙古自治区文物考古研究所等：《辽耶律羽之墓发掘简报》，《文物》1996年第1期。
④ 张景明、马宏滨：《契丹族源与木叶山方位的考古学考辨》，《青海民族研究》2018年第3期。
⑤ （宋）范晔：《后汉书》卷九十《鲜卑传》，中华书局1965年版，第2985页。
⑥ （宋）范晔：《后汉书》卷九十《鲜卑传》，中华书局1965年版，第2986页。

驱徙杂畜，求入内附，止于白狼水东。"① 北魏太和三年（479年），仅契丹贺勿于部众就有一万多人。《北史》卷九十四《契丹传》记载："天保四年（553年）九月，……帝亲逾山岭，奋击大破之，虏十余万口，杂畜数十万头。"② 北齐文宣帝高洋率兵一次俘虏契丹人十多万口。《隋书》卷八十四《契丹传》记载："开皇末（600年），……部落渐众，遂北徙逐水草，当辽西正北二百里，依托纥臣水而居。东西亘五百里，南北三百里，分为十部。兵多者三千，少者千余，逐寒暑，随水草畜牧。"③ 在隋初，契丹发展为十部，大部的军队三千多人，小部的军队也有一千余人。以一户出征调二卒，一户四至五人计算，大部有人口近万人，小部也有三千余人。

《新唐书》卷二百一十九《契丹传》记载：贞观年间，"尽忠自号无上可汗，以万荣为将，纵兵四略，所向辄下，不重浃，众数万，妄言十万，攻崇州，执讨击副使许钦寂"。④ 同传又载："武后闻尽忠死，更诏夏官尚书王孝杰、羽林卫将军苏宏晖率兵十七万讨契丹，占东硖石，师败，孝杰死之。……乃命右金吾卫大将军河内郡王武懿宗为神兵道大总管，右肃政台御史大夫娄师德为清边道大部管，右武威卫大将军沙吒忠义为清边中道前军总管，兵凡二十万击贼。"⑤ 契丹尽忠任可汗时，有部众几万人，号称十万。后来唐朝发兵十七万击契丹，竟然失败。其后又发兵二十万，才击败契丹。可见，唐朝时期契丹的人口应在二十万以上。

二 建立辽代政权后的契丹人口

契丹建辽时的人口，可根据文献记载有一个大概的计算。唐昭宗天复二年（902年），耶律阿保机"以兵四十万伐河东代北，攻下九郡，获生口九万五千，驼、马、牛、羊不可胜纪"。⑥ 唐昭宣帝天祐二年（905年）五月，"契丹阿保机始盛，武皇召之，阿保机率部族三十万至云州，与武皇会于云州之东，握手甚欢，结为兄弟"。⑦ 天祐十四年（917年，辽神册二年），契丹"乘胜寇幽州。是时言契丹者，或云五十万，或云百万，渔阳以北，山谷之间，毡车毳幕，羊马弥漫"。⑧ 在这

---

① （北齐）魏收：《魏书》卷一百《契丹传》，中华书局1974年版，第2223页。
② （唐）李延寿：《北史》卷九十四《契丹传》，中华书局1974年版，第3303页。
③ （唐）魏征、令狐德棻：《隋书》卷八十四《契丹传》，中华书局1973年版，第1881—1882页。
④ （宋）欧阳修、宋祁：《新唐书》卷二百一十九《契丹传》，中华书局1975年版，第6168——6169页。
⑤ （宋）欧阳修、宋祁：《新唐书》卷二百一十九《契丹传》，中华书局1975年版，第6169页。
⑥ （元）脱脱等：《辽史》卷一《太祖纪上》，中华书局1974年版，第2页。
⑦ （宋）薛居正等：《旧五代史》卷二十六《武皇纪下》，中华书局1976年版，第360页。
⑧ （宋）薛居正等：《旧五代史》卷二十八《庄宗纪二》，中华书局1976年版，第389页。

三条史料中，提到兵力有三十万、四十万、五十万和百万，依据辽初的情况，三十万兵力比较可信。据契丹习俗及依此形成的辽代兵制，大体上一户出二兵，三十万大军就是十五万户，每户以五人计，在建辽初期，契丹人口可达七十余万。

随着辽代经济的发展，人口也有迅速增长的趋势。辽太祖平息诸弟之乱后，马上推行"弭兵轻赋，专意于农"的政策，不久便出现"户口滋繁"的景象。辽应历初（951年），南院大王耶律挞烈"均赋役，劝耕稼，部人化之，户口丰殖"①。辽圣宗时，普遍出现"户口蕃"的现象。辽兴宗时，"两院户口殷庶"。这都是契丹人口迅速的自身繁衍，即人口的自然增长。

《辽史》卷三十一《营卫志上》记载："辽国之法：天子践位置宫卫，分州县，析部族，设官府，籍户口，备兵马。崩则扈从后妃宫帐，以奉陵寝。有调发，则丁壮从戎事，者弱属守。……凡州三十八，县十，提辖司四十一，石烈二十三，瓦里七十四，抹里九十八，得里二，闸撒十九。为正户八万，蕃汉转户十二万三千，共二十万三千户。"② 正户即为契丹人，有八万户，人口达四十余万；其他民族和汉人共十二万三千户，人口达六十一万余人。宫卫的总人数达一百余万。

太祖十八部（奚除外）的人口，归属北大王院（五院部）和南大王院（六院部），有三分之二驻牧在"西南至山后八军八百余里之内"，"控弦之士各万人"③。以一户出兵二人计，则各有五千户，至辽末可增加到万户，两院部中另三分之一，即三个石烈在辽会同二年（939年）就迁至乌古部地区，辽末时也能达到万户。品、楮特、乌隗、涅剌、突吕不、突举六个部，自阻午可汗设置起至辽末，在近四百年的时间里各以六千户算应为可能。迭剌达部在建辽前就有七千户，辽末应能增加到万余户。乌古涅剌和图鲁二部，辽神册六年（921年）为六千户，辽末也能超过万户，突吕不室韦、涅剌挐古、乙室奥隗、品达鲁虢五个部，以三万户计不算多。这样，辽末太祖十八部总计十三万户，六十五万人，这是契丹人口的主要组成部分。

从辽代兵卫的人数看，"及太祖会李克用于云中，以兵三十万，盛矣"④，"太宗益选天下精甲，置诸爪牙为皮室军。合骑五十万，国威壮矣。"⑤ "辽建五京：临潢，契丹故壤；辽阳，汉之辽东，为渤海故国；中京，汉辽西地，自唐以来契丹有之。三京丁籍可纪者二十二万六千一百，蕃汉转户为多。析津、大同，故汉地，籍

---

① （元）脱脱等：《辽史》卷七十二《耶律挞烈传》，中华书局1974年版，第1262页。
② （元）脱脱等：《辽史》卷三十一《营卫志上》，中华书局1974年版，第362页。
③ 贾敬颜：《路振〈乘轺录〉疏证稿》，《五代宋金元人边疆行记十三种疏证稿》，中华书局2004年版，第70—71页。
④ （元）脱脱等：《辽史》卷三十四《兵卫志上》，中华书局1974年版，第395页。
⑤ （元）脱脱等：《辽史》卷三十五《兵卫志中》，中华书局1974年版，第401页。

丁八十万六千七百。契丹本户多隶宫帐、部族，其余蕃汉户丁分隶者，皆不与焉。"①辽太祖时，有人口七十五万，太宗时，有人口一百二十五万。辽代五京的人口达一百一十余万。

辽代其他方面的契丹人口。辽统和二十二年（1004年）建镇州等边防城，选诸部族二万余骑充屯军。根据宋朝的李信报告，齐王妃"领兵三万屯西鄙驴驹儿河"。这里的契丹人口总数有一万多户。著帐户、贵族奴隶、亲王的私甲亲兵和投下州中的契丹人，还有汉人契丹化者，辽末有二万户。辽圣宗三十四部中的契丹人接近八千户。归附后唐、北宋的契丹人和在高丽、西夏居住的契丹人，辽末达七千户。兴宗时，有一万六千户契丹人徙住西域，驻喀喇汗王朝与辽交界处，辽末增加到二万户。总计三十二万五千人。

根据以上的统计，辽代晚期契丹的总人口在一百五十万左右，若加上辽代境内的少数民族和汉人的人口，数量达二百五十万人以上。可见，当时契丹人口数量的庞大状况。

三 影响辽代契丹人口变动的主要因素

契丹人口的变动，与经济、政治、民族因素有很大的关系，其中，经济因素是影响人口变动的主要原因。

契丹建立政权前是一个游牧民族，随寒暑追逐水草，经营畜牧业，牛、羊、马成为日常生活的必需品。《魏书》卷一百《契丹传》记载："其莫弗贺勿于率其部落车三千乘、众万余口，驱徙杂畜，求入内附。"② 553年，北齐文宣帝率兵讨伐契丹，一次就掳掠杂畜数十万头。内蒙古阿鲁科尔沁旗塔布敖包1号契丹墓③中，随葬有大量羊头骨、羊矩骨、羊肢骨。这都能反映早期契丹人畜牧业发达的盛况。狩猎和捕鱼，也是契丹人重要的经济活动。《辽史》卷三十一《营卫志上》记载："有事则以攻战为务，间暇则以畋渔为生。"④ 说明渔猎在社会经济中占有一定的地位。正因为有如此发达的经济作后盾，使契丹建立政权前的人口数量达几十万人。

契丹建辽后，历代皇帝都非常重视经济的发展，使畜牧业、农业、渔猎、手工业迅速发展起来，特别是部分契丹人从游牧走向定居，经营农业，更便于人口的

---

① （元）脱脱等：《辽史》卷三十六《兵卫志下》，中华书局1974年版，第417页。
② （北齐）魏收：《魏书》卷一百《契丹传》，中华书局1974年版，第2223页。
③ 齐晓光：《巴林右旗塔布敖包石砌墓及相关问题》，《内蒙古文物考古文集》第一辑，中国大百科全书出版社1994年版，第454—461页。
④ （元）脱脱等：《辽史》卷三十一《营卫志上》，中华书局1974年版，第361页。

滋繁。

畜牧业一直是契丹社会经济的命脉，虽然南农北牧的经济类型不同，但就全境来说，畜牧业始终为主要的经济类型。"契丹旧俗，其富以马"。说的就是契丹人主要依靠马、牛等牲畜而富国强兵。耶律阿保机在征伐河东地区及女真族时，曾夺取驼马牛羊十余万、马二十余万，分散牧于水草丰盛之地，在漠南、漠北、西路、浑河都有牧地。"自太祖及兴宗垂二百年，群牧之盛如一日。"① 天祚帝时，"马犹有数万群，每群不下千匹"②。在许多辽代墓葬中，都出土有大量的马具，或有杀牲殉葬现象。这都可以说明繁盛的畜牧业为人口的增长提供了源源不断的生活资料。

契丹的渔猎经济有着传统的历史，在社会经济中占有重要地位。在《辽史·本纪》中，多次提到历朝皇帝渔猎活动，用猎物充军食或宴饮取乐或祭祀。天祚帝乾统三年（1103年），因猎人多数死亡，严禁狩猎，不久又始射猎。辽代皇帝的渔猎活动，形成四时捺钵的定制，即春捺钵捕鹅、钓鱼，夏捺钵避暑障鹰，秋捺钵射虎猎鹿，冬捺钵避寒出猎，不仅是辽代皇帝的活动，也反映了契丹平民的经济活动，《辽史》卷六十八《游幸表》载："朔漠以畜牧射猎为业，犹汉人之勤农，生生之资于是乎出。"③

契丹的农业经济在立国后迅速发展。《辽史》卷五十九《食货志》记载："太祖平诸弟之乱，弭兵轻赋，专意于农。尝以户口滋繁，纠辖疏远，分北大浓兀为二部，程以树艺，诸部效之。"④ 辽道宗初年，"西北雨谷三十里"，使春州的粟价一斗仅为六钱。马人望任中京度支使时，加速农业发展进度，半年就获粟十五万斛。乌州、春州、泰州属上京地区，这里本来是牧区和猎区，除发展畜牧业、狩猎业外，又成为盛产粮食的农业区。沿边诸州，因为农业不断发展，才可能进行和籴，经济"出陈易新"。

辽代的手工业，主要表现在食盐、矿冶、陶瓷、铸钱、纺织、皮革加工、酿酒等方面，成为独立的经济部门。契丹与中原王朝和其西部、西北、北部、东部生活的奚、室韦、突厥、吐谷浑、党项、回鹘、阻卜、乌古、敌烈、女真、渤海，设置榷场，贡物互市，进行商品贸易，促进了商品经济的发展。

契丹经济的发展，受自然条件的制约，当遭到雨雪、干旱、瘟疫时，在很大程度上削弱了经济势力。如辽大康九年（1083年），"夏四月丙午朔，大雪，平地丈

---

① （元）脱脱等：《辽史》卷六十《食货志下》，中华书局1974年版，第932页。
② （元）脱脱等：《辽史》卷六十《食货志下》，中华书局1974年版，第932页。
③ （元）脱脱等：《辽史》卷六十八《游幸表》，中华书局1974年版，第1037页。
④ （元）脱脱等：《辽史》卷五十九《食货志上》，中华书局1974年版，第924页。

余，马死者十六、七"①。辽乾统十年（1110年），"是岁、大饥"②。自然灾害的发生，在一定范围内影响了经济的发展，会导致人口的缩减。就全局看，契丹的人口数呈上升趋势。

民族因素对人口变动的影响是间接的，通过诸如婚姻家庭、宗教信仰、军事战争等，才能发生作用。契丹为游牧民族，具有产后性禁忌的风俗，在一定程度上限制了人口的增长。建立国家后，由于部分契丹人逐渐走向定居生活，从事农业生产，有利于人口的繁衍。早期契丹的婚姻形态，相传"有男子乘白马浮土河而下，复有一妇人乘小车驾灰色之牛，浮潢河而下，遇于木叶之山，顾合流之水，与为夫妇，此其始祖也"③。反映出契丹早期社会实行同姓不婚的习俗，即氏族外婚制，婚姻形态一开始就起点较高，这也有利于人口的素质的提高。

在契丹建辽前后的几十年中，人口猛增主要由于耶律阿保机、耶律德光实施的军事行动。902年秋七月，"以兵四十万伐河东代北，攻下九郡，获生口九万五千"④。辽神册元年（916年），"亲征突厥、吐浑、党项、小蕃、沙陀诸部，皆平之。俘其酋长及其户万五千六百"⑤。从《辽史·地理志》和头下军州所记的各族俘户看，前者计有六万一千户，后者为三万四千户，总计九万五千户，约近五十万人。可见，通过军事战争掳掠人口，是契丹人口增长的一个重要途径，被俘的各民族逐渐接受契丹人的生活习俗。

契丹建辽后，在政治上实行了一系列有利于畜牧业、农业、手工业和商业发展的措施。在畜牧业方面，设置专职官吏进行专门管理，如群牧官、诸厩官、监养鸟兽官。多次颁发诏令禁止因丧葬祭祀而宰杀牛、马，以及马匹和其他牲畜出境。规定用私马偷换好的官马，要处以死刑。在农业方面，辽太祖把人口过多、辖地过广的北大浓兀分成南北二部，以适应农业生产的需要。太宗耶律德光下令"仍戒敢有伤禾稼者以军法论"⑥。辽穆宗时期，契丹贵族耶律挞烈庆历初，"升南院大王，均赋役，劝耕稼，部人化之，户口丰殖"⑦。辽圣宗、兴宗时，更加重视农业，多次派官员巡视农业生产情况，采取必要的措施，发布有关诏书，督促、奖励、扶助农业生产，并减免租赋，禁止妨碍农事，调查田亩、户口。这些政策，有利于促进经济的发展，人口也随之稳定地增长。

---

① （元）脱脱等：《辽史》卷二十四《道宗纪四》，中华书局1974年版，第288页。
② （元）脱脱等：《辽史》卷二十七《天祚皇帝一》，中华书局1974年版，第325页。
③ （宋）叶隆礼：《契丹国志·契丹国初兴本末》，上海：上海古籍出版社1985年版，第1页。
④ （元）脱脱等：《辽史》卷一《太祖纪上》，中华书局1974年版，第2页。
⑤ （元）脱脱等：《辽史》卷一《太祖纪上》，中华书局1974年版，第11页。
⑥ （元）脱脱等：《辽史》卷五十九《食货志上》，中华书局1974年版，第924页。
⑦ （元）脱脱等：《辽史》卷七十二《耶律挞烈传》，中华书局1974年版，第1262页。

四 辽代契丹人口的特点

辽代契丹人口数量，为前代北方民族发展史上人数最多的一个民族，其人口的构成、分布、增长速度等有着以下的特点。

1. 人口构成以主体民族居多，还包括其他民族。契丹最初只有两个氏族，其后因人口的增长，势力不断强盛，发展为十个部落，人口构成比较单纯。在建立辽政权后，对外实行军事扩张政策，国力大盛，人口的自然增长速度快，正户、太祖十八部、屯边的契丹人以及契丹化的其他民族的人口数量达一百五十万之多。同时，在契丹境内生活的还有汉族、奚、室韦、突厥、党项、回鹘、女真等，人口约占一百万之多。

2. 总体上的人口密度低，城镇人口密度较高。契丹最强盛时，疆域辽阔。《辽史》卷三十七《地理志一》记载："东至于海，西至金山，暨于流沙，北至胪朐河，南至白沟，幅员万里。"① 大体上北跨今蒙古国、俄罗斯贝加尔湖地区；东临日本海，包括今伯力、符拉迪沃斯托克；南达京津地区，由天津向西包括河北北部、山西北部、内蒙古中西部。如此广阔的疆土，平均每平方公里的人口密度很低。在辽代的城镇中，人口密度相对稍高。如临潢府直辖十县人口，约在十三万五千人以上。

3. 人口素质较高。契丹人长期生活在草原地带，在地理条件和"食肉饮酪"及尤善骑射的影响下，形成强悍、粗犷、耐劳、豪放、好斗的民族性格和健壮的体髂。在建立政权后，契丹人散居各地，大力发展农业，又受儒家思想的熏陶，封建化进程的加快，使契丹文化与汉族文化相融，在天文学、医学、音乐、舞蹈、美术、雕塑、文字、书法等方面取得了很大的成就，对中国文化的发展有着深远的影响。同时，兴建大批城市，五京的文化水平可与中原地区大城市相比。在这种环境和多种文化的影响下，契丹人口素质发生了显著变化，颖悟、机敏、温文尔雅、多智多谋、博学多才、仁人礼让者纷纷出现，才有了类似耶律倍、耶律隆绪、萧韩家奴、耶律履等杰出人物。

4. 人口增长速度快。契丹建辽以前，人口只有几十万。建辽之初，就达七十余万。建辽后的人数更是突飞猛进。造成这种现象的原因是由于经济的快速发展，人口自然增长率高；另一原因就是通过军事掠夺，俘获大量其他民族的人口，导致辽代人口数量的增多。

---

① （元）脱脱等：《辽史》卷三十七《地理志一》，中华书局1974年版，第438页。

5. 人口分布状况不均衡。辽代的人口地域分布有很大差异，体现了契丹王朝"因俗而治、各得其宜"的政治体制。大体说，西京、南京地区，以五代以来的汉民为主；中京地区，以移居汉民为主，契丹、奚人次之；上京地区，以契丹为主，多为辽二十部族所居；东京地区，以渤海遗民、女真为主。契丹的人口主要集中在城市、水草丰美之地和农业区，地理环境较差的地区人口稀少。在人口职业分布上，与地理环境有很大关系。在草原地区，多为从事畜牧业生产的人口；土地肥沃地区，多为经营农业生产的人口；森林资源丰富的地区，其民多从事渔猎活动；城市中还有专门从事手工业、商业经济的人口。

6. 人口环境良好。契丹地区草木茂密，森林葱郁，有着良好的自然生态环境，在宋人的笔下，满目是奚田、桑柘、雨雪、溪流、水泉、川谷、临溪照水、水流倾奔、秋来雨注、田畴棋布、牛马纵横、长松郁然。正是植根于这片肥川沃壤，契丹人得以生存、繁衍。辽朝建立之初，时值中原五代混乱纷争，动荡不安，许多居民涌入比较安定的契丹国境，具有良好的社会环境，使居民稳定生活。辽朝对阶层之间、蕃汉之间的通婚限制不严，婚姻相对自由，有利于契丹人口数量的增加和素质的提高。

7. 契丹人口增长与经济、文化发展相对适应。契丹为游牧民族，刚崛起之时，随水草迁徙，经营牧业经济，产业结构比较单一，人口增长缓慢。到立国之后，牧业、农业、渔猎、手工业、商业经济迅猛发展，文化交流十分频繁，人口也随之快速增长，二者的关系呈正比发展。只是到了辽末，由于统治者的高压政策，加之与党项、女真的连年战争，经济有所颓废，人口也有所下降。

契丹从兴起到政权灭亡，先后跨越近八个世纪，由一个弱小的部落变为强大民族。在这个过程中，随着经济的发展、政治的稳固、民族因素的影响，契丹人口数量不断增长，国力日趋强盛，成为北方草原地区一支强大的政治力量，与北宋、西夏形成对峙之势，并以正统自居。契丹的人口剧增，是在建立政权之初和其后几十年中发生的变化，除社会经济的发展导致人口的自然增长，使契丹本民族的人口数量在辽代最盛时期达到一百五十多万人，加之契丹境内一百余万人的汉民族和其他少数民族，总计在二百五十万人以上。人口的特点鲜明，素质提高，分布广泛，对开拓我国北部边疆作出了巨大的贡献。

辽代末期，金兵攻占了辽国的多半疆土，天祚帝逃至夹山。辽太祖八代孙、林牙耶律大石与李处温等，于公元1122年在南京（今北京）拥立故奏晋国王耶律淳为帝，史称"北辽"，存亡时间非常短暂。同年，耶律大石奔阴山见天祚帝，力谏和战不从，毅然率部西去，"从者不过四千户，有步骑万余"，经过今内蒙古西部、新疆地区，在巴尔喀什湖一带于1124年建国，史称"西辽"，也称"后辽""哈拉契丹"等，延续至1218年被蒙古军队最后灭亡。西辽政权存在期间，一度中兴，扩展疆域，征服部族，人口有较快的增长。

辽朝灭亡以后，原辽代属地的契丹人归属金朝统治，并有部分契丹人融入女真、汉民族中，还有部分契丹人与西北和北方蒙古族融合。元朝时期，将契丹等民族统称为"汉人"，逐渐与汉族、蒙古族融合，有部分契丹人随蒙古铁骑南征，至今在云南保山、临沧、大理等地区还有契丹人的后裔。明朝时期，原辽朝腹地的契丹人归属东部蒙古，直至嘉靖年间兀良哈三卫废除，契丹才从历史舞台消失。清初，东北地区的契丹人以达斡尔的族称出现在我国的历史中。

契丹饮食文化在礼俗中的反映

契丹饮食文化的发展历经了立国前和立国后两个阶段。立国前，由于独特的草原环境，决定了契丹民族游牧经济方式，饮食文化多带有游牧特点。立国后，经济由畜牧和狩猎转向农业，各类手工业也有很大的进步，部分契丹人由游牧走向定居。多种生计方式，构成了米、面、肉、乳兼容的食物结构，饮食文化也在此基础上展开和发生。契丹的饮食文化，内涵丰蕴，特点鲜明，尤其在传统的礼俗中非常明显，主要表现在婚姻、丧葬、祭祀、宗教礼仪、帝王登基、册封皇后、节日娱乐等方面，饮食结构、器具、酒宴等成为各种礼仪的重要内容。

一 早期契丹饮食文化在礼俗中的反映

契丹相传有"青牛白马"的故事，反映出契丹早期社会实行同姓不婚的形式，婚姻形态一开始就起点较高（图一）。《魏书》卷一百《契丹传》记载："熙平中（516—518年），契丹使人祖真等三十人还，灵太后以其俗嫁娶之际，以青毡为上服，人给青毡两匹，赏其诚款之心，余依旧式。"[①] 可知，此时的契丹人结婚礼服是黑色的，以崇尚黑色为荣。早期契丹人还实行等级婚制，即贵族与贵族、平民与平民之间通婚，保留了收继婚和姊亡妹续的婚姻遗风。史籍中没有记载契丹婚礼的详细仪式，从前代民族看，婚前需用马、牛、羊作聘礼，举行婚礼时必然宴请宾客，成为婚礼的主要内容。

原始的丧葬风习，保留有饮食文化的印迹。《隋书》卷八十四《契丹传》记载："父母死而悲哭者，以为不壮，但以其尸置于山树之上，经三年之后，乃收其骨而焚之。因酹而祝曰：'冬日时，向阳食。若我射猎时，使我多得猪鹿。'"[②]《旧唐书》卷一百九十九《契丹传》记载："其俗死者不得作冢墓，以马架车送入大山，置之树上，

[①] （北齐）魏收：《魏书》卷一百《契丹传》，中华书局1974年版，第2224页。
[②] （唐）魏征、令狐德棻：《隋书》卷八十四《契丹传》，中华书局1973年版，第1881页。

图一 《施甸长官司族谱》中的青牛白马

亦无服纪。子孙死,父母晨夕哭之;父母死,子孙不哭。其余风俗与突厥同。"① 早期契丹先行树葬,三年后才又火葬,并把酒祝文,祈求保佑多获生活资料。

在中原文化的影响下,立国前的契丹人开始兴土葬,并以生活资料、饮食器具、生产工具、狩猎工具作随葬品。内蒙古巴林右旗塔布敖包1号墓,为长方形土坑竖穴,穴内砌石室,无葬具。墓内随葬有羊头骨、羊肢骨、羊矩骨,以及小口高领壶、盘口壶、敞口罐、碗等饮食器具和铁斧、铁刀。② 陈巴尔虎旗西乌珠尔墓以独木棺为葬具,1号墓的人骨裹着毡子和麻布,左足下置陶壶。2号墓的人骨呈仰面屈肢,头向北,上肢左侧放一桦树皮弓囊,内有一张弓;身体右侧置木制马鞍。3号墓的人骨头向北偏东,随葬铜器和铁刀残片。③

早期契丹社会的祭祀和宗教信仰主要为萨满教,内容包括祭祀天地、日月、山川、祖先等,多用牛、马、羊作祭品。在契丹人的观念中,天地是为至高无上,凡世间万事万物,无一不是天地所生、天地所赐。契丹礼俗,凡新君即位,必先举行柴册礼,祭告天地,取得天地认可后,其权位方才合法生效。这种礼俗形成于契丹遥辇时

---

① (后晋)刘昫:《旧唐书》卷一百九十九《契丹传》,中华书局1975年版,第5350页。
② 齐晓光:《巴林右旗塔布敖包石砌墓及相关问题》,载李逸友、魏坚主编《内蒙古文物考古文集》第一辑,中国大百科全书出版社1994年版,第454—461页。
③ 白劲松:《陈巴尔虎旗西乌珠尔古墓清理简报》,《辽海文物学刊》1989年第2期。

代的初期。《辽史》卷四十九《礼志一》记载:"阻午可汗制柴册、再生仪。"① 《辽史》卷一百一十六《国语解》曰:"柴册:礼名。积薪为坛,受群臣玉册。礼毕,燔柴,祀天。阻午可汗制也。"② 柴册礼除可汗外,军事首领夷离堇的换代也要举行。《辽史》卷一百一十二《耶律辖底传》记载:"故事,为夷离堇者,得行再生礼。庵古只方就帐易服,辖底遂取红袍、貂蝉冠,乘白马而出。乃令党人大呼曰:'夷离堇出矣!'众皆罗拜,因行柴册礼,自立为夷离堇。"③ 这一礼制被辽代所继承。

契丹人有崇东拜日的习俗。《新五代史》卷七十二《旧夷附录一》记载:"契丹好鬼而贵日,每月朔旦,东向而拜日,其大会聚、视国事,皆以东向为尊,四楼门屋皆东向。"④《文献通考》卷三百四十五《契丹》载:"好鬼而贵日,每月朔日,东向而拜日,其会聚、视国事,皆以东向为尊,四楼门屋皆东向。"⑤ 每月的农历初一日,是契丹人的崇东拜日之日。

契丹人还有祭拜山神之俗,在契丹人的心目中有两座圣山,一为木叶山,一为黑山。木叶山是契丹祖神的所居之山,辽代帝王死后魂归此山,黑山是契丹部民死后的魂归之地。《契丹国志》卷二十七《岁时杂记》记载:"又彼人传云:凡死人,悉属此山神所管,富民亦然。契丹黑山,如中国之岱宗。云北人死,魂皆归此山。每岁五京进人、马、纸物各万余事,祭山而焚之。其礼甚严,非祭不敢近山。"⑥ 祭木叶山、黑山之俗,到契丹立国后愈演愈烈。

根据现有的文献资料,契丹人祭祀尊奉的始祖是奇首。《契丹国志·契丹国初兴本末》记载:"古昔相传:有男子乘白马浮土河而下,复有一妇人乘小车驾灰色之牛,浮潢河而下,遇于木叶之山,顾合流之水,与为夫妇,此其始祖也。……后人祭之,必刑白马杀灰牛,用其始来之物也。"⑦《辽史》卷三十七《地理志一》载:"有木叶山,上建契丹始祖庙,奇首可汗在南庙,可敦在北庙,绘塑二圣并八子神像。相传有神人乘白马,自马盂山浮土河而东,有天女驾青牛车由平地松林泛潢河而下。至木叶山,二水合流,相遇为配偶,生八子。其后族属渐盛,分为八部。每行军及春秋时祭,必用白马青牛,示不忘本云。"⑧

契丹人除祭祀始祖奇首外,还尊奉另外三位祖先。《契丹国志·契丹国初兴本

---

① (元)脱脱等:《辽史》卷四十九《礼志一》,中华书局1974年版,第833页。
② (元)脱脱等:《辽史》卷一百一十六《国语解》,中华书局1974年版,第1536页。
③ (元)脱脱等:《辽史》卷一百一十二《耶律辖底传》,中华书局1974年版,第1498页。
④ (宋)欧阳修:《新五代史》卷七十二《旧夷附录一》,中华书局1974年版,第888页。
⑤ (宋)马端临:《文献通考》卷三百四十五《契丹》,中华书局1986年版,第2702页。
⑥ (宋)叶隆礼:《契丹国志》卷二十七《岁时杂记》,上海古籍出版社1985年版,第254页。
⑦ (宋)叶隆礼:《契丹国志·契丹国初兴本末》,上海古籍出版社1985年版,第1页。
⑧ (元)脱脱等:《辽史》卷三十七《地理志一》,中华书局1974年版,第445—446页。

末》记载:"后有一主,号曰乃呵,此主特一髑髅,在穹庐之中覆之以毡,人不得见。国有大事,则杀白马灰牛以祭,始变人形,出视事,已,即入穹庐,复为髑髅。因国人窥视之,失其所在。复有一主,号曰喎呵,戴野猪头,披猪皮,居穹庐中,有事则出,退复引入穹庐如故。后因其妻窃其猪皮,遂失其夫,莫知所如。次复一主,号曰昼里昏呵,惟养羊二十口,日食十九,留其一焉,次日复有二十口,日如之。是三主者,皆有治国之能名,余无足称焉。"① 可见,契丹人祭祀始祖时必杀青牛白马作祭品,而乃呵、喎呵、昼里昏呵三位祖先,从他们的特征看,反映了早期契丹猎取猪鹿、饲养牛羊的情景。

二 辽代契丹饮食文化与婚仪

契丹于916年建立了奴隶制政权,立国后的婚姻形态基本上实行一夫一妻制,也有一夫多妻现象,这要论资产而定,并不影响正常的婚姻形式。关于婚礼仪注,在《辽史》卷五十二《礼志五》中"皇帝纳后之仪"和"公主下嫁仪"有详细的记载。

"皇帝纳后之仪:择吉日。至日,后族毕集。诘旦,后出私舍,坐于堂。皇帝遣使及媒者,以牲酒饔饩至门。执事者以告,使及媒者入谒,再拜,平身立。少顷,拜,进酒于皇后,次及后之父母、宗族、兄弟。酒遍,再拜。纳币,致词,再拜讫,后族皆坐。惕隐夫人四拜,请就车。后辞父母、伯叔父母、兄,各四拜;宗族长者,皆再拜。皇后升车,父母饮后酒,致戒词,遍及使者、媒者、送者。发轫,伯叔父母、兄饮后酒如初。教坊遮道赞祝,后命赐以物。后族追拜,进酒,遂行。将至宫门,宰相传敕,赐皇后酒,遍及送者。既至,惕隐率皇族奉迎,再拜。皇后车至便殿东南七十步止,惕隐夫人请降车。负银罂、捧縢,履黄道行。后一人张羔裘若袭之,前一妇人捧镜却行。置鞍于道,后过其上。乃诣神主室三拜,南北向各一拜,酹酒。向谒者一拜。起居讫,再拜。次诣舅姑御容拜,奠酒。选皇族诸妇宜子孙者,再拜之,授以罂、縢。又诣诸帝御容拜,奠酒。神赐袭衣、珠玉、佩饰,拜受服之。后姊若妹、陪拜者各赐物。皇族迎者、后族送者遍赐酒,皆相偶饮讫,后坐别殿,送后者退食于次。媒者传旨命送后者列于殿北。俟皇帝即御坐,选皇族尊者一人当奥坐,主婚礼。命执事者往来致辞于后族,引后族之长率送后者升,当御坐,皆再拜;又一拜,少进,附奏送后之词;退复位,再拜。后族之长及送后者向当奥者三拜,南北各一拜,向谒者一

---

① (宋)叶隆礼:《契丹国志·契丹国初兴本末》,上海古籍出版社1985年版,第1—2页。

第二编
民族学与人类学篇

拜。后族之长跪问'圣躬万福',再拜;复奏送后之词,又再拜。当奥者与媒者行酒三周,命送后者再拜,皆坐,终宴。翼日,皇帝晨兴,诣先帝御容拜,奠酒讫,复御殿,宴后族及群臣,皇族、后族偶饮如初,百戏、角觝、戏马较胜以为乐。又翼日,皇帝御殿,赐后族及赆送后者,各有差。受赐者再拜,进酒,再拜。皇帝御别殿,有司进皇后服饰之籍。酒五行,送后者辞讫,皇族献后族礼物,后族以礼物谢当奥者。礼毕。"①

"公主下嫁仪:选公主诸父一人为婚主,凡当奥者、媒者致词之仪,自纳币至礼成,大略如纳后仪。择吉日,诘旦,媒者趋尚主之家诣宫。俟皇帝、皇后御便殿,率其族入见。进酒讫,命皇族与尚主之族相偶饮。翼日,尚主之家以公主及婿率其族入见,致宴于皇帝、皇后。献赆送者礼物讫,朝辞。赐公主青幰车二,螭头、盖部皆饰以银,驾驼;送终车一,车楼纯锦,银螭,悬铎,后垂大毡,驾牛,载羊一,谓之祭羊,拟送终之具,至覆尸仪物咸在,赐其婿朝服、四时袭衣、鞍马,凡所须无不备。选皇族一人,送至其家。亲王女封公主者婚仪:仿此,以亲疏为差降。"②

契丹皇帝纳后仪、皇室公主下嫁仪、亲王女封公主者下嫁仪的内容基本相同,由此推及普通契丹人的婚礼仪式如同帝王,只不过在场面及礼仪等方面规模要小。公主出嫁时,陪嫁物品样样俱全,甚至连送终车具、覆尸仪物都要带上。内蒙古阿鲁科尔沁旗耶律羽之墓发现的殉葬驼车③和奈曼旗陈国公主墓出土的殡葬服饰(图二)④,大概与送终车和覆尸仪物有关。

从史书记载的契丹皇室婚礼仪程看,始终贯穿着进酒。先派使者和媒人带牲畜和酒食去

图二 内蒙古奈曼旗辽陈国公主与驸马合葬墓随葬器物情况

---

① (元)脱脱等:《辽史》卷五十二《礼志五》,中华书局1974年版,第863—864页。
② (元)脱脱等:《辽史》卷五十二《礼志五》,中华书局1974年版,第864—865页。
③ 内蒙古文物考古研究所等:《辽耶律羽之墓发掘简报》,《文物》1996年第1期。
④ 内蒙古文物考古研究所:《辽陈国公主驸马合葬墓发掘简报》,《文物》1987年第11期。

皇后家拜见，并给皇后进酒，然后给皇后的父母、宗族、兄弟进酒，以示尊敬。等皇后乘迎娶车时，要给父母、使者、媒人、送亲者献酒。车出发后，皇后的父母、伯叔、兄弟仍要饮酒，给以送行。等迎亲队伍到达皇宫门口时，宰相发布敕令，给皇后及送亲者赐酒。此后，皇后到祭神及先祖的室内拜祭，用酒奠祭神位和已故的历代皇帝、姑舅的御容。拜祭完毕，赐给皇家迎亲者和皇后家送亲者酒，都相对饮酒并宴请送亲者。婚礼仪式结束时，向主婚人和媒人行酒三次，然后参加婚礼的全体人员落座宴饮。第二天，皇帝先拜已故皇帝的御容，用酒奠祭，再到御殿宴请皇后家人和群臣，并以杂耍、摔跤、马戏等节目助乐。第三天，皇帝赐皇后家人礼物，受赐者要向皇帝敬酒。此后，送亲者告别返回，皇族献给皇后家人礼物，皇后家人也有礼物谢主婚人。整个皇帝纳后仪式到此结束，进酒与酒宴贯穿于整个婚仪中。

三 辽代契丹饮食文化与丧葬仪式

丧葬之仪，在辽代皇帝、贵族、平民间有很大区别。《辽史》卷五十《礼志二》记载了圣宗、兴宗、道宗的丧仪。

丧葬仪：圣宗崩，兴宗哭临于菆涂殿。大行之夕四鼓终，皇帝率群臣入，柩前三致奠。奉柩出殿之西北门，就辒辌车，藉以素裀。巫者祓除之。诘旦，发引，至祭所，凡五致奠。太巫祈禳。皇族、外戚、大臣、诸京官以次致祭。乃以衣、弓矢、鞍勒、图画、马驼、仪卫等物皆燔之。至山陵，葬毕，上哀册。皇帝御幄，命改火，面火致奠，三拜。又东向，再拜天地。讫，乘马，率送葬者过神门之木乃下，东向又再拜。翼日诘旦，率群臣、命妇诣山陵，行初奠之礼。升御容殿，受遗赐。又翼日，再奠如初。兴宗崩，道宗亲择地以葬。道宗崩，菆涂于游仙殿，有司奉丧服。天祚皇帝问礼于总知翰林院事耶律固，始服斩衰；皇族、外戚、使相、矮墩官及郎君服如之；余官及承应人皆白枲衣巾以入，哭临。惕隐、三父房、南府宰相、遥辇常衮、九奚首郎君、夷离毕、国舅详稳、十闸撒郎君、南院大王、郎君，各以次荐奠，进鞍马、衣袭、犀玉带等物，表列其数。读讫，焚表。诸国所赙器服，亲王、诸京留守奠祭、进赙物亦如之。先帝小敛前一日，皇帝丧服上香，奠酒，哭临。其夜，北院枢密使、契丹行官都部署入，小敛。翼日，遣北院枢密副使、林牙，以所赠器服，置之幽宫。灵柩升车，亲王推之，至食羖之次。盖辽国旧俗，于此刑杀羊以祭。皇族、外戚、诸京州官以次致祭。至葬所，灵柩降车，就轝，皇帝免丧服，步引至长福冈。是夕，皇帝入陵寝，授遗物于皇族、外戚及诸大臣，乃出。命以先帝寝幄，过于陵前神门之木。帝不亲往，遣近侍冠服赴之。初奠，皇帝、皇后率皇族、外戚、使相、节度使、夫人以上命妇皆拜祭，循陵三匝而降。再奠，如初。辞陵而还。①

皇帝的丧礼，从菆涂殿至陵所，中间要设立固定的祭礼场所（祭殿），在这里举行隆重的祭祀仪式，其中包括焚烧死者生前所用的衣物、弓矢、鞍勒、图画、坐骑、仪卫等物。发丧期间的祭祀，还包括食公羊仪，即在灵车所过路线预设一食公羊之所，等灵车到时，杀黑色羊以祭。辽代行厚葬，在皇室陵墓中随葬有大量的金、银、铜、铁、陶、瓷、玉、玛瑙等制作的饮食器具、马具、狩猎用具、兵器、生产工具、装饰品等。

辽代契丹贵族的丧葬礼仪比皇帝的规模小，仍然实行厚葬，并杀牲殉葬，这要耗费很多生活资料。内蒙古赤峰市辽驸马赠卫国王墓志②记载，萧沙姑死后，朝廷赠赙随葬"衣服廿七封，银器十一事，鞍一十三面，白马一匹，骢马一匹，骠马黑大马一匹，小马廿一匹，牛三十五头，羊三百五十口"。到辽代中晚期，几次下诏禁止杀牲和用珍宝随葬。"（统和）十年（992年）春正月丁酉，禁丧葬礼杀马，及藏甲胄、金银、器玩。"③重熙十一年（1042年）十二月"丁卯，禁丧葬杀牛马及藏珍宝"④。后来由于大贵族的反对，又于重熙十二年（1043年）"六月丙午，诏世选宰相、节度使族属及身为节度使之家，许葬用银器；仍禁杀牲以祭"⑤。说明辽代契丹贵族丧葬仪中有杀牲殉葬和以金银器随葬之俗。

考古学资料表明，在辽代贵族墓葬中有用羊、马、牛、猪、狗、鸡等随葬现象，还用食物及饮食器具、农具等随葬。辽宁法库叶茂台7号辽墓内的石供桌上，置放碗、钵、罐，内盛桃、李、松子塔等食物。⑥内蒙古宁城县小刘仗子3号辽墓内的木供桌上，有鱼肉残骸。⑦河北宣化辽张文藻墓内棺前大木供桌上，放满了瓷碗、盘、瓶、漆箸、汤匙，在碗盘中放置栗子、梨、干葡萄、槟榔、豆、面食等食物。大桌东小木桌上，摆放黄釉壶、白瓷碗、碟、匕、箸等器（图三）。小桌北放置陶仓、罐、盘。棺床西侧有彩绘陶仓数件，内储放粟和高粱。另有一绿釉鸡腿瓶

---

① （元）脱脱等：《辽史》卷五十《礼志二》，中华书局1974年版，第839—840页。
② 前热河省博物馆筹备组：《赤峰县大营子辽墓发掘报告》，《考古学报》1956年第3期。
③ （元）脱脱等：《辽史》卷十三《圣宗纪四》，中华书局1974年版，第142页。
④ （元）脱脱等：《辽史》卷十九《兴宗纪二》，中华书局1974年版，第228页。
⑤ （元）脱脱等：《辽史》卷十九《兴宗纪二》，中华书局1974年版，第229页。
⑥ 辽宁省博物馆：《法库叶茂台辽墓记略》，《文物》1975年第12期。
⑦ 内蒙古文物工作队：《昭乌达盟宁城县小刘仗子辽墓发掘简报》，《文物》1961年第9期。

中，盛一种散发香气的橘红色液体。[①] 内蒙古奈曼旗陈国公主墓前室门坎内，发现羊骨骸。内蒙古、辽宁等地的许多契丹贵族墓中，都随葬大量的金、银、铜、瓷、陶质饮食器，并有马具、农具和日常用具，证实厚葬之风仍很盛行，饮食器、马具在随葬品中所占比例很大。

图三　河北宣化张文藻墓内供桌上的饮食

辽代一般贵族与平民的丧葬礼仪比大贵族简易，随葬品也很少，其习俗却相同。考古发掘的墓葬中，多以饮食器和农具为随葬品，数量少，类型简单。内蒙古喀喇沁旗上烧锅3号辽墓[②]，随葬有狩猎工具（铁镞、银鹿叫子）、马具（饰件、镫），还有用于祭祀的羊头骨。内蒙古敖汉旗范仗子101号辽墓[③]的墓道填土中，发现了殉葬马、羊头的现象，墓内随葬有瓷器、陶器、铁器、铜器，其中陶瓷器主要为饮食器具，器类有白瓷碗、白瓷杯、茶绿釉凤首瓶、三彩碟、陶钵等。

在辽代墓葬的壁画中，有很多反映契丹人传统经济类型及饮食场面的情景，内容包括牧畜、狩猎、备食（备饮）、进食、烹饪、宴饮、茶道等。内蒙古敖汉旗羊山3

---

① 河北省文物研究所等：《河北宣化辽张文藻壁画墓发掘简报》，《文物》1996年第9期。
② 项春松：《上烧锅辽墓群》，《内蒙古文物考古》1982年第2期。
③ 内蒙古自治区文物工作队：《敖汉旗范仗子辽墓》，《内蒙古文物考古》1984年第3期。

号辽墓①，墓室壁绘"烹饪图"，画面为一穹庐内，置四个烈火熊熊的火盆，上面放煮肉的铁锅，在一口热气腾腾的大锅里，正在煮肉。一契丹青年口衔短刀，伸臂挽袖注视着煮肉，一副欲食肉的状态。其左侧有一老年男子，神情严肃，朝袖坐于圆凳上，似在等待食肉。画面右边，绘一契丹青年蹲在地上，用力擗柴。其背后站立一契丹中年男子，神色庄重谨慎，右手指着煮肉的青年，似在叮咛着什么（图四）。

图四 烹饪图壁画
（辽代，内蒙古敖汉旗羊山 3 号辽墓出土）

契丹人有与丧葬有关的"烧饭"习俗，用于祭祀死者的灵魂，即人们埋葬死者及葬后每当朔、望、节辰、忌日等焚烧酒食的祭祀仪式。《辽史》卷四十九《礼志一》记载："及帝崩，所置人户、府库、钱粟，穹庐中置小毡殿，帝及后妃皆铸金像纳焉。节辰、忌日、朔望，皆致祭于穹庐之前。又筑土为台，高丈余，置大盘于上，祭酒食撒于其中，焚之，国俗谓之爇节。"②"爇"为焚烧之意，"爇节"应为烧饭。祭祀"烧饭"时间当在送葬时和每年的节辰、忌日、朔望。过程是筑造土台，将酒食撒于大盘，焚烧。辽道宗清宁十年（1064 年），"帝遣林牙左监门卫大将军耶律防、枢密直学士给事中陈顗诣宋，求真宗、仁宗御容。……后帝以御容于庆州崇奉，每夕，宫人理衣衾，朔日、月半上食，食气尽，登台而燎之，曰'烧饭'，惟祀天与祖宗则然"③。这种"烧饭"之俗，一直流传到金元时期。

---

① 邵国田：《敖汉旗羊山 1—3 号辽墓清理简报》，《内蒙古文物考古》1999 年第 1 期。
② （元）脱脱等：《辽史》卷四十九《礼志一》，中华书局 1974 年版，第 838 页。
③ （宋）叶隆礼：《契丹国志》卷九《道宗天福皇帝》，上海古籍出版社 1985 年版，第 88—89 页。

四 辽代契丹饮食文化与祭祀礼仪

辽代契丹祭祀之俗，包括对天地、日月、星辰、风雨、雷电、山川、祖先的崇拜和祭祀，用酒食和牲畜作祭品，其中的祭山仪最为隆重。《辽史》卷四十九《礼志一》记载："祭山仪：设天神、地祇位于木叶山，东向；中立君树，前植群树，以像朝班；又偶植二树，以为神门。皇帝、皇后至，夷离毕具礼仪。牲用赭白马、玄牛、赤白羊，皆牡。仆臣曰旗鼓拽剌，杀牲，体割，悬之君树。太巫以酒酹牲，礼官曰敌烈麻都，奏'仪办'。皇帝服金文金冠，白绫袍，绛带，悬鱼，三山绛垂，饰犀玉刀错，络缝乌靴。皇后御绛帓，络缝红袍，悬玉佩，双结帕，络缝乌靴。皇帝、皇后御鞍马。群臣在南，命妇在北，服从各部旗帜之色以从。皇帝、皇后至君树前下马，升南坛御榻坐。群臣、命妇分班，以次入就位；合班，拜讫，复位。皇帝、皇后诣天神、地祇位，致奠；閤门使读祝讫，复位坐。北府宰相及惕隐以次致奠于君树，遍及群树。乐作。群臣、命妇退。皇帝率孟父、仲父、季父之族，三匝神门树，余族七匝。皇帝、皇后再拜，在位者皆再拜。上香，再拜如初。皇帝、皇后升坛，御龙文方茵坐。再声警，诣祭东所，群臣、命妇从，班列如初。巫衣白衣，惕隐以素巾拜而冠之。巫三致辞。每致辞，皇帝、皇后一拜，在位者皆一拜。皇帝、皇后各举酒二爵，肉二器，再奠。大臣、命妇右持酒，左持肉各一器，少后立，一奠。命惕隐东向掷之。皇帝、皇后六拜，在位者皆六拜。皇帝、皇后复位，坐。命中丞奉茶果、饼饵各二器，奠于天神、地祇位。执事郎君二十人持福酒、胙肉，诣皇帝、皇后前。太巫奠酹讫，皇帝、皇后再拜，在位者皆再拜。皇帝、皇后一拜，饮福，受胙，复位，坐。在位者以次饮。皇帝、皇后率群臣复班位，再拜。声跸，一拜。退。"[①] 在祭山仪式上，酒和食物是主要的祭品，几次重复出现，祭酒、食肉成为整个仪式中的重要环节。

内蒙古巴林右旗罕山辽代祭祀遗址[②]，发现用于祭祀场所和祭祀者居住与守护的建筑遗迹，出土了陶罐、盖盒、盆、瓮、瓷碗、钵、罐、注碗、牛腿瓶、铁锅、勺等器物，应为祭器或祭祀者食用器。罕山即为黑山，也是辽代契丹人祭山的主要场所之一。

辽代契丹人信仰萨满教、佛教和道教。萨满教用于各种祭祀礼仪上，如祭山仪就是由萨满（巫）来主持的。佛教在契丹立国前后传入，在辽代境内建有许多寺

---

① （元）脱脱等：《辽史》卷四十九《礼志一》，中华书局1974年版，第84—835页。
② 内蒙古自治区文物工作队等：《内蒙古巴林右旗罕山辽代祭祀遗址发掘报告》，《考古》1988年第11期。

院，有众多的僧尼，在寺院内形成一个特殊的饮食团体。辽代统治者大力推崇佛教，给佛寺提供食物和饮食器具。内蒙古巴林右旗庆州白塔①，出土很多的供器，有长颈舍利瓶、银匙、小银碟、小银碗、白瓷碟、漆盘、莲蕾纹琥珀舍利瓶、龟首鹤尾水晶杯、三足小木壶、果核小壶、墨绿玻璃瓶。辽宁朝阳北塔天宫地宫遗址②，出土的供器有金舍利塔、金盖玛瑙舍利罐、鎏金银塔、经塔、木胎银棺、鎏金鸟形玻璃瓶、石柄香炉等。以上二塔出土的供器中，有一些本为饮食器具，在此变为用以盛食来供奉佛寺。

根据《辽史·礼志》记载，契丹的习俗还有瑟瑟仪、柴册仪、拜日仪、谒庙仪、宋使祭奠吊慰仪、宋使进遗留礼物仪、皇帝亲征仪、腊仪、宋使见皇帝仪、曲宴宋使仪、贺生辰正旦宋使朝辞皇帝仪、同宴高丽使仪、皇帝受册仪、册皇后仪、皇太后生辰朝贺仪、进士赐等甲敕仪、正旦朝贺仪、立春仪、重午仪、岁时杂仪等，综合起来分吉仪、凶仪、军仪、宾仪、嘉仪五类，每举行一种仪礼都要饮酒、宴食。如立春仪，《辽史》卷五十三《礼志》记载："皇帝出就内殿，拜先帝御容，北南臣僚丹墀内合班，再拜。可矮墩以上入殿，赐坐。帝进御容酒，陪位并侍立皆再拜。一进酒，臣僚下殿，左右相向立。皇帝戴幡胜，等第赐幡胜。臣僚簪毕，皇帝于土牛前上香，三奠酒，不拜。教坊动乐，侍仪使跪进彩杖，皇帝鞭土牛，可矮墩北南臣僚丹墀内合班，跪左膝，受彩杖，直起，再拜。赞各祇候。司辰报春至，鞭土牛三匝。矮墩鞭止，引节度使以上上殿，撒谷豆，击土牛。撒谷豆，许众夺之。臣僚依位坐，酒两行，春盘入。酒三行毕，行茶。皆起。礼毕。"③ 由此而知，契丹的大小礼仪繁多，与进酒、行酒、饮酒及生活资料、宴会有着密不可分的关系。

契丹饮食文化，通过婚姻、丧葬、祭祀、节日、宗教等仪式充分地反映出来，内涵涉及饮食结构、饮食器、宴饮场面等，把契丹的物质文化与精神文化有机地结合起来，从而提高了饮食文化的蕴意。从诸礼仪的总体上看，契丹赖以生存的牛、羊牲畜占了重要的地位，不仅作为一般的生活资料，还当作聘礼、殉葬品、祭祀品、宴食品等使用。酒在各种礼仪中也显示出其特殊性，几乎贯穿于诸礼仪的全部过程。因此，把饮食文化与礼俗融为一体，相互贯通，这不仅是契丹传统文化的体现，也是我国古今各民族恪守的传统文化的重要组成部分。

---

① 德新、张汉君、韩仁信：《内蒙古巴林右旗庆州白塔发现辽代佛教文物》，《文物》1994 年第 12 期。
② 朝阳北塔考古勘察队：《辽宁朝阳北塔天宫地宫清理简报》，《文物》1992 年第 7 期。
③ （元）脱脱等：《辽史》卷五十三《礼志六》，中华书局 1974 年版，第 876 页。

草原丝绸之路与草原文化

在学术界,把连接亚洲和欧洲之间的东西方贸易和文化交流的通道称为"丝绸之路"。中国古代的丝绸之路主要有四条通道:其一为"沙漠丝绸之路",从洛阳、西安出发,经河西走廊至西域路,然后通往欧洲,也称为"绿洲丝绸之路";其二为北方草原地带的"草原丝绸之路";其三为东南沿海的"海上丝绸之路";其四为西南地区通往印度的丝绸之路。其中,草原丝绸之路东端的中心地在内蒙古地区,这里是草原文化分布的集中地,也是中西文化和南北文化交流的汇集地,无论是考古学资料,还是民族学资料,都显示出浓郁的草原文化的特征,并融入中原文化和西方文化的因素。

一 早期草原丝绸之路的文化现象

丝绸之路从本意上看是指一条连接东西方贸易的交通要道,但随着商贸的交往,必然引起文化间的交流与碰撞,因而又是一个上升到文化的问题,后者尤其重要,受到了国际学术界的重视,并为此做了大量的研究工作。草原丝绸之路不仅是连接东西方经济、文化交往的通道,也是连接中国长城以南地区与北方草原地区经济、文化交往的要道。因此,在研究丝绸之路的诸多问题时更加显得非常重要。

草原丝绸之路是一个国际性的研究问题,也是一个综合性的研究问题,无论是国内从事民族学、考古学、历史学等领域的学者,还是国外的同行学者,都在围绕这一问题去追寻草原丝绸之路上的古人类遗留下来的足迹,来反映曾经辉煌很长历史时期的经济、文化交往的通道。联合国教科文组织曾于1989年、1990年和1992年连续三次组成考察队,对沙漠丝绸之路、草原丝绸之路、海上丝绸之路进行了详细的考察,取得了很大的成绩。近年来,又组织考察组对丝绸之路的中国段进行考察,来寻找丝绸之路的起点。2004年7月在苏州召开的第28届世界遗产大会上,国家文物局有关负责人称,中国正通过世界遗产中心与日本、中亚诸国进行磋商,将联合申报"丝绸之路"为世界遗产,并有望于2007年提交世界遗产委员会讨论。

考虑到丝绸之路的覆盖地域广泛,在中国境内凡能证明与丝绸之路有重要关系的历史文化遗迹,都可纳入这一项目之中。2005年10月在西安召开的国际古迹遗址理事会第十五次大会上,国家文物局负责人在其主旨报告中提到了丝绸之路申报世界文化遗产的问题,表示说:"今天来看'丝绸之路'无疑是重要的'文化路线',应通过加强国际文化遗产保护领域的合作和相关国家共同努力,在搞好'丝绸之路'研究等基础工作的情况下,将之申报世界文化遗产。"① 2014年6月,我国联合哈萨克斯坦、吉尔吉斯斯坦申报的"丝绸之路:长安—天山廊道路网"成功入选世界文化遗产。这说明我国已经对丝绸之路问题的研究非常重视,也为我们研究草原丝绸之路和文化现象奠定了坚实的基础。

草原通道的形成,与自然生态环境有着密切的关系。在整个欧亚大陆的地理环境中,要想沟通东西方交往是极其困难的。北亚处于寒冷的苔原和亚寒带针叶林,难以适宜人类的生存。中亚又有崇山峻岭和广阔无垠的戈壁沙漠,筑成一道天然屏障阻隔了东西方的通道。环境考古学资料表明,欧亚大陆只有在北纬40度至50度之间的中纬度地区,才有利于人类的东西向交通,这个地区恰好是草原地带,东起蒙古高原,向西经过南西伯利亚和中亚北部,进入黑海北岸的南俄草原,直达喀尔巴阡山脉。在这条狭长的草原地带,除了局部有丘陵外,地势比较平坦,生态环境比较一致,中国北方草原地区正好位于欧亚草原地带之上,其生态环境与欧亚草原的其他地区基本相同。这条天然的草原通道,向西可以连接中亚和东欧,向东南可以通往中国的中原地区。可见,中国北方草原地区在中国乃至世界古代东西方交通要道上的重要作用。

在草原丝绸之路正式开通以前,东西方的文化交流就已经非常频繁。早在旧石器时期,在中国北方草原地区就发现了人类活动的遗迹。内蒙古呼和浩特市东郊大窑村南山四道沟发现的旧石器时代文化遗址②,从文化内涵和文化堆积层看,在时间上具有连续性,从旧石器时代早期至晚期,最早可追溯到距今50万年前,属于大型尖状器——砍砸器文化系统,对山西省襄汾县丁村文化有很大的影响。在蒙古国也发现距今13万至10万年前的旧石器遗存,石器以砍砸器为主,与大窑文化的石器同属于一个系统。另外,在蒙古国的亚赫山还发现了典型的手斧,这是非洲阿舍利技术传入欧洲之后,又经过草原通道传入蒙古高原的一个例证。近年来,在新疆吉木乃县通天洞遗址、宁夏灵武市水洞沟第一地点下部地层、内蒙古鄂尔多斯市乌兰木伦遗址、东乌旗金斯太洞穴遗址,都发现欧洲打制石叶的"勒瓦娄哇"技

---

① 《"丝绸之路"有望申报世界文化遗产》,《光明日报》2005年10月21日第2版。
② 汪宇平:《呼和浩特市大窑村四道沟东区旧石器时代石器制造场1983年发掘报告》,《史前研究》1987年第2期。

术。正如苏联考古学家所说，早在旧石器时代，"蒙古便是各民族间通行道路和文化接触的一个远古交汇点，使中亚、西伯利亚、满洲、中国和印度相互联系"①。虽然各民族（旧石器时代还没有形成民族共同体）和满洲的提法不很准确甚至错误，但说明了旧石器时代草原通道对东西方交往的重要性。

在考古学上，当人类进入新石器时代以后，出现了以农业为标识的新的时代，并为后来畜牧业的发展奠定了基础，人类从采集天然食物发展到生产性经济的阶段。在西亚，距今1.1万年至9000年前之间就已经开始种植大麦、小麦，饲养绵羊、山羊。在中国，距今8000年至7000年前已经种植粟、稻等作物，饲养猪、狗、鸡。中国北方草原地区的核心地内蒙古发现了距今8000年前的兴隆洼文化遗址，其文化内涵反映出当时已经进入了农业经济的时代。其后的红山文化受到了中原地区后冈一期文化和庙底沟类型的影响。内蒙古中南部地区的白泥窑文化遗存、庙子沟文化遗存、老虎山文化遗存等，多受到中原地区仰韶文化、龙山文化的冲击。内蒙古东南部地区小河沿文化遗址出土的双口双耳红陶壶，又与伊朗高原出土的同类器非常相似。②可以看出新石器时代中国北方草原地区在沟通东西和南北方文化交流中的作用。

中国北方草原地区的青铜器大约在红山文化晚期出现，夏代早期开始兴盛，以夏家店下层文化为代表，文化内涵显示出有大量的陶器彩绘纹饰与中原地区青铜礼器极为相似，广为流行的占卜术，象征父权制军事组织权力的青铜杖首，反映社会等级分化的墓葬制度，以大型聚落为中心的酋邦制社会结构，以及作为文明进程标志的青铜器。在所发现的青铜器中，多为耳环、指环、小刀、镞等小型器物，其中，扁喇叭形耳环对东北地区凌河流域的青铜文化产生一定的影响。如辽宁省新民县发现的高台山文化中，也有扁喇叭口形耳环、小刀、饰件等。③ 扁喇叭口形耳环在北京市发现的商代墓葬中出土了类似的器物。④ 这种金属制作的喇叭口形耳环，在哈萨克斯坦阿拉木图州寇泽尔布拉克1、2号墓葬中都有发现，既有扁喇叭口形耳环，又有圆喇叭口形耳环。中国北方草原地区发现的是扁喇叭形耳环，在草原东部一直延续到西周早期，与哈萨克斯坦境内发现的安德罗诺沃文化的圆喇叭口形耳环存在截然不同的形制。但总体上，中国北方草原地区的喇叭形口耳环与哈斯克斯

---

① [苏联]沃尔科夫、诺夫格罗多娃：《苏蒙历史文化考察队》，《考古学参考资料》第1册，文物出版社1978年版，第101页。
② 笔者于1995年11月，在加拿大蒙特利尔文明博物馆参观时，发现伊朗文物展中的一件红陶双口双耳壶与内蒙古小河沿文化的同类器非常相似，时代也接近，意味着早在我国新石器时代就与伊朗高原存在着某种文化的交往。
③ 文物管理办公室：《沈阳新民县高台山遗址》，《考古》1982年第2期。
④ 北京市文物管理处：《北京市平谷县发现商代墓葬》，《文物》1977年第11期。

坦境内的同类器有着相同之处，二者之间的关系非常明朗。有的学者推断："相距如此遥远的定居族团之间会发生这种交流"，"其间必有流动性强的人群作媒介"。①当时的夏家店下层文化主要为农业群体，能把这种文化传播进来，必然是欧亚草原以游牧为主的非东亚人种的人群，从哈斯克斯坦经新疆传到中国北方草原地区的东部，对当地的青铜器文化产生了深远的影响。

俄罗斯叶尼塞河中游米努辛斯克盆地的克拉苏克文化，在年代上从公元前13世纪延续到公元前8世纪，属于青铜时代晚期文化。在该文化遗存出土的青铜短剑中，剑首是蘑菇形、环形和铃形，大多有凸齿状剑格，有的柄部装饰弦纹、锯齿纹或凹槽。这种类型的短剑是中国北方草原地区常见的器种，时代也比较早。如内蒙古宁城县南山根101号墓、南山根东区石椁墓②、辽宁省建平县烧锅营子1号墓③等出土的青铜短剑，都是属于这种类型的器物。追溯其渊源，可以在早商时期的朱开沟文化④、商代晚期至西周早期的李家崖文化⑤遗存中找到，说明这种类型的短剑不是卡拉苏克文化的原生器类，而是从中国北方草原地区传入。苏联著名的考古学家C. B. 吉谢列夫认为，分布于伏尔加地区的塞伊马文化的铜矛、銎斧、刀向东传播，一直影响到安阳商文化青铜器的改变，公元前13世纪之后商文化又反过来向北传播，直至影响了叶尼塞河中游的卡拉苏克文化。⑥銎斧早在商代遗址中就已经发现，北方草原地区发现的同类器应该是从中原地区传入，并非受塞伊马文化和卡拉苏克文化的影响。

在叶尼塞河中游的米努辛斯克盆地，继卡拉苏克文化之后又出现了塔加尔文化，年代为公元前7世纪至前1世纪。与卡拉苏克文化相比，开始出现了"野兽纹"，但最初阶段的"野兽纹"并不发达，主要有圆雕野猪、山羊、马、鸟首等。到公元前5世纪，塔加尔文化中的"野兽纹"艺术有了进一步的发展，新出现的纹饰来自阿尔泰的某些艺术形象，最具代表的是屈足鹿、卷曲成环的猛兽、虚幻的动物、口衔动物的伫立状猛兽等。从中国北方草原地区出土的动物纹器物看，屈足鹿、环状猛兽的年代要早于塔加尔文化。如内蒙古克什克腾旗龙头山遗址⑦出土的

---

① 林沄：《东胡与山戎的考古探索》，河北省文物研究所编：《环渤海考古国际学术研讨会论文集》，知识出版社1996年版，第174—181页。
② 中国科学院考古研究所内蒙古工作队：《宁城县南山根的石椁墓》，《考古学报》1973年第2期。
③ 建平县文化馆、朝阳地区博物馆：《辽宁建平县的青铜时代墓葬及相关遗物》，《考古》1983年第5期。
④ 内蒙古文物考古研究所：《朱开沟——青铜时代早期遗址发掘报告》，文物出版社2000年版，第235页。
⑤ 吴振录：《保德县新发现的殷代青铜器》，《文物》1972年第4期；杨绍舜：《山西石楼褚家峪、曹家垣发现商代铜器》，《文物》1981年第8期。
⑥ 《C. B. 吉谢列夫通讯院士在北京所作的学术报告》，《考古》1960年第2期。
⑦ 齐晓光：《内蒙古克什克腾旗龙头山遗址发掘的主要收获》，《内蒙古东部区考古学文化研究文集》，海洋出版社1991年版，第58—72页。

屈足鹿形青铜饰牌、宁城县那四台出土的屈足马形金饰牌、小黑石沟墓葬①出土的环形豹纹青铜马衔、环形虎纹青铜饰牌、环形豹纹金泡饰等，这些标本都比塔加尔文化的年代早，很难说北方草原地区的这类动物纹就是受斯基泰—西伯利亚"野兽纹"的影响，应该有自己的渊源。伫立状动物、口衔弱小动物的猛兽、群兽等，在塔加尔文化中多有发现，这类纹饰也见于夏家店上层文化中。由此推断，塔加尔文化的某些"野兽纹"受到了来自北方草原地区东部动物纹的影响。虚幻动物的形象，在后来的匈奴文化中比较多见。

在黑海北岸、北高加索地区，公元前7世纪后半叶形成了斯基泰文化，以兵器、马具和"野兽纹"艺术为特征。兵器有短剑、剑、弓、镞等，马具主要是衔、镳、笼头部件，其种类远不及夏家店上层文化发达。斯基泰文化早期的装饰品只有金铜耳环、螺旋饰、饰牌等，并没有很多的动物纹装饰，与夏家店上层文化丰富的动物纹装饰艺术更无法相比。在咸海沿岸、谢米列奇耶和天山地区，是早期萨基人的活动地域，目前所发现的文化遗存的数量不多，兵器有带銎镞和柳叶形短剑，装饰品有不同类型的金银耳环，文化内涵比较单纯，也无法与夏家店上层文化的金银器和青铜器去作对比。公元前7世纪以后，这一地域虽然遗留下丰富的文化遗存，但其时代已经晚于夏家店上层文化，从而不能直接去比较研究。图瓦地区公元前9至前8世纪的文化遗存以阿尔然王陵为代表，出土了青铜短剑、啄锤、衔、镳、卷曲成环的虎纹饰牌、圆雕绵羊顶饰等②，这与夏家店上层文化的繁荣期时代接近，但文化内涵还是比不上夏家店上层文化。因此，夏家店上层文化已经拥有了斯基泰文化的三要素，兵器、马具和动物纹艺术的种类和制作技术都达到了很高的水平，那种认为中国北方草原的青铜文化源于欧亚草原西部的说法存在着片面性。

在进入青铜时代以后，草原通道及东西两端的相邻地区都不同程度地出现了牧业经济和游牧经济，有的地区在新时期时代就出现了牧业经济。草原丝绸之路的西段南俄草原，在距今5000—4000年前，处于农业、牧业、渔猎、采集相结合的混合经济时代，后来由于气候的干燥使农业经济难以支撑下去，代之而起的牧业经济越来越占有重要地位。在蒙古，游牧经济形成于公元前3000年后半期至前2000年前半期。③ 在中国北方草原地区，公元前16世纪由于气候条件的变化，开始进入牧业经济与农业经济并重的时代，直到公元前9世纪至前8世纪游牧经济的兴起。与草原通道的其他地区相比，中国北方草原地区的游牧文化出现的比较晚，但与其

---

① 项春松、李义：《宁城小黑石沟石椁墓调查清理报告》，《文物》1995年第5期。
② [俄] 格列诺夫：《阿尔然——早期斯基泰时期王冢》，列宁格勒，1980年。
③ [日] 江上波夫：《新石器时代的东南蒙古》，载樋口隆康主编《日本考古学研究者中国考古学研究论文集》，香港东方书店1990年版。

他地区游牧文化比较而言有其共同的特征,即青铜器、马具和野兽纹,而且非常发达,有自己的渊源和发展演变规律,与蒙古、南西伯利亚、南俄草原、黑海沿岸、北高加索地区的游牧文化有着直接的联系。在中国北方游牧文化出现以后,彻底与欧亚草原融为一体。特别是在匈奴民族统一中国北方草原地区之后,正式打通草原丝绸之路的通道,使这里成为东西方和南北方经济、文化交流的汇集地,并在中国古代历史上的交通地位愈加显得重要。

二 草原丝绸之路的重要性

草原丝绸之路在沟通东西和南北方经济交往和文化交流中所起的作用,比其他丝绸之路都要显得更加重要和优越。中国北方草原地区是游牧民族生息的主要之地,在诸民族势力强大后,都先后控制了北方草原地区,向西可抵达今新疆境内,使沙漠丝绸之路经常出现阻断的现象。如汉武帝时期张骞出使西域,打通了沙漠丝绸之路,但张骞的出使每次都被匈奴所截获,影响了通道的畅通。以后历代中原王朝的使者通过沙漠丝绸之路出使西域诸国,这种被截获的现象非常多。如唐朝安史之乱以后,河陇被吐蕃占领,河西走廊及青海道被阻隔,唐朝的使者、僧侣、商人通往西域都必须取道回纥,走草原丝绸之路。游牧民族的经济是不稳定的,遇到天灾人祸,都会使游牧民族的经济溃退,因而必须依赖于中原地区的农耕经济,才会出现和亲、朝贡、战争等交替的局面。当游牧民族与中原王朝和睦相处之时,双方的使者频繁来往,使中原地区的文化传入北方草原地区,而西方的商人也经过草原通道来到中国北方草原地区,加强了东西方之间的经济交往和文化交流。

草原丝绸之路的繁荣,与突厥和回纥两个游牧民族有着密切关系。突厥人于6世纪中叶建立了突厥汗国,疆域在最盛时,东尽大漠,西至里海,南抵波斯、印度,使许多草原和森林部落都处于突厥的控制之内,加强了各种古代文明之间早已存在的联系。在突厥人控制中国北方草原地区之前,丝绸之路的交通主要是沿着欧亚大陆腹地边缘地带进行,将中国、印度、波斯和罗马连接起来,但通往罗马的道路需要从波斯境内通过,从事商业贸易需要经过波斯的中间环节进行,从而对突厥和罗马的直接利益受到损害。为了摆脱这种局面,突厥和罗马进行了多方的努力,但收效甚微,甚至导致了突厥与波斯关系的破裂,同时促成了突厥与罗马之间直接贸易的开通,开辟了新的东西方之间的交往通道。这条通道在波斯以北,穿越咸海与里海之间的荒漠地区。可分两条:一条由锡尔河出发,通过咸海北岸;另一条沿阿姆河,通过咸海南岸。两条通道在乌拉尔河口附近会合,通向伏尔加河,再沿顿河和黑海北岸到君士坦丁堡,或者穿越高加索,到达黑海的港口。这条通道是指草原丝绸之路的西段,虽然不很便捷,但在波斯阻隔正常通道以后又恢复了东西方的交往,突厥在新道的开通中扮演了重要的角色。在北高加索西部库班河上游的莫谢瓦亚·丘巴尔卡墓葬中,出土了8—9世纪产于唐朝的丝绸、汉文文书残片等,证实了这条通道的存在和唐朝与西方国家交往的历史事实。

随着唐朝对漠北草原的统一,草原丝绸之路得到进一步的发展。唐朝贞观年间(627—649年),唐朝军队连破突厥、铁勒汗国,漠北草原游牧部落在回纥的率领下归附唐朝。贞观二十一年(647年),唐朝以铁勒、回纥诸部设置六个都督府和七州,并给诸部首领玄金鱼符为符信。"生荒陋地,归身圣化,天至尊赐官爵,与为百姓,依唐若父母然。请于回纥、突厥部治大涂,号'参天至尊道',世为唐臣。"① 在通往回纥等地设置68个邮驿,以马、湩、肉接待使者,这便是著名的"参天可汗道",即从唐朝北部重镇丰州(治所在今内蒙古五原县南)和单于大都护府(今内蒙古和林格尔县北)出发,向北通往回鹘汗国牙帐(今蒙古国鄂尔浑河谷的哈拉巴勒嘎斯)的交通线路,这与唐代地理学家贾耽的《边州入四夷道里记》记载的"中受降城入回鹘道"大致相同。其走向是由长安北上至丰州,西北经䴙鹈泉入碛,经麚鹿山、鹿耳山、错甲山、密粟山、达旦泊、野马泊、可汗泉、横岭、绵泉、镜泊到回纥牙帐。这样,草原丝绸之路的东段又得到了开发,并为辽朝时期草原丝绸之路的全面兴盛奠定了基础。

在中国北方草原地区,辽代和元代时期形成了几个国际化的大都市。辽上京、辽中京、元上都、集宁路等都为当时世界有名的城市,西方国家和中国中原王朝的使者、商人等都集中于此,从事政治上的沟通和经济上的贸易。辽朝政府在上京城内的同文馆设置驿馆,给诸国信使提供方便的住宿条件。当时,西夏占据河西走廊,辽朝与西方国家的往来都要依靠草原丝绸之路,而上京、中京就成为各国使者、商贾的聚集地。元上都城内的西关,是各国商人进行交易的地方,也是当时北方草原地区的商业中心。元人虞集在《贺丞相墓铭》中记:"(上都)自谷粟布帛。以至纤靡奇异之物,皆自远至。宫府需用百端,而吏得以取具无阙者,则商贾之资也。"② 在元朝,外国使者、旅行家、商人、教士等经常来中国访问,草原上的元上都留下了他们的足迹。如发郎国(中世纪近东人对欧洲人的称呼)的使者于中统二年(1261年)在开平(上都前身)朝见忽必烈;元惠宗时期,发郎国人再次到达元上都;后至元二年(1336年),元惠宗派遣发郎国人安德烈及其他十五人出使欧洲,致书罗马教皇,教皇又派遣马黎诺里等人到元上都

---

① (宋)欧阳修、宋祁:《新唐书》卷二百一十七《回鹘传上》,中华书局1975年版,第6113页。
② (元)虞集:《道园学古录》卷十八《贺丞相墓志铭》,商务印书馆1937年版,第296—297页。

谒见元惠宗，并呈献罗马教皇的回信和贡物。意大利商人马可·波罗于至元十二年（1275年）随其父亲尼古剌来到元上都，受到忽必烈的接见，并到元朝各地游览，回国后写下了著名的《马可·波罗行纪》，介绍了元上都的宫廷生活和礼仪、蒙古族的生活风习等。至元四年（1267年），波斯人扎马剌丁撰进《万年历》，创造了七件"西域仪象"。至元八年（1271年），元朝在上都设置回回司天台，任命扎马剌丁为提点。另外，印度、缅国（今缅甸）、尼波罗国（今尼泊尔）等国的使者、僧侣、工艺家、商人等都曾来到元上都，促进了北方草原地区与西方国家的经济、文化的发展。2003年，内蒙古文物考古研究所在察哈尔右翼前旗巴音塔拉镇土城子村集宁路古城遗址①进行了发掘，发现大量的房址、窖穴、水井、道路、墓葬等遗迹，出土数量很多的瓷器、铜器、陶器、骨器、钱币等，仅完整或可复原的瓷器就达3000余件，其种类之繁杂，窑口之众多，工艺之精美，在北方草原地区的考古中所未见。集宁路古城所处的位置是元朝的一个榷场，是北方草原地区重要的商品集散地，为连接北方草原地区、中原地区商贸交易的重要纽带，古城遗址出土的器物说明草原丝绸之路的起点就在今内蒙古地区，融汇了中原地区的商品，通过草原丝绸之路运往西方国家，并把西方诸国的商品也通过该道经草原地区输入中原地区。可见，这些古代的大都市是草原丝绸之路经济、文化交流的重要见证。

三 北方游牧民族的西迁现象与草原文化的交流

当北方游牧民族遭遇内困和外来打击之下，其势力逐渐衰退之时，都要进行西迁。向东发展有其他民族所阻，而且通向大海，不利于进一步的生存，何况几个民族的西迁都因为在草原的东部有发展起来的新的民族。向南发展有历代中原王朝的阻隔，况且游牧经济与农耕经济不能相融，只是相互依赖而已，游牧民族也不能适应中原地区农耕式的生产和生活方式。向北发展又是荒漠草原，不利于更好地生存。只有沿着草原丝绸之路的通道向西开拓自己的发展空间。因此，从生存环境和政治环境上讲，是游牧民族西迁的主要原因。但也有例外，拓跋鲜卑从大兴安岭北段南迁，由于在迁徙过程中不断受到农耕民族文化的影响，认识到游牧经济发展的不稳定性。特别是在建立北魏政权、定都盛乐（古城在今内蒙古和林格尔县北）和平城（古城在今山西省大同市）后，与中原农耕地区的北端毗邻，接受了很多的汉族文化的因素，并且把内地的居民迁入"京畿"腹地从事农

---

① 陈永志：《内蒙古集宁路古城出土瓷器》，文物出版社2004年版，第9—24页。

业生产。北魏孝文帝迁都洛阳后,鼓励鲜卑人说汉话,穿汉服,与汉族人通婚,使鲜卑人逐渐汉化。拓跋鲜卑的势力强盛以后,在其东部并未出现一个比较强大的民族,所建立的北魏政权也比较稳固,没有形成内忧外患的局面,南入中原扎根下来,避免了西迁。

北方游牧民族的西迁现象并非偶然,有其必然性。每当一个民族的势力强大之时,都要占据整个北方草原地区,并且紧紧依靠中原地区的农耕经济而生存,而原先占据草原地区的民族必然寻求适合自己生存的空间,北方草原地区的东、南、北都不适宜游牧民族生活方式,只有沿草原丝绸之路的通道向西发展,如匈奴、回纥、契丹等都属于这种情况。匈奴于48年分裂为南、北二部,南匈奴归附汉朝。北匈奴经历了连年的严重天灾,又遭到南匈奴、乌桓和鲜卑的攻击,社会经济极度萎缩,力量大大削弱。91年,汉朝派大将耿夔出居延塞(今内蒙古额济纳旗北居延海一带),大破北匈奴于金微山(今阿尔泰山),北匈奴单于率领一部分人西迁至乌孙的游牧地区,后又迁到康居、阿兰聊。《魏书》卷一〇二《西域传》记载:"悦般国,在乌孙西北,去代一万九百三十里。其先,匈奴北单于之部落也。为汉车骑将军窦宪所逐,北单于度金微山,西走康居,其羸弱不能去者住龟兹北。地方数千里,众可二十余万。凉州人犹谓之'单于王'。"[1] 北匈奴入阿兰聊(顿河以东至伏尔加河之间,南到高加索山脉之地)以后,开始扮演推动欧洲民族大迁徙的主要角色。840年,回鹘政权灭亡后,回鹘人分五支逃散,人数较少的两支南下,大部分人分三支向西迁徙,其中主要的一支迁至今葱岭以西。《新唐书》卷二百一十七《回鹘传下》记载:"俄而渠长句錄莫贺与黠戛斯合骑十万攻回鹘城,杀可汗,诛掘罗勿,焚其牙,诸部溃,其相馺职与厖特勤十五部奔葛逻禄,残部入吐蕃、安西。"[2] 这一支回鹘人于10世纪在葱岭以西建立了喀喇汗王朝。1124年,辽朝被金朝覆灭之际,契丹皇族耶律大石率部北趋,沿草原丝绸之路西迁至中亚地区,征服了高昌回鹘、喀喇汗王朝、花剌子模等政权和乃蛮、葛逻禄、康里等游牧部落,定都巴拉沙衮(今吉尔吉斯斯坦共和国托克马克),实现了对西域的统一,威服今新疆和中亚地区,这就是历史上的西辽政权,穆斯林史料称之为哈拉契丹。西辽政权共统治了80余年,由于有着主要的契丹民族成分、传统文化、典章制度等,虽然在异乡他地,但经过辽朝200余载的高度文化素养的熏陶,在保持着正统的游牧民族文化的同时,包括儒家思想、汉语言文字、中原典章制度及生产方式在内的汉文化已经成为契丹文化的主要支柱。因此,西迁中亚地区后,并未被当地伊斯兰文化

---

[1] (北齐)魏收:《魏书》卷一〇二《西域传》,中华书局1974年版,第2268页。
[2] (宋)欧阳修、宋祁:《新唐书》卷二百一十七《回鹘传下》,中华书局1975年版,第6130—6131页。

洗礼，反而使契丹民族的文化和汉文化对当地造成很大的影响，让西方国家领略了东方文化的魅力。所以说，中国北方游牧民族沿着草原丝绸之路的西迁，不但加强了东西方文化的交流，还对东西方经济贸易的交往起到了重要作用，并且促进了东西方民族关系的进一步发展。

在考古学中，无论是发现的古代遗迹，还是出土的文物，有许多方面都能反映出东西方经济交往、文化交流的内涵。中国北方草原地区是东西方文化交流的汇集地，必然有很多的出土文物体现了文化的多样性。如金银器这种贵重金属制造的器物，往往被古代上层社会所拥有，最能表现文化的外化形态和内在形态，在草原丝绸之路的研究中占有重要的地位。中国北方草原地区于公元前2000年就发现了金器，而中原地区的殷商时期始有金器，故北方草原地区是我国发现金银器最早的地区之一。经过初期的发展，到匈奴控制草原时期达到了一个高峰期，契丹建立辽政权后达到草原金银器发展的鼎盛时期，元、明、清继续发展，使金银器逐渐大众化。在北方草原金银器的发展过程中，吸收了中原地区、南方地区和西方国家的文化因素，充实草原金银器的文化内涵。中原地区和西方国家的文化在金银器中的表现最早可追溯到夏代晚期至春秋中期，战国时期匈奴的金银器体现更为明显，如怪兽纹流行于北高加索、黑海北岸的斯基泰文化和阿尔泰艺术中，在匈奴金银器中有很多的表现。动物纹（国外学者称为野兽纹）是公元前8世纪至2世纪欧亚草原金属器装饰的主要题材，在中国北方草原地区可以延续到明清时期，在动物造型方面通过草原通道与西方国家存在着一定的共性。

魏晋十六国以后，印度、罗马、波斯、粟特等文化因素大量渗透到北方草原金银器中，有的是直接输入的舶来品，如摩羯纹、佛像纹、联珠纹、狮子衔绶纹、罗马金币、波斯银币、高足杯、折肩罐、錾耳杯、长杯、金珠细工等。中原地区流行的文字符号、牡丹纹、莲花纹、龙凤纹、规整的装饰手法、制作工艺等，在北方草原金银器中也有非常明显的表现。反之，北方草原金银器的装饰手法、器物造型、纹样类型等对中原地区的金银器有很大的影响。如从匈奴遗迹的分布区域看，也证实了匈奴为第一个打通草原丝绸之路的游牧民族。这一时期出土的金银器仍以装饰品为主，造型为草原上常见的动物，种类有虎、马、羊、鹿、怪兽等，还有卷云纹、卷草纹。动物讲究对称图案，构图规范是这一时期的特色，动物纹由写实开始向图案化过渡。表现形式有单体动物、对称式复合动物和动物咬斗三种。匈奴的动物纹风格对中原地区战国和汉朝时期的器物装饰有很大影响，如河北易县燕下都30号墓[1]出土的动物争斗纹

---

[1] 河北省文物研究所：《燕下都》（下），文物出版社1996年版，彩版27。

金带扣，江苏省徐州市狮子山楚王陵①出土的虎咬马纹金带扣、羊首金饰件，广州登峰路1120号墓②出土的鎏金动物纹铜带扣，象岗南越王墓③出土的鎏金动物纹铜带扣。这几例西汉时期的带扣，具有匈奴动物纹的特征，说明匈奴的动物造型已深入中原地区和南方地区。匈奴动物纹中的怪兽造型以及联珠纹，在我国北方草原地区找不到母体，但流行于中亚地区的斯基泰和阿尔泰艺术中。杜正胜先生说："中国北方文物的怪兽母题起源地当在黑海北岸到阿尔泰山之间，它们在中国难以追溯根源，而且出现的年代比黑海到阿尔泰晚，大多在战国晚期以后。"④ 又如陕西省西安市南郊何家村唐代窖藏⑤出土的鎏金舞马衔杯纹银皮囊壶，具有契丹的器物造型和西域的装饰纹样。因此，在草原丝绸之路上，除了生息、活动的诸多北方游牧民族外，还有他们留下的遗迹和遗物。从文化内涵看，与中原地区、西方国家有许多方面的共性，特别是金银器、青铜器、陶瓷器等，这种文化的共性更加明显。一方面诸民族有自己特色的器物，还有直接从中原地区、西方国家传入的舶来品；另一方面仿效器物的工艺和特征，制造成具有中原地区和西方国家风格的物品，因而以考古学中的器物类型及相关民族文化为切入点，来研究草原丝绸之路在东西方经济交往和文化交流中的诸多问题，这也是草原文化研究的主要内涵和我们所需要去思考的问题。

在北方草原地带，游牧民族诞生以后就世代居住于此，创造了灿烂的游牧文化，并通过草原丝绸之路与我国的中原地区和西方国家进行经济、文化方面的交往交流。随着游牧民族的出现，草原上先后有山戎、东胡、匈奴、乌桓、鲜卑、敕勒、柔然、突厥、回纥、契丹、党项、蒙古等民族，有些民族本来就起源于古西域地区，然后才进入北方草原地区；还有的民族在势力衰弱后，西迁至今新疆和中亚地区；也有的民族南下中原地区建立政权，或西征南讨，扩充疆土，甚至统一全国。不管是哪一种形式，在很大程度上都促进了相互间的文化交流，对开通和繁荣草原丝绸之路作出了很大的贡献。

---

① 狮子山楚王陵考古发掘队：《徐州狮子山西汉楚王陵发掘简报》，《文物》1998年第8期。
② 广州市文物管理委员会等：《广州汉墓》上，文物出版社1981年版，第148页。
③ 广州市文物管理委员会等：《西汉南越王墓》上，文物出版社1991年版，第21页。
④ 杜正胜：《欧亚草原动物纹饰与中国古代北方民族之考察》，中国台湾"中央研究院"历史语言研究所编《(台湾)"中央研究院"历史语言研究所集刊》第64本第2分，台北：1993年，第231—408页。
⑤ 陕西省博物馆等：《西安南郊何家村发现唐代窖藏文物》，《文物》1972年第1期。

从物质形态论草原文化的多样性

中国北方草原文化属于一种区域性的文化类型,有着悠久的历史,大约在50万年前就已经形成,一直延续到现在。在草原文化的发展过程中,不断吸收外来文化的因素,丰富自身的文化内涵。早在新石器时代,形成北方草原地区原始文化发展的区系类型,并开始与中国的中原地区、中亚地区、东北亚地区的原始文化相互交流,对中华文明多元一体的格局起到推动作用。公元前16世纪,随着气候条件的发生变化,草原地区已经不再适宜发展农业,逐渐向牧业经济转变,随之诞生了游牧民族,并在文化上形成游牧式的发展模式,成为草原文化的核心所在。通过草原通道与中国的中原地区、南方地区和西方国家发生经济、文化上的交往,使中国北方草原文化呈现出多样化的发展趋势,这种趋势直接带动草原民族与中原民族、西域民族的交融与和谐相处。虽然历史上各民族间的战争不断,但正是文化上的交融促使了民族间的和平往来,消除了战争带来的不和谐因素,促进了中华民族共同体的最后形成。

一 草原文化的出现与初期发展

中国是一个多种生态环境、多民族和多元文化的国家,由于生态环境的复杂多样,人类在适应和改造自然环境的过程中,创造了各具特色的文化。目前,学术界认为,中国从新石器时代起就形成三大生态文化区,即北方和西北游牧兼事渔猎文化区、黄河中下游旱地农业文化区、长江中下游水田农业文化区。其中,北方和西北游牧兼事渔猎文化区以细石器为代表的新石器文化,缺乏有陶器共存,或陶器不发达,体现随畜迁徙的"行国"特点。[①] 其实,从中国北方地区历史发展过程中的生态变化看,这种说法值得商榷。尤其是北方草原地区,考古资料表明在新石器时代完全处于原始农业和狩猎、采集的时期,并未出现游牧,只是在公元前16世纪

---

① 宋蜀华:《论中国的民族文化、生态环境与可持续发展的关系》,《贵州民族研究》2002年第4期。

或稍早时期，因气候的变化，导致生态环境发生转变，随之诞生了以从事牧业经济为主的民族，进而转向游牧式的生产和生活，同时创造了独具特色的游牧文化，并形成二者之间的互动关系。

在中国沿长城以北的地区，由于气候条件的几经变化，草原生态环境随之变迁，人类的生计方式不断改变，游牧文化出现阶段性的发展。在北方草原地区，生态环境和文化内涵也经历了一个变动时期，直至典型草原生态环境的最后形成，游牧文化的最终确立。从文化的内涵看，草原文化属于区域文化类型，而游牧文化属于经济文化类型，后者是前者的核心所在，前者的文化内涵更加广泛。从北方草原地区文化发展史来看，影响草原文化的两大因素为自然生态环境和人文社会历史环境。

在北方草原地区，最早发现距今50万年前的大窑文化，属于中国旧石器时代大型砍砸器——尖状器文化系统，包括旧石器时代早期、中期、晚期三个发展阶段。旧石器时代晚期，在内蒙古鄂尔多斯高原和呼伦贝尔草原先后出现了萨拉乌苏文化和扎赉诺尔古人类活动痕迹，萨拉乌苏文化代表了中国旧石器时代细小石器文化系统。从年代上看，大窑文化与北京人遗址堪称为兄弟之间的关系，与山西丁村文化存在着内在的关系。从此揭开了草原文化发展的历史帷幕。

进入新石器时代以后，人类的活动足迹已遍布整个北方草原地区。从以内蒙古为中心的原始文化区系类型看，分为东南部地区和中南部地区两大发展序列，文化内涵基本上代表了该地区的文化特征，反映了当时的生态环境和经济类型。内蒙古东南部地区的原始文化发展序列为兴隆洼文化、赵宝沟文化、富河文化、红山文化、小河沿文化，[1] 中南部地区原始文化发展序列为白泥窑文化遗存、庙子沟文化遗存、阿善文化遗存、老虎山文化遗存、永兴店文化遗存、客省庄文化系统遗存，[2] 从距今8000年前延续到4000年前，诸文化或前后承继，或并行发展，或相互影响，并与周边地区及黄河中下游地区的原始文化相互交融。

依据环境考古学的方法，对北方草原地区游牧文化出现的生态环境作一个综述。由于气候的波动变化，草原生态、森林生态、农田生态相互交替，或者合而为一，牧业经济虽然在新石器时代晚期有所萌芽，到夏代晚期才开始初期的发展。早商或稍早时期，以朱开沟文化为中心的鄂尔多斯地区率先形成典型的草原生态环境，完成了由农业经济向牧业经济的转变过程，存在一定时期的有固定范围的牧业生产和生活。西周晚期至春秋早期，随着马的驯服和草原生态环境的最后形成，逐渐转变为游牧式的

---

[1] 郭治中：《内蒙古东部地区新石器—青铜时代的考古发现与研究》，载魏坚主编《内蒙古文物考古文集》第二辑，中国大百科全书出版社1997年版，第13—23页。
[2] 魏坚、崔璇：《内蒙古中南部原始文化的发展与研究》，载李逸友、魏坚主编《内蒙古文物考古文集》第一辑，中国大百科全书出版社1994年版，第125—143页。

生产和生活方式，创造了游牧式的民族文化，并成为草原文化的重要载体。

在北方的长城地带，是历史上最明显的农牧交错分布区，由于东、西部生态环境的差异和周围其他文化因素影响的不同，新石器时代形成东、西部的两个文化区。东部文化区主要分布于西辽河流域，约在8000年前就出现以兴隆洼文化为代表的人群，从遗址中出土的石质、骨质生产工具和动植物遗骸看，处于农业开发的初始阶段，渔猎和采集是其主要的生计方式。兴隆洼文化已经开始出现玉器，在制作工艺上掌握了磨制、抛光、钻孔等技术（图一）。除个别玉斧、玉锛等被作为工具使用外，多数玉器是礼仪活动中的祭器。尤其在查海类型遗址中，在聚落的中心广场内发现一条用石块堆塑的龙形象（图二），兴隆洼文化遗址的一个灰坑内发现了用猪首、石块、陶片组成的堆塑龙，这是中华民族早期文明的象征。赵宝沟文化是紧随兴隆洼文化之后而发展起来的原始文化，在陶器的装饰艺术中，动物纹已不是单纯的写实形象，出现了具有原始崇拜的"神灵"图案，如猪首蛇身、鹿首、鸟首、凤形等，使图像达到了神化的境界，反映了当时礼仪制度有了进一步的发展（图三）。

图一　玉玦

（新石器时代兴隆洼文化，内蒙古林西县白音长汗遗址出土）

红山文化以"之"字纹筒形陶罐、玉器、龙鳞纹彩陶等为主要特征，其中，玉器制作精美，多为反映自然界的物像和带有神化色彩的动物。如勾云形玉佩、C字形玉龙、玉猪龙、玉鸮、玉龟、玉蝉、玉蚕等。C字形玉龙已向抽象化发展

图二　新石器时代查海类型

（辽宁省阜新查海遗址出土）

图三　鹿首瑞兽纹灰陶尊

（新石器时代赵宝沟文化，内蒙古敖汉旗赵宝沟遗址出土）

（图四），彩陶上的龙鳞纹又具有图案化的艺术。这样，赵宝沟文化的凤形陶杯（图五）和红山文化的玉龙，被称为中华第一龙凤，是中华民族发祥和文明肇始的象征。红山文化在建筑上最杰出的成就是坛、庙、冢，如辽宁省牛河梁遗址[①]，以梁顶女神庙为中心，庙北有一处人工砌石台边的大型山台，台、庙和猪头山之间有三处大冢和祭坛，形成了坛、庙、冢相结合的布局。根据《墨子·明鬼篇》的记载：

---

① 辽宁省文物考古研究所：《辽宁牛河梁红山文化"女神庙"与积石冢群发掘简报》，《文物》1986年第8期。

图四 玉龙
（新石器时代红山文化，内蒙古翁牛特旗出土）

图五 凤形陶杯
（新石器时代赵宝沟文化，内蒙古赤峰地区出土）

"昔者虞夏商周,三代之圣王,其始建国营都,曰必择国之正坛,置以为宗庙,必择木之修茂者,立以为丛社。"① 红山文化的建筑正好与此记载相符,预示着当时已进入"古国"阶段,可见在中国文明史上的重要地位。在红山文化晚期出现的小河沿文化,从墓葬的葬俗看,男性多随葬生产工具,女性多见纺织工具,男女的社会分工非常明确,并且出现夫妻合葬墓,说明一夫一妻制家庭已经在社会组织结构中存在,人类已迈进了文明的门槛。在发现的陶器中,有少量刻绘文字符号,意为对日、月和男耕女织景象的抽象描写与氏族图腾的一种徽号,这是文明出现的重要标志之一。

西部文化区主要分布于黄河一曲的内蒙古中南部,约在7000年前出现了以白泥窑文化遗存为代表的人群,文化内涵明显受到了中原地区仰韶文化半坡类型、后冈一期文化的影响。在相当于仰韶文化晚期时,该地的文化又受到大司空文化、仰韶文化庙底沟类型、红山文化的多重影响,形成了庙子沟文化遗存,以聚落遗址、彩陶、石器为特征。这是中原地区的农业文明与北方地区农业文明的第一次大的碰撞。在4000年前,在内蒙古中南部出现了老虎山文化遗存,这是农业文明在北方地区第二次碰撞的结果,其标志就是石城聚落群(图六)和三空袋足器的出现。老虎山文化陶器中的

图六 石城遗址
(新石器时代老虎山文化,内蒙古凉城县老虎山遗址)

---

① 《墨子》卷八《明鬼下第三十一》,高秀昌注译,中州古籍出版社2008年版,第186页。

第二编 民族学与人类学篇

尖底腹斝——斝式鬲的发展谱系，对内蒙古东部地区夏家店下层文化和山西的陶寺类型有很大的影响，促成了这些地区"方国"的形成与发展。

夏商时期，气候条件逐渐向干寒转变，在农业经济发展的同时，牧业经济开始出现并初步发展。朱开沟文化第五阶段遗存出现了象征畜牧业文化的标识物，如青铜刀（图七）、铜镞、铜短剑、铜鏊以及带鋬、耳的陶器等。朱开沟文化原有的适应农业发展的传统器物逐渐被淘汰，其主体文化因素，如花边鬲、蛇纹鬲、三足瓮、带钮圆腹罐等属于北方鬲系统的文化继续发展。同时，还出土有农业生产工具，说明农业仍然占很大比重，与牧业并驾齐驱，形成典型的半农半牧经济类型。西周至春秋中期，从夏家店上层文化遗址看，出土的农业生产工具比较简陋，房址数量不多，筑造简单，甚至在远离房子的地方发现了地面灶，说明当时人类可能居住毡帐。内蒙古克什克腾旗龙头山遗址[1]，除祭祀区外，居住区不见文化堆积，少见遗迹间的打破和叠压关系，证明在此居住时间不长，符合史书中关于游牧民族"逐水草而迁徙"的记载。内蒙古宁城县小黑石沟墓葬[2]出土的青铜器，有大量适宜北方民族游牧、狩猎的生活用具和善于骑射征战的兵器及车马具。内蒙古宁城县南山根墓葬[3]出土的带倒刺的青铜马衔（图八），标志着马已被驯服，这一地区的文化载体至迟在西周晚期已进入游牧阶段，逐渐形成具有很大影响力的游牧文化，并成为草原文化的核心，为中华文化的发展注入了新的血液，对中华文化的构成起了重要的作用。

图七 环首青铜刀
（早商，内蒙古伊金霍洛旗朱开沟遗址出土）

---

[1] 内蒙古文物考古研究所：《内蒙古克什克腾旗龙头山遗址第一、二次发掘简报》，《考古》1991年第8期。
[2] 项春松、李义：《宁城县小黑石沟石椁墓调查清理报告》，《文物》1995年第5期。
[3] 辽宁昭乌达盟文物工作站等：《宁城南山根的石椁墓》，《考古学报》1973年第2期。

图八 带倒刺青铜马衔
（西周至春秋中期，内蒙古宁城县南山根墓葬出土）

二 草原文化在物质形态上所呈现的多样性

文化的多样性发展要求既充分承认每种文化模式与其他文化模式之间的差异性，又能宽泛地理解不同文化的产生背景、历史传统、文化内涵、价值取向和现实状况，同时每种文化能够宽容不同文化的纳入，并与异质文化相互吸收融合，从而形成一种"和而不同"的良性关系。无论是世界性的全球化现代进程，还是不同文化的自身发展，都要求现代条件下的多元文化在保持其文化精神的前提下，能以更加开放的深度采纳吸取异质文化的优质要素，从而也尊重历史发展规律而实现自身的文化变迁，这不仅是多元文化间的一种有效的文化调适，更是文化多样性在历史演变中的主要体现。

在原始社会时期，北方草原地区的文化已经呈现出区域性的特点，并与其他地区的原始文化有着互动的双向交流。如旧石器时代的大窑文化属于大型石器文化系统，与丁村文化有着十分密切的联系。新石器时代，中原地区仰韶文化半坡类型、庙底沟类型、后冈类型、大司空类型、大汶口文化、龙山文化等都对该地区的原始文化有较大的影响，反之亦然，草原地区的原始文化也对中原地区的文化有一定的冲击。而商代青铜器上的云雷纹、饕餮纹等又可以在北方草原地区早期青铜文化夏家店下层文化的陶器上找到渊源。

我国著名的考古学家苏秉琦先生于1985年在山西省侯马市召开的晋文化研讨会上,关于中国北方草原地区的古文明对中华民族文明起源的影响,精辟地总结了七言诗:"华山玫瑰燕山龙,大青山下斝与瓮。汾河湾旁磬和鼓,夏商周及晋文公。"① 从物质形态上说在距今6000—5000年间仰韶文化与红山文化会合迸发出文明火花之后,距今5000—4000年间在内蒙古河套、山西汾水流域也出现了以文化融合为形式的文明火花,最终连贯一气,阐明了从源于中原的仰韶文化和源于北方的红山文化到秦统一上下几千年间中华文明起源和发展的主要脉络,充分说明了草原文化在很早以前就与外界的文化产生了共鸣。

在商朝时期,草原地区正处于游牧民族的生成时期,其遗迹和遗物可以看出与中原地区、西方国家之间的联系。朱开沟文化第五阶段遗址出土的三足陶瓮、花边陶鬲、蛇纹陶鬲、带钮陶罐、盆形陶瓿、青铜刀等,陶器与河南省郑州二里冈上层文化②相类似,青铜刀的形制对陕西省清涧县李家崖类型③的双环首刀、鹿首刀、羊首勺、蛇首匕有着直接的影响。北京市平谷县刘家河商代墓葬④出土的金银器中,扁喇叭形金耳环直接继承了夏家店下层文化的形制,为研究夏家店下层文化与商代文化的关系提供了线索,也反映了商代与北方草原地区文化的密切联系。

西周晚期至春秋时期,在内蒙古东部地区主要分布着夏家店上层文化,考古学界已多数倾向于山戎所创。夏家店上层文化与辽河流域的早期青铜文化存在着某些渊源关系。在辽宁省朝阳市魏营子遗址⑤中,出土的器物与夏家店上层文化的同类器有承继关系,二者在时间上基本衔接。均以素面磨光陶和火候低为特点,口沿外迭唇、錾耳、双环耳也有共同的特征。夏家店上层文化墓葬出土青铜器的器形和纹饰可以分两种类型。一种为典型的中原青铜礼器,如鼎、簋、罍、盉、壶等,纹饰有饕餮纹、夔纹、云雷纹、弦纹等;一种为地方特征的器物,如双环耳圜底鼎、犬纹双耳鼓腹鬲、动物饰口沿豆、马钮青铜联罐(图九)、四联罐等。其中,青铜礼器明显为中原地区的风格。如青铜簋与陕西省出土的"大丰簋"形状相近,铸造的风格也一致,簋内底有铭文"许季姜作尊簋其万年子子孙孙永宝用"铭文,"许"为春秋时期的许国,在今河南省许昌、南阳一带,"季姜"为姜姓女子,即姜姓女

---

① 苏秉琦:《中国文明起源新探》,生活·读书·新知三联书店1999年版,第125页。
② 河南省文化局文物工作队:《郑州二里冈》,科学出版社1959年版,第16—30页。
③ 张映文、吕智荣:《陕西清涧县李家崖古城发掘报告》,《考古与文物》1988年第1期。
④ 北京市文物管理处:《北京市平谷县发现商代墓葬》,《文物》1977年第11期。
⑤ 辽宁省博物馆文物工作队:《辽宁朝阳县魏营子西周墓和古遗址》,《考古》1977年第5期。

子嫁往许国时所铸造的媵器。这批许国的青铜礼器，出于政治上的某种联系由中原地区传入北方草原地区。文献中记载山戎势力强大时，与郑国、齐国、燕国经常发生战争，在战争中一些风习和器物可能传入山戎的活动地区，山戎的风俗习惯也会传入齐国、燕国。如燕国出产的"鱼盐枣栗"，在夏家店上层文化墓葬中的青铜联罐内发现，这是饮食文化交流的具体表现。

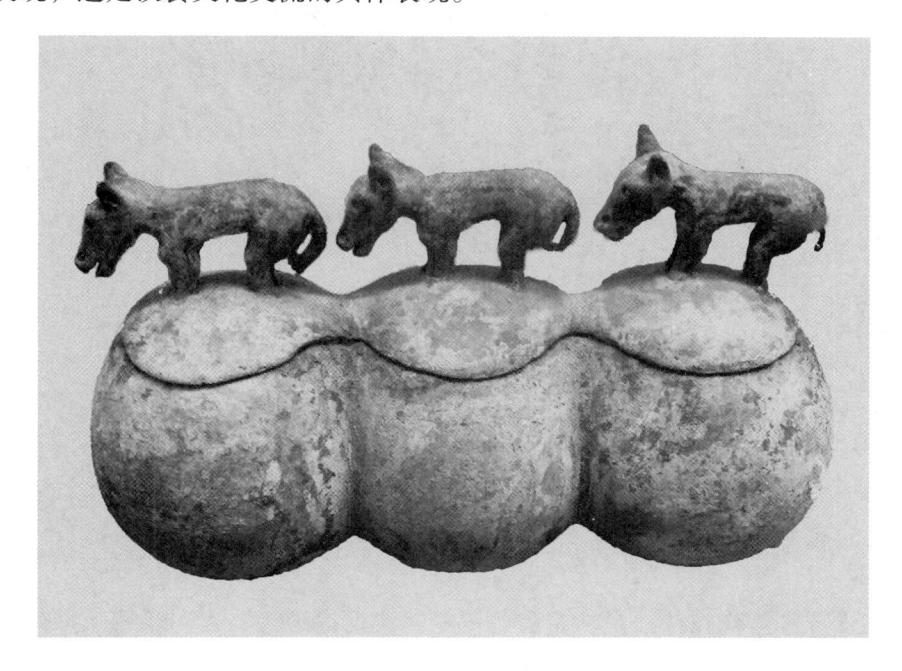

图九　马钮青铜联罐
（西周晚期至春秋中期，内蒙古宁城县小黑石沟墓葬出土）

匈奴的文化特征最明显的是以动物造型为主，在各种质地的器物上装饰有动物纹样。其造型为草原上常见的动物，种类有虎、马、羊、鹿、怪兽等（图十）；并有卷云纹、卷草纹。战国时期的匈奴动物装饰分单体动物、复合式动物、动物咬斗三种，本民族的文化特征比较浓厚。西汉时期匈奴的动物装饰讲究对称，构图规范是这一时期的特色，动物纹由写实开始向图案化过渡。在陶器烧制和玉器制作上多显示出中原地区的特色，金银器中的汉字铭文又是中原文化冲击的结果。匈奴动物纹中的怪兽造型以及联珠纹，在我国北方草原地区找不到母体，但流行于中亚地区的斯基泰和阿尔泰艺术中。可见，匈奴文化融多种文化为一体。

东汉鲜卑的文化继承了匈奴文化的特征并有所创新，器物上的动物图案讲究对称。从遗迹出土的陶器、金银器、青铜器、骨器、桦树皮器的造型看，多为本民族的风格。当时，拓跋鲜卑在南迁的过程中，不断吸收其他民族的文化。如东汉鲜卑

· 153 ·

图十　圆雕银虎
（战国晚期，陕西省神木县纳林高兔墓葬出土）

金银器的镶嵌和焊珠技法，是从希腊、罗马、波斯等地区传入。魏晋十六国南北朝时期的鲜卑，动物纹样有羊、鹿、龙、凤、佛教造像等，从中可以看出其文化成分中的中原和西方因素。如宁夏固原西郊墓葬[①]出土的银耳杯，造型与中原地区同类器相同。大同市北郊墓葬[②]出土鎏金錾花银碗，封和突墓[③]出土的狩猎纹银盘，为中亚嚈哒人和波斯萨珊的制品。封和突墓、固原墓葬出土的银耳杯，装饰有西方流行的联珠纹，把中国传统的器物造型与外来纹饰结合起来。

突厥和回纥在隋唐时期先后控制了北方草原地区，都起源于中国的西北地区，对沟通北方草原地区与西方国家的经济、文化交流有很大的促进作用。新疆温宿县包孜东突厥墓葬[④]出土的带流圜底器、带流罐、鸭形壶，器表都经磨光，制陶技术较先进，这是中原文化影响的结果。器耳、把、流较发达，保留了游牧民族的特

[①] 固原县文物工作站：《宁夏固原北魏墓清理简报》，《文物》1984 年第 6 期。
[②] 山西省考古研究所等：《大同南郊北魏墓群发掘简报》，《文物》1992 年第 8 期。
[③] 大同市博物馆马玉基：《大同市小站村花圪塔台北魏墓清理简报》，《文物》1983 年第 8 期。
[④] 新疆维吾尔自治区博物馆等：《温宿县包孜东墓葬群的调查和发掘》，载新疆文物考古研究所编《新疆文物考古新收获：1979—1989》，新疆人民出版社 1995 年版，第 510—525 页。

点。内蒙古清水河县山跳峁墓葬①壁画中的两位对饮男子为汉人形象，侍奉者的服饰却与汉人有明显区别。在内蒙古喀喇沁旗锦山镇河东村窖藏②中，出土金银器的造型和装饰艺术属于典型的唐代风格，根据器物上的铭文，为当时江淮地区贡进唐朝政府的产品，唐朝又赏赐给边疆少数民族，传入今内蒙古地区，而此时正值突厥和回纥统治北方草原地区，器物出土地刚好出于这个范围之内。在突厥的遗物中，发现有西方文化的特征，说明中亚的波斯、粟特文化经过草原丝绸之路传入突厥地区。新疆昭苏县西突厥墓葬③出土的嵌红宝石金剑鞘、嵌红宝石金戒指，在工艺上采用了吹珠点焊和镶嵌技法，与俄罗斯同类器物相近。联珠纹在波斯萨珊、粟特金银器上常见。嵌红宝石宝相花金盖罐，器身上装饰的宝相花与唐代金银器的风格一致（图十一）。

图十一 嵌红宝石宝相花纹金盖罐
（隋唐，新疆昭苏县波马墓葬出土）

契丹建立辽政权以后，从文化特征上可以分为三期。辽代早期的陶瓷器，在

---

① 内蒙古文物考古研究所：《内蒙古清水河县山跳峁墓地》，《文物》1997年第1期。
② 喀喇沁旗文化馆：《辽宁昭盟喀喇沁旗发现唐代鎏金银器》，《考古》1977年第5期。
③ 安新英：《新疆伊犁昭苏县古墓出土金银器等珍贵文物》，《文物》1999年第9期。

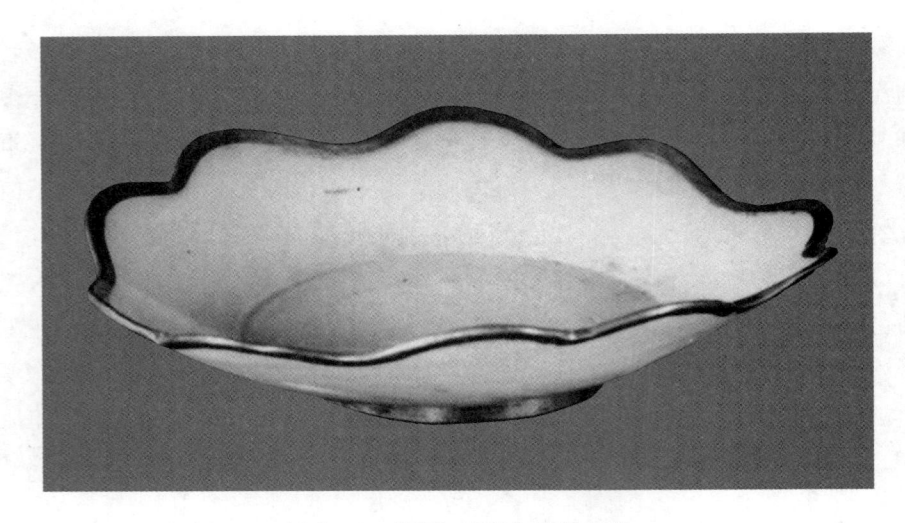

图十二 "官"字款白釉描金盘
(辽代,内蒙古赤峰市大营子辽驸马墓出土)

契丹族传统制陶工艺的基础上,吸收北方系的瓷器技法而独创,既有契丹族传统的特点,又吸收了中原文化的精髓,烧制细腻的白瓷器,多为定窑或仿定窑产品(图十二)。金银器从造型和装饰艺术及工艺看,主要受唐朝文化的影响。花瓣口、圆形口、盘状、曲式、海棠形口器,与唐代金银器的圆形、葵形、椭方、海棠、花瓣、菱弧形口有着明显的共性,二者显然有着直接的渊源关系。辽代的银箸、银匙、渣斗、盏托,在造型上都与唐代同类器物有共同点。辽代金银器的纹饰题材和布局几乎是唐代艺术的翻版,尤其是早期的纹饰布局讲求对称,构图繁缛而层次分明。同时,也受到西方粟特、波斯、罗马文化的影响,如錾耳杯、高足杯等(图十三)。辽代中期遗迹出土的器物,仍受到唐朝文化的影响,开始出现宋朝文化的因素。金银器的器形、纹饰布局、工艺等继承了唐文化的因素,花瓣口、海棠口器是唐文化对辽代的影响继续走向深化的表现。多瓣形器的原形渊源于粟特地区的银器,它直接或通过唐代金银器作为媒介间接地影响了辽代金银器。在内蒙古、辽宁、北京、吉林、河北等地的佛塔和窖藏中,都发现了金银制的佛塔、佛教造像及供奉器,虽然器物本身融合了中国的特征,但其根源却来自印度。内蒙古奈曼旗辽陈国公主与驸马合葬墓[①]出土的玻璃盘、瓶、杯、錾花铜盆等,具有伊斯兰的风格,说明辽朝与伊斯兰国家有着密切的联系。在辽代晚期遗址和墓葬中,发现有定窑白瓷、汝窑青瓷、景德镇窑青白瓷、钧窑淀青蓝瓷、磁州窑褐花瓷等器物,足见辽宋间经济往来的盛况。辽三彩更是继承了唐三彩的

[①] 内蒙古自治区文物考古研究所等:《辽陈国公主墓》,文物出版社1993年版,第55—59页。

风格，在施彩上缺乏唐三彩中的靛蓝。金银器的器形、纹饰布局多受宋文化的影响，或直接从宋地输入，浮雕凸花工艺和装饰与造型的和谐统一，在辽代晚期的金银器中得到发展。多瓣式金银器虽然源于中亚的粟特人之中，但已经成为中国化的器物。

图十三　鎏金錾耳银壶
（辽代，内蒙古赤峰市博物馆藏）

从党项建立的西夏遗迹出土的陶器、瓷器、铁器、钱币看，有很多为宋朝的产品，尤其是钱币多为宋朝铸造。金银器分为饮食器、妆洗器、装饰品、鞍马具、佛教造像等。从纹饰布局看，唐代金银器的遗风较浓，生活器皿采用单点装饰，不见满地装的手法（图十四）。生活器皿的器口分花瓣口和圆口，有的器物和纹饰浑然一体，显得小巧玲珑，具有宋代金银器的风格。西夏金银器中出现了佛教造像，这与西夏境内普遍崇佛有关，也反映了西夏佛教传播的兴盛。女真遗迹出土的金银器、陶瓷器、铁器、铜器、石器、骨器、钱币，与西夏一样多为中原地区的器物，或者受到中原地区的影响。

在北方草原地区，从元代遗迹本身及出土物看，有壁画的墓葬反映了蒙古贵族生前出行、狩猎、饮食、家居等场面，这是中原地区自唐宋以来的一贯做法。中原地区的钱币、银器、陶器、铁器等输入蒙古地区，密切了蒙古地区与

图十四 凤纹金碗
（西夏，内蒙古巴彦淖尔市临河区高油房窖藏出土）

中原地区的经济联系。如呼和浩特市白塔村窖藏①出土的钧窑香炉、龙泉窑缠枝莲纹瓶（图十五）等，工艺制作和装饰纹样都为元代瓷器中的精品，而且从中原和南方地区输入。在集宁路故城内的元代窖藏②中，出土的瓷器集钧窑、景德镇窑、龙泉窑等多种窑口为一体，体现草原文化的多样性。在其他遗址和墓葬中，出土的生活用具和农业生产工具，都是从中原地区传入。明清时期，北方草原地区生活的主体民族仍为蒙古族，但其他民族的人数不断增加，形成了多民族共同生活的格局。在商贸过程中，文化交流幅度很大，促进了蒙古地区与内地的文化交流。

  从草原文化的发展历史看，一开始就不存在封闭的状况，而是多趋的发展。一方面，由于受自然环境和经济方式等因素的制约，形成了区域性特征明显的文化内涵，具有相对的稳定性和独立性。但是，任何事物不是绝对静止不变的，随着与周邻民族、中原地区、西方国家的政治、经济、军事、文化上的往来和接触，草原文化必然受到影响，双向交流，形成你中有我、我中有你的现象，虽然有时这种影响的冲击很大，但不会改变草原文化固有的模式，反而正是因为多种文化的交融，才使草原文化的内涵更加丰富。这种文化的多样性不仅反映在器具、建筑、艺术、文

---

① 李作智：《呼和浩特市东郊出土的几件元代瓷器》，《文物》1977 年第 5 期。
② 陈永志：《内蒙古集宁路古城出土瓷器》，文物出版社 2004 年版，第 9—24 页。

图十五 龙泉窑缠枝莲纹瓶
（元代，内蒙古呼和浩特白塔窖藏出土）

学等方面，还有政治、思想、观念等精神方面的内容。上述草原文化的多样性主要是通过物质形态来表现，足以说明草原文化的包容性。时至今日，草原文化经过多次的更替、演变，但其内在脉络始终没有中断，在发展过程中不断地融入其他文化的因素，并积极吸收现代文化的优质成分，从内涵到外延都在扩延的基础上不断增强现代意识，使草原文化成为地域性传统文化与现代文化相统一的有机体，促进了民族间的交融与发展。

人类学视野下的北方草原地区诸民族饮食行为中的习俗

饮食行为是指与饮食文化相关的一切活动，能反映出一定的礼仪规范。从北方草原地区的饮食行为与饮食习俗发展过程看，主要体现在餐坐习俗、进食（进酒）习俗、宴饮习俗、赏赐与带福还家习俗等。这些习俗形成的时间较晚，主要发生在建立政权的北方游牧民族中，而且受到中原地区饮食习俗文化的影响。同时，游牧民族的等级制也决定了饮食行为中的餐饮座次、进食次序、宴饮形式等，这在诸民族各种习俗中充分地体现出来。

一 北方游牧民族的餐坐习俗

北方草原地区的原始时期，古人类围火或者围灶而聚餐，由于处于原始公共氏族阶段，氏族成员共同生产，共同享用劳动果实，在餐坐形式上基本没有座次之分。在进入阶级社会以后，特别是一些建立政权的游牧民族，反映在等级上有着明显的差别，在饮食行为上也体现出餐坐的礼仪。限于文献资料的记载，只能从史书的"礼志"和一些"传""纪"中的记载来看待这种饮食行为中的餐坐习俗。

《辽史》卷五十一《礼志四》记载：

> 高丽使朝辞仪：……契丹舍人赞拜，称"万岁"。赞各就坐，中书令以下伴酒三行，肴膳二味，皆如初见之仪。既谢，赞"有敕宴"，五拜。赞"各好去"，引出，于幕次内别差使臣伴宴。[①]
>
> 西夏国进奉使朝见仪：……酒三行，引使左下，至丹墀谢宴，五拜。毕，

---

① （元）脱脱等：《辽史》卷五十一《礼志四》，中华书局1974年版，第855页。

赞"有敕宴",五拜。祗候,引右出。礼毕。于外赐宴,客省伴宴,仍赐衣物。①

在高丽使者辞别契丹皇帝的礼仪中,契丹各级臣僚按照级别上殿,以官阶高低分别就座,中书令以下的官员行三巡酒、食二味菜肴,然后引高丽使者上殿,并赐宴,让各级官僚陪伴使者进宴。西夏使者朝见契丹皇帝的礼仪,各级臣僚如同平时上朝一样分班次就座,然后引西夏使者上朝跪拜契丹皇帝,此后就座行三巡酒、赐宴。这种重大礼仪中的餐坐习俗在北方草原地区一直延续到现代。

从文献资料中也可看出辽金时期的餐坐习俗已经成为一种定制。《辽史》卷六十八《萧和尚传》记载:"使宋贺正,将宴,典仪者告,班节度使下。和尚曰:'班次如此,是不以大国之使相礼。且以锦服为贶,如待蕃部。若果如是,吾不预宴。'宋臣不能对,赐以紫服,位视执政,使礼始定。"②《金史》卷八《世宗纪下》记载,大定"二十五年(1185年)正月乙酉朔。丁亥,宴妃嫔、亲王、公主、文武从官于光德殿,宗室、宗妇及五品以上命妇,与坐者千七百余人,赏赉有差"③。在蒙古国时期,成吉思汗降旨说:"汪古儿、孛罗兀勒二人,为左右两厢司厨,而给散食物也,俾不缺右厢之立者,坐者;俾不缺左厢之列,不列者,汝二人之给散如是也,则我之喉不噎而心安焉。而今汪古儿、孛罗兀勒二人乘马而行,给散吃食与众人乎!坐则坐于大酒局之左右厢,以料理吃食而坐之,脱仑与汝等,可居中坐之。如是指予其位矣。"④说明给予汪古儿、孛罗兀勒在餐坐中的重要位置。在餐坐习俗中,往往伴有赏赐的行为,赐食、赐宴、赐器物等,受赐者带有荣誉感和带福还家之意。

在近现代的北方草原地区,餐坐习俗在一些节庆、婚礼、人际交往等宴饮场合中仍然重要。如锡林郭勒草原的蒙古族在接待客人时,主客间要相互问候,将客人迎进蒙古包或家里后,对至亲长辈或尊贵客人行请安礼,即男子跪右膝,左腿向前弯曲,上身前倾,手心向上递茶;女子曲双膝,双手端碗递茶。在宴饮中,尊者(长辈)坐正面,来客坐西面,主人坐东面,无论是就坐、敬烟,还是斟酒、吃饭,必让老者、长者先领,晚辈次领,说明对老者和长辈的尊敬。

由于饮食文化的交流使中原地区的餐坐习俗也传入到北方草原地区,特别是在人际交往中非常明显。如宴客的座次,一般正对门的位置为宴客者的座位,称为

---

① (元)脱脱等:《辽史》卷五十一《礼志四》,中华书局1974年版,第855页。
② (元)脱脱等:《辽史》卷六十八《萧和尚传》,中华书局1974年版,第1326页。
③ (元)脱脱等:《金史》卷八《世宗纪下》,中华书局1975年版,第188页。
④ 道润梯步译著:《蒙古秘史》,内蒙古人民出版社1991年版,第235页。

"主陪",正对主陪的位置是"副陪"的座位,主陪右手的位置留给主客,左手为副客的座位,其他人可以随意就座。基本上是遵循"以长辈为重、以远客为主"的原则。美国社会学家哈罗德·加芬克尔(Harold Garfinkel)的本土方法论中,有一个重要的理论就是反射行动与互动,认为社会成员是使用一定的方法来组织活动并使活动具有共同的意义,也就是社会成员的大部分互动都起着维持某种现实观的作用。① 那么,所谓的餐坐习俗就是长久以来形成的一种习惯,在宴饮中安排就餐座位就是一种反射行动,而且被参加者所接受。

二 北方游牧民族的进食习俗

进食习俗主要在建立政权的游牧民族中盛行,通过进食、进酒行为反映出主人的身份和地位,还有上菜、上酒的次序,并有一定的行为礼仪规范。北方草原地区的原始时期,还没有明显的进食习俗形成,直到进入夏商以后才逐渐出现了这种进食的行为,显然受到了中原地区饮食习俗的影响。如金上京会宁府,"燕饮音乐,皆习汉风"②。可见中原饮食风俗对北方草原地区的影响程度。

《辽史》卷五十一《礼志三》记载:"腊仪:腊,十二月辰日。前期一日,诏司腊官选腊地。其日,皇帝、皇后焚香拜日毕,设围,命腊夫张左右翼。司腊官奏成列,皇帝、皇后升举,敌烈麻都以酒二尊盘飧奉进,北南院大王以下进马及衣。皇帝降舆,祭东毕,乘马入围中。皇太子、亲王率群官进酒,分两翼而行。皇帝始获兔,群臣进酒上寿,各赐以酒。至中食之次,亲王、大臣各进所获。及酒讫,赐群臣饮,还宫。应历元年(951年)冬,汉遣使来贺,自是遂以为常仪。统和中,罢之。"③ 在辽代的腊仪上,契丹皇帝、皇后进行拜日仪式后,上皇辇前往打围之地,掌管礼仪的官员以酒食奉进。到达腊地后祭东向,入围地,皇太子、亲王率领百官给皇帝、皇后进酒。等到皇帝猎获野牲后,各级大臣再次进酒祝寿,最后大宴群臣。契丹皇帝、皇后先后历经三次群臣的进酒,这种风俗一直延续到明清时期的蒙古贵族阶层中。

在辽代的各种习俗中,都有进酒或进食的习俗。契丹人以酒行事,以酒成礼,酒在日常生活成为不可缺少的饮食种类。除此之外,在一些礼仪活动中,常见行膳、行馒头等进食行为。如宋使祭奠吊慰仪,"大使近前跪,捧台盏,进奠酒

---

① 周延东:《中国饮食文化中的社会学思考》,《商业文化》2008年第2期。
② (元)脱脱等:《金史》卷七《世宗纪中》,中华书局1975年版,第158页。
③ (元)脱脱等:《辽史》卷五十一《礼志三》,中华书局1974年版,第845—846页。

三……"① 宋使见皇帝仪,"御床入,大臣进酒,皇帝饮酒"②。曲宴高丽使仪,"汉人阁使赞,上殿臣僚皆拜。赞各祗候,进酒"③。皇帝生辰朝贺仪,"臣僚东西门入,合班再拜。赞进酒,班首上殿进酒。……殿上一进酒毕,从人入就位如仪。亲王进酒,行饼茶,教坊致语如仪。行茶、行肴膳如仪。七进酒,使相乐曲终,从人起"④。在辽墓壁画中,进食、进酒的场面很多。如内蒙古敖汉旗下湾子5号辽墓⑤壁画的进饮图,共画四人,左第一人为契丹男子,双目视向第二人所端之碗。其他三人均汉人装束,半侧身向外而立,目视第一人,表现出恭敬之态。左第二人右手托一黄色大碗端向第一人,左手举到肩部。左第三人双手捧一浅盘,内放一黄色大碗。左第四人双手捧一黄色洗。整个画面呈现出契丹人和汉人侍仆给主人进食、进饮的场面。因此,进食习俗不仅在皇宫中进行,还在贵族阶层中盛行。

在金代,这种进酒或进食的习俗仍然流行。大定十六年(1176年)正月"庚午,上按鹰高桥,见道侧醉人堕驴而卧,命左右扶而乘之,送至其家。辛未,皇姑邀上至私第,诸妃皆从,宴饮甚欢。公主每进酒,上立饮之"⑥。《金史》卷九十三《忒邻传》记载:"百官用天寿节礼仪,进酒称贺,三品以上进礼物。"⑦《金史》卷三十六《礼志九》记载:"元日圣诞上寿仪:引皇太子升殿褥位,搢笏,捧盏盘,进酒,皇帝受置于案。……次引高丽、夏人从,如上仪毕,分引左右廊立。御果床入,进酒。皇帝饮,则坐宴侍立臣皆再拜。进酒官接盏还位,坐宴官再拜,复坐。"⑧ 在进食习俗中,往往体现地位低的人向地位高的人进酒,或者侍者向主人进食的情景,这也是古代游牧民族饮食习俗的一种行为规范。

三 北方游牧民族的宴饮习俗

宴饮同样在人生礼俗、人际交往、岁时节日、宗教仪式中表现出来,并且与餐坐、进食习俗相辅相成,组成完整的饮食礼俗。北方草原地区的宴饮资料,在原始时期无法了解其真实的面貌,但是在祭祀成风的原始礼俗中随着礼仪的最初出现,应该有了最原始的宴饮状况。在游牧民族诞生以后,中原地区饮食习俗影响到草原

---

① (元)脱脱等:《辽史》卷五十《礼志二》,中华书局1974年版,第841页。
② (元)脱脱等:《辽史》卷五十一《礼志四》,中华书局1974年版,第851页。
③ (元)脱脱等:《辽史》卷五十一《礼志四》,中华书局1974年版,第855页。
④ (元)脱脱等:《辽史》卷五十三《礼志六》,中华书局1974年版,第869页。
⑤ 邵国田:《敖汉旗下湾子辽墓清理简报》,《内蒙古文物考古》1999年第1期。
⑥ (元)脱脱等:《金史》卷七《世宗纪中》,中华书局1975年版,第146页。
⑦ (元)脱脱等:《金史》卷九十三《忒邻传》,中华书局1975年版,第2059—2060页。
⑧ (元)脱脱等:《金史》卷三十六《礼志九》,中华书局1975年版,第839—840页。

地区，逐渐形成了宴饮习俗。根据文献记载和考古学资料表明，辽、金、元时期的宴饮情况比较完整，之前民族的宴饮也有零星的记载与考古发现。

鲜卑的宴饮习俗在文献资料中有所记载，主要是表现皇帝与大臣的宴饮情况。如"（登国）七年（392年）春正月，幸木根山，遂次黑盐池。飨宴群臣，觐诸国贡使。北之美水。三月甲子，宴群臣于水滨，还幸河南宫"①。永兴四年（412年），"夏四月乙未，宴群臣于西宫，使各献直言"②。延和三年（434年），"春正月乙未，车驾次于女水，大飨群臣，班赐各有差"③。这里只有宴饮行为的记载，但没有具体的宴饮礼仪。

辽代宫廷的宴饮习俗在一些仪式中有明确的体现，如宋使见皇帝仪、曲宴宋使仪、贺生辰正旦宋使朝辞皇帝仪、高丽使入见仪、曲宴高丽使仪、西夏国进奉使朝见仪、皇帝纳后仪、皇太后生辰朝贺仪、皇帝生辰朝贺仪、皇后生辰仪、正旦朝贺仪、冬至朝贺仪、岁时杂仪等。如在辽代皇太后生辰朝贺礼仪中，各级契丹、汉族官员和各国使者、副使等按照次序上殿给皇太后祝寿并进酒，前后进行几次祝寿活动，然后赐御宴，一直七次进酒后，群臣和各国使者谢宴而结束宴饮活动，宴饮在整个祝寿仪式中占有重要的位置。辽代墓葬壁画中，常见有贵族阶层的宴饮活动场景。如内蒙古敖汉旗羊山1号辽墓壁画的宴饮图，共画四个男子，墓主人半侧身向右端坐于砖砌半浮雕的黑色椅子上，足踏红色方形木矮凳。身后立一双手捧盂的契丹人。墓主人近前的侍奉者，躬身面向墓主，双手捧一托有曲口小盏的海棠盘作恭请主人饮酒状。其后立一契丹侍者，半侧身向内而立，面向主人，双手捧一垫有方巾的方盘，上放一小口带盖大罐。墓主人前置砖砌半浮雕式黑色小方桌，桌前放一带子母口的黑色浅盘，内盛三个西瓜。桌后侧放曲口竹编式浅盘，内盛石榴、桃、枣等水果。④

金代宴饮习俗在宫廷和贵族阶层中仍然盛行。根据《金史》卷三十八《礼志十一》的记载，在举行各国使者的朝辞仪中，就有宴饮的状况。如："承安三年（1198年）正月，上谕旨有司曰：'此闻宋国花宴，殿上不设肴馔，至其歇时乃备于廊下。今花宴上赐食甚为拘束，若依彼例可乎？且向者人使见辞，殿上亦尝有酒礼，今已移在馆宴矣'。有司奏曰：'曲宴之礼旧矣。彼方，酒一行、食一上必相须成礼。而国朝之例，酒既罢而食始进。至于花宴日，宋使至客省幕次有酒礼，而我使至其幕则有食而无酒，各因其旧，不必相同。古者宴礼设食以示慈惠，今遽更

---

① （北齐）魏收：《魏书》卷二《太祖纪》，中华书局1974年版，第25页。
② （北齐）魏收：《魏书》卷三《太宗纪》，中华书局1974年版，第51页。
③ （北齐）魏收：《魏书》卷四《世祖纪上》，中华书局1974年版，第83页。
④ 邵国田：《敖汉旗羊山1—3号辽墓清理简报》，《内蒙古文物考古》1999年第1期。

之，恐远人有疑，失朝廷宠待臣子之意。'乃命止如旧。"① 证明了金朝宴饮习俗存在的历史事实。

《元史》卷六十七《礼乐志一》记载，在元正受朝仪上，举行完仪式后就要宴请宗室贵族和各级大臣。"礼毕，大会诸王宗亲、驸马、大臣，宴飨殿上，侍仪使引丞相等升殿侍宴。凡大宴，马不过一，羊虽多，必以兽人所献之鲜及脯鱐，折其数之半。预宴之服，衣服同制，谓之质孙。四品以上，赐酒殿上。典引引五品以下，赐酒于日精、月华二门之下。宴毕，鸣鞭三。侍仪使导驾，引进使导后，还寝殿，如来仪。"② 这种大型的宴饮活动，往往会有上千人参加，如每年都会在元上都的棕毛殿内举行诈马宴（质孙宴），有时达三千人之多。到了明清时期，草原地区的宴饮礼仪仍在延续。如明朝景泰元年（1450 年）秋季，蒙古瓦剌首领"也先引善见上皇，遂设宴饯上皇行。也先席地弹琵琶，妻妾奉酒，顾善曰：'都御史坐。'善不敢坐，上皇曰：'太师著坐，便坐。'善承旨坐，即起，周旋其间。也先顾善曰：'有礼。'伯颜等亦各设饯毕，也先筑土台，坐上皇台上，率妻妾部长罗拜其下，各献器用、饮食物"③。后金天聪四年（1630 年），"达赉暨子穆彰率属来归，命诸贝勒郊迎五里，赐宴"④。因此，宴饮的习俗在古代北方草原诸民族中非常盛行。

近现代的北方草原地区，宴饮习俗无论是在婚礼、葬礼，还是人际交往、岁时节日、宗教仪式中仍能体现出来。如 2002 年夏季，笔者曾到内蒙古呼伦贝尔地区进行民族学田野调查，正逢鄂温克族自治旗的涂明阳老萨满为祈神保佑自己身体健康而举行做法仪式，其中的草原宴饮为其主要内容，在仪式完毕后，参加者按照辈分、长幼排列座次围坐在一起，吃大块羊肉和奶食品，轮流饮大碗酒，有神赐饮食之意，吃完后，每个人的身体都能得到健康、长寿的结果。

四　北方游牧民族的赏赐与"带福还家"

在我国古代社会，往往赏赐与"带福还家"有密切的联系，当然很多都是为了政治上的交往进行赏赐，但对于个人来说是一种荣誉，甚至是整个家族的一种荣耀。关于赏赐在北方草原地区的原始时期还没有更多的显现，在北方游牧民族诞生后，随着与中原王朝的交往，才形成这种礼俗。或者说地位高的人给地位低的人进

---

① （元）脱脱等：《金史》卷三十八《礼志十一》，中华书局 1975 年版，第 869 页。
② （明）宋濂等：《元史》卷六十七《礼乐志一》，中华书局 1976 年版，第 1669 页。
③ （清）张廷玉等：《明史》卷三百二十八《瓦剌传》，中华书局 1974 年版，第 8501—8502 页。
④ 赵尔巽等：《清史稿》卷五百一十九《藩部二》，中华书局 1977 年版，第 14346 页。

行赏赐活动,有时在战争中功勋显著者也能得到赏赐,这种赏赐形式与"带福还家"的理念更为贴近。

匈奴的单于、贵族、使者经常能得到汉朝政府的赏赐,包括饮食及器具。如建武二十六年(50年),"诏赐单于……黄金、锦绣、缯布万匹,絮万斤,乐器鼓车,棨戟甲兵,饮食什器。又转河东米䅲二万五千斛。牛、羊三万六千头,以赡给之。……元正朝贺,拜祠陵庙毕,汉乃遣单于使,令谒者将送,赐彩缯千匹,锦四端,金十斤,太宫御食酱及橙、橘、龙眼、荔支(枝)"①。汉朝对匈奴赏赐的饮食器、米、牛、羊、太宫御食酱、橙、橘、龙眼、荔枝等,为政治上交往的一种手段,对于匈奴单于来说也是一种荣誉。匈奴本来就有"壮者食肥美,老者食其余。贵壮健,贱老弱"②的社会风俗,为了保证战争中有强壮的兵力,而给健壮者肥美的食物,因而立了战功的将士都可得到单于酒食的赏赐。乌桓也有"贵少而贱老"的社会风尚,其性质与匈奴相同。

鲜卑在建立北魏政权后,皇帝对各级大臣经常进行赏赐活动,包括饮食与器物。如天兴二年(399年)"秋七月,起天华殿。辛酉,大阅于鹿苑,飨赐各有差"③。永兴三年(411年)"秋七月戊申,赐卫士酺三日、布帛各有差"。泰常"五年(420年)春正月丙戌朔,自薛林东还。至于屋窦城,飨劳将士,大酺二日,班禽兽以赐之"④。延和"三年(434年)春正月乙未,车驾次于女水,大飨群臣,班赐各有差"⑤。太平真君"十年(449年)春正月戊辰朔,帝在漠南,大飨百僚,班赐有差。……冬十月庚子,皇太子及群官奉迎于行宫。壬午,大飨,班赐所获及布帛各有差"⑥。太安四年(458年)"二月丙子,登碣石山,观沧海,大飨群臣于山下,班赏进爵各有差"⑦。太和四年(480年)"秋七月辛亥,行幸火山。壬子,改作东明观。诏会京师耆老,赐锦彩、衣服、几杖、稻米、蜜、面,复家人不徭役"⑧。这样的记载有很多,都是皇帝赏赐给大臣以及孤寡老弱者,有时在宴饮场合上进行赏赐活动。

在《辽史》中记载有许多的赏赐活动与场合。如神册元年(916年)"三月丙辰,以迭烈部夷离堇曷鲁为阿庐朵里于越,百僚进秩、颁赉有差,赐酺三日"⑨。天

---

① (宋)范晔:《后汉书》卷八十九《南匈奴传》,中华书局1965年版,第2943—2944页。
② (汉)司马迁:《史记》卷一百十《匈奴列传》,中华书局1959年版,第2879页。
③ (北齐)魏收:《魏书》卷二《太祖纪》,中华书局1974年版,第35页。
④ (北齐)魏收:《魏书》卷三《太宗纪》,中华书局1974年版,第51页。
⑤ (北齐)魏收:《魏书》卷四《世祖纪上》,中华书局1974年版,第83页。
⑥ (北齐)魏收:《魏书》卷四《世祖纪下》,中华书局1974年版,第103页。
⑦ (北齐)魏收:《魏书》卷五《高宗纪》,中华书局1974年版,第116页。
⑧ (北齐)魏收:《魏书》卷七《高祖纪上》,中华书局1974年版,第149页。
⑨ (元)脱脱等:《辽史》卷一《太祖纪上》,中华书局1974年版,第10页。

赞二年（923年）五月"癸亥，大飨军士，赏赉有差"①。会同二年（939年）"二月戊寅，宴诸王及节度使来贺受册礼者，仍命皇太子、惕隐迪辇饯之。癸巳，谒太祖庙，赐在京吏民物，及内外群臣官赏有差"②。乾亨元年（979年）"十一月戊寅，宴赏休哥及有功将校"③。统和三年（985年）"庚辰，重九，骆驼山登高，赐群臣菊花酒"④。统和十二年（994年）"霸州民李在宥年百三十有三，赐束帛、锦袍、银带，月给羊酒，仍复其家"⑤。重熙五年（1036年）十月"甲子，宰臣张俭等请幸礼部贡院，欢饮至暮而罢，赐物有差"⑥。清宁七年（1061年）六月"丁卯，幸弘义、永兴、崇德三宫致祭。射柳，赐宴，赏赉有差"⑦。这些赏赐都与饮食有很大的关系，涉及有功的将士、各级大臣、年长者，有的赏赐活动是在宴饮的场合下进行。

金代也是如此，与辽代的赏赐活动基本一样。如正隆六年（1161年）十月"丁未，大赦，改元大定。下诏暴扬海陵罪恶数十事。己酉，飨将士，赐官赏各有差，仍给复三年"。大定二年（1162年）正月"辛未，御太和殿，宴百官，宗戚命妇赐赉有差。……是日，赐扈从猛安谋克甲士下至阿里喜有差"⑧。大定"二十五年（1185年）正月乙酉朔。丁亥，宴妃嫔、亲王、公主、文武从官于光德殿，宗室、宗妇及五品以上命妇，与坐者千七百余人，赏赉有差"⑨。天兴元年（1232年）三月"癸卯，上复出抚东面将士，亲傅战伤者药于南薰门下，仍赐卮酒"⑩。从赏赐的对象看，有皇室、外戚、大臣、有功的将士、年老者、孝子等，有时在宴会上进行赏赐活动。

到蒙古国和元朝时期，与饮食相关的赏赐活动仍在延续。如"成吉思合罕又降旨曰：缘巴歹、乞失里黑二人之功，赐以王罕之全副撒金褐子帐，金制酒局，器皿并执事人等。以客列亦惕之汪豁只惕氏为其宿卫，命带弓矢，吃喝盏，直至其子孙之子孙自在享乐之"⑪。至元七年（1270年）二月"丙子，帝御行宫，观刘秉忠、孛罗、许衡及太常卿徐世隆所起朝仪，大悦，举酒赐之"⑫。从赏赐的情况看，多为

---

① （元）脱脱等：《辽史》卷二《太祖纪下》，中华书局1974年版，第19页。
② （元）脱脱等：《辽史》卷四《太宗纪下》，中华书局1974年版，第49页。
③ （元）脱脱等：《辽史》卷九《景宗纪下》，中华书局1974年版，第102页。
④ （元）脱脱等：《辽史》卷十《圣宗纪一》，中华书局1974年版，第116页。
⑤ （元）脱脱等：《辽史》卷十三《圣宗纪四》，中华书局1974年版，第144页。
⑥ （元）脱脱等：《辽史》卷十八《兴宗纪一》，中华书局1974年版，第218页。
⑦ （元）脱脱等：《辽史》卷二十一《道宗纪一》，中华书局1974年版，第358—359页。
⑧ （元）脱脱等：《金史》卷六《世宗纪上》，中华书局1975年版，第123页。
⑨ （元）脱脱等：《金史》卷九《章宗纪一》，中华书局1975年版，第188页。
⑩ （元）脱脱等：《金史》卷十七《哀宗纪上》，中华书局1975年版，第386页。
⑪ 道润梯步译著：《蒙古秘史》，内蒙古人民出版社1991年版，第171页。
⑫ （明）宋濂等：《元史》卷七《世祖纪四》四，中华书局1976年版，第128页。

金、银、帛、币、酒，也有粮食、马、牛、羊，而且给皇室、大臣的赏赐成为每年的定例。

明清时期，蒙古贵族经常受到中原王朝的赏赐。如洪武二十三年（1390年）"先遣指挥观童往，观童旧与乃儿不花善，一见相持泣。顷之，大军压其营，乃儿不花惊，欲遁，观童止之，引见王，赐饮食慰谕遣还"。永乐"十二年（1414年），帝征瓦剌。阿鲁台使部长以下来朝会。赐米五十石，乾肉、酒糗、彩币有差"[1]。后金"天聪四年（1630年），（阿鲁科尔沁部）达赉暨子穆彰率属来归，命诸贝勒郊迎五里，赐宴"[2]。这些记载充分说明赏赐活动在蒙古贵族阶层中普遍存在的历史事实。

古代北方草原地区的赏赐与"带福还家"的祈福理念有很大的关系，各个北方游牧民族建立的部落联盟国家和政权，在与中原王朝进行交往的过程中，上层社会经常能得到中原王朝的赏赐，而诸民族政权的皇帝或可汗、单于也对皇室（王室）、外戚、各级大臣、有战功者、年老者、孝子等经常予以赏赐，受赏者所获的赏赐物不仅代表了个人的荣誉，还可以荫庇整个家庭或家族，希望通过赏赐物这个媒介给家人带来吉祥、幸福、喜庆。在文化人类学中，政治被看作是一种象征、信仰体系、符号，北方游牧民族政权与中原王朝之间的赏赐在某种意义上来说就是一种加强友好的政治行为，从而具有祈福观念的文化象征。到了近现代，虽然已经不存在着赏赐活动，但饮食中的"带福还家"现象却延续下来，在一些仪式活动中表现出来。如达斡尔族，在举行婚礼时，女方送亲的人要偷拿男方家的碗或酒杯，有将喜庆带回家送给家人之意。蒙古族、鄂温克族、鄂伦春族的萨满在做法仪式结束后，参加者都要在做法地聚餐，并将剩余的肉食、奶食、酒分发给参加者，祈求能将吉祥、福气、长寿等带给家人。

综上所述，北方草原地区诸民族饮食行为所体现的餐坐、进食、宴饮、赏赐和带福还家等习俗，反映了饮食文化中的一种特殊的礼仪。美国人类学家马文·哈里斯（Marin Harris）认为："人们选择食物是因为他们看中了食物所负载的信息而非它们含有的热量和蛋白质。一切文化都无意识地传递着食物媒介和制作食物的方式中译成密码的信息。"[3] 在草原地区诸民族的饮食行为中，无论是餐坐、进食还是宴饮、赏赐等习俗，都是以饮食作为媒介，进而通过这种媒介反映出与之相关的行为活动。在诸民族饮食行为所表现的习俗中，可以明确饮食主体和客体之间的关系，也可反映社会等级问题，尤其是古代民族中更甚。云南大学瞿明安教授指出："不

---

[1] （清）张廷玉等：《明史》卷三百二十七《外国传八》，中华书局1974年版，第8466—8468页。
[2] 赵尔巽等：《清史稿》卷五百一十八《藩部传二》，中华书局1977年版，第14346页。
[3] ［美］马文·哈里斯：《文化唯物论》，张海洋、王曼萍译，华夏出版社1989年版，第218页。

同等级角色的人们在特定饮食活动中进餐或饮酒的行为举动以及座位在方位和顺序上的特殊安排，是一种行为化的符号形式，通过这些象征性的饮食行为可以明确地分辨饮食主体不同的社会等级角色。"[1] 因此，北方草原地区诸民族饮食行为中的习俗，象征着饮食活动中餐坐、进食、宴饮和赏赐等方面的主客体之间的等级和地位，也是人际交往习俗中的具体表现。

---

[1] 瞿明安：《隐藏民族灵魂的符号——中国饮食象征文化论》，云南大学出版社2001年版，第211—212页。

第三编
艺术学篇

北方游牧民族的虎纹装饰与文化内涵

虎是山林中的凶猛动物，被称为百兽之王，也是中国传统的吉祥物。《说文解字》曰："虎，百兽之君也。"《风俗通》说："虎为阳物，百兽之长也。"汉语语汇中，虎是威武勇猛的象征。在中国传统文化中，虎与龙起着相同的作用。《易·乾·文言》曰："云从龙，风从虎，圣人作而万物睹。""云龙风虎"比喻君王得贤臣，杰出人物应运而生。在古代天文学代表天上二十八宿四方分野的"四象"中，青龙象征东方七宿，白虎象征西方七宿，即"左青龙右白虎"的方位。虎是中国十二生肖之一，排行第三，称"寅虎"。唐李肇的《国史补》说："大虫（虎）、老鼠，俱为十二相属。"从现有的考古学资料表明，在北方游牧民族中，由于独特的草原、森林生态环境，虎纹装饰比较发达，在金银器、青铜器、陶瓷器、壁画、岩画中表现出来，这是人们对现实生活的观察而产生的艺术形式，并寓意文化的象征内涵。

一 北方游牧民族虎纹装饰的考古学资料

虎很早就生存在我国的广大地区，在河北、河南、山西、云南、内蒙古等地，发现了距今 300 万年前的古哺乳动物群中的剑齿虎化石，以凶猛、残忍为特性。在河南省濮阳市西水坡墓葬中，发现了 6000 年前用蚌摆成的龙、虎图形，说明虎已成为人们崇拜的神祖。[①] 夏、商、周至春秋战国时期，以虎为造型和装饰图案的器物很多，如湖南省安化县出土的商代青铜虎食人卣、河南省安阳市殷墟五号墓出土的商代伏虎形玉雕、陕西省宝鸡市斗鸡台出土的青铜虎形尊，以及内蒙古鄂尔多斯地区匈奴墓葬出土的战国时期虎纹金饰牌、虎纹铜饰牌等。这些虎的造型和装饰艺术，表现了人们对虎的敬畏，也象征了中原王朝的王权至上和少数民族的勇猛性格及原始信仰。

在北方草原地区，根据环境考古学的资料表明，早商时期由于气候条件逐渐向寒冷、干燥转变，原来从事农业的群体变为以经营牧业为主的群体，进而转向游牧

---

① 河南省文物考古研究所等：《河南濮阳西水坡遗址发掘简报》，《文物》1988 年第 3 期。

式的生产和生活方式，在这种情况下，开始出现虎等草原上常见的动物装饰和造型。如内蒙古伊金霍洛旗朱开沟第五阶段文化遗址①出土的青铜戈，柄部装饰虎的纹样，采用了写意的手法，抽象地描绘出虎的神态（图一）。这是北方草原地区发现的最早的虎纹装饰。在游牧民族诞生以后，虎的造型和装饰艺术得到进一步的发展，尤其是在山戎、匈奴等民族中表现得淋漓尽致。

图一　虎纹青铜戈

（早商，内蒙古伊金霍洛旗朱开沟遗址出土）

在山戎所创造的夏家店上层文化中，虎的装饰已经较为普遍。如内蒙古宁城县小黑石沟墓葬②出土的青铜饰牌，虎的造型较多，形状呈现或直立，或爬卧，或屈身，或衔羊。直立的虎为俯首、竖耳，四肢健壮，尾下垂，写实性较强；爬卧、屈身、衔羊的虎，用线条组成圆圈，以表示虎首、眼、四肢、尾，具有图案化的艺术效果。在前匈奴的遗迹中，也发现青铜器上的虎纹装饰。如内蒙古凉城县毛庆沟春秋至战国早期墓葬③出土的青铜饰牌，虎的造型分蹲踞式、半蹲踞式和伫立式三种；蹲踞式虎纹青铜饰牌，虎的四肢卷曲前伸，爪为钩状，头部略呈方形，眼睛为圆孔状，嘴不显示，牙以锯齿纹表示，颈、背、尾部有略呈弧形的短线纹以示虎皮花纹。整个虎的造型刻画简练，浑厚有力，只表现出虎的轮廓，具有写实性与图案化相结合的特征。半蹲踞式虎纹青铜饰牌，虎张口露齿，呈凶猛状，背、腹、尾部有成排的阴线纹，利爪，写实性较强（图二）。伫立式虎纹青铜饰牌，虎头前倾，张口露齿，竖耳，四肢伫立，右前肢稍抬起，腰部较细，臀部肥硕，尾下垂，写实性较强。

---

　　① 内蒙古自治区文物考古研究所等：《朱开沟——青铜时代早期遗址发掘报告》，文物出版社2000年版，第233页。
　　② 项春松、李义：《宁城县小黑石沟石椁墓调查清理报告》，《文物》1995年第5期。
　　③ 内蒙古文物工作队：《毛庆沟墓地》，载田广金、郭素新编著《鄂尔多斯式青铜器》，文物出版社1986年版，第227—305页。

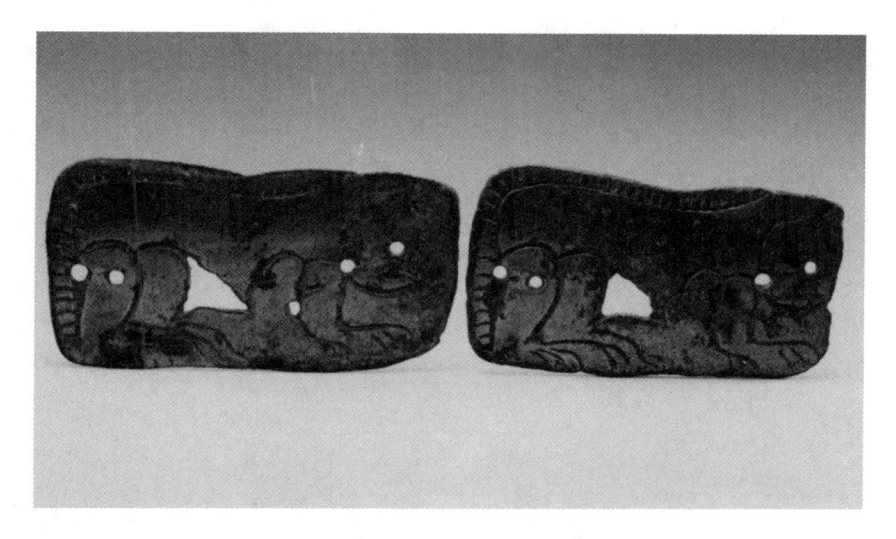

图二　虎纹青铜饰牌
（春秋，内蒙古凉城县毛庆沟墓葬出土）

虎纹造型和装饰，在匈奴的造型艺术中大量出现，根据纹饰特点分为战国和西汉两个阶段。战国时期虎纹的造型艺术分五种：其一，只表现虎首，如内蒙古杭锦旗阿鲁柴登墓葬[①]出土的银虎头、金虎头，均以圆雕的手法，铸造而成，以正面形象出现，张口怒吼，突出了虎的凶猛特征（图三）。其二，单体造型，有静态和动态之分。静态中的虎呈卧姿，如阿鲁柴登墓葬出土的卧虎形金缀饰，虎呈卧式，张口露齿，平视前方，四肢前屈，尾下垂，写实性强。动态中的虎，如陕西省神木县纳林高兔墓葬[②]出土的虎形金饰、虎形银饰，以圆浮雕的手法呈现行走中虎的神态，虎的四肢前后交叉，低头右转，作行走状；头宽而圆，暴眼圆睁，口微张，下颌与左爪掌背相连，四肢粗壮，长尾拖地上卷。其三，群兽咬斗形，如内蒙古鄂尔多斯市东胜区碾房渠窖藏[③]出土的虎狼咬斗纹金带扣和伊金霍洛旗石灰沟墓葬[④]出土的双虎咬斗纹银饰牌，前者的虎呈伫立状，前肢踏住狼身，张口咬住狼的上颚，狼反口咬住虎的下颚，狼口下部有一蜷缩的小动物，虎身上饰有群狼图案（图四）；后者的双虎相拥，互咬一侧颈部，双目怒视，后爪互拨对方前爪，虎尾劲翘。以浅浮雕的手法把凶猛动物间争斗的场面刻画出来。其四，虎食弱小动物形，如石灰沟墓葬出土的虎吞鹿纹银带扣，虎张口露齿，鬃毛长披，圆耳突起，四爪踏于鹿身，撕

---

① 田广金、郭素新：《内蒙古阿鲁柴登发现的匈奴遗物》，《考古》1980 年第 4 期。
② 戴应新、孙嘉祥：《陕西神木县出土匈奴文物》，《文物》1983 年第 12 期。
③ 伊克昭盟文物工作站：《内蒙古东胜市碾房渠发现金银器窖藏》，《考古》1991 年第 5 期。
④ 伊克昭盟文物工作站：《伊金霍洛旗石灰沟发现的鄂尔多斯式文物》，《内蒙古文物考古》1992 年第 1、2 期合刊。

图三 银虎头饰

（战国晚期，内蒙古杭锦旗阿鲁柴登墓葬出土）

咬小鹿，鹿在虎身之下，显得毫无反抗之态。类似的造型在内蒙古、宁夏等地的匈奴遗迹中为数不少，如四虎咬牛纹金带扣、虎噬鹿纹青铜带饰、虎噬羊纹青铜带饰、

图四 虎狼咬斗纹金带扣

（战国晚期，内蒙古鄂尔多斯市东胜区碾房渠窖藏出土）

虎衔鹿形青铜饰牌等。其五，写实性与图案化结合形，如阿鲁柴登墓葬出土的嵌宝石虎鸟纹金带饰，写实性的虎占主体，图案化的鹰排列于虎的周围，以浮雕和镶嵌的手法将写实与图案化有机地结合起来。西汉匈奴的虎纹装饰继承了战国时期的风格，有单体虎、群兽咬斗、虎咬弱小动物造型。如内蒙古准格尔旗西沟畔二号墓[①]出土的虎豕咬斗纹金带扣，虎前肢卧地，后肢作反转状，张口咬住野猪的后腿，野猪张口咬虎的后腿，构成一幅凶猛动物争斗的生动场面；背面有桥形钮，一牌一端有椭圆形孔，便于拴系；在带扣背面边缘均刻有文字，一为"一斤五两四朱少半"，一为"一斤二两廿朱少半"，另刻"故寺豕虎三"五字。整体以浮雕的手法铸造而成。

到东汉时期，鲜卑族逐渐代替匈奴成为北方草原的主体民族，器物造型和装饰多见温驯的动物（马、羊、驼、鹿），少见虎纹装饰，仅在内蒙古土默特左旗讨合气墓葬[②]中出土的神兽纹包金铁带饰（原报告定为北魏，笔者认为是东汉），神兽为虎头、鸟喙、豹身、羊角、双翼的形象，把虎作为复合动物的组成部分。两晋十六国时期，在鲜卑的器物装饰中仍然有虎的形象。内蒙古凉城县小坝子滩窖藏[③]出土虎咬鹿形金饰牌，采用透雕工艺，虎呈立式，张嘴吞噬猎物，长鬃曳至后背与翘尾相接，背、尾、猎物镂空；身躯上铸两个狼首和菱形纹，四肢残缺，头上鬃毛和尾上铸环，以便系佩。乌审旗翁滚梁大夏墓[④]壁画中的虎图，虎张口吐舌，怒目嘶吼，昂首似扑，四肢前屈，尾巴绕身上翘，背有枝状物似翅膀，以引魂升天或守护神的形象出现，采用红、黑彩勾勒，形象在写实的基础上加以神化，这是虎纹装饰的一个创新。和林格尔县鸡鸣驿北魏墓[⑤]壁画狩猎图，虎呈奔跑状，写实性较强，成为人们猎取的对象。还有四神画面，虎被列为代表西方神的动物，俗称"白虎"。

隋唐以后，虎的造型和装饰艺术在北方游牧民族中继续发展。新疆昭苏县波马突厥墓葬[⑥]出土的嵌红玛瑙虎柄金杯，虎形柄焊接在口沿至中腹，虎头宽而圆，四肢壮健，腰身细长，尾巴下垂，具有写实性的造型艺术（图五）。内蒙古敖汉旗七家一号辽墓[⑦]绘一幅狩猎图，图中的虎双目圆睁，前肢直立，后肢迈出，呈欲扑状，周围点缀如意云朵和牡丹花。北京市元大都遗址出土一件黄釉虎枕，虎呈直立状，双目圆睁，张大口，嘴内露獠牙，全身健壮，通身绘黑彩，以表示虎首、虎身、虎

[①] 伊克昭盟文物工作站、内蒙古文物工作队：《西沟畔匈奴墓》，《文物》1980年第7期。
[②] 伊力坚、陆思贤：《土默特左旗出土北魏时期文物》，《内蒙古文物考古》1984年第3期。
[③] 张景明：《内蒙古凉城县小坝子滩金银器窖藏》，《文物》2002年第8期。
[④] 张景明：《内蒙古乌审旗翁滚梁墓葬年代新探》，《内蒙古文物考古》2001年第1期。
[⑤] 刘瑞娥、朱家龙：《鸡鸣驿北魏壁画墓清理随想》，《呼和浩特文物》1999年第4期。
[⑥] 安新英：《新疆伊犁昭苏县古墓葬出土金银器等珍贵文物》，《文物》1999年第9期。
[⑦] 邵国田：《敖汉旗七家辽墓》，《内蒙古文物考古》1999年第1期。

尾。在近现代蒙古族的民间工艺中，虎的装饰纹样在绘画、雕刻、剪纸、布贴中仍然非常盛行，立虎、卧虎、行虎等图案，形态各异，名目繁多，体现了民间传统工艺美术的魅力，并作为祛邪避魔的吉祥象征。

图五　嵌红玛瑙虎柄金杯
（隋唐，新疆昭苏县波马墓葬出土）

另外，在阴山岩画、乌兰察布岩画、贺兰山岩画、阿尔泰山岩画中，有许多虎的艺术造型，或成群，或猎食，或被射猎，或单体，形态刻画的极其生动，多数虎图写实性较强，个别图案只凿刻虎的轮廓，首部的眼、鼻、嘴没有明显的表现。其中，以内蒙古乌拉特后旗巴日沟（蒙古语，汉译"老虎"之意）群虎图岩画[①]最为精彩。画面由五只成年虎和一只幼虎及人像、骑者、鹿、豹组成，主要突出虎的形象；左上侧的虎，昂首，竖耳，四肢前伸，尾下垂，做欲扑状，后肢下方凿一站立的小鹿，中间凿刻三只虎，神态相同，昂首，前肢前伸，做欲扑状。左边两只虎正在交配，画面夸张，左者口衔一站立的动物，四肢间凿一骑马者，为雄虎；右者背上立一人，四肢间有一卷肢动物，为雌虎，头部上方凿一四肢前伸的骆驼。右边一只虎尾巴下垂，浑身斑纹点点，露雄性生殖，前肢下方有一只幼虎，神态同成年虎，臀下有一奔跑的兽，头部上方凿一骑者，人像双手挥舞。画面右侧老虎昂首，

---

① 张景明：《从群虎图岩画谈中国北方草原地区的虎纹装饰》，《内蒙古文物考古》2001年第2期。

头向左侧，前肢前伸，后肢卷屈，呈蹲踞状，尾下垂，与中间右侧虎做亲昵状，应为雌虎（图六）。整个画面为两个虎家族，构思巧妙，设计精心，六只大小、雌雄有别的虎，形态各异，或远眺，或做亲昵状，或做扑食状，形似传神，凿刻精湛，被称为中国岩画之最。从虎的造型特点看，应该是唐代突厥人的艺术杰作。

图六　群虎图岩画
（唐代，内蒙古乌拉特后旗巴日沟）

二　北方游牧民族虎纹装饰的文化内涵

在进入青铜时代以后，草原通道及东西两端的相邻地区都不同程度地出现了牧业经济或游牧经济。草原丝绸之路的西段南俄草原，在距今四五千年前，处于农业、牧业、渔猎、采集相结合的混合经济时代，后来由于气候的干燥使农业经济难以支撑下去，代之而起的牧业经济越来越占有重要地位。在蒙古，游牧经济形成于公元前3000年代后半期至前2000年代前半期。在中国北方草原地区，公元前16世纪由于气候条件的变化，开始进入牧业经济与农业经济并重的时代，直到公元前9世纪至前8世纪游牧经济的兴起。与草原通道的其他地区相比，中国北方草原地区的游牧文化出现的比较晚，但与其他地区游牧文化比较而言有其共同的特征，即青铜器、马具和野兽纹。动物造型是欧亚草原古代民族通用的装饰题材，分布地域相当广泛，从中国北方草原地区、蒙古国、南西伯利亚、阿尔泰、哈萨克斯坦到黑海沿岸都很盛行，国外学者将此命名为"野兽纹"。虎纹装饰则是动物纹中的重要题材之一，不仅是北方游牧民族狩猎经济的象征，还有深刻的文化含义。

动物本身来源于自然生态环境，与北方游牧民族的生活有着密切的关系。游牧民族对动物有着某种亲近感，最终产生对动物的崇拜，出现了最初的原始信仰。费尔巴哈曾说："对于自然的依赖感，配合着把自然看成一个任意作为的、人格的实体这一种想法，就是献祭的基础，就是自然宗教的那个基本行为的基础。"① 图腾崇拜是最原始的自然信仰之一，与原始时代出现虚幻的、超自然力观念密切相关，也与氏族外婚制和氏族组织密切相关。它负有维系血缘亲族关系和实行族外婚制的职能。同一图腾崇拜的人们被认为来自同一祖先的后代，属于同一社会组织，他们中的男女间严禁发生性关系。每一个氏族都有自己的图腾信仰，他们一般选择与物质生产活动关系最为密切的某种动物、植物作为图腾崇拜的对象。

从北方游牧民族的发展历史看，都经历过原始时期，有其最初的氏族组织形式。以匈奴为例，《史记》卷一百十《匈奴列传》记载："匈奴，其先祖夏后氏之苗裔也，曰淳维。唐虞以上有山戎、猃狁、荤粥，居于北蛮，随畜牧转移。"②《史记》卷一《五帝本纪》中"索隐"对荤粥的解释说："匈奴别名也，唐虞以上曰山戎，亦曰熏粥，夏曰淳维，殷曰鬼方，周曰猃狁，汉曰匈奴。"③ 虽然匈奴的族源仍在学术界有争议，但可看出匈奴经历了原始时代。从匈奴文化的发展阶段看，约在商代晚期，其民族文化共同体逐渐形成，不管当时称作何名，他们的文化是一致的，在活动范围内"各分散居溪谷，自有君长，往往而聚者百有余戎，然莫能相一。"④ 这正是匈奴氏族或部落存在的真实写照。匈奴的氏族外婚制，在《汉书》卷九十四《匈奴传》、《后汉书》卷八十九《南匈奴传》中多次提及。史书提到的呼衍氏、兰氏、须卜氏、丘林氏常与单于的氏族挛鞮氏通婚，他们都属于不同的氏族，实行族外婚。如公元前1世纪后期出塞的汉宫女王昭君，她与复累株单于所生的两个女儿，原属于呼韩邪单于稽侯珊的氏族，后来长女云嫁于须卜氏族，故称为须卜居次云（须卜系公主之意）。可见，呼韩邪单于的氏族与须卜氏族实行外婚制。虽然汉代匈奴已经进入奴隶制时期，这一原始婚姻制度却一直保留下来。因此，图腾制在匈奴社会中是存在的，从众多的动物造型看还比较发达。

"图腾"一名，为北美印第安阿尔衮琴部落奥吉布瓦方言，其实体是某种动物、植物、无生物或自然现象，含义为血缘亲属、祖先和保护神。原始人把与自己日常

---

① ［德］费尔巴哈：《宗教的本质》，王太庆译，商务印书馆2010年版，第30页。
② （汉）司马迁：《史记》卷一百十《匈奴列传》，中华书局1959年版，第2879页。
③ （汉）司马迁：《史记》卷一《五帝本纪》，中华书局1959年版，第7页。
④ （汉）司马迁：《史记》卷一百十《匈奴列传》，中华书局1959年版，第2883页。

生活中密切相关的动物、植物等作为血缘亲属或祖先或神加以崇拜，而产生图腾文化。由于特定的生态环境和生活方式，虎等动物便成为匈奴的崇拜物，即氏族或部落的标志物。史书中没有明确记载匈奴的图腾崇拜，大量出土物上的动物造型虽然反映了匈奴文化内涵和艺术风格，也代表了一种原始信仰的深层含义。在虎的造型艺术表现方式中，分单体、复合式和咬斗式，表现在图腾文化中又具有不同的文化含义。

单体式的虎纹在匈奴动物装饰中出现的较多，而且风格比较一致，以虎首、卧虎、行虎、蹲踞式虎、伫立式虎为表现形式，应该为匈奴某一氏族或部落的图腾崇拜物。复合式虎常与其他动物组合，展示草原生活的画面，也表现匈奴部落联盟的状况。如阿鲁柴登墓葬出土的鹰顶金冠饰，立雕的展翅雄鹰，伫立于狼、羊图案组成的半球状冠顶上，冠带上分别浮雕卧虎、卧马、卧羊图案。在一件冠饰上分别装饰有鹰、马、羊、虎、狼图案，而且突出雄鹰的造型，这不仅描绘了当时的草原生活情景，还有另一层寓意，即在战国晚期，匈奴以鹰部落为主体，一统虎、狼、马、羊部落而组成的部落联盟。嵌宝石虎鸟纹金带饰，以虎为主体，七只雄鹰排列其周围，这也反映了匈奴以鹰为图腾的部落与以虎为图腾的部落之间的联盟状况。咬斗式虎的造型也是如此，多表现虎吞食弱小动物，或者虎与其他凶猛动物间的争斗。如阿鲁柴登墓葬出土的四虎咬牛纹金带扣，四只猛虎两两成对咬住牛的颈腹部，牛虽然被猛虎捕杀，但仍表现了顽强的反抗精神，利用锐利的牛角刺穿虎的耳部（图七）。石灰沟墓葬出土的虎咬鹿纹银带扣，主体图案突出猛虎的形态，张口咬食小鹿，鹿只占整个图案的一角，作挣扎之状。这说明以虎为图腾的部落正在征服以牛、鹿为图腾的部落。匈奴势力强盛时，向东征服了东胡，西灭月氏，南并楼烦、白羊河南王，北服浑庾、屈射、丁零、鬲昆、新犁等部落，建立部落联盟国家，正值战国晚期，出土物上的装饰纹样与匈奴当时的社会状况相符合。可见，匈奴的虎造型在某种文化含义上为图腾的象征，山戎、鲜卑的虎纹装饰也有图腾崇拜的文化意义。从民族学资料表明，北狄系民族有崇虎的习俗，如蒙古族民间故事中就有很多虎的故事和传说。由此证实，北方游牧民族的虎纹装饰有着原始崇拜的文化含义。

虎纹装饰于早商时期就在北方草原地区出现，并成为游牧民族装饰题材的重要内容之一。西方学者曾将中国北方游牧民族的动物纹看作是从西方传入的产物，经过比较研究表明，我国境内的游牧民族动物纹装饰有自己发展的渊源，在时代上也比较早。如虎的造型，虽然在俄罗斯图瓦地区公元前9至前8世纪的阿尔然王陵文化遗存中出现，为卷曲成环的虎纹饰牌，这与山戎所创夏家店上层文化的繁荣期时代接近，但虎纹装饰没有那样的精美。在山戎的文化遗存中有环形虎纹青铜饰牌，

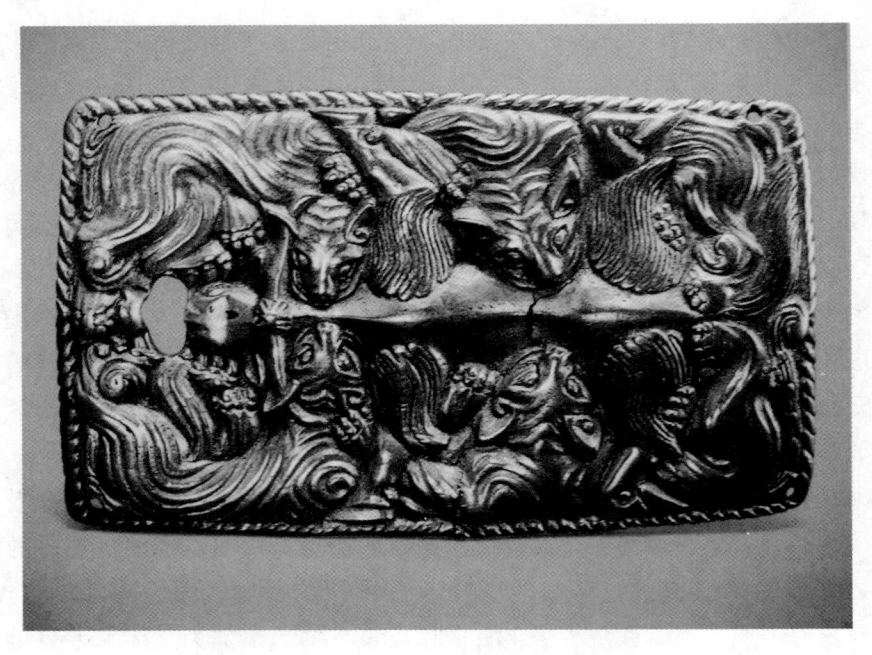

图七　四虎咬牛纹金带扣
（战国晚期，内蒙古杭锦旗阿鲁柴登墓葬出土）

形状多样，呈现直立、爬卧、屈身、衔羊等，与阿尔然王陵文化遗存相比，二者之间虎的造型存在着一定的共同特征，但山戎的虎造型更加丰富。公元前7世纪，分布在叶尼塞河中游米努辛斯克盆的塔加尔文化，开始出现了"野兽纹"，但最初阶段的"野兽纹"并不发达，主要有圆雕野猪、山羊、马、鸟首等。到公元前5世纪，塔加尔文化中的"野兽纹"艺术有了进一步的发展，新出现的纹饰来自阿尔泰的某些艺术形象，最具代表的是屈足鹿、卷曲成环的猛兽、虚幻的动物、口衔动物的伫立状猛兽等。这些动物造型在山戎的文化遗存中基本存在，如环形的虎、衔羊的虎，而时代却比塔加尔文化更早。因此，中国北方游牧民族的动物纹装饰有其自己的原生性，只不过与亚欧草原其他游牧民族在文化上存在一定的共性。

　　十六国时期，虎纹装饰在北方游牧民族中仍然扮演着图腾崇拜的文化象征角色，但由于受到了中原地区、南方地区的战国至汉代以来的文化影响，虎的文化寓意又出现了新的内涵。在战国和汉代，考古发现的资料表明，反映死者升天内容作为墓葬壁画、帛画、画像石的主要题材之一，用龙、凤、鹤等动物为"引魂升天"的导引者，并且在当时的社会生活中非常流行，成为一种丧葬礼俗和人们渴望升仙的社会风尚。匈奴建立大夏国之后，正处于中国历史上的民族大融合时期，这种思想和风俗被直接继承下来，乃至在墓葬的壁画中再现墓主人升天的情景，并以虎作为升仙的导引者或守护神。在岩画中反映北方游牧民族狩猎经济的虎造型较多,如阴山岩画上凿刻的大量虎图案,往往与其他动物和猎者组合成完整的画面,也有独立的虎图,从匈奴延续到蒙古民族。在北魏以后的鲜卑、突厥、契丹等民族中,将虎的形象以壁画艺术形式来表现他们的狩猎生活。《辽史》卷六十八《游幸表》记载:"朔漠以畜牧射猎为业,犹汉人之劭农,生生之资于是乎出。"[①] 宋人张舜民在《使辽录》中说:"北人打围,一岁间各有所处,……如南人趁时耕种也。"[②] 可见,狩猎在契丹人经济生活中的重要性。同时,虎作为游牧民族民间工艺的重要题材,在各种质地的载体上展现,如突厥的虎形器柄、虎纹砖等。直到今日的内蒙古西部地区,以虎为题材的年画、剪纸、布艺、面塑在各种礼俗和节日中仍然存在,成为祛除邪气、保佑平安、迎来喜庆的吉祥物。如孩子过"百岁"和十二岁生日时,用面做成大套,通常男孩多用生肖动物作连接大套的造型,女孩多用莲花为造型,属虎的孩子则以虎为造型,用大套从头到脚套三圈,象征着孩子生命的开始或成人礼,以示驱魔镇邪、吉祥如意。因此,从北方游牧民族的发展历史看,虎纹装饰出现的时间较早,不仅作为一种造型艺术的表现形式,还用来寓意图腾崇拜、文化交流、引魂升天、经济类型、祛邪吉祥文化象征意义等。

[①] (元)脱脱等:《辽史》卷六十八《游幸表》,中华书局1974年版,第1037页。
[②] (宋)张舜民:《张舜民使辽录》,载赵永春辑注《奉使辽金行程录》(增订本),商务印书馆2017年版,第149页。

北方草原西周至春秋青铜器的造型艺术与多样文化

中国北方草原地区，考古学资料表明，从新石器时代开始就已经出现了金属冶炼技术。在夏代晚期，居住在这一地区的先民不仅掌握了青铜的冶炼技术，而且还能铸造各种器物。商朝时期，在内蒙古鄂尔多斯地区率先出现了代表着北方系的青铜器物，并有了最初的动物纹装饰，说明北方草原地区的青铜器造型艺术有了很大的发展。到西周至春秋中期，随着青铜文明的高度发展，以夏家店上层文化为代表的北方系青铜艺术进入繁盛阶段，并与亚欧草原其他地区的青铜文化形成相互交流的状况，同时也与中原地区存在着文化上的互动，使北方草原的青铜文化呈现出多样性的发展趋势。

一 北方草原地区早期青铜器艺术与铸铜技术

在进入新石器时代以后，古人类遍布整个北方大草原，人类烧制陶器，磨制石器、玉器、骨器，工艺非常精湛，火候较高，为后来的冶炼和铸造及打磨工艺奠定了基础。新石器时代，我国北方草原地区的中心地内蒙古地区，从考古学上可以分为东南部地区和中南部地区两大发展的区系类型，分别代表了东、西两个原始文化区。东部的原始文化区发展序列包括了兴隆洼文化、赵宝沟文化、红山文化、富河文化、小河沿文化，从距今8000年前延续到4000年前，以之字纹、筒形罐、彩陶和彩绘陶、玉器等为文化特征。西部原始文化区发展序列包括了白泥窑文化遗存、庙子沟文化遗存、阿善文化遗存、老虎山文化遗存、永兴店文化遗存、客省庄文化系统遗存，从距今7000年前延续到4000年前，以彩陶、石铲、石城遗迹等为文化特征，并且受到了中原地区仰韶文化、龙山文化和东部文化区红山文化的影响。

东部原始文化区兴隆洼文化的石器制作采用打制和磨制两种技术，由于本文化存在着不同的类型，用这两种方法制作的工具比例各不相同。陶器制作比较粗糙，火候低，陶色不均匀。赵宝沟文化的石器以磨制为主，还有少量的琢制和打制石器，不同的地方类型工具也略有差异。陶器以夹砂为主，火候低，陶色不均，少量的泥质陶火候较高。骨器多为磨制。红山文化的石器分磨制、打制和琢制三种，磨制石器所占的比例较大。陶器中的夹砂陶以灰褐色、黑灰色为主，泥质陶有黄褐、灰褐和红褐色等，陶色多不纯；夹砂陶火候较低，质地疏松；泥质陶的质地坚硬，火候较高。玉器采用磨制和钻孔技术，显得晶莹透亮。小河沿文化的石器多采用磨制技术。陶器烧制的火候较高，陶色均匀。

西部原始文化区白泥窑文化遗存的石器分为打制、磨制和琢制三种。陶器以泥质红陶和夹砂红陶为主，还有薄胎砂质陶，泥质陶的火候较高。庙子沟文化遗存的生产工具并存有磨制石器、打制石器、琢制石器，并有磨制的骨、角器。陶器均系手制，火候低，陶色繁杂。阿善文化早期遗存的生产工具分大型石器、细石器、陶制品和骨角器，多为磨制；晚期遗存的磨制石器较早期增多，陶器的烧制火候也比早期增高，色泽纯正，器表多磨光。老虎山文化遗存的石器分磨制、打制、琢制，还有压制的细石器。陶器以褐陶为主，也有灰陶和黑陶，烧制火候高。客省庄文化系统遗存的陶器为夹砂红陶、砂质红陶和泥质灰褐陶，多数素面磨光。

新石器时代的石器、骨角器、陶器、玉器的制作技术，为金属的冶炼和制造奠定了基础。同时，这个时期已经发明了铸铜技术。1987年，内蒙古敖汉旗西台红山文化遗址的房址中发现了多块陶范，内有类似鱼钩状的空隙，为铸铜的范。[1] 辽宁省牛河梁红山文化第二地点第四积石冢顶部衬葬小墓中，随葬一件铜环饰，经鉴定为红铜质，为我国迄今发现最早的铜标本之一，证明北方草原地区的冶铜史可追溯到5000年前的红山文化。[2]

在夏早期至商晚期，生活在北方草原地区的先祖不仅掌握了青铜的冶炼技术，而且能铸造多类器物。分布于内蒙古东南部地区的夏家店下层文化，除发现有小型青铜饰件外，还发现了大型青铜器，这几乎与中原地区同时出现了青铜器。

内蒙古敖汉旗大甸子夏家店下层文化墓葬群，时代相当于中原地区的夏代晚期，青铜器的种类有铜耳环、铜指环、铜斧帽饰、铜镞、铜杖首。[3] 铜耳环、铜指环系合范铸造，耳环有一段宽扁处，在此锉断开口，环表面有锉磨痕。铜斧帽饰的接口两端有范缝的痕迹，系用两块外范、一块范芯铸成。铜杖首采用两块外范、一块范芯铸造。可知当时已经掌握了使用合范和内范的铸造技术。内蒙古赤峰市四分

---

[1] 《中国文明起源座谈会纪要》，《考古》1989年第12期。
[2] 辽宁省文物考古研究所：《辽宁牛河梁红山文化"女神庙"与积石冢群发掘简报》，《文物》1980年第8期。
[3] 中国社会科学院考古研究所：《大甸子——夏家店下层文化遗址与墓地发掘报告》，科学出版社1996年版，第188—190页。

地夏家店下层文化早期（夏代中期）遗址的窖穴，发现一件陶范，为合范中的一扇，在铸面上部喇叭形铸口下有联珠状铸体，范的顶面和两侧都有对范的刻画符号，尤其是铸面的右下侧还做出一规整的小圆窝，这是合范子母榫扣合的母榫，说明当时使用合范已达到了相当规范的水平。① 在辽宁省锦县水手营子夏家店下层文化晚期（商早期）的墓葬中，发现1件铜柄戈，铜柄与戈体连铸为一体，柄两面满饰花纹，为菱格纹内填联珠纹，戈体重量超过1000克，证实当时已能一次熔炼和浇铸上千克的铜液，同时铸出比较复杂的花纹。②

内蒙古伊金霍洛旗朱开沟文化第五阶段遗存，相当于早商时期，出土有铜爵、铜鬶、铜短剑（图一）、铜刀、铜戈、铜镞，既有中原地区的器物，也有北方草原特征的典型器。③ 刀、剑、戈、镞采用两块外范的铸造技法，爵、鬶采用分范合铸的技术，使其工艺达到了较高的水平。到了商代晚期，圆雕动物作为刀柄、匕柄首端装饰成为北方草原地区的一种艺术风格，对北方草原地区的动物纹装饰艺术提供了渊源。

图一 环首青铜短剑
（早商，内蒙古伊金霍洛旗朱开沟遗址出土）

夏家店下层文化的陶鬶和陶爵，与中原地区二里头文化的同类器形制接近，这种器物的流口间和腹身接合处常见有成排泥质铆钉装饰，与中原地区商代青铜器上的铆钉装饰手法非常相似，可能来源于同类的青铜器上（图二）。夏家店下层文化的彩绘陶器是其文化内涵的主要特点，彩绘纹饰中的饕餮纹、带目夔纹、云雷纹等以及纹饰在器物上的位置，都与中原地区商代青铜器有着内在的联系。由于没有发

---

① 辽宁省博物馆等：《内蒙古赤峰县四分地东山嘴遗址试掘简报》，《考古》1983年第5期。
② 齐亚珍、刘素华：《锦县水手营子早期青铜时代墓葬及铜柄戈》，《辽海文物学刊》1991年第1期。
③ 内蒙古文物考古研究所：《朱开沟——青铜时代早期遗址发掘报告》，文物出版社2000年版，第233页。

现更多的夏家店下层文化铜器,其青铜器的发展程度还需以后的考古学发掘资料来佐证。但可以肯定,夏家店下层文化的青铜器不是处于原始的制作阶段,当时已经具备了较高的冶炼和铸造技术,进入青铜器发展的早期阶段。

图二 灰陶鬶
(夏朝,内蒙古敖汉旗大甸子遗址出土)

二 北方草原地区青铜艺术的繁盛期

西周至春秋时期,北方草原地区的青铜文明逐渐走向繁盛时期,这主要表现在分布于努鲁儿虎山以西老哈河流域和西拉木伦河流域的夏家店上层文化,依其地域分龙头山类型和南山根类型。北部的龙头山类型的文化内涵比较单纯;南部的南山根类型以内蒙古宁城县小黑石沟石椁墓为代表,随葬的青铜器种类繁多,既有草原风格的兵器、工具、马具和动物纹饰牌,又有地域特征明显的仿陶铜容器,还有成套的中原特点的青铜礼器。内蒙古东南部地区、辽宁省西部地区的夏家店上层文化遗址中,普遍发现了青铜器,从用途上分装饰品、车马具、兵器、礼器及容器,铸造技术可与中原地区同时期的青铜器相提并论。

第三编
艺术学篇

1985年，内蒙古宁城县小黑石沟墓葬发现青铜礼器、生产生活工具、车马具、装饰品、生活用器、杂器等，数量达400余件，类型有鼎、簋、甗、鬲、壶、罍、尊、匜、豆、斧、锛、凿、锥、当卢、衔、轭、马冠、蟠首、车穿、短剑、鞘、盔、戈、钺、镞、扣饰、饰牌、带饰、铃、罐、勺、杖首、刀等。[①] 青铜礼器和容器，多数纹饰繁缛，并有许多附件，采用分范合铸技术，附件（耳、兽等）先用范铸出，然后接铸在器体上。如刖人守门纹方鼎，敞口，弧腹，方形底座，四兽足，腹部接铸两个对称的方形竖耳，四角分别接铸翘角、露齿、怒目的立兽；腹部饰回纹和夔龙纹，底座左右两侧开小方窗，背面镂空，正面设可以启合的两扇小门，一门上饰一兽钮，另一门侧坐一守门刖人，底部镂五个方形孔；四兽足也为接铸，兽两耳竖起，怒目张嘴（图三）。这件器物采用了分范合铸、接铸、镂空等技法。兵器、车马具、生产生活工具等，多采用二块范铸造，也有单范和内芯。有的器物表面有砂粒和修磨痕迹，可能使用了失蜡法，使铸造技术有了进一步发展。虽然有部

图三 刖人守门纹方鼎
（西周晚期至春秋中期，内蒙古宁城县小黑石沟墓葬出土）

---

① 项春松、李义：《宁城小黑石沟石椁墓调查清理报告》，《文物》1995年第5期。

分礼器是从中原地区传入,但先进的铸造技术也是无可非议的。1992年、1996年,在小黑石沟发现的青铜器有"师道"簋、豆、鼓形器、刀等。1998年在小黑石沟遗址进行了新的发掘工作,出土的青铜器有鼎、饰牌、饰件、刀、短剑、镜等。这些青铜器与1985年出土的青铜器同样具有较高的铸造技术。

在夏家店上层文化中,动物纹具有明显的地域和民族特征,可以分为鸟禽类、兽类、其他类三大类别。鸟禽类包括鸭、天鹅、鹰鹫。鸭纹的代表器物有鸭纹青铜扣饰、鸭纹圆形饰牌,分单体和群体两种表现形式,群体鸭纹装饰的规划整齐。天鹅纹的代表器物有天鹅形青铜饰件,天鹅呈飞翔状(图四)。鹰鹫纹在一件青铜罐上表现,圆眼、勾喙、利爪,线条简练,形象生动。兽类包括虎、豹、马、牛、羊、鹿、獐、兔、鼠等,在造型上分蹲踞式、伫立式、奔跑式、卷曲式,也有只表现动物的首部。其他类包括怪兽、蛇、蛙等,怪兽的嘴似牛,有须,圆眼,头上长双螺髻形角。蛇呈纠结式。在表现手法上,多为写实性。这种写实性不是对动物外表僵死的描绘,而是形神兼备,力求用准确的形态表现出动物的神韵。如伫立的马,尖耳、细腰、圆臀、宽胸,呈昂首挺胸的矫健姿态;奔跑的兔,昂首翘尾,四肢用力,腰身拉长,一幅疲于奔命的状态;飞翔的鸟,双翅平展,双爪后曳,显示出悠然自得之态。当时人们通过对现实动物的观察,细致刻画动物的形与神,使其整体造型栩栩如生。在塑造静卧动物时,既要表现动物的静,又不使动物处于呆板状态。还有一种表现形式是在写实性基础上,采用了象征性的手法,在主体动物中辅以人为的纹样,具有写意的韵味。

图四 天鹅形青铜饰件
(西周晚期至春秋中期,内蒙古宁城县小黑石沟墓葬出土)

这一时期的北方草原地区，气候变得更加干凉，农业逐渐萎缩，代之而起的是畜牧业的发展。内蒙古中南部地区朱开沟文化的后裔"鄂尔多斯式"青铜文化得到进一步的发展，类似的文化遗存，从燕山以南的冀北、京北，向西经内蒙古中南部，至陇东高原，均有发现。鉴于各文化的差别，在北方沿长城地带形成了东有山戎，西有乌氏、义渠诸戎，北有狄的分布格局。在内蒙古东南部地区，主要是夏家店上层文化，虽然仍保留有农业经济的痕迹，但以畜牧业为主。关于其族属问题，以前学术界曾定为东胡。根据考古学资料和文献记载，证实为山戎所创。山戎的地望按文献记载在孤竹北，孤竹在辽西，山戎只能在辽西以北，与夏家店上层文化分布范围相同。夏家店上层文化形成于晚商，在两周之际繁盛，春秋中期以后衰落。山戎也是在春秋前期"越燕而伐齐"，随后又"病燕"，活跃一时，遭齐桓公打击后，"山戎走"，此后几乎不见其活动。两者兴衰变化的时间完全吻合，夏家店上层文化时期的人群以牧业为主，逐渐向南迁移，替代以农业为主的夏家店下层文化，符合"随畜牧而转移"的山戎历史，因而在青铜器的种类和装饰艺术中也有大量表现北方游牧民族的特征。

三 青铜器的造型艺术反映的文化多样性

在夏家店上层文化中，青铜器的造型艺术和文化内涵表现出丰富的多样性，既有本地区文化的特色，又有西方文化和中原文化的特征，这是不同地区文化间相互交流的结果。内蒙古宁城县小黑石沟墓葬出土的"许季姜"青铜簋，在造型上为标准的中原礼器，内底铸铭文，为"许季姜作尊簋其万年子子孙孙永宝用"（图五）。铭文中的姜是姓氏，许为春秋时期的许国，其活动地域在今河南省许昌、南阳一带。季姜，为姜姓女子嫁与许国者。最后因为政治上或其他某种原因，由中原地区传入北方草原地区。刖人守门纹方鼎中的刖人，失右足，与陕西省岐山县周原庄白微氏家族窖藏出土的同类器极为相似，只是刖人失左足，二者应为一对。"师道"铭青铜簋，在内底铸有铭文 94 字，记载了师道受王赏赐之事。在文献记载中，也能看到山戎与中原地区的联系。《史记》卷一百十《匈奴列传》载："唐虞以上有山戎、猃狁、荤粥，居于北蛮，随畜牧而转移。"[1] "是后六十有五年，而山戎越燕而伐齐，齐釐公与战于齐郊。其后四十四年，而山戎伐燕。燕告急于齐，齐桓公北伐山戎，山戎走。"[2]《春秋穀梁传》庄公三十一年（公元前 663 年）曰："桓外无

---

[1] （汉）司马迁：《史记》卷一百十《匈奴列传》，中华书局 1959 年版，第 2879 页。
[2] （汉）司马迁：《史记》卷一百十《匈奴列传》，中华书局 1959 年版，第 2881 页。

北方草原西周至春秋青铜器的造型艺术与多样文化

诸侯之变,内无国事,越千里之险,北伐山戎,为燕辟地。"① 山戎与齐国、燕国、郑国等发生战争,必然在某种程度上促进双方的经济、文化交流,使北方草原地区出现了中原风格的青铜器艺术。

图五　"许季姜"青铜簋
(西周晚期至春秋中期,内蒙古宁城县小黑石沟墓葬出土)

　　夏家店下层文化是在本地区新石器时代的基础上形成的,而且还吸收了二里头、先商、岳石等多种文化因素。夏家店上层文化的主体成分来自于辽河下游地区的高台山文化,在形成过程中又融入北方草原游牧文化的因素,并呈现出沿大兴安岭一侧与松嫩平原青铜文化的密切交往关系。在辽东半岛发现的辽东地区早期青铜文化中,其文化内涵逐渐向外渗透,向西占据了大小凌河流域,甚至越过努鲁儿虎山到辽西腹地,与夏家店上层文化发生联系。② 分布于松花江流域的西团山文化和松嫩平原东部的白金宝文化,其内涵与辽西地区的青铜文化也存在着必然的联系。可见,夏家店上层文化的辐射面比较广泛。

　　在俄罗斯叶尼塞河中游米努辛斯克盆地的卡拉苏克文化,在年代上从公元前 13

---

　　① 顾馨、徐明点校:《春秋谷梁传》庄公三十一年,辽宁教育出版社1997年版,第34页。
　　② 陈国庆、华玉冰:《大连地区早期青铜时代考古文化》,载吉林大学考古学系编《青果集——吉林大学考古专业成立二十周年考古论文集》,知识出版社1993年版,第256—261页。

世纪延续到公元前 8 世纪，属于青铜时代晚期文化。在该文化遗存出土的青铜短剑中，剑首是蘑菇形、环形和铃形的短剑，大多有凸齿状剑格，有的柄部装饰弦纹、锯齿纹或凹槽。这种类型的短剑是中国北方草原地区常见的器种，时代也比较早。如内蒙古宁城县南山根 101 号墓、南山根东区石椁墓、辽宁省建平县烧锅营子 1 号墓①等墓葬出土的青铜短剑，都是属于这种类型的器物。追溯其渊源，可以在早商时期的朱开沟文化、商代晚期至西周早期的李家崖文化②遗存中找到，说明这种类型的短剑不是卡拉苏克文化的原生器类，而是从中国北方草原地区传入。苏联著名的考古学家 C. B. 吉谢列夫认为，分布于伏尔加地区的塞伊马文化的铜矛、銎斧、刀向东传播，一直影响到安阳商文化青铜器的改变，公元前 13 世纪之后商文化又反过来向北传播，其影响直至叶尼塞河中游的卡拉苏克文化。③ 但这种銎斧早在商代的遗址中就已经发现，北方草原地区发现的同类器应该是从中原地区传入，并非是受塞伊马文化和卡拉苏克文化的影响。

在叶尼塞河中游的米努辛斯克盆地，继卡拉苏克文化之后又出现了塔加尔文化，年代为公元前 7 世纪至前 1 世纪。与卡拉苏克文化相比，开始出现了"野兽纹"，但最初阶段的"野兽纹"并不发达，主要有圆雕野猪、山羊、马、鸟首等。到公元前 5 世纪，塔加尔文化中的"野兽纹"艺术有了进一步的发展，新出现的纹饰来自阿尔泰的某些艺术形象，最具代表的是屈足鹿、卷曲成环的猛兽、虚幻的动物、口衔动物的伫立状猛兽等。从中国北方草原地区出土的动物纹器物看，屈足鹿、环状猛兽的年代要早于塔加尔文化。如内蒙古克什克腾旗龙头山遗址④出土的屈足鹿形青铜饰牌、宁城县那四台出土的屈足马形金饰牌（图六）、小黑石沟出土的环形豹纹青铜马衔、环形虎纹青铜饰牌、环形豹纹金泡饰等，这些标本都比塔加尔文化的年代早，很难说北方草原地区的这类动物纹就是受斯基泰——西伯利亚"野兽纹"的影响，应该有自己的渊源。伫立状动物、口衔弱小动物的猛兽、群兽等，在塔加尔文化中多有发现，这类纹饰也见于夏家店上层文化中。由此推断，塔加尔文化的某些"野兽纹"受到了来自东方草原地区动物纹的影响。虚幻动物的形象，在后来的匈奴文化中比较多见。

在黑海北岸、北高加索地区，公元前 7 世纪后半叶形成了斯基泰文化，以兵

---

① 建平县文化馆、朝阳地区博物馆：《辽宁建平县的青铜时代墓葬及相关遗物》，《考古》1983 年第 5 期。
② 吴振录：《保德县新发现的殷代青铜器》，《文物》1972 年第 4 期；杨绍舜：《山西石楼褚家峪、曹家垣发现商代铜器》，《文物》1981 年第 8 期。
③ 《C. B. 吉谢列夫通讯院士在北京所作的学术报告》，《考古》1960 年第 2 期。
④ 齐晓光：《内蒙古克什克腾旗龙头山遗址发掘的主要收获》，载内蒙古文物考古研究所编《内蒙古东部区考古学文化研究文集》，海洋出版社 1991 年版，第 58—72 页。

北方草原西周至春秋青铜器的造型艺术与多样文化

图六 屈足马形金饰牌
（西周晚期至春秋中期，内蒙古宁城县那四台出土）

器、马具和"野兽纹"艺术为特征。兵器有短剑、剑、弓、镞等，马具主要是衔、镳、笼头部件，其种类远不及夏家店上层文化发达。斯基泰文化早期的装饰品只有金铜耳环、螺旋饰、饰牌等，并没有很多的动物纹装饰，与夏家店上层文化丰富的动物纹装饰艺术更无法相比。在咸海沿岸、谢米列奇耶和天山地区，是早期萨基人的活动地域，目前所发现的文化遗存的数量不多，兵器有带銎镞和柳叶形短剑，装饰品有不同类型的金银耳环，文化内涵比较单纯，也无法与夏家店上层文化的金银器和青铜器去作对比。公元前7世纪以后，这一地域虽然遗留下丰富的文化遗存，但其时代已经晚于夏家店上层文化，从而不能直接去比较研究。图瓦地区公元前9至前8世纪的文化遗存以阿尔然王陵为代表，出土了青铜短剑、啄锤、衔、镳、卷曲成环的虎纹饰牌、圆雕绵羊顶饰等。[①] 这与夏家店上层文化的繁荣期时代接近，但文化内涵还是比不上夏家店上层文化。因此，夏家店上层文化已经拥有了斯基泰文化的三要素，兵器、马具和动物纹艺术的种类和制作技术都达到了很高的水平，那种认为中国北方草原的青铜文化源于欧亚草原西部的说法值得怀疑。

总之，在中国北方草原地区进入青铜文化的早期阶段以后，欧亚草原通道发生了很多的变化，最明显的就是整个草原通道的文化呈现共同的特征，并随着游牧经

---

① ［苏联］格列诺夫：《阿尔然——早期斯基泰时期王冢》，列宁格勒，1980年。

济的产生逐渐向一致性发展，形成了介于游猎经济带和农业经济带之间的游牧经济带，由于自然生态环境和经济形态的接近，反映在文化形态上必然有其共性的一面。由此看出，在匈奴统一中国北方草原地区和草原丝绸之路全面开通以前，草原通道就已经成为东西方经济、文化交流的载体，这种交流一方面是东西方游牧文化的交流，导致中国北方草原地区至黑海沿岸存在着文化的共同因素；另一方面是中原地区通过草原通道与西方进行文化交流，如在乌兹别克斯坦南部的墓葬中，发现中国丝绸的碎片，年代在公元前1700年至公元1500年之间①。因此，中国北方草原地区早期青铜文化中的青铜器和中原地区商周青铜器的类型和纹饰，在某些方面与蒙古国、俄罗斯、中亚等地的相同性，充分证实了早期东西方文化交流的历史事实。通过草原通道发生的文化联系，是以诸多中间民族为媒介而进行的，并不是直接的交往，而是间接的影响。正如乌恩先生所言："如果说商周之际中国北方的某些部族确实有向北的迁徙活动，那么这一活动地域也只限于蒙古东部和外贝加尔地区。"② 所以说，这一时期的东西方文化交流是依靠那些游牧人作为中介来进行的。而夏家店上层文化遗址出土的青铜器，从其造型艺术来看，综合了文化交流的结果，呈现出多样性的青铜文化。

---

① 《丝绸古道又有新发现》，《人民日报》（海外版）1990年8月22日。
② 乌恩：《中国北方青铜文化与卡拉苏克文化的关系》，载《中国考古学研究》编委会编《中国考古学研究——夏鼐先生考古五十年纪念论文集》（二），科学出版社1986年版，第135—150页。

北方草原地区鲜卑金银器造型艺术研究

鲜卑在东汉时见于史籍，魏晋时期分为拓跋、段部、慕容、宇文、秃发、乞伏等部，其中，以拓跋鲜卑和慕容鲜卑为主。拓跋鲜卑从大兴安岭北端南迁，到达今内蒙古呼和浩特地区，先后建立了代和北魏政权，进而入主中原地区，迁都洛阳。在南迁过程中，社会组织由原始部落制转化为奴隶制，又到封建制的转变，其文化内涵发生重大变化。慕容鲜卑主要活动于辽西地区，先后建前燕、后燕、西燕、南燕等政权，多受汉族文化的影响。

鲜卑的族源，在史书中颇有记述。《后汉书》卷九十《乌桓鲜卑传》记载："鲜卑者，亦东胡之支也，别依鲜卑山，故因号焉。"又曰："汉初，亦为冒顿所破，远窜辽东塞外，与乌桓相接，未常通中国焉。"[①] 鲜卑原本是东胡的一支，居住在鲜卑山（今大兴安岭南段、内蒙古科左中旗西），因而以山名为族名。但史书中还提到大鲜卑山，根据《魏书》卷一《序纪》的记载和内蒙古鄂伦春自治旗嘎仙洞石刻祝文的发现，考证大鲜卑山就是嘎仙洞所在的山名，即拓跋鲜卑的起源地。在鲜卑的遗物中，金银器最能体现其草原风格的特征，造型艺术具有民族性、地域性的特色，并具有文化的内涵和寓意。

一 鲜卑金银器的造型艺术

鲜卑金银器的造型艺术，从风格上看大致分东汉、两晋十六国和北魏三个阶段。东汉鲜卑的金银器，从用途上分为装饰品、生活工具饰件、生活器皿、日杂器四大类，装饰品的数量最多，可细分冠帽饰、头饰、耳饰、手饰、腕饰、缀饰、扣饰、带饰等。生活工具饰件装饰在刀柄上，生活器皿和日杂器的数量少，不见马饰具。两晋十六国时期，鲜卑的金银器分装饰品、印章和日杂器，以装饰品为主，又细分冠饰、发饰、耳饰、挂饰、佩饰、缀饰、带饰。北魏鲜卑的金银器分装饰品、

---

① （宋）范晔：《后汉书》卷九十《乌桓鲜卑传》，中华书局1965年版，第2985页。

第三编
艺术学篇

生活器皿、宗教用具，以装饰品居多，又细分冠饰、耳饰、项饰、腕饰、指饰、缀饰等，生活器皿为容器，宗教用具为装舍利的银瓶。

东汉时期，拓跋鲜卑从大兴安岭北端南迁，沿途所经过的路线基本上是草原地区，金银器的造型多为草原上常见的动物，类别有马、羊、骆驼、鹿、野猪，还有神兽、怪兽、人物、人面、联珠、纠结、螺纹等。在布局上，受匈奴和汉民族文化的影响。

马是这一时期金银器造型的典型代表，分直立状和卧状，有单马和双马，饰牌没有边框限制。写实性的马，各部位展示清晰。如内蒙古科尔沁左翼中旗六家子墓①出土的马形金挂饰，马作卧姿，马首下俯，双耳前立，马鬃竖起，尾下垂，四肢内屈，形象生动（图一）。双马形金佩饰，马俯首，臀部相连，相向而行。轮廓式马，呈直立状或卧状，有单马和双马（图二）。如内蒙古察哈尔右翼后旗三道湾墓②出土的双马纹金缀饰，马呈轮廓状，正面弧形凸出，用半浮雕的技法，为跪卧状，腿与尾连成底边和侧边，头部饰一圆形冠状，马背上站立一小马，组成一个双马的整体造型，两马都无细部展现，仅在头、颈部饰压印纹以示马鬃，给人一种模拟的感觉（图三）。

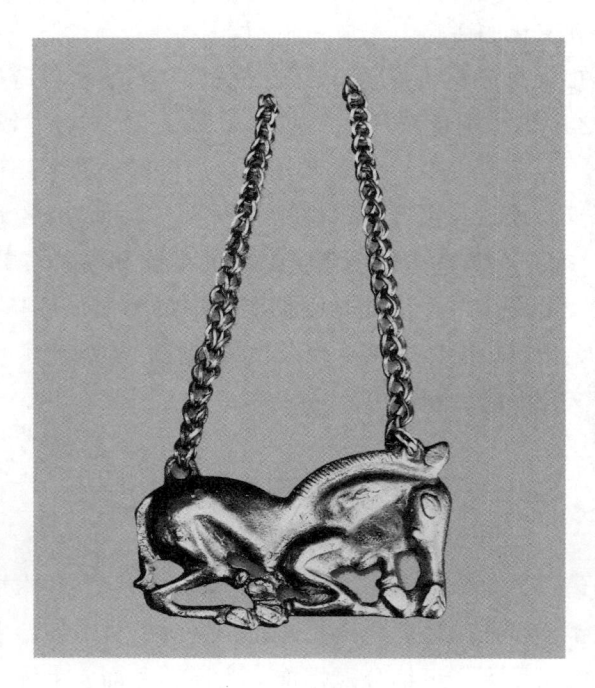

图一　马形金挂饰
（东汉，内蒙古科尔沁左翼中旗六家子墓葬出土）

---

① 张柏忠：《内蒙古科左中旗六家子鲜卑墓群》，《考古》1989年第5期。
② 乌兰察布博物馆：《察右后旗三道湾墓地》，载李逸友、魏坚主编《内蒙古文物考古文集》第一辑，中国大百科全书出版社1994年版，第407—433页。

图二 双马形金佩饰

（东汉，内蒙古科尔沁左翼中旗六家子墓葬出土）

图三 双马纹金饰牌

（东汉，内蒙古察哈尔右翼后旗三道湾墓葬出土）

羊的造型采用透雕的手法，限于边框之内。如内蒙古呼和浩特市添密梁墓①出土的双羊纹金饰牌，边框内透雕两只相对的羊纹，中间竖向相衔三轮，羊呈直立状，昂首作衔轮状，腿部内屈弯成轮形，羊角上方镂空，具有写实与图案相结合的艺术效果（图四）。

图四 双羊纹金饰牌
（东汉，内蒙古呼和浩特市添密梁墓葬出土）

驼的造型数量较少，呈图案化。如察哈尔右翼后旗三道湾墓出土的驼形金缀饰，驼呈昂首伫立状，采用透雕手法，神态抽象。

鹿分单体和组合两种造型，用透雕的手法表示写实与图案相结合的造型艺术。单体造型，图案化较强，只表现鹿的轮廓，没有细部展示。如察哈尔右翼后旗三道湾墓出土的鹿形金缀饰，鹿呈卧姿，鹿角变形向后曳至臀部，美化了鹿的形象（图五）。多体组合造型分双鹿和三鹿，限于边框内，双鹿呈对鸣状，角用镂空的手法表现，以写实为主，图案化点缀。如察哈尔右翼后旗三道湾墓出土的三鹿纹金饰牌。三鹿呈首尾相衔的伫立状，首昂反颈，角、腿镂空，不表示首部细节，具有写实与图案相结合的艺术效果。

人面造型采用透雕工艺表示首部的五官特征，加以镂空的手法，具有图案化艺术形象。如内蒙古科尔沁左翼中旗腰力毛都苏木北哈拉图达嘎查出土的人面纹

---

① 原平：《鲜卑金饰牌及蓖纹陶罐》，《呼和浩特文物》1987年第1期。

金佩饰（图六）。

图五 鹿形金缀饰
（东汉，内蒙古察哈尔右翼后旗三道湾墓葬出土）

图六 人面形金佩饰
（东汉，内蒙古科尔沁左翼中旗腰力毛都苏木北哈拉图达嘎查墓葬出土）

人与兽的组合，镂空，呈半浮雕式，立体效果较强。如科尔沁左翼中旗腰力毛都苏木北哈拉图达嘎查出土的胡人搏兽纹金佩饰，胡人居中，两侧为腾跃的猛兽，组成一幅反映当时人们生活场景的图案（图七）。

图七　胡人搏兽纹金佩饰
（东汉，内蒙古科尔沁左翼中旗腰力毛都苏木北哈拉图达嘎查墓葬出土）

野猪造型分奔跑状和行走状，写实性强，具有立体艺术。如内蒙古和林格尔县另皮窑墓葬①出土的嵌宝石野猪纹包金铁带扣、嵌宝石野猪纹包金铁带具，先在模中浇铸出包金部分，待冷却凝固后再浇铸铁芯，在铁芯背后铸出钮，然后再锤揲镌刻纹饰。野猪纹凸纹很高，呈高浮雕式，野猪身体各部位都表示出来，形成半立雕式立体与平面相结合的方法（图八）。这样，从单模浇铸、锤鍱到浮雕式，最后演变成半立雕与平面相结合，可看出工艺的演变过程。带扣、带具表面镶满宝石，与纹饰同时起着主体装饰作用。另一件圆形野猪纹金饰牌，在表面锤出行走的野猪，俯首弓背，有半浮雕的效果，身部作不规则的短弧线表示猪毛，鬃毛由额至后脊呈扇形排列，尾卷至臀部偏上，使整个野猪形态呈安详自得之态。

神兽造型为鸟喙、豹身、羊角、双翼，形状与辟邪相似。如内蒙古土默特左旗讨合气墓②出土的神兽纹包金铁带扣，包金铁芯，是经过分别模制，再套合包在一起，然后在表面锤揲雕刻细部纹饰，神兽纹凸度大，呈浮雕式（图九）。

---

① 内蒙古自治区博物馆：《和林格尔另皮窑村北魏墓出土的金器》，《内蒙古文物考古》1984 年第 3 期。
② 伊克坚、陆思贤：《土默特左旗出土北魏时期文物》，《内蒙古文物考古》1984 年第 3 期。

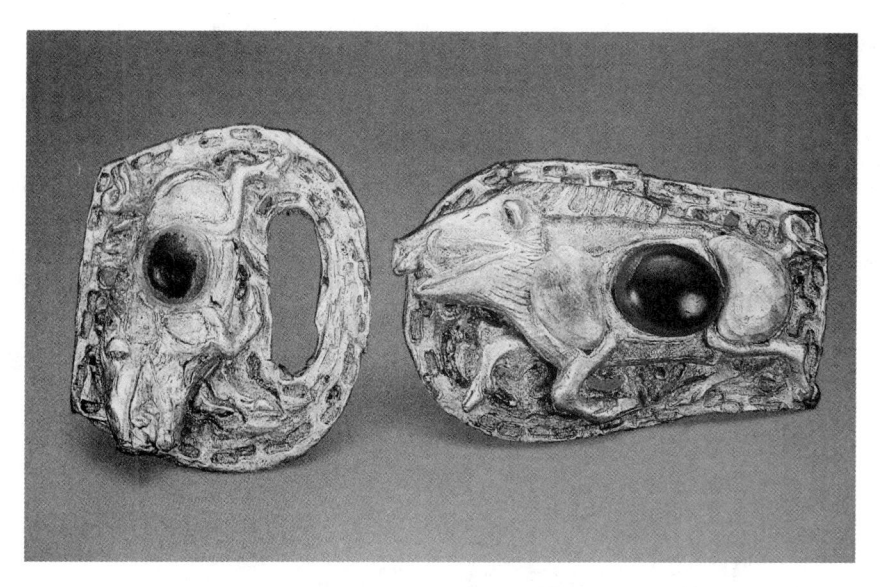

图八 嵌宝石野猪纹包金铁带扣

（东汉，内蒙古和林格尔县另皮窑墓葬出土）

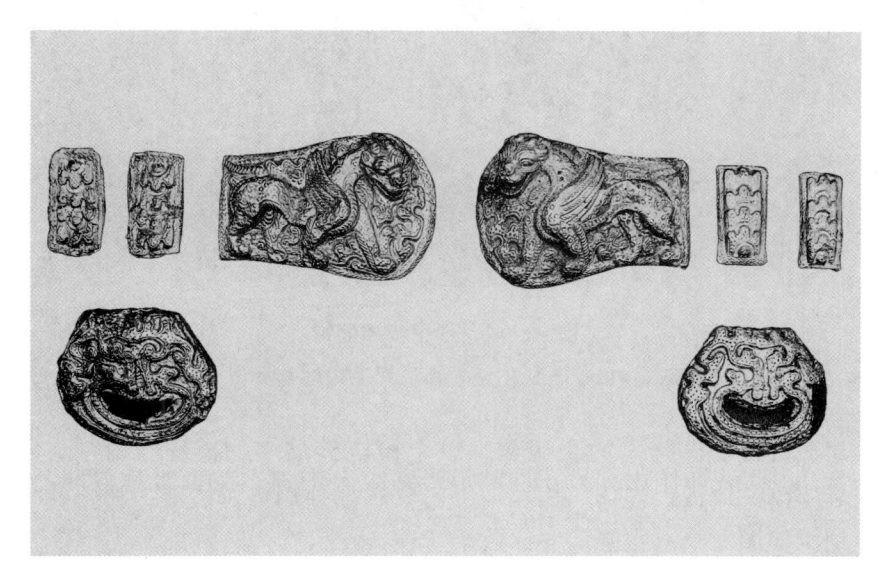

图九 神兽纹包金铁带扣

（东汉，内蒙古土默特左旗讨合气墓葬出土）

纠结造型装饰于带饰上，用动物形象屈曲成形，头长角，似龙，并两两纠结在一起。如和林格尔县另皮窑墓葬出土的纠结纹金饰牌。

火焰造型也饰于带饰上，呈竖向排列，形状似倒飞的燕子，半浮雕式。如土默特左旗讨合气墓葬出土的火焰纹包金铁带饰。

联珠采用焊接技术工艺，增加艺术效果，珠子大小均匀，焊接牢固，若剥落后，金片表面无多大伤痕。如和林格尔县另皮窑墓葬出土的联珠纹管状饰。

螺纹也称之同心涡纹，一般见于帽饰和耳饰上，组成数量不等、大小不一的螺旋纹。如察哈尔右翼后旗三道湾墓葬出土的螺纹金耳坠。

凤鸟造型用立体圆雕的形式表示，缀以金叶，形成最初的金步摇冠饰，慕容鲜卑盛行。如内蒙古科尔沁左翼后旗毛力吐墓葬①出土的凤鸟形金步摇冠饰（图十）。

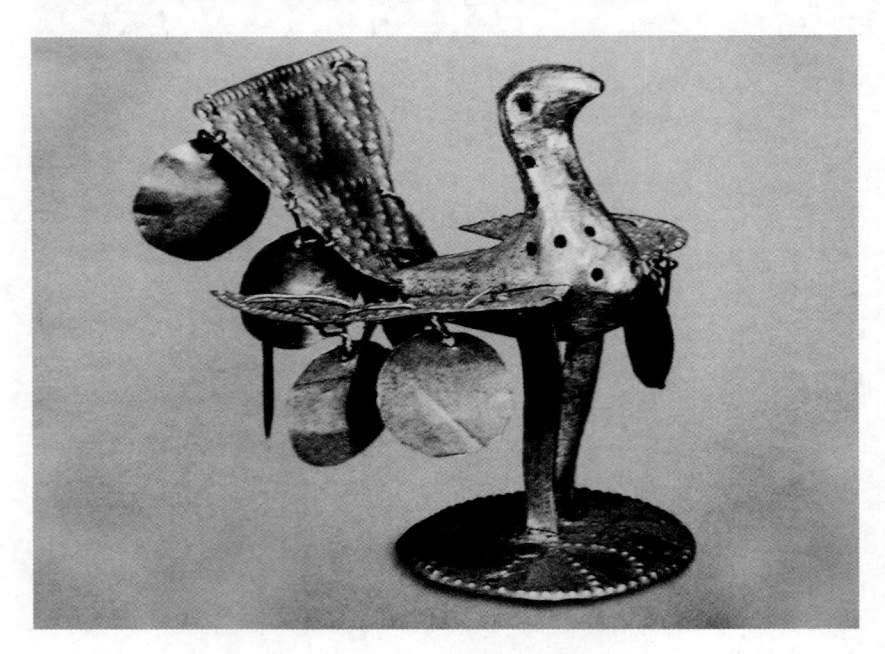

图十　凤鸟形金步摇冠饰
（东汉，内蒙古科尔沁左翼后旗毛力吐墓葬出土）

从工艺上讲，东汉鲜卑的金银器，以单模浇铸居多，模压、切割、抛光、锻打、锤鍱、錾刻、镶嵌、焊珠、掐丝等工艺应用十分娴熟，透雕、浮雕、立雕的技法广泛使用，使图案具有很强的立体效果。

两晋时期，拓跋鲜卑的主体活动于内蒙古的大青山以南地区，所遗留的金银器数量较少，仍以动物为主，分单体动物、群体动物和动物咬斗三种，动物类别有虎、熊、兽，多为凶猛的肉食动物。单体动物采用铸造、圆雕、镶嵌工艺，表现兽的全身和兽面。如内蒙古凉城县小坝子滩窖藏②出土的嵌宝石跪兽形金饰，跪兽似

---

① 赵雅新：《科左后旗毛力吐发现鲜卑金凤鸟冠饰》，《文物》1999年第7期。
② 张景明：《内蒙古凉城县小坝子滩金银器窖藏》，《文物》2002年第8期。

熊，前肢捧腹，似在觅食，形象极为生动，具有很强的立体效果。嵌松石兽面金戒指，只表现兽的首部，简单明了。群体动物以同种动物两两相对或相背排列，构成整体图案。如凉城县小坝子滩窖藏出土的"猗㐌金"四兽形金佩饰，四兽呈两两相背，上下排列，四肢前伸做扑食状，用椭圆形凹叶表示耳、眼及身躯的兽毛，起美化图案的作用。动物咬斗表现凶猛动物对温驯动物的撕咬场面。如凉城县小坝子滩窖藏出土的虎咬鹿形金挂饰，虎昂首衔鹿，鹿做挣扎状，在虎身上装饰狼首、菱纹，并用透雕工艺表现鹿、虎背、虎尾，具有写实和抽象相结合的艺术。从凉城县小坝子滩窖藏出土的这批金银器看，动物造型的写实性艺术较强，有的动物造型集写实与抽象为一体，起到了美化图案的作用。在工艺上，多采用模铸，结合平面浮雕、透雕、圆雕的手法，还有圆雕与镶嵌结合的手法，增加了动物造型的立体效果和直观艺术。

慕容鲜卑金银器的造型种类有花树、云朵、龙凤、鹿、羊、佛像、粟粒等。花树状的造型一般用于步摇冠饰，由山题、牌座、枝干、叶片组成，装饰华丽，造型独特。云朵起点饰的作用。龙凤采用透雕工艺，使之图案化，成双出现。如辽宁朝阳市田草沟墓葬出土的双龙双凤纹金缀饰（图十一）。[1] 鹿呈群状排列，鹿首反颈，角、腿呈图案化，没有表现鹿的细部。如辽宁朝阳市王子坟山墓葬[2]出土的三鹿纹金饰牌和辽宁义县保安寺墓葬[3]出土的三鹿纹金饰牌（图十二）。羊成双相对，运用写实与图案相结合的艺术造型，表现羊的主体。如辽宁北票市喇嘛洞墓葬[4]出土的双羊纹金饰牌。佛像见于冠饰，呈坐姿，有背光，采用模压工艺。粟粒起点饰作用，呈竖向、横向或环状排列。从总体上看，具有草原特征的动物造型不再占主要地位，多见图案化的动物，缺少写实性的单体动物，其他造型种类（如植物等）的比例上升。在器物上缀饰叶片比较流行。在工艺上多采用锤鍱、錾、铆，还有透雕、模压、镶嵌、粘接、套扣、丝环联缀等技法。

从已知的资料看，北魏时期的金银器族属仍分拓跋鲜卑和慕容鲜卑。拓跋鲜卑的金银器造型，以素面较多，动物只见羊，分立式和卧式，采用锤錾工艺做成主体造型。如内蒙古包头市土默特右旗美岱村墓葬[5]出土的嵌宝石立羊形金戒指和嵌宝石卧羊形金戒指，戒面为盘角羊的造型，戒圈两侧作兽面形，羊、兽上采用焊珠和镶嵌的技法，使整体形象显得华丽（图十三）。金珠细工工艺，在东汉时由波斯传

---

[1] 朝阳市博物馆等：《辽宁朝阳田草沟晋墓》，《文物》1997年第11期。
[2] 辽宁省文物考古研究所等：《朝阳王子坟山墓群1987、1990年度考古发掘的主要收获》，《文物》1997年第11期。
[3] 刘谦：《辽宁义县保安寺发现的古代墓葬》，《考古》1963年第1期。
[4] 辽宁省文物考古研究所等：《辽宁北票喇嘛洞墓地1998年发掘报告》，《考古学报》2004年第2期。
[5] 李逸友：《内蒙古土默特旗出土的汉代铜器》，《考古》1956年第2期。

图十一　双龙双凤纹金缀饰

（晋，辽宁朝阳田草沟墓葬出土）

图十二　三鹿纹金饰牌

（西晋，辽宁省义县保安寺墓葬出土）

图十三 嵌宝石立羊形金戒指
（北魏，内蒙古土默特右旗美岱村墓葬出土）

入，到北魏时比较盛行，珠粒较为饱满圆润，与镶嵌工艺巧妙地结合，增加了立体效果。其他的金银器（如耳环、缀饰、钏等），多采用铸、锤鍱、錾刻的技法，都为前代所常见的工艺。

慕容鲜卑多戴步摇冠饰，从这一点断定内蒙古达尔罕茂明安联合旗西河子窖藏[1]出土的金器为慕容鲜卑拥有。从十六国时期以后，慕容鲜卑除仍居住在辽西、辽东地区外，有部分散居于草原其他地区，除保留自己的传统文化，受汉族文化影响较多。金龙饰的造型就是汉民族一直流行的造型题材，但龙角较汉族的龙长，具有典型的北朝特征；工艺采用卷制、编缀、镶嵌、焊接等，并饰附件，装饰在项或腰部，显得高贵、华雍（图十四）。步摇冠，仍为枝干状，山题造型演变为牛、马首，为草原上常见的动物；采用模铸、焊接、金珠细工、镶嵌、錾、冲等工艺，尤其是金珠细工和镶嵌的统一结合，成为北魏金银器工艺的一个显著的特征（图十五、图十六）。

---

[1] 陆思贤、陈棠栋：《达茂旗出土的古代北方民族金饰件》，《文物》1984年第1期。

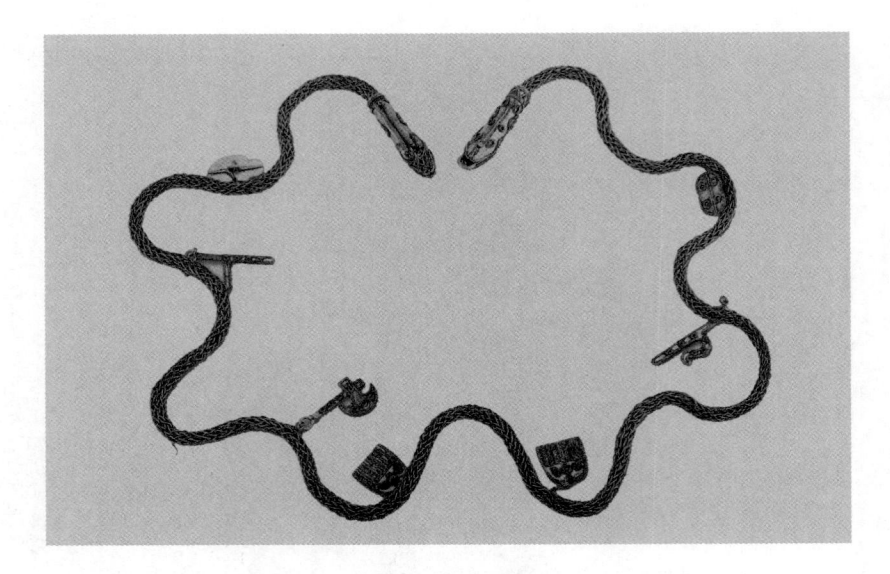

图十四 龙形金饰
（北魏，内蒙古达尔罕茂明安联合旗西河子窖藏出土）

图十五 牛首金步摇冠饰
（北魏，内蒙古达尔罕茂明安联合旗西河子窖藏出土）

图十六 马首金步摇冠饰
（北魏，内蒙古达尔罕茂明安联合旗西河子窖藏出土）

二 鲜卑金银器造型艺术的文化交流和内涵

东汉拓跋鲜卑的金银器造型以动物为主，与欧亚草原"野兽纹"风格的造型艺术达到一致。在装饰风格和制作工艺方面，继承了匈奴金银器的特征，又融入汉族文化和西方文化的因素，形成颇具风格的鲜卑金银器。而慕容鲜卑的金器，受汉族文化影响较多，特点鲜明，与拓跋鲜卑迥然不同。

科尔沁左翼中旗六家子墓葬出土的马形金挂饰，马四肢内屈，俯首，神态与内蒙古准格尔旗西沟畔 2 号匈奴墓葬[①]出土的卧马纹金剑鞘饰片的马纹如出一辙。三道湾墓葬出土的双马形金缀饰，其造型也为四肢内屈，马首下俯。透雕工艺在西汉匈奴的金银器中大量使用。如甘肃华池县出土的双兽纹金饰牌和陕西历史博物馆收藏的双驼纹金饰牌，图案限于边框内，动物成双相对，呈伫立状。东汉鲜卑的金银器，透雕工艺更显成熟，风格与匈奴非常接近。如陕西历史博物馆收藏的双鹿纹金

---

① 伊克昭盟文物工作站等：《西沟畔匈奴墓》，《文物》1980 年第 7 期。

饰牌，用线条刻出鹿的轮廓，图案化极强，与鲜卑的双鹿纹金饰牌相比，显得原始粗朴。三鹿纹金饰牌，在内蒙古察哈尔右翼后旗三道湾墓葬、卓资县石家沟墓葬①、察哈尔右翼后旗井滩村、林西县苏泗汰墓葬②及通辽市都有发现，风格一致，鹿呈首尾相衔伫立状，鹿首反颈，角、腿镂空，具有较强的图案化艺术，此类造型的铜饰牌在其他鲜卑遗迹中为数不少（图十七）。准格尔旗西沟畔2号墓、华池县和陕西历史博物馆出土及收藏的金剑鞘饰片、金饰牌，图案布局讲究对称，这一点被东汉鲜卑的金银器所继承，并且普遍使用。因此，西汉匈奴的金银器造型和工艺，对东汉鲜卑的金银器风格有着直接的影响。

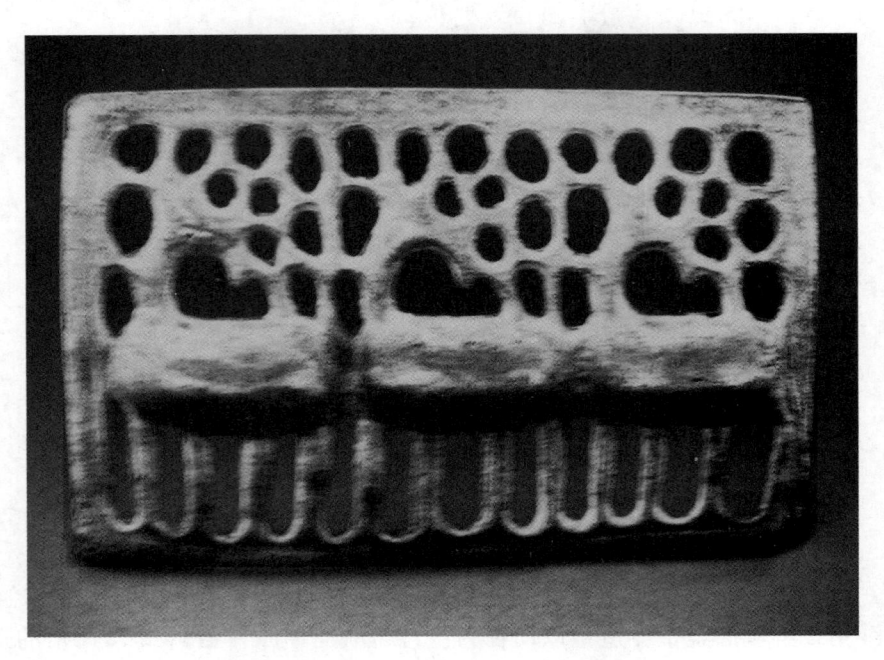

图十七　三鹿纹金饰牌
（东汉，内蒙古察哈尔右翼后旗井滩村墓葬出土）

从工艺上讲，许多新出现的技法都是从西方地区传入的。土默特左旗讨合气墓出土的嵌宝石神兽纹包金铁带扣，主体纹饰锤成凸纹，细部又采用雕刻法，这种工艺约在公元3世纪初从波斯传入。神兽纹比匈奴的怪兽纹更标准，为鸟喙、豹身、羊角、双翼，表示出对西方文化的一种传承关系，抑或拓跋鲜卑对有功于其天神的崇拜。拓跋鲜卑在初出大兴安岭时，被困在大泽中，经"其形似马，其声类牛"的

---

① 内蒙古博物馆：《卓资县石家沟墓群出土资料》，《内蒙古文物考古》1998年第2期。
② 林西县文物管理所：《林西县苏泗汰鲜卑墓群》，载魏坚主编《内蒙古文物考古文集》第二辑，中国大百科全书出版社1997年版，第461—462页。

神兽导行,才解脱困境,类似的神兽纹在内蒙古满洲里市扎赉诺尔墓①、吉林榆树县老河深墓②中均有发现。镶嵌技术也有时代特征,夏鼐先生说:"镶嵌之术,先秦已经产生,但镶宝石、珠饰以晋代为盛,并有镶金刚石者,是为希腊、罗马,东向输入我国和东南亚。"③ 和林格尔县另皮窑墓出土的野猪纹金带扣、带具,表面镶满了宝石和绿松石,使野猪纹与镶嵌同时起着主体装饰的作用,这是有别于北方草原地区传统的镶嵌工艺,无疑与中西方文化交流有一定的关系。联珠纹,使用焊珠技法,珠子饱满圆润,这一技法在波斯地区所流行。金步摇冠、胡人搏兽纹金佩饰,其制法与造型与阿富汗大夏墓(公元前1世纪—公元1世纪)出土的金头饰、胡人驯兽纹金佩饰相似,说明西方文化对东汉鲜卑的金银器影响甚多(图十八)。

图十八 胡人驯兽纹金佩饰
(公元元年前后,阿富汗大夏国宝藏出土)

北魏时期,从西方传入的舶来品也能说明北方草原地区与西方文化交流的状

---

① 内蒙古文物工作队:《内蒙古扎赉诺尔古墓群发掘简报》,《考古》1961 年第 12 期。
② 吉林省文物考古研究所:《榆树老河深》,文物出版社 1987 年版,第 63—64 页。
③ 夏鼐:《北魏封和突墓出土银盘考》,《文物》1983 年第 8 期。

况。如宁夏固原县西郊墓葬①出土的银耳杯、波斯银币，大同市南郊墓葬②出土的鎏金錾花银碗，大同市北魏城址③中出土的银多曲长杯、錾花银碗，大同市北魏封和突墓葬④出土的狩猎纹银盘、银耳杯、银高足杯。大同市南郊墓葬出土的鎏金錾花银碗，敞口，口下微内收，弧腹，圜底；口沿、上腹各饰一周联珠纹，腹部以阿堪突斯（Acanthus）叶纹划成四区，每一区有一圆形环饰，内錾一男子侧身头像，头戴圆形帽，深目高鼻，长发披肩（图十九）。这种叶纹和圆形环饰是波斯萨珊和中亚艺术中常见的纹样，但圆形帽的人物特征属于中亚样式，在嚈哒货币上常有装饰，故其产地应在中亚，可能与嚈哒人有关。北魏城址出土的银多曲长杯，分八曲，平沿，内底心饰二兽（图二十）。这种风格在中国找不到渊源，其造型与波斯萨珊银器中流行的同类器相近。封和突墓出土的狩猎纹银盘，敞口，弧腹，浅盘，圈足；盘内的狩猎图为中间站立一狩猎者，头戴圆形帽，前额有圆珠帽饰，脑后有飘带，颈部悬挂圆珠项链；面部有络腮胡须；上身裸露，系腰带，下身穿紧身裤，足蹬长筒靴；猎者双手持矛，右足踏一野猪，长矛所指方向还有两头野猪。这类狩猎题材的银盘，与波斯萨珊中的狩猎纹银盘的风格同属一类，图中的狩猎者也为在伊朗高原生活的人的形象，归属为波斯萨珊银器应该无误（图二十一）。土默特右旗美岱村墓葬出土的嵌宝石立羊形金戒指和内蒙古博物馆收藏的嵌宝石卧羊形金戒指，在戒指边缘饰联珠纹，又具有中亚金银器的特点。

图十九　鎏金錾花银碗
（北魏，山西省大同市南郊北魏墓出土）

---

① 固原县文物工作站：《宁夏固原北魏墓清理简报》，《文物》1984年第6期。
② 山西省考古研究所等：《大同南郊北魏墓群发掘简报》，《文物》1992年第8期。
③ 大同市博物馆：《山西大同北魏城址发掘简报》，《文物》1977年第9期。
④ 大同市博物馆马玉基：《大同市小站村花圪塔台北魏墓清理简报》，《文物》1983年第8期。

图二十　银多曲长杯

（北魏，山西省大同市北魏城址出土）

图二十一　狩猎纹银盘

（北魏，山西省大同市封和突墓出土）

东汉鲜卑的金银器动物造型，从另一侧面反映了其经济生活。《后汉书》卷九十《乌桓鲜卑传》记载："其言语习俗与乌桓同。……又禽兽异于中国者，野马、野羊、角端牛，以角为弓，俗谓之角端弓者。又有貂、豽、鼲子，皮毛柔蠕，故天

· 211 ·

下以为名袭。"①《魏书》卷一《序记》载："国有大鲜卑山，因以为号。其后，世为君长，统幽都之北，广漠之野，畜牧迁徙，射猎为业。"②说明鲜卑以畜牧业为主，兼营狩猎。金银器的动物造型，有马、羊、驼、鹿、野猪，包括家畜和野生动物，证明了鲜卑的游牧经济生活。

　　鲜卑经历了原始部落阶段，动物造型又具有图腾文化的深层含义。在东汉鲜卑金银器的造型艺术中，常见草原地区生存的动物，与其生活环境有密切的关系，就使鲜卑对动物有着某种亲近感，最终产生了对动物的崇拜，即图腾文化。图腾崇拜是原始宗教的一种表现形式，与原始时代出现虚幻的、超自然力观念密切相关，也与氏族外婚制和氏族组织密切相关，它负有维系血缘亲族关系和实行外婚制的职能。同一图腾崇拜的人们被认为来自同一祖先的后代，属于同一社会组织。每一个氏族都有自己的图腾，一般选择与他们物质生产活动关系最为密切的某种动物或植物作为图腾崇拜的对象。鲜卑从大兴安岭南迁之际和南迁过程，处于原始部落阶段，把与其生产和生活密切相关的动物作为图腾崇拜。东汉鲜卑金银器上的动物造型，多为草原上常见的动物，有马、羊、驼、鹿等，这些动物造型与鲜卑的生产和生活有很大的关系，使鲜卑很自然地把动物作为图腾崇拜，并在器物上加以装饰。

　　两晋时期，拓跋鲜卑金银器的造型仍为动物，在风格上继承了汉代匈奴和鲜卑的特征，并且受汉族文化影响，在布局上却有创新。虎咬鹿的造型，是战国至汉代匈奴金银器所盛行的一种构图，反映了草原上弱肉强食的生动画面和以动物为图腾的部落间征战的文化寓意。

　　透雕、圆雕工艺，是西汉匈奴和东汉拓跋鲜卑金银器普遍使用的技法，使动物造型具有很强的立体效果和直观感。而群体动物两两相对或相背，上下排列，然后又组成整体的兽面图案的做法，是两晋拓跋鲜卑所独创。印章的出现，明显是汉民族的特征。自西汉以来，中央政府在匈奴、乌桓、鲜卑地设置机构和官职，统一管理这些民族的事务。"晋鲜卑归义侯"金印和"晋鲜卑率善中郎将"银印就是当时西晋政府在鲜卑地设置的官员，金印的发现，充分证实了这一历史事实。"猗𢕦金"四兽形金佩饰上的"猗𢕦"二字，说明这批金银器是当时拓跋鲜卑猗𢕦部的遗物。

　　慕容鲜卑的金银器造型，融汉民族、拓跋鲜卑、西方文化的因素。金步摇冠饰，在东汉就已出现，造型不同于两晋十六国时期的花树状，类似的金步摇饰在阿富汗席巴尔甘大夏墓中也有发现，在形制与工艺上有着惊人的相似，繁缛程度不及大夏的黄金步摇冠饰。朝阳田草沟墓葬出土的缀叶金缀饰、北票市房身村墓葬③出

---

① （宋）范晔：《后汉书》卷九十《乌桓鲜卑传》，中华书局1965年版，第2985页。
② （北齐）魏收：《魏书》卷一《序纪》，中华书局1974年版，第1页。
③ 陈大为：《辽宁北票房身村晋墓发掘简报》，《考古》1960年第1期。

北方草原地区鲜卑金银器造型艺术研究

土的双龙双凤纹金缀饰，其上缀以圆形金叶的做法与大夏墓胡人驯兽金佩饰上的圆叶相近。步摇冠与缀叶金饰，大约在东汉传入中国，先在汉地流行，转而为慕容鲜卑效仿，成为其金饰品中的一大特色，后又传入朝鲜半岛和日本。朝阳市王子坟山墓葬、义县保安寺墓葬出土的三鹿纹金饰牌，与察哈尔右翼后旗井滩村墓葬、三道湾墓葬、林西县苏泗汰墓葬出土的东汉拓跋鲜卑的三鹿纹金饰牌，在造型、工艺上保持一致。北票市喇嘛洞墓葬出土的双羊纹金饰牌，羊的形象和图案化与写实性相结合的艺术，同于呼和浩特市添密梁墓葬出土的双羊纹金饰牌，说明慕容鲜卑的部分金器和拓跋鲜卑的金器有一定的共性。以龙、凤为题材的造型，又是受汉民族文化的影响。当时，中原地区有大批难民流入辽西地区，与慕容鲜卑混居在一起，在器物上融有汉民族文化的因素不为罕见。

在朝阳市田草沟墓葬、王子坟山墓葬、十二台砖厂墓葬[①]、北票市房身村墓葬、西官营子冯素弗墓葬[②]、喇嘛洞墓葬，都发现花树状金步摇冠饰，这是从东汉时期开始流行的一种冠饰（图二十二）。《后汉书》卷一百二十《舆服志下》记载：皇

图二十二　花树状金步摇冠饰
（晋，辽宁省朝阳市田草沟墓葬出土）

---

① 辽宁省文物考古研究所等：《朝阳十二台乡砖厂88 M1发掘简报》，《文物》1997年第11期。
② 黎瑶渤：《辽宁北票县西官营子北燕冯素弗墓》，《文物》1973年第3期。

后祭庙戴步摇冠,"以黄金为山题,贯白珠为桂枝相缪,一爵九华,熊、虎、赤罴、天鹿、辟邪、南山丰大特六兽"。[①] 王先谦先生在《后汉书集解》引陈祥道说:"以金为凤,下有邸,前有笄,缀五彩玉以垂下,行则动摇。"[②] 可知制作步摇冠的原料为黄金;山题指"山"字形装饰,作为冠饰的前额;贯白珠指镶嵌宝石;一爵九华为鸟、花装饰。东汉的凤鸟形金步摇冠,就是用凤鸟作造型。两晋十六国的金步摇冠饰,不见鸟、兽、花的装饰,只在枝杈上缀金叶,对步摇冠的形制有所改造。慕容鲜卑的步摇冠饰在晋代以后兴盛。《晋书》卷一百八《慕容廆载记》记载:"莫护跋,魏初率其诸部入居辽西,……时燕代多冠步摇冠,莫护跋见而好之,乃敛发袭冠,诸部因呼之为步摇,其后音讹,遂为慕容焉。"[③] 这里且不提慕容鲜卑的名称来源,从中可知慕容鲜卑对步摇冠的喜好。

慕容鲜卑最初在今西拉木伦河流域活动,这里水草丰盛,过着迁徙的游牧生活,从事畜牧业和狩猎业。曹魏初年,慕容鲜卑在首领莫护跋的率领下,入居辽西,到涉归统治时,又迁居辽东之北,社会经济仍以畜牧业为主。慕容廆即位后,归附于晋,招贤纳士,势力迅速强大,因中原地区的流民大量迁入,不断受到汉民族文化的影响,在经营畜牧业的同时,还从事农业生产。这一变化,在慕容鲜卑金银器的造型艺术中充分体现出来,羊、鹿说明畜牧业和狩猎业经济的存在,龙、凤又是汉民族文化的特征,粟粒能证实经营农业的状况。

佛教从东汉初传入中国内地,随之而来的佛教文化造像艺术也在神州大地上广泛的传播。北燕冯素弗墓葬出土的佛像纹金冠饰,为莲瓣形,中间饰带背光的佛像,呈坐式,左、右各有一弟子(图二十三)。这种题材的金饰品,为北方草原地区发现最早的佛造像之一,时间为公元5世纪的前半叶,说明佛教在当时已经传播到中国的边远地区。

北魏时期,在北方草原地区生活的民族有鲜卑、敕勒、柔然,后两个民族的势力很快在草原地区强大起来,鲜卑的主体主要活动在阴山以南及中原地区,在经营传统的牧业经济的同时,还从事农业生产,后者甚至居于主导地位。金银器上的牛、马、羊造型,就是鲜卑从事牧业生产的实物见证。大同市和固原西郊出土的金银器,造型艺术没有丝毫的草原风格,却有西方和汉民族文化的因素,并随着南下中原使汉文化的因素更浓,也可看出他们从事农业生产的痕迹。这与北魏时期实行"息众课农""离散诸部""分土定居"的经济政策相吻合。

纵观东汉至北朝时期鲜卑的金银器,在鲜卑活动于草原地区之时,其地域性和

---

① (宋)范晔:《后汉书》卷一百二十《舆服志下》,中华书局1965年版,第2982页。
② (清)王先谦:《后汉书集解》,中华书局2004年版,第1358页。
③ (唐)房玄龄等:《晋书》卷一百八《慕容廆载记》,中华书局1974年版,第2803页。

图二十三　佛像纹金冠饰
（北燕，辽宁省北票市西官营子冯素弗墓葬出土）

民族性的文化特征非常浓厚。鲜卑最初虽然为游猎民族，但在其南迁阴山以南敕勒川（今内蒙古土默川平原）的过程中，基本上是沿着草原地区进行的，因而演变为游牧民族，金银器也显示出草原文化的特色。东汉鲜卑的金银器在继承匈奴金银器风格的基础上，同时又受到汉族文化和西方文化的影响，形成具有本民族特点的金银器造型艺术和文化内涵。两晋十六国时期，慕容鲜卑的金银器显示出其数量上的优势，并与拓跋鲜卑的金银器特征有明显的区别，汉族文化和西方文化的因素比较浓厚。北朝时期，随着拓跋鲜卑的南下中原，在汉族文化因素的全面冲击下，中原地区鲜卑的金银器更加显示出当地的风格，但草原地区鲜卑的金银器却仍然保留了本民族的文化特点和艺术风格。同时，西方的金银器也传到草原地区，或通过草原丝绸之路传入中原地区和南方地区。由此可见，东汉至北朝时期鲜卑的金银器，可以反映出中西文化和南北文化交流的状况。

北方游牧民族造型艺术的风格与思想表述

北方游牧民族的造型艺术，在内容上包括各种质地的形制、图案和工艺，属于工艺文化的重要组成部分。从总体上看，与游牧民族生活的自然环境和人文环境有密切关系的动物造型是其艺术的基本形式；同时，由于中原文化和西方文化的渗透，又融合了外来的艺术风格。在创造各类造型艺术的过程中，为了追求艺术的完美性，游牧民族的生活和生产与草原生态环境有密切的关系，在审美意识上必然根源于对自然美的追求，因而纯朴的自然思想是游牧民族审美的基础。最初的造型艺术与游牧民族的自然崇拜有关，随着外来文化的冲击，中原地区各种经史和理念影响了游牧民族的审美思想，加之西方审美思想的渗入，使游牧民族造型艺术的审美思想在原有自然美的基础上呈现多趋发展。

一　北方游牧民族造型艺术的风格

在早商时期，由于北方草原地区气候条件发生变化，典型草原生态环境率先在内蒙古的鄂尔多斯地区形成，随之出现了从事半农半牧的人群，在青铜器上开始用动物纹装饰，奠定了北方游牧民族造型艺术所包括的最基本的艺术风格。随着北方游牧民族造型艺术与其他外来文化的相互交流，受中原地区和西方国家艺术风格的影响，北方游牧民族原有的造型艺术风格发生了交融现象。

中国北方草原地区，在早商时期的青铜器上就已经出现了虎等动物的造型。在商代晚期至西周前期，动物造型附着于青铜短剑、刀、匕柄端，有绵羊首短剑、绵羊首刀、鹿首刀、马首刀、鹰首刀、蛇头匕等，其特征除表现圆雕动物的头部外，动物的双眼和鼻孔呈双环形，兽角弯曲成环，形象异常逼真，这种精致的动物造型在当时欧亚草原的其他地区尚不多见。西周至春秋中期，山戎所创的夏家店上层文化的青铜器、金器的动物造型以草原上常见的动物为主，有温驯动物和凶猛动物，如马、牛、鹿、虎、豹、鸭等。造型和装饰风格有四种。其一，同种动物的多体排列。如内蒙古宁城县小黑石沟墓葬①出土的圆形鸭纹金饰牌，由 16 只鸭子呈同向排列，首尾相接，布局整齐划一，表现出当时讲求平稳和谐与端庄的艺术风格（图一）。其二，静态中的动物。如小黑石沟墓葬出土的虎形青铜饰牌，虎呈卧姿，四肢内屈，尾巴下垂，似在等待猎物。其三，动态中的动物。如小黑石沟墓葬出土的团豹纹金饰牌，豹呈跳跃状，回首，四肢团卷跃动，似在扑食，动感极强，把凶猛动物的神态刻画得相当逼真。其四，复合动物。如小黑石沟墓葬出土的虎食羊纹青铜饰牌，采用透雕工艺，表现草原上动物间弱肉强食的争斗场面。这种动物组合的艺术风格，对匈奴、鲜卑的动物装饰艺术有很大的影响。

图一　圆形鸭纹金饰牌
（西周晚期至春秋中期，内蒙古宁城县小黑石沟夏墓葬出土）

匈奴器物的造型艺术以动物为主，根据纹饰的变化、造型及工艺，结合特定的历史、文化背景和生态环境观察分析，分为战国晚期和西汉两个阶段。战国晚期，正是匈奴势力开始强大的时期，出土器物数量和动物装饰种类非常丰富，时代特征和艺术风格比较明显，所表现的动物种类分食草动物、食肉动物、想象中的动物和杂类动物。其中，马、牛、羊、鹿、虎、狼、豹、鸟是动物的主体，多为大型哺乳

---

① 项春松、李义：《宁城小黑石沟石椁墓调查清理报告》，《文物》1995 年第 5 期。

第三编 艺术学篇

动物。从艺术风格看，分为单体动物和复合动物造型。单体动物用立雕、圆雕、浮雕、透雕来表现具体形象，有写实性和图案化两种。复合动物造型是两种相同动物的排列或不同动物间的争斗，多表现猛兽吞食温驯动物，或者凶猛动物之间的咬斗，如虎咬牛、虎食羊、虎衔鹿、豹噬野猪、虎狼争斗等，多数主体动物的写实性较强，其他动物予以图案化的处理（图二）。

图二　虎衔鹿纹金饰牌
（战国晚期，内蒙古鄂尔多斯地区出土）

西汉匈奴器物的造型，仍以动物为主，种类有鹰、马、羊、鹿、驼、怪兽等，还有卷云纹、卷草纹。动物讲究对称图案，构图规范是这一时期的特色，动物纹由写实开始向图案化过渡。表现形式有单体动物、对称式复合动物和动物咬斗三种。这一时期，由于匈奴与汉朝和亲，汉文化渗入比较多，因而在陶器、青铜器、金银器中出现中原地区的艺术风格。如陶器制作比较精美，用轮制技术，器表光滑。金银器开始有银筒、银匙等生活用具，均素面，显示出原始的粗朴之风。有的金银器上有汉字铭文，标明器物的重量、制作者等。装饰品上的纹饰，开始讲求祥和气氛，反映了匈奴金银器造型的时代特征。

东汉时期，拓跋鲜卑从大兴安岭北端南迁，沿途所经过的路线基本上是草原地区，器物的造型仍为草原上常见的动物，类别有马、羊、骆驼、鹿、野猪，还有神兽（图三）、怪兽、人物、人面、联珠、纠结、螺纹等，以及反映狩猎场面的装饰。动物主要是单体造型，也有少量同种动物或者人兽组合，单体动物有动态和静态之

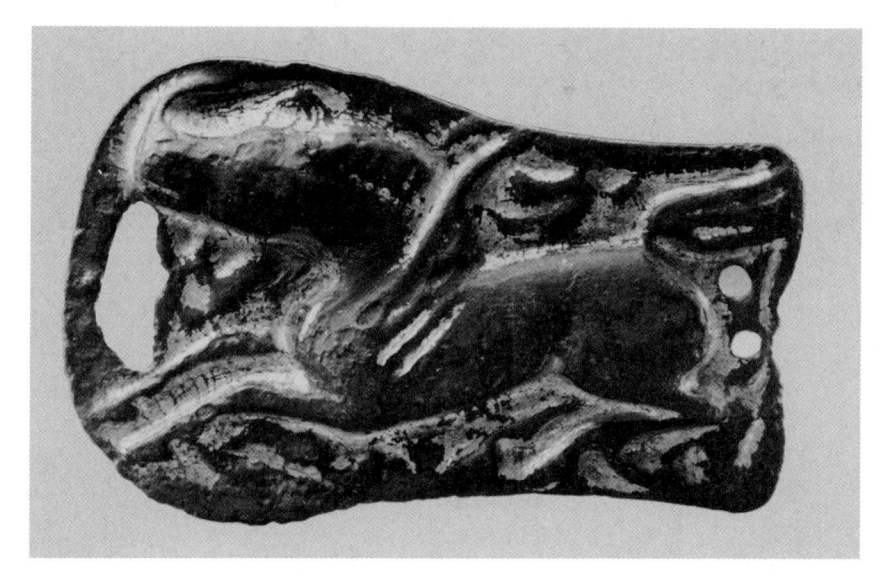

北方游牧民族造型艺术的风格与思想表述

图三 鎏金神兽纹铜饰牌
（东汉时期，内蒙古满洲里市扎赉诺尔墓葬出土）

分，在写实的基础上增加了图案化的艺术风格。两晋时期，拓跋鲜卑的器物造型仍以动物为主，分单体动物、群体动物和动物咬斗三种，动物类别有虎、熊、兽，多为凶猛的肉食动物。单体动物采用铸造、圆雕、镶嵌工艺，表现兽的全身和兽面。动物咬斗表现凶猛动物对温驯动物的撕咬场面，具有写实和抽象相结合的艺术风格。总体上看，动物造型的写实性艺术较强，有的动物造型融写实与抽象为一体，起到了美化图案的作用。在工艺上，多采用模铸，结合平面浮雕、透雕、圆雕的手法，还有圆雕与镶嵌结合的手法，增加了动物造型的三维效果和直观艺术。在陶器和骨器上，有反映鲜卑狩猎生活的艺术场面，虽然画面的人物、动物显得比较呆板，但仍然保留有原始、古朴的艺术风格（图四）。

从已知的资料看，北魏时期拓跋鲜卑的器物造型，仍然保留有动物的艺术风格，动物只见羊、兽，分立式和卧式，采用锤錾工艺做成主体造型。如内蒙古土默特右旗美岱村墓葬[①]出土的嵌宝石立羊形金戒指和呼和浩特市郊区出土的嵌宝石卧羊形金戒指，戒面为盘角羊的造型，戒圈两侧作兽面形，羊、兽身上采用焊珠和镶嵌的技法，使整体形象显得华丽（图五）。金珠细工工艺，在东汉时由波斯传入，到北魏时比较盛行，珠粒较为饱满圆润，与镶嵌工艺巧妙地结合，增加了三维效果。金龙饰为汉民族一直流行的造型题材，但龙角较汉族的龙长，具有典型的北朝

---

① 李逸友：《内蒙古土默特旗出土的汉代铜器》，《考古通讯》1956年第2期。

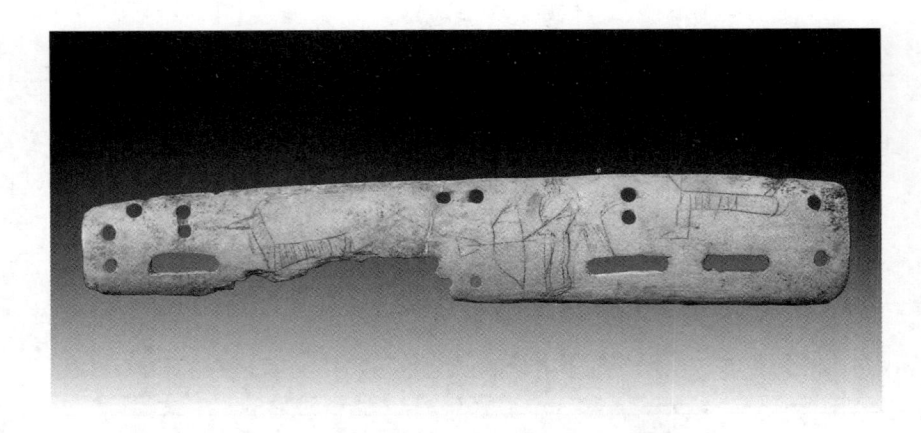

图四 狩猎纹骨板
（东汉时期，内蒙古满洲里市扎赉诺尔墓葬出土）

特征；工艺采用卷制、编缀、镶嵌、焊接等，并饰附件，装饰在项或腰部，显得高贵、华雍。步摇冠，仍为枝干状，山题造型演变为牛、马首，为草原上常见的动物；采用模铸、焊接、金珠细工、镶嵌、錾刻、凿冲等工艺，尤其是金珠细工和镶嵌的统一结合，成为北魏金银器工艺的一个显著的特征。

图五 嵌宝石卧羊形金戒指
（北魏，内蒙古呼和浩特郊区出土）

北方游牧民族造型艺术的风格与思想表述

  北魏陶俑是这一历史阶段艺术的代表，显示了中原汉民族农耕文化与北方草原游牧文化相互交融的艺术风格，以及在盛极一时的佛教造像雕塑影响下所出现的陶塑艺术的崭新面貌。尤其是受佛教的影响，在全国各地先后凿窟造龛，使佛教石窟造像雕塑艺术快速发展，这样也促使陶塑艺术迈向一个新的境地。陶塑匠人的塑造技法得到进一步提高，题材和类别渐趋多样化，表现出鲜明的时代特色与地域特征。从内蒙古呼和浩特大学路北魏墓葬①出土的乐舞陶俑、牵驼陶俑、牵马陶俑（图六）、牛车陶俑等风格看，已从西晋时期的呆滞古拙，转向生动自然，并注意细部刻画。在人物形象的塑造中崇尚一种宁静和含蓄的理想境界，形象写实，比例匀称自然，有清秀端丽之感。对人物服饰、面部民族特征的刻画更为注重。另一方面，在陶塑作品中充分流露出时代和民族气息的同时，在艺术风格上又与南朝陶俑形成截然不同的两种形式，体现出雄健和自由放浪的社会风气。

图六 牵马陶俑
（北魏，内蒙古呼和浩特大学路墓葬出土）

  隋唐时期，突厥的金银艺术风格保留了本民族的特色，如狩猎纹、虎纹等，器物多出现带鋬耳的造型。同时，由于受到唐文化和西方文化的影响，器物造型和装饰工艺又体现了多种的艺术风格。特别是西方传入的金珠细工技术的广泛应用，使器物的立体造型艺术非常强烈。在唐代风格的金银器中，类型常见碗、杯、盘、壶等，纹饰以缠枝花、团花、摩羯、鹿、狮、鱼等为主。装饰品多出现卷草纹、忍冬

---

① 郭素新：《内蒙古呼和浩特北魏墓》，《文物》1977 年第 5 期。

纹。构图严整，讲求对称，分区装饰。反映在陶器方面，类别增多，这里不仅包括饮食器、丧葬用具、建筑用具、乐器、人俑、动物模型等，器物多附流、鋬、耳，增加了立体造型的美感，还有仿生造型（图七）。因其他工艺制品的影响和人们审美要求的提高，陶制品的工艺和造型也出现了许多过去所没有的新样，其中的贴花工艺使烧制低温釉陶的技术有了更进一步发展。

图七　绿釉鹦鹉壶
（唐代，和林格尔土城子出土）

契丹族的金银工艺品的艺术风格早期主要受唐文化的影响，中期以后开始出现宋朝的风格。早期的器物纹饰种类分为动物、植物、人物故事、佛教造像。动物纹有龙、凤、摩羯、鹿、羊、鸳鸯、狮、兔、鹤、鸿雁、鸟、昆虫、鱼。植物有牡丹、莲花、莲瓣、海棠、卷草、宝相花、折枝花、盘带花。人物故事有孝子图、高士图、对弈图、仙人、伎乐天。佛教造像有佛像、菩萨像、弟子像、飞天、伽陵频迦等。鱼子纹作为器物地纹特别流行。在器物上錾刻年号、被供奉者名字、贡臣结衔署名等，也是最明显的艺术特征之一。纹饰布局采用环带夹单点式装饰、散点式装饰和满地装饰。中期的纹饰仍然保留了单点装饰和满地装饰的布局，素面器大量增加。由于佛教用具较多，与佛教有关的纹饰题材大量流行。晚期器物的纹饰布局以写实为基调的花叶形为主，打破前两期的团花格局，显得生动、活泼、优美。多式的曲瓣花形，取得器物造型与纹饰的和谐统一。纹饰有莲花纹、牡丹纹、石榴纹、鸟羽状纹、双鱼纹等，龙、凤、狮、摩羯等象征着吉祥如意的图案很少出现。

契丹陶瓷器的造型有鸡冠壶、凤首瓶（图八）、鸡腿瓶、盘口瓶、罐、盘、碟、盏托、杯、碗、枕等，鸡冠壶、凤首瓶、鸡腿瓶、海棠形长盘为契丹民族的典型器物，有的在器口描金或底部刻铭款。纹饰有牡丹、莲瓣、荷花、缠枝菊花、梅花、龙、凤、双蝶、鱼、昆虫、联珠、弦纹等，采用印模、剔粉雕花和刻画工艺，在器物外表、内底、内腹装饰纹样。纹饰布局多见单点式装饰，也有随意性画花，简繁有序，层次分明。

目前资料表明，内蒙古地区发现的元代金银器的艺术风格，多为前代所常见，个别器物有一定的发展。从类别上看，器物造型没有大的变化，饮食具中的杯、碗、盘、壶以圈足、平底居多，在数量比例中无差别（图九）。马鞍饰的造型与辽代不同，前桥与后桥变宽，几乎整个都包镶在木鞍上，鞍翅中不见辽代的那种半月形状，整体趋于成熟化，有的马鞍采用了镂雕工艺，在前代民族的金银马鞍中不常见。装饰品较为大众化，帽饰制作圆实，装饰在冠帽顶中；簪、钗的端首造型多出现龙、凤、牡丹、荔枝等；项饰为环形，较宽，厚实；带扣为方形或曲花形，整套的带饰少见，说明这时期已简化。金银器的纹饰布局有单点装饰、分区装饰和满地装饰三种，器物纹饰以植物纹为主，有牡丹、莲花、忍冬、花草、椰树、石榴花、卷草、荔枝、鸡冠花。动物纹有龙、凤、伽陵频迦、鹿、狮、虎等，较植物纹少。还有扭索式、竹节式、联珠式装饰。其中，伽陵频迦的纹饰造型在唐、宋、西夏的基础上发展起来，这是受佛教文化艺术影响的产物。

图八　白釉绿彩剔花凤首瓶
（辽代，内蒙古赤峰地区出土）

图九　缠枝牡丹纹錾耳金杯
（元代，内蒙古兴和县五甲地墓葬出土）

在中国传统的民族刺绣工艺中，蒙古族有自己独特的刺绣艺术。据罗布桑却丹所著《蒙古风俗鉴》等有关文献记载，在元朝以前，古代蒙古人在生活中就很注重刺绣艺术，并且应用范围很广，如耳套、帽子、衣服袖口、衣领、大襟、蒙古袍的边饰，花鞋、靴子以及生活中所用的荷包、碗袋、飘带、摔跤服、毡袜腰边、枕套、蒙古包等，在毡子和皮料底子上所做的贴绣如门帘、密缝毡子（绣花毡）、驼鞍、马鞍垫等都有精彩的刺绣。图案有犄纹、鸟兽、六畜、花卉、卷草纹、卍字、蝴蝶、蝙蝠、寿字、龙凤、佛手、方胜、葫芦、云纹、几何形纹样等，形成了具有独特风格的刺绣艺术。

元代的瓷器以白釉居多，还有影青釉、青釉、靛蓝釉、黑釉、茶釉等。器形有罐、钵、碗、盘、杯、碟、瓶、香炉等，器表多素面，玉壶春瓶、梅瓶、四系壶各具特征，牛腿瓶、双系扁壶具有本民族的造型特点（图十）。纹饰种类有花草纹、树叶纹、牡丹纹、莲花纹、双鱼纹、飞鹤纹、文字纹等，釉色分白、黑、茶、绿、影青、蓝等，纹样装饰在器物外表、内底、内腹部，常见随意点饰的简单花草纹，双鱼的形象活灵活现，立体艺术非常强烈。

明清时期，蒙古族的金银器以装饰品居多，生活器皿较少。尤其是装饰品，工艺更加精湛，比前代更具大众化，常见发饰和手饰，纹样以龙、凤、蝴蝶、梅花等装饰。在蒙古族传世金银器中，常见的器类有银碗、银盘、银托盘（图十一）、银盅、银簪、银钗、镶银蒙古刀、银头饰、银马鞍饰等，各种银制工艺品的造型美观大方、淳厚凝朴，强调形体的平衡与对称。在银制工艺品上錾刻云纹、犄纹、龙凤纹、卷草纹、八宝纹、几何纹等图案，多为蒙古族传统的纹饰，体现了蒙古族民间的艺术风格。在刺绣、建筑、剪纸、木雕等工艺品中，这种艺术风格一直沿用到现在。

图十　青花龙纹玉壶春瓶
（元代，内蒙古翁牛特旗出土）

图十一　银托盘

(清代，内蒙古博物院藏)

二　北方游牧民族追求自然美的生态思想

北方游牧民族的生态理念，构成造型艺术的价值内涵。草原生态和文化内涵是由北方游牧民族的生产方式、生活方式、风俗习惯、思想意识等文化因素构成的统一体，是追求人与自然协调发展，维护人类与自然界共存的共同利益，依据当代美学理论和生态文化观念，通过对历史上自发形成的游牧文化进行审美对比，特别是对相应审美现象进行一种理性自觉的再认识，使造型艺术与草原生态和观念思想结合起来，突出游牧民族追求自然美的纯朴思想得到具体的表现。

北方游牧民族的自然崇拜，有其自己的发展渊源。北方草原地区的新石器时代，已经出现了对大自然物像的崇拜，红山文化系统中的玉器，最早在兴隆洼文化中就已发现，器类有玉玦、玉匕、玉斧等，选料讲究，雕工精细，造型各异，内涵深邃，蕴含着原始人类对大自然和人文现象的神秘色彩，为后来的北方游牧民族的"尚玉"风习奠定了物质基础和思想基础。在北方游牧民族诞生以后，以草原上常见的动物为其器物的造型艺术，并将动物作为图腾崇拜的对象。同时，游牧民族普遍存在着崇拜自然的现象，将天地、山川、日月、星辰、林木、风雨等作为崇拜的对象。因而在造型艺术的创造过程中，体现了这一朴素的生态哲学与思想。

在没有受到中原地区各种经史和理念影响之前，北方游牧民族一直遵循"长生天"可持续发展规律，以"天地人合一"的朴素辩证思想为指导，在造型艺术中充分地表现出来。在游牧民族诞生以后，就认为自然界的动物、植物是他们赖以生存的必然的生活资料，甚至将动植物作为与之有血缘关系的图腾来崇拜，所以在制作的工艺品中将这种观念融入进去，来体现生态观念和追求自然美的法则。如匈奴以马、牛、羊、虎、狼、鹰等动物作为图腾（图十二），用此制作各种造型的器物，将羚羊形金饰件作为祭天的偶像，都是自然美在造型艺术中的直接反映，也是匈奴生态观念在造型艺术中的具体表现。

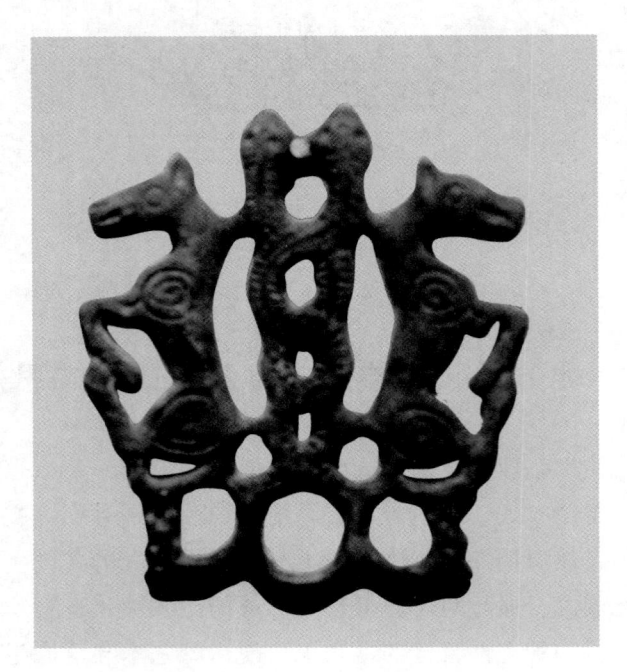

图十二　双蛇双马纹青铜饰牌
（西汉，内蒙古鄂尔多斯地区出土）

根据生态人类学的观点，北方游牧民族由于所处的草原生态环境决定了其游牧式的生产和生活方式，并由此产生了游牧文化，包括具有实用美观价值的工艺文化。这种文化在适应自然生态环境的过程中，在人们的日常生活用具、人生礼俗、人际交往、宗教信仰等文化现象中表现出很大的功能，发挥着重要作用，从物质文化上升到精神文化，就是追寻草原生态环境的适应性，在造型艺术中体现游牧民族

北方游牧民族造型艺术的风格与思想表述

自然美的纯朴思想。如匈奴、鲜卑的动物造型，由单体动物、复合动物、动物咬斗组成，在造型艺术上采用以动物轮廓和限制在长方形框架内为程式化形制。单体动物表现出食草动物的温驯和食肉动物的凶猛；复合动物讲究两两相对或者上下排列，呈现出对称美；动物咬斗则表现凶猛动物吞食弱小动物。这是游牧民族在草原地区长期的生活实践中，对大自然细微观察而产生的审美思想，既表现出草原的生活情景，又反映出对自然界物像崇拜的文化象征意义。

北方游牧民族文化的显著特征在于充分利用自然、适应自然环境，来延续游牧人的生存技能和生产方式。游牧文化的独特价值在于"天地人合一"的思维方式。草原地区的游牧民族视天地为父母，视水草为血液和神灵，视动物为生存的资料，将山水花鸟、野兽家畜都作为家里的成员。"天地人合一"是草原游牧民族评判人与自然关系好坏的尺度，通过人的活动影响自然，以达到人与自然间的转换，这就涉及美学范畴中如何人化自然的问题。因此，游牧民族在追求自然美的过程中，充分考虑到草原生态的观念，在造型艺术中出现众多的动物和自然图案。如蒙古族的刺绣多见卷云、云头、树木、花草等纹样，以此来表达游牧人对维护草原生态平衡的思想，反映游牧人对自然界物像的亲近感情。

英国人类学家弗雷泽（Sir James George Frazer）认为："在通常的情况下，它们或是某一种特殊的动物或某一个特殊的植物，很少把无生命的自然物当作图腾，而人工制品当作图腾的则更少。"[①] 在北方游牧民族中，将自然界的山川森林、雨雪风霜、日月星辰等作为生存的必要条件，动植物也是自然界的造化，与游牧人有着特殊的感情，由此衍生出动物的造型艺术，将拟人化的动物图腾在器物上表现出来，这是游牧民族造型艺术与草原生态互相作用的结果。英国人类学家马林诺夫斯基（B. K. Malinowski）认为："在一般人，特别是初民，是常以自己形象来想象客观世界的；动植物等既有行动的方式，而且与人有益有害，必然也是秉承了灵魂或精神的。初民哲学与宗教的有灵观，即以这种观察与推断为基础。"[②] 北方游牧民族的动物造型，就是一种人与动植物以及草原生态环境之间的相互关系。造型艺术所附着的物质载体中的功能、样式、质材等，大多与草原环境有关，同时又与游牧式的生产和生活方式相关。如游牧民族在特定的草原环境中，皮、木器和带鋬、耳的器物比较发达，就是为了适应游牧式的生产和生活方式，可以就地取材，便于携带。德国学者卡西尔（E. Cassirer）指出："人类知识的最初阶段一定是全部都只涉及外部世界的，因为就一切直接需求和实践利益而

---

① 朱狄：《原始文化研究》，生活·读书·新知三联书店1988年版，第77页。
② ［英］马林诺夫斯基：《巫术科学宗教与神话》，李安宅译，上海文艺出版社1987年版，第2页。

言，人都是依赖于他的自然环境的。如果不能不断地使自己适应于周围世界的环境，人就不可能生存下去。走向人的理智和文化生活的那些最初步骤，可以说是一些包含着对直接环境进行某种心理适应的行为。"① 就是说，社会的人必然要依赖于自然界，同时也要对自然界有正确的认识和适应心理，这一点在北方游牧民族中尤为突出。

马克思指出："动物只是按照它所属的那个物种的尺度和需要来进行塑造，而人则懂得按照任何物种的尺度来进行生产，并且随时随地都能用内在固有的尺度来衡量对象，所以，人也按照美的规律来塑造物体。"② 这段话中的"任何物种的尺度"应该包括社会和自然尺度，也就是说必须按照自然生态规律和社会发展规律去塑造物体。北方游牧民族在创造物质的造型艺术过程中，就是遵循草原生态发展的规律，去追求自然的审美思想。《考工记》记述了手工制作与自然生态之间的关系，说："天有时，地有气，材有美，工有巧，合此四者，然后可以为良。材美工巧，然而不良，则不时，不得地气也。……天有时以生，有时以杀；草木有时以生，有时以死；石有时以泐；水有时以凝，有时以泽：此天时也。"③ 指出了在制作工艺中的天时、地气、材美、工巧的有机统一，而天时、地气的自然生态是首要的基础。北方游牧民族一直生活在草原地区，以草原生态环境为一切生存的条件，在造型艺术中集草原生态观念和追求自然美的思想为一体，展示了游牧民族的精神内涵。

三　北方游牧民族造型艺术的价值观念

马克思指出："在考察这些变革时，必须时刻把下面两者区别开来：一种是生产的经济条件方面所发生的物质的、可以用自然科学的精确性指明的变革，一种是人类借以意识这个冲突并力求把它克服的那些法律的、政治的、宗教的、艺术的或哲学的，简言之，意识形态的形式。"④ 将艺术归入社会意识形态，也即精神文化领域。从文化的外化形式看，造型艺术本来属于物质文化，但艺术形式、社会功能、文化象征等又上升到精神文化领域，这就涉及造型艺术的价值观念问题。

北方游牧民族的造型艺术涉及了金银、青铜、陶瓷、玉石、皮革、漆木、玻

---

① ［德］卡西尔：《人论》，甘阳译，上海译文出版社1985年版，第5页。
② 马克思：《1844年经济学哲学手稿》，刘丕坤译，人民出版社1979年版，第50页。
③ 闻人军：《考工记译注》，上海古籍出版社1993年版，第117—118页。
④ 《马克思恩格斯选集》第二卷，人民出版社1972年版，第83页。

璃、建筑、刺绣以及民间工艺等,这些都是物质文化的重要组成部分。但随着造型艺术所透视出的文化价值看,又具有精神文化的功能。陈池瑜先生在论述造型艺术的特征和功能时说:"我们在强调美术的意识形态功能的同时,也必须考虑它的文化功能,因为美术不仅是一种意识形态,它还是一种文化形态。"[1] 指出了造型艺术不仅具有实用的物质功能,还具有精神价值和意识形态的价值。所以说,北方游牧民族造型艺术的价值观念是综合性的,不是泛指某一个方面,而是在物质文化基础上形成的意识形态。

北方游牧民族造型艺术是诸民族在不同历史时期所创造的,在这些民族的政治、军事、科学、艺术文化观念和体系中,蕴含着丰富的思想内容,反映出这些民族认识和对待人与草原生态、人与社会、人与人之间关系的基本态度和准则。造型艺术是一种特殊的文化形式,其中最主要的内容是艺术风格和文化内涵,这与纯艺术形式是完全不同的概念。造型艺术首先表现为人化的物态、实用性的产品,并反映了游牧民族的思想意识和文化观念。一方面,造型艺术的内容无论是金属器、玉石器、漆木器、陶瓷器、刺绣品,还是各种建筑工艺、民间工艺,都反映了游牧民族的价值观念、信仰观念、审美情趣、情感取向等意识形态的精神思想,如蒙古族刺绣等工艺品中的盘长装饰图案,盘曲连接,无头无尾,无休无止,显示出绵延不断的连续感,被蒙古族作为吉祥纹样,表达了蒙古族对世代绵延、福禄承袭、寿康永续、财源滚滚、爱情长久的文化价值和思想观念。另一方面,造型艺术对游牧民族的草原环境、社会环境也产生深远影响。

在早商时期,北方草原地区在鄂尔多斯率先出现了具有草原特征的器物,如青铜短剑、青铜刀、虎纹青铜戈等。随着草原生态的最后定型,游牧民族的最后形成,为了适应这种生态环境,在制作器物的过程中,充分考虑到生态的因素,就将草原上常见的动植物作为造型艺术的母题,并就地取材制作各类器物。同时,反过来说,游牧式的造型艺术特征又能表明游牧民族对草原生态环境的适应状况。如蒙古族的勒勒车制作工艺,这是传承高车、敕勒的传统工艺,完全是为了适应草原环境而制作。蒙古包是蒙古族的居住形式,从山戎开始就以"毡帐""帷幕"的形式出现,便于拆卸和搬迁,宜于"逐水草迁徙"的游牧生活,既方便轻捷,又不破坏牧场,对草原生态起着保护作用。北方游牧民族在保留传统的造型艺术基础上,又受到外来文化的影响,其价值观念随之发生变化,这是为了适应社会环境而进行改变。如历史上的鲜卑、契丹、党项、蒙古等游牧民族,都经历了由原始部落制向奴隶制再向封建制转变的过程,为了适应这种社会的变革,其价值观念多数为上层社

---

[1] 陈池瑜:《美术评论集》,长江文艺出版社1991年版,第215页。

会服务，造型艺术不再以单纯的草原上生存的动植物为主，而是包容了很多的外来文化因素。魏晋十六国以后，印度、罗马、波斯、粟特等文化因素大量渗透到北方游牧民族的造型艺术中，有的是直接输入的舶来品，如摩羯纹、佛像纹、联珠纹、狮子衔绶纹（图十三）、罗马金币、波斯银币、高足杯、折肩罐、鋬耳杯、长杯、金珠细工等。中原地区流行的文字符号、牡丹纹、莲花纹、龙凤纹、规整的装饰手法、制作工艺等，在北方游牧民族造型艺术中也有非常明显的特征。这说明北方游牧民族在接受外来文化以后，在造型艺术的价值观念上也发生了比较大的转变。

图十三　狮子衔绶纹银带扣
（元代，内蒙古敖汉旗南大城窖藏出土）

英国人类学家马林诺夫斯基在论述精神文化时指出："只有在人类的精神改变了物质，使人们依他们的理智及道德的见解去应用时，物质才有用处。另一方面，物质文化是模塑或控制下一代人的生活习惯的历程中所不能缺少的工具。人工环境或文化的物质设备，是机体在幼年时代养成反射作用、冲动及情感倾向的试验室。"[①] 文化对某一个民族的成长产生重要的推动作用，既体现在物质文化的实用价值，又反映了精神文化的渗透和影响，造型艺术是集物质文化和精神文化为一体的文化形式，体现出实用和精神的价值观念。如蒙古人与大自然水乳交融、合为一体的这种关系，反映了对草原生态环境的爱护。蓝天、绿地、牧人、牲畜，这是对草

---

① ［英］马林诺夫斯基：《文化论》，费孝通等译，中国民间文艺出版社1987年版，第5页。

原与游牧民族生活的最直观的认识,也是游牧民族对人与自然之间关系的最直观认识。

综上所述,中国北方游牧民族诞生后,由于独特的草原生态环境和历史发展的演变规律,形成具有区域性、民族性特征的游牧文化,包括游牧民族的造型艺术。其实,在孕育游牧民族发生、发展的北方草原地区,在近万年前就出现了最初的原始造型艺术,主要反映在陶塑、石雕、玉雕、骨雕等方面,其造型与装饰题材来自大自然的各种物象或被人为抽象化的几何符号,而且一开始就与人类的某些礼仪有关。北方游牧民族都经历过原始时期,将与自己生活密切相关的大自然赋予的动植物,在生活、生产的器具上表现出来,塑造了具有原生态性质的造型艺术,并且遵循自然美的法则和生态思想去展示文化内涵。随着游牧文化与外来文化的交融,造型艺术在自然美的基础上也发生了变化,这是游牧民族追求不同价值观念的再现,也是游牧民族造型艺术风格与思想表述所体现的物质文化与精神文化的融和所在。

东北民间美术的分类与特征

学术界对民间美术的分类可谓多样，有用途说、质地说、制作工艺说、造型说、艺术门类说等，目前尚未有统一的分类方法。民间美术主要是通过物质载体来表现，还有作为音乐、舞蹈、戏剧等艺术形式的道具。因此无论是哪一种分法，都不能概括民间美术的全部内容。只有从美术创作形式进行分类，才能将民间美术的所有内容表现出来，具体可分民间绘画、剪纸、雕塑、皮影、刺绣、织锦、印染、陶瓷、木作、玩具、编结、金属制作、民俗用品以及其他艺术形式的道具等。那么作为东北地区民间美术类非物质文化遗产，就目前而言没有包括织锦和印染两项，其他的都有所触及，特别是绘画、剪纸、雕塑、皮影、刺绣与服饰比较突出。从纵横时空去考察，东北民间美术具有实用美观性、原生本真性、历史传承性、区域结构性、民族民间性、传播交流性的文化特征。

一 民间美术的分类

目前，学术界从各种角度对民间美术进行分类，归纳起来大致有七种说法。

第一种说法是张道一先生对民间美术的分类，归纳为三大类属：其一，以欣赏、装饰和点缀生活环境为主的品类；其二，结合民间传统礼仪和岁时节令的品类；其三，以日常生活为主的品类。具体表现在九个方面。（1）年画花纸，包括春节张贴的喜庆故事画、吉祥寓意画、风俗画和用木版印刷的彩色墙纸、喜庆包装纸等。（2）门神纸马，包括春节张贴大门上的门神、居室房门上的吉祥画和民间各类木版神像、祖师爷等。（3）剪纸皮影，包括剪纸的窗花、喜花、门笺、鞋花、枕顶花和各路皮影。（4）陶瓷器皿，包括各地的瓷器、陶器、沙器和砖陶等用品。（5）雕刻彩塑，包括木雕、砖雕、石雕和泥塑、面塑等。（6）印染织绣，包括蓝印花布、彩印花布和刺绣、挑花、织锦等。（7）编结扎制，包括竹编、柳编和灯彩、风筝、纸扎等。（8）儿童玩具，包括泥、陶、竹、木、布、纸等材料所制作的各种玩具。(9) 其他，以上不能概括但有艺术特色的品类。①

第二种说法是王树村先生根据造型与外观将民间美术分为三类：(1) 流通于广大城乡，既有观赏价值，又含教育意义，但不依附于实用器物上或建筑物上的装饰或食品上的花样、包装纸上的印花等（如中堂画、门神画、年画、影壁画、纱灯画、纸编画、玻璃画、西洋景、花灯、彩塑、面塑、陶瓷、玩具、棕制戏人、窗花剪纸等）。(2) 属于生活用品或衣、食、住、行等人生所需的各种手工制品（如糕点模子、刺绣花样子、博戏印画、影戏人、木偶人、演员脸谱、龙凤花烛、香蜡包装花纸、糕点花纸、扇画、漆盘画、糊墙花纸、香案木雕、屋宇砖雕、陶瓷人、瓷猫枕、彩印桌围、衣装配饰等）。(3) 既不依附于各种物品上，又非建筑或器物上的油漆彩画、雕刻装饰，也不可作为独立观赏的一般绘画或年画来悬挂，而是随着宗教活动，或逢年过节、祖宗祭日出现于寺庙道观、氏族祠堂等公共场所者（如佛教"水陆大斋"道场上悬挂的"水陆画"、彩塑神像、木刻纸马、寺庙壁画、道释经卷画、全神画像、瓷塑神佛、朝衣大像、纸扎轿马、西装酥油塑像、唐卡、脱模小佛、嘛呢旗、纳西族佛像、白族佛像、塑神稿样等）。②

第三种说法是邓福星先生根据功能学原理将民间美术分为六类：(1) 供奉类（祭祀供奉活动中的用品、用具）。(2) 宅居类（民间宅居或聚落周围的亭桥楼牌和陵墓建筑，及附着其上的装饰，包括室内的家具陈设）。(3) 服饰类（用以装饰自身的服装鞋帽及各种用品）。(4) 器用类（生产生活中富有造型意义的器具）。(5) 贴饰类（主要指年画、剪纸类等）。(6) 游艺类（民间游艺活动中器具或场景布置用品，主要指娱玩活动中的各种道具）。③

第四种说法是《中国民间美术全集》（人民美术出版社、江苏美术出版社、吉林美术出版社等2002年版）按照类别分为六大册。(1) 绘画（绘刻年画、民俗版画、画工字画、水陆画、塑神秘谱、神佛唐卡、玻璃瓷画、灯屏绢画、诸般杂画等）。(2) 雕塑（泥塑、砖雕、石雕、木雕、陶瓷雕塑、面塑等）。(3) 剪纸（居室剪纸、岁时节令剪纸、人生礼仪剪纸、巫术剪纸、祭祀剪纸、服饰剪纸等）。(4) 玩具（古代玩具、淮阳泥泥狗、浚县泥咕咕、方城石猴、天门吹糖、长沙棕编、凤翔彩绘泥塑、新绛布虎、千阳布枕、合阳花馍、高密叫虎、玉田泥娃、邯郸棒棒人、潍坊风筝、北京刀马人、北京兔儿爷、北京棕人、毛猴、北京曹氏哈氏风筝、东北泥玩、无锡阿福、嘉兴蚕猫、南通板鹞、广州纸盔、佛山陶塑、泉州纸扎、建

---

① 张道一：《中国民间美术概说》，《美术长短录》，山东美术出版社1992年版，第286页。
② 王树村：《艺林撷珠》，《中国民间美术全集——绘画卷》，吉林美术出版社2002年版，第6—7页。
③ 邓福星：《中国民间美术全集——神像卷·序言》，山东教育出版社、山东友谊出版社1994年版，第7页。

水陶塑、平塘陶哨、黄平泥哨、成都浇糖人等）。（5）演具（面具、木偶、皮影等）。（6）饰物（银饰、玉饰及象牙雕刻等）。

第五种说法是顾森等主编的《中国民间艺术》（上海美术出版社1992年版）将民间美术分为七类：（1）织绣；（2）剪刻；（3）画绘；（4）塑作；（5）编扎；（6）埏烧；（7）雕镂。

第六种说法是王平根据民间美术的概念分为两大类：（1）为满足精神需求而创作的（如民间年画、民间剪纸、民间雕塑、民间玩具、民间编结、民间娱乐用品等）（2）为满足生产、生活需求而创作的（如民间刺绣、民间印染、民间织锦、民间陶瓷、民间服饰、民居陈设与家具、民间生产工具等）。①

第七种说法是山东省工艺美术学院教授潘鲁生先生在《民艺学论纲》（北京工艺美术出版社1998年版）中，从用途上将民间美术分为八个方面。（1）祭祀类。民众对民间诸神崇拜所雕刻、绘画的各类神像、神马，在祭祀活动中制作的各类面花、纸扎等供品和供具。（2）娱教类。民众在戏曲文化传播中所使用的面具、脸谱、皮影、木偶及相关的戏文美术品，以及具有启蒙教育、开发智力和审美功能的民间玩具等。（3）装饰类。民众对环境和自身的美化和装饰。主要表现在节令中的年画、窗花、布画、杂画和室内装饰品；民众对自身的装饰，包括服饰剪纸花样、鞋样等。（4）游艺类。民众在游艺民俗活动中所创造的民间乐舞、舞具、道具、乐器以及相关的乐舞表演形式；民俗活动中常见的灯彩、竞技及其他杂艺品等。（5）穿戴类。民众用来装饰自身的艺术，主要是汉族和少数民族的服饰、饰品、鞋帽和首饰，以及印染、刺绣、挑花、织锦等服饰用品。（6）起居类。民众居住的宅舍及与生活有关的其他建筑物，其中包括建筑构件的各种砖、木、石雕刻饰品和室内的家具陈设等。（7）生产类。民众在日常劳动中所创造和使用的各种农业生产工具、交通运输工具、手工业工具等。（8）用品类。民众在日常生活中所创造和使用的各种质材的餐饮厨炊用具、起居用品及其他生活用品等。

综上所述，每一种分类方法都有各自的依据，导致了侧重点的不同。在各级政府颁布的非物质文化遗产名录中，分为民间文学、民间音乐、民间舞蹈、传统戏剧、传统曲艺、民间美术、传统手工技艺、中医、民俗、杂技与竞技，但这里涉及的民间美术范围并不宽泛，有很多属于民间美术的种类没有包含在内。笔者在梳理各家之言的基础上，根据民间美术创作形式和东北地域特点，将作为遗产的东北民间美术分为以下十二类。（1）民间绘画（包括桦树皮镶嵌画、桦树皮画、鱼皮镂刻粘贴画、农民画、布贴画、葫芦画、年画、根须画、缝绣画、硬笔画、无笔画、指

---

① 王平：《中国民间美术通论》，中国科学技术大学出版社2007年版，第9页。

画、炕围画、版画、烙画、羊皮画、建筑彩绘、描金工艺、书画装裱技艺等）。（2）剪纸（包括剪纸、刻纸、撕纸、刺绣花样等）。（3）雕塑（包括纸扎、骨雕、山核桃雕刻和拼贴技艺、冰雕、角雕、面塑、木雕、泥塑、彩灯、匏器制作、松花砚雕刻、布偶、石雕、根雕、蛋雕、玉雕、玛瑙雕、煤精雕、琥珀雕等）。（4）皮影（包括各种皮影的制作和道具）。（5）刺绣与服饰（包括鱼皮衣制作、狍皮制作、枕顶绣、衣饰绣、荷包绣、地毯织造、各民族服饰制作等）。（6）陶瓷（包括黑陶制作、粗陶泥塑制作、缸窑烧造技艺等）。（7）木作（包括桦树皮船制作技艺、鄂伦春族斜仁柱营造技艺、漆糊酒容器技艺、橡木酒桶制作技艺、民族乐器制作技艺、鄂温克族撮罗子建造技艺、满族木屋建造技艺、朝鲜族民居建筑技艺、蒙古包制作技艺、达斡尔民居营造技艺、勒勒车制作技艺、桦树皮制作技艺、蒙古族马具制作技艺、弓箭制作技艺、达斡尔猎刀制作技艺、木刻楞制作技艺、榆鼓制作工艺、鄂温克族鹿哨制作技艺等）。（8）玩具（包括青牛葫芦、风筝、达斡尔族哈尼卡——纸偶等）。（9）编结（麦秸工艺、革兀革拉制作技艺、柳编技艺、稻草编制、高粱秆哨、草编技艺、绳编技艺等）。（10）金属制作（包括青铜镜透光工艺、铁制品制作技艺、锡雕、银铜器制作技艺等）。（11）民俗用品（与民俗活动有关的具有审美价值的各种用品，如朝鲜族花甲礼中的服饰和面塑、蒙古族婚礼中的服饰、社火中的服饰和道具、朝鲜族农夫节中的生产工具等）。（12）其他艺术形式的道具（与音乐、舞蹈、戏剧相关的道具，如蒙古族马头琴、拉弦乐器、鄂温克族口弦琴、木偶戏中木偶、高跷、龙舞中龙道具等）。

二 东北民间美术的文化特征

东北民间美术在人类社会的发展过程中出现的历史悠久。当人类诞生以后，在长期的劳动生产实践中，针对生产和生活的用途，制造相应的工具和容器，或者利用动物的骨骼制作装饰品，从而出现了原始的美术品，并赋予一定的文化含义。可以说最初的美术是人类从观察现实生活中产生，而且一开始就与原始祭祀等礼仪相联系。到了新石器时代，随着陶器的发明，人类审美意识的进一步增强，美术创作得到了更大的发展。进入阶级社会以后，美术得到全面的发展，直到民间美术、宫廷美术、文人美术、宗教美术等美术形式的形成。从东北地区纵横贯通的时空去考察，民间美术存在着实用美观性、原生本真性、历史传承性、区域结构性、民族民间性、传播交流性的文化特征。

民间美术的实用美观性，就是创作中的各种形式孕育于人们的生产、生活之中，其产生和发展必然受到"实用价值"与"审美价值"的双重制约。人类在创作美术品时会受到原形自然特征启示而产生敏锐的洞察力和丰富的想象力,这种力量会使他们抛弃所有繁杂的与理性毫不相干的形式。这就是民间美术充分利用自然材料,适形、适材、适艺的审美价值。在审美价值中,精神的适用要求又受到材料、技巧、工艺、实用功能的制约,于是在精神的理性审美观念中,作品的实用价值成为不可忽视的重要因素。在实用美观性方面,东北地区作为农耕文化、游牧文化、渔猎文化的交错分布的地区,各种文化适应于农田、草原、森林环境,民间美术创作中的物质载体必须具有适应这些生态环境的实用功能,同时又兼备一定的审美意识。如吉林东丰农民画、辽宁大连庄河农民画、黑龙江绥棱农民画等,都是在农耕文化的背景下而产生,用于装饰屋内的环境,并描绘农民生产、生活的情景。内蒙古科尔沁蒙古族民间剪纸、巴尔虎服饰、扎鲁特刺绣、阿鲁科尔沁旗蒙古族勒勒车制作技艺等,这又是适应游牧生活产生,用于装饰、穿着、出行等,属于实用性的民间美术创作,同时以草原上常见的动植物作为造型题材,起美化生活的作用,集实用性和审美性为一体。黑龙江黑河市鄂伦春族桦树皮镶嵌画、哈尔滨桦树皮画、赫哲族鱼皮制作技艺、内蒙古鄂伦春自治旗和根河市桦树皮制作技艺、莫力达瓦达斡尔族自治旗车制作技艺、鄂伦春自治旗斜仁柱制作技艺等,充分利用了鄂伦春族、鄂温克族、达斡尔族、赫哲族生活在森林环境中的桦木和河流资源,制作生活用品、生产工具、出行用具等,用动物、植物、几何形等象征性和借鉴性的纹样作为器物的装饰,反映出适应于渔猎文化而创作的实用美观性的民间美术品。

  民间美术的原生本真性,就是指民间美术创作的真实本原,是原生态地反映出作品的真实性。民间美术一旦成为非物质文化遗产,就要探索其最初的生存环境,追寻其原生态的文化内涵。民间美术类非物质文化遗产保护对原生态的追求,与民俗学探求本真性有密切关联,即包括民俗文化本身的真实性和媒介化民俗的真实性两个方面。民间美术有很多内容反映了民俗活动的某种文化现象,在创作中必然有其最原始的状态,保留有原初的民俗或民族文化。但是,在民间美术的传承过程中,当从身体传承、技艺传承转换到由文字或其他载体记录传播的过程,不可避免地会导致或多或少的失真,加之随着社会历史文化的变迁而发生变化,传承也会发生变异,从而会失去一定的原生态下的本真性。如古代东胡系民族的桦树皮制作技艺,最早可追溯到东北地区新石器时代仿桦树皮制作的筒形陶器,后来的鲜卑、契丹、室韦、蒙古等民族都有发达的桦树皮制作技艺,从工艺和造型几乎一脉相承,保留了原生态的制作工艺。在近现代,蒙古族、鄂温克族、鄂伦春族、达斡尔族、赫哲族、满族等民族都继承了这一古老的艺术形式和制作工艺,并且在建筑、交通及日常生活和生产中广泛地使用。所以说,用桦树皮创作的民间美术品由于独特的生态环境保留了原生态的艺术风格和制作工艺。但在当今的传承过程和随着诸民族生存环境的变化，桦树皮制作无论是造型、工艺、用途都发生了变化，更多地向旅游产品转化，特别是手工技艺逐渐弱化，导致了桦树皮制作技艺的失真。另一方面，由于学者、媒体等的介入，强调要保留包括民间美术在内的非物质文化遗产的原生和本真，促进了各级政府对原生态文化遗产保护区的建立，使之定型、固化，来提取民间美术的本真。但迄今为止，宣传和研究的较多，真正落实的则较少，因而也只能停留在表面的形式而已。因此，必须挖掘民间美术的原生本真性，在此基础上进行创作，使其保持有生生不息的活力。

民间美术的历史传承性，就是指民间美术的传统历史与承继。从东北地区美术创作的历史来看，最早可追溯到考古学上的旧石器时代晚期，到新石器时代，彩陶、陶塑、石雕、木雕、骨雕、煤精雕都有一定的进步。各古代民族诞生以后，美术创作包括陶瓷、铜铁、金银、玉石、漆木、骨牙、刺绣、皮革、绘画、建筑等内容，各民族或相互继承，或相互影响，留下了丰富的民间美术遗产资源。近现代的各种民间美术遗产，最短的也有三代以上，并以家族传承、师徒传承、群体传承、学校传承等"活态"传承的方式流传至今。如大连庄河剪纸，代表人韩月琴、孙秀英，以家族传承为主，师徒传承少。韩月琴家族传承谱系为王宋氏（1875年生）、卢宋氏（1873年生）—王淑芝（1907年生）—韩月琴（1940年生）、韩月娥（1930年生）、韩月凤（1938年生）、韩月巧（1942年生）—孙盈秋（1964年生）、刘洋（1983年生）四代，其中第四代的刘洋为师徒传承。近年来，韩月琴在庄河市河东小学，孙秀英在明星小学，分别确定了各自的民间剪纸技艺传承基地，在其他的小学中也开设剪纸课，因而庄河剪纸已成规模。庄河谱绣的传承人杨传浩，其家族先祖在清乾隆年间族内开始绣作品，主要是为有钱人家绣制，采取了母教女、婆传媳的传承方式，一代传一代，直到现在，其传承谱系为杨钱氏（祖母，1870年生）—刘洁清（母亲，1899年生）—杨传浩（现在的传承人，1938年生）—杨雪梅（女儿，1965年生）—杨欢（孙女，1999年生）五代。早在1930年，庄河女子师范学校就开设了"家事课"，主要科目就是刺绣工艺品，对民间谱绣艺术起到推广作用。

民间美术的民族民间性，指民间美术具有民族和民间的性质。不同的民族都有自己特色的民间美术，并赋予不同的文化内涵，如中国的剪纸、非洲木雕、中亚的金属器、印度的佛教艺术品等，都是各个大地域的民族在民间美术创作中的直接体现。东北地区包括黑龙江、吉林、辽宁三省和内蒙古的呼伦贝尔市、兴安盟、通辽市、赤峰市，历史上先后形成了东胡民族系、肃慎民族系、秽貊民族系，包括了东胡、肃慎、秽貊、乌桓、鲜卑、靺鞨、高句丽、契丹、女真、蒙古、满族等古代民族，近现代有满族、蒙古族、鄂温克族、鄂伦春族、达斡尔族、赫哲族、锡伯族、

第三编
艺术学篇

朝鲜族等少数民族聚居，因而民间美术带有地域性和民族性的特点。如长白山满族剪纸，多表现满族男女人物、萨满崇尚与神灵崇拜、生活习俗、生产习俗、婚丧习俗等，具有十分浓郁的民族特色。造型独特，剪纸中的人物多是正面站立、左右对称，五官阴剪，男人的长辫子可折到背面去，人物的身子和腿是双层的，可站立。剪技独特，有许多区别于其他民族的剪纸技艺，人物、动物身上多不打毛，常用香火烧出动物的眼睛和花纹，用炭黑画出纹饰，随意自然。还用红松明子烟熏出黑地白画的"年画"，形成鲜明的艺术个性。材料独特，满族剪纸一般不用纸，而是用树皮、树叶、苞米窝等材料代纸来剪，形成鲜明的地域特色。满族剪纸常常不是剪，而是撕，以手代剪，撕纸线条弯曲，有毛边，别具一格。突出了东北民间美术的民族性特点。

民间美术的传播交流性，指一个地区或民族的民间美术与外来民间美术文化因素的交融。任何一个地区或民族的民间美术创作都不是一成不变的，在发展过程中必然与其他地区或民族发生相互吸收、融化和调和，使其内涵更加丰富。在东北地区的民间美术遗产中，有许多都是从外地传入与本地的美术形式交融而形成的。如辽宁大连金州舞龙中的龙的制作工艺，在清朝晚期，当地村民根据清兵驻防营内在元宵节举行的舞龙表演而来，可以看出这种民间美术形式并非产生于大连地区，以后逐渐成为民间的一项娱乐活动，并延伸到平时节日、巨商富贾开业等活动中，向外传播到沈阳、北京等地。大连瓦房店市复州皮影，在清朝嘉庆年间由河北滦州皮影艺人和山东登州皮影艺人传入形成南北两派，以历史传说、风土人情、人物典故、传统戏目为表演内容，在辽南的艺术形式中独树一帜。丹东宽甸八河川皮影戏，起源于清朝晚期的"王氏皮影"，1865年举家从山东迁入宽甸境内，后移居八河川镇。从清末民初到20世纪60年代，"王氏皮影"在宽甸、凤城、本溪、岫岩、桓仁等地，每年要演出数百场。逢年过节、喜庆丰收、祈福拜神、嫁娶宴客、添丁祝寿，往往少不了搭台唱影。大连庄河剪纸，始于唐朝，明清时期开始流行，民国初年达到了兴盛，由于中原、山东等地移民的大量涌入，接受外来剪纸艺术的熏陶，在表现形式上既体现出北方剪纸粗犷浑厚的特点，又兼容了南方剪纸细腻精巧的风格。营口陈氏面塑工艺是山东菏泽面塑的一个分支，道光末年，陈氏先人从山东逃荒到辽南华铜落户，为了养家糊口，一面做木活，一面搞泥塑和做面活，主要是祭祀品和随葬品用的面鱼、神虫、枣花馒头以及各类面花等，并一直延续到现在。

民间美术的区域结构性，指因地域形成的民间美术及构成。东北地区地处"白山黑水"之间，在大兴安岭山脉以南、以东、以西的延伸地带，具有明显的地域文化，从而决定了民间美术的区域性。从民间美术的外化形态来看，首先是指物质载体本身，即创作民间美术品的诸如纸张、丝布、陶瓷、皮木、玉石、泥土等质材，在用途上运用于衣、食、住、行、用等各个方面。同时运用的美术形式将物质文化上升到精神文化领域，包括各种工艺形式以及在宗教祭祀、人生礼俗、人际交往、岁时节庆等方面所反映的群体非智力因素特征。如长白山满族枕头顶刺绣，流行于吉林长白山地区，品类繁多，针法多样，绣工精到，流传普遍，由于地理因素、民族因素使该地区的民间刺绣艺术在学习汉文化的基础上形成地方特色与民族风格，多以花草、鸟兽、鱼虫、人物、戏剧、文字、符号为题材，寓意吉祥如意、幸福平安、婚姻美满、多子多寿等深刻的文化含义。通榆县闯关东年画是一项有关东北木版年画制作技艺的文化遗产，清代随着山东李姓木版年画世家李祥携儿子闯关东来到吉林西部白城通榆落脚，开始了"关外"（指东北）木版年画的生产过程。使用传统的中原木版年画制作工艺，早期采用木板印制，也采用套红、套蓝、扑灰等中原手法，后来逐渐发展演变成胶版等，但手法传承上仍是中原与东北年画的独特融合。辽源市沙氏木雕是以沙德全家族的手工木雕技艺为代表的民间老作坊雕刻手艺的汇聚，沙氏祖先于清光绪中期闯关东来到东北，并把在山东老家开创的木雕手艺带至东北，开始了沙氏民间手工雕刻生涯。主要以东北长白山各种优质木材为原料，结合山中的平整石片、金属等材料，使用浮、立、镂、透等技法，雕造出独具一格的沙氏手工艺品，以手法新颖、作品题材广泛成为东北民间木艺的典型代表。这些民间美术的创作形式，突出了东北区域的特点，并集物质文化与精神文化为一体，构成了民间美术的主要内容。

民间美术由于依靠物质载体来体现，而其特性之一的实用性首先决定了它的文化内涵，即表现出生活实用所规范的功能条件，加之审美要求所体现的美的内容。民间美术侧重表现美好的、积极的和肯定的题材，所以民间美术主要是通过把握人们的精神世界，以表现出特定的情趣、格调等生活趣味和精神面貌。在民间美术的创作中，由于作品符合生活使用的功能要求的基本型，表现审美要求的外在形式。这种外在形式受功能要求制约，通常是以造型、色彩、装饰三大因素来体现。造型是以基本型为基础的外在形式，一切民间美术品种类，造型是最主要的；色彩是以工艺材料或附加材料来体现，色彩具有重要的精神影响和艺术表现力，但是没有造型，也就没有色彩；装饰是为了加强艺术效果的一种手段，规范和随意性的装饰不是附加物，而是一种美的表现。

民间美术品的表现手法，由于要服从实用的要求，受功能条件的局限，一般不宜采用对客观物像的描写，而以表现为主。通常是充分运用形式感，体现其特定的审美意识、情趣和艺术格调。而这种体现往往是比较含混的，非具象的。因而，民间美术品不只经常采用表号、象征、比拟、寓意、联想等多种手法，而且要利用人们在生活中对于形式的体验、积累形成的审美心理和情感反应。任何一种民间美术品不仅仅是欣赏或者起美化生活的作用，还通过作品来透视不同时代、不同地区、不同民族的文化现象，因而也就有了深刻的文化内涵。

基于上述东北地区民间美术的文化特征，无论是从实用性、美观性、原生性、本真性，还是区域性、民族性、承继性、传播性、结构性、历史性来看，都是中国民间美术的重要组成部分。特别是对京津地区、黄河中游地区、黄河下游地区、内蒙古中西部地区的民间美术有着直接的关系，在民间美术发展史上处于举足轻重的地位。同时，东北地区与朝鲜、韩国、俄罗斯、蒙古国等国家相邻或近邻，处于东北亚的核心区域。因此，研究民间美术的分类及文化构成对东北亚区域文化的交流将会起到促进作用。

论东北民族民间美术遗产的文化生态观

我国的东北地区是一个民族众多的聚居区,由于在自然生态方面呈现出草原、农田、森林等环境,加之社会文化背景的不同,民间美术遗产形成了独特的文化特征和艺术特征,与其他地区相比既有共性的一面,还有一定的差异,具有地域性和民族性的文化内涵。一方面,民间美术的内容体现出各个民族的创作情感、心理感受、审美观念、价值取向等;另一方面,民间美术对各民族的所处的生态环境和社会环境也产生深远影响。美国文化人类学家塞维斯(Elman Service)和萨林斯(Marshall Sahlins)认为,文化由于适应性变异而产生众多的类型,即"地球为人类生存所提供环境的多样性,使文化呈现出千姿百态。这是文化演化的特殊方面"[1]。这对于理解东北民族民间美术遗产所包含的多样性内容有直接的指导意义。东北民族民间美术遗产在多种生态环境的滋育下呈现出多样性的形式和内容,构成了多种文化生态观。

一 东北民族民间美术遗产的草原文化生态观

目前,学术界认为,中国自古就形成了三大生态文化区。其中,东北地区的西部,即内蒙古的呼伦贝尔、兴安盟、通辽市、赤峰市,辽宁省西部,吉林省西部等,属于北方和西北游牧兼渔猎文化区。从考古学资料看,在这一地域内发现的新石器时代文化遗址中出土的陶器和农业生产工具比较发达,每一种原始文化类型都有完整的聚落形态,处于定居式的生活,属于原始农业的发展时期。在一些遗址中虽然发现了一定数量的细石器,但与陶器和磨制石器相比仍然处于劣势,这只能说明原始农业经济下的狩猎经济比较发达,并不能改变整个原始文化序列中农业经济的主流地位,因而也可看出当时并非出现游牧,仅仅是狩猎经济在社会经济中占有一定的比例。直到公元前16世纪前后,北方的气候发生变化,改变了原有的原始农业生态,逐渐向半农半牧经济方式发展。到西周晚期,草原生态环境趋于最后的定型,加之马的驯服,从而诞生了游牧民族,创造了内涵丰富的游牧文化,并赋予

---

[1] [美]托马斯·哈定:《文化与进化》,韩建军、商戈令译,浙江人民出版社1987年版,第19页。

草原文化的生态观。

北方游牧民族长期以来形成的生计方式、观念形态、宗教信仰、风俗习惯等物质文化、制度文化、精神文化因素，构成了民间美术遗产与草原生态互动关系的统一整体。根据对文化生态观的理解，草原民族在发展过程中，为了维系人类与自然界的共同利益，追求人与自然的和谐相处，通过对游牧文化的认识，尤其是对根植于草原地区的民族民间美术进行理性的认识，并站在草原生态的角度去探索民间美术的创作，将民间美术与草原生态以及其中蕴含的观念结合在一起。从内蒙古东四盟市和吉林省西部的省级民族民间美术遗产项目看，在草原生态环境下形成的民间美术遗产有扎鲁特版画、奈曼旗宝石柱民间美术、通辽科尔沁剪纸、突泉剪纸、巴林左旗皮影、阿鲁科尔沁旗蒙古族服饰图案、陈巴尔虎旗巴尔虎博服饰与器具、扎鲁特旗科尔沁服饰、扎鲁特刺绣、扎赉特服饰、鄂温克旗布里亚特服饰、乌兰浩特奥日雅玛拉刺绣、科尔沁左翼后旗蒙古族马具制作技艺、阿鲁科尔沁旗蒙古族勒勒车制作技艺、科尔沁右翼中旗蒙古族拉弦乐器制作技艺、陈巴尔虎旗蒙古包、克什克腾蒙古族马鞍具制作技艺、阿鲁科尔沁旗蒙古包营造技艺、吉林省前郭尔罗斯蒙古族自治县马头琴制作技艺等。这些民族民间美术遗产在草原生态环境的滋润下，反映出创作者追求人与自然、人与人、人与社会和谐共处的生态观和思想。

图一　内蒙古扎鲁特版画——恋人

草原上生活的游牧民族，在生产与生活中认识到"长生天"的可持续发展规律，以"天地人合一"的朴素辩证思想为指导，通过民间美术的创作题材与文化寓意充分地表现出来。在草原生活的民族，将这种自然生态环境下产生的动植物作为生活的必需资料，特别是与草原生存的动物朝夕相伴，从中产生了图腾崇拜的自然思想，故在创作的艺术品中常见动物的造型。所以，游牧民族创作的民间美术也是如此，自然而然地把草原生态观融入所表现的美术作品之中。如内蒙古扎鲁特版画的创作者注重民族的风格、地区的特点和艺术家的个性，他们都自觉地挖掘个性，丰富自己的创作灵感，为自己的作品树立形象、注入感情。所创作的作品既有优美抒情、古朴浑厚的特征，又有粗犷豪放、明快精练的风格，但是都体现出一个共性，那就是具有浓郁的民族和地方特点。作品多以草原牧场和牧区生活为题材，从不同侧面反映牧区的新人、新事、新思想、新生活和新成就。作品的风格朴素而热情，细致而生动，有强烈的艺术感染力，并注重将人、社会、草原生态融在一起，表现出朴素的自然生态思想（图一）。乌兰浩特奥日雅玛拉刺绣在图案运用上也有各自的特点，每个民族往往因为自己的风俗习惯而以某种特定的花卉与纹样来象征特殊的含义。蒙古族的刺绣作品，其图案多为本民族传统的纹样，或者借鉴其他民族的题材，如龙、凤、马、鹿、鸟、荷花、牡丹、盘长、方胜、"寿"字、"卍"字、云纹、几何纹等，并应用在帽子、耳套、衣领、袖口、大襟、边饰、靴子、烟袋、荷包、用具袋、摔跤服、枕套、蒙古包顶饰、门帘、苫被单、马鞍垫等方面，有的地区姑娘出嫁时穿绿色的花鞋，以象征草原的兴旺。这些刺绣选用的题材，是草原生态观在刺绣艺术中的具体表现。

美国人类学家斯图尔德（Julian H. Steward）在谈到文化核心的时候，认为文化系统与生计活动和经济安排有着密切的关系，文化系统的决定因素分为核心制度和外围制度，核心制度即为"经济的、社会的、政治的、宗教的、军事模式以及技术的、美学的特征成为发展的分类法的基础。这些特征不是组成文化的整体。它们形成文化核心，它是由跨文化类型和水平的经验材料所制约的"[1]。这段话说明在一个完整的文化系统内必然有一组作为文化核心的文化要素，既有社会、政治、经济的要素，也有观念、宗教等要素，并且在适应环境中形成文化特性，通过经济为纽带表现出来，这是文化系统的决定因素。斯图尔德对文化与环境理论的论述，告诉人们只有重视人类活动、文化生存对自然环境的影响，坚持全球经济一体化下的文化多样性观点，才能有利于寻找自然生态的正常运行和人类生产与生活方式的可持续发展。

根据生态人类学的观点看，游牧民族在草原生态环境下形成了游牧式的生产与生活方式，创造了积淀深厚的游牧文化，构成草原文化的核心组成。民间美术作为

---

[1] J. H. Steward, *Theory of Culture Change*: *The Methodology of Multilinear*, University of Illinois Press, Urbana, 1979, p. 31.

艺术的一种形式，属于民间文化的范畴，在改造和适应草原生态环境的过程中，从物质形式上升到精神领域，在游牧民族的社会活动、日常生活、经济方式、风俗习惯、宗教信仰、思想观念、传承技艺等方面起着重要作用，体现了创作者追求草原文化生态观的淳朴思想。如阿鲁科尔沁旗蒙古包营造技艺，这种传统的工艺是为了适应蒙古族居住形式而制作，往往在蒙古包的顶部装饰云纹图案，以示对"长生天"的崇拜，包含着崇尚自然的朴素观念。内蒙古东北部、吉林省西部、辽宁省西部的民间美术，最大的特征无非是充分利用和适应草原生态环境，来延续草原地区民间艺人的创作题材、审美情趣、传承技艺、思维方式等，其艺术价值就在于体现出"天地人合一"的辩证思想，这是评判人与草原生态环境是否协调发展的最好尺度，通过人的活动、人所创造的文化来维系草原生态的运行轨道，反之，草原生态环境也会促进传统文化的正常延续，进而达到人与自然之间的正常转化。因此，草原地区的民间美术正是遵循这一秩序，在创作中融入草原生态的观念，产生了一幅幅淳朴而又有哲理的民间美术作品。

英国人类学家弗雷泽（Sir James George Frazer）认为："在通常的情况下，它们或是某一种特殊的动物或某一个特殊的植物，很少把无生命的自然物当作图腾，而人工制品当作图腾的则更少。"① 北方游牧民族在草原生态环境中，将自然界的山川、日月、森林和其间生存的动物等作为生存的必要条件，与动植物有着特殊的感情，甚至作为图腾来崇拜。由此，在创作民间美术作品时，常以草原生存的动植物和生活场景作为题材，就是要把尊重自然的心理表达出来。如通辽市科尔沁剪纸，其题材多为与草原生活相关的内容，太阳、月亮、狼图腾、牛羊、牧人、牧场等最为常见，将蒙古族古代文化元素在剪纸中表现出来，反映了蒙古族淳朴的生产生活习俗。草原游牧民族都经历过原始时期，创作了古老而朴素的原始艺术品，而且基于草原环境下的各种造型。近现代草原地区民间美术作品继承了这种淳朴的艺术风格，其题材、造型、风格、质材、功能等，一方面与草原文化内涵和游牧式生产、生活方式相关，另一方面又与草原生态环境有关，这是创作者与草原环境相互转化关系的直接体现。德国学者卡西尔（Ernst Cassirer）指出："人类知识的最初阶段一定是全部都只涉及外部世界的，因为就一切直接需求和实践利益而言，人都是依赖于他的自然环境的。如果不能不断地使自己适应于周围世界的环境，人就不可能生存下去。走向人的理智和文化生活的那些最初步骤，可以说是一些包含着对直接环境进行某种心理适应的行为。"② 草原地区的民间艺人在生活中依赖于生存的草原环

---

① 朱狄：《原始文化研究》，生活·读书·新知三联书店1988年版，第77页。
② [德]恩斯特·卡西尔：《人论》，甘阳译，上海译文出版社1985年版，第77页。

境,同时对这种环境要有适应的心理和正确的认识,只有这样才能在民间美术作品中反映出草原文化生态观。如蒙古族服饰刺绣,完全是在适应和认识草原生态环境下产生的,以独特的艺术形式,依附于本民族文化,其草原题材记载着蒙古族的历史、信念、理想和审美观念,展现了蒙古族艺人精湛的技艺和对生存环境的认知。

二 东北民间美术的农田文化生态观

在东北地区,还有广袤的农田生态,占了大部分面积。东北平原介于大兴安岭、小兴安岭、长白山之间,主要由三江平原、松嫩平原和辽河平原三个平原组成,分别位于东北平原的东北部、中部和南部。其特点是环山绕水、沃野千里,农业资源十分丰富,创造了具有地域特点的农耕文化,包括反映农田生态文化的民间美术。东北民族民间美术作为文化艺术的一种表现形式,通过物质载体塑造作品本身,而美术表象背后的文化内涵又是精神文化的反映,体现出民间美术的实用功能和精神价值观念,也折射出农田生态文化的内涵。也就是通过民族民间美术的创作,反映出地域环境、思想观念、社会制度、道德伦理、宗教信仰、民俗活动、经济类型等方面的内容。

在东北地区省级以上的民族民间美术遗产中,多数项目是在农田生态环境下产生的。美国人类学家斯图尔德认为:"文化特征是在逐步适应当地环境的过程中形成的,在任何一种文化中有一部分文化特征受环境因素的直接影响大于另外一些特征所受的影响。"[1] 这个学术观点指出环境与文化之间的影响关系。东北民族民间美术遗产作为民间文化的重要组成,具有农田生态特征的民间美术同样是环境与文化相互影响与发展的必然规律。如吉林东丰农民画,是我国东北地区起源较早、最有影响力和最具代表性的民间绘画形式,在发展中形成自己独特的艺术风格,承载着关东民间美术最基本的元素,在构图、题材、造型、色彩及审美方面彰显着农民创作者独特的思维理念,反映出东北关东地区人们的生产生活中所形成的各种物质形态和精神观念(图二)。

每一种民间美术形式都是在特定的生态环境下产生。东北地区有着广袤的农田生态,在这种环境的滋润下创作出具有地域性的民间美术必然与生态环境戚戚相关。东北的民族民间美术遗产多数是在乡村田野中传承下来,在创作中必然依赖于对农田生态的认识,包括创作题材、思想观念、心理期盼、文化寓意、民俗用途等。在题材

---

[1] Julian H. Steward, *Theory of Culture Change: The Methodology of Multilinear*, University of Illinois Press, Urbana, 1979, p. 31.

图二　吉林省东丰农民画——农家八仙

上，主要是象征着祈福吉庆含义的动物、植物、人物故事、宗教题材、文字符号、几何图形，具体有龙、牛、蝙蝠、凤、鹤、孔雀、鸳鸯、莲花、牡丹、梅花、兰花、孝子图、高士图、祭祀、回纹、菱形、"囍"、"寿"等，这些题材都是在传统的农田生态环境下的创作对象。如黑龙江省方正剪纸、吉林省吉林市潘氏剪纸（图三）、辽宁大连庄河剪纸，除了以上传统题材以外，还有喜庆丰收、老牛耕田、饲

图三　吉林省吉林市潘氏剪纸传承人在创作

养家畜等反映农村生活与劳作的情景，只有在农田生态环境中才能以类似的题材进行创作。

在思想观念上，淳朴的民间艺人将自己在生活和生产中的感受在美术作品中表达出来。其中，创作的题材仅仅是一种表达心理愿望和思想观念的文化符号，而隐藏在符号背面的却是深层次的文化内涵，具有文化的象征意义。如吉林通化市长白山满族枕头顶刺绣（图四）、延边州朝鲜族刺绣、辽宁岫岩满族刺绣、锦州满族刺绣等，由于都处于农业地区，以常见的题材作为刺绣的主体图案，特别

图四　吉林省通化市长白山满族枕头顶刺绣——二人转与戏剧故事

是在枕顶上的刺绣更具代表性,针对不同的家庭成员,具有相应的文化寓意。在儿童的枕顶上,大都绣"娃娃抱鱼""哪吒闹海""榴开百子""五子登科"之类的图样,祈祝孩子身体健康、茁壮成长、大有作为。青年人的枕顶上,多绣"蝶贺头甲""二甲传胪""麟吐玉书""鱼跃龙门""一路连科"等图案,具有朝气蓬勃、欣欣向上和祈盼仕途升迁之意。恋爱中的年轻人枕顶上,所绣"双鸭戏荷""鸳鸯戏莲""花蝶弄梅""花蝶戏荷"等图案,象征着爱情甜蜜。新婚夫妇的枕顶上,绣"双喜临门""多子多福""连(莲)生贵子""白头翁"等图案,象征新婚喜事、早生贵子、白头偕老。中年人的枕顶上,多绣"花鸟鱼虫""梅兰竹菊""戏剧故事""渔樵耕读""平(瓶)安(案)富贵"等图案,寓意平安富贵,吉祥如意,也有附庸风雅之意;年长者的枕顶上,多见"福禄双全""耄耋长寿""瓜瓞绵绵""松鹤寿桃""福禄寿"等图案,多象征长寿。这种枕顶刺绣的分类,体现了不同年龄段的人们对人生观念的认识。在枕顶绣中,主要用动植物、什物和文字来表述,借此作为吉祥文化的符号,由此形成了一个在农田生态环境下的完整的象征系统,表达了在东北传统民间文化视域下,人们对人生中的成长、爱情、婚姻、幸福、友情、长寿、平安等社会价值观念的认识。

我国著名考古学家俞伟超先生说:"一定的地理环境、历史条件和某些偶然因素,会造成他们特定的、共同的心理状态和风俗习惯、喜爱情绪、审美观念,而正是这种特定的精神因素,决定一些人们共同体都使用的物品。"[1] 东北地区从事农业生产的各民族的民间美术遗产都是在农田生态环境下形成的,而风俗习惯又促进了民间美术的发展。如在满族人的婚礼上,有晾枕头帘子的习俗,即在女子结婚时,把婚前所绣的枕顶绣片都缝在苫布上作为嫁妆,由两个人用木杆抬着绕村走一周,以展示新娘的勤劳和手巧;送到新郎家后,挂在洞房最明显的地方进行展示(图五);婚后还要把枕顶绣片送给婆家的长辈和妯娌,以此来交流刺绣技艺。此外,沈阳面塑有着久远的历史,清末民初,有专制大型面塑礼品的作坊,用于婚庆、祝寿等活动中。盖州陈氏面塑工艺普遍用在节日和结婚祝寿的喜庆日子。大连庄河、瓦房店东岗、岫岩、建平等地的剪纸艺术,可谓人们生活中最廉价的装饰品,过去常用于墙花、窗花、顶花等,如在粮仓上张贴带有鱼图案的剪纸,象征着家有余粮;水缸上张贴带有鱼图案的剪纸,寓意如鱼得水,有鱼必有水,源源不竭(图六)。因此,在农业生态环境下的民族民间美术具有一定的民俗用途,用于岁时节庆、人生礼俗、日常生活和生产等方面。

---

[1] 俞伟超:《关于"考古类型学"的问题——为北京大学七七至七九级青海、湖北考古实习同学而讲》,《考古类型学的理论与实践》,文物出版社1989年版,第9页。

图五　吉林省通化市满族婚礼洞房中的被格与枕顶绣

图六　辽宁省大连市庄河剪纸——鱼

三　东北民间美术的森林文化生态观

东北的大兴安岭地区，还生活着鄂伦春族、鄂温克族、达斡尔族、赫哲族等民族，由于长期生活在森林生态环境中，从事狩猎经济，因而逐渐形成狩猎文化，并一直传承下来。时至今日，多数的民族成员已经迁居到牧业和农业地区，但固有的狩猎文化却保留下来，反映在民间美术方面也有明显的地域和民族特征，同样体现出森林生态的观念。文化生态学认为："人类是一定环境中总生命网的一部分，并与物种群的生成体构成一个生物层的亚社会层，这个层次通常被称为群落。如果在这个总生命网中引进超有机体的文化因素，那么，在生物层之上就建立起了一个文化层。这两个层次之间交互影响、交互作用，在生态上有一种共存关系。"[①] 民间美术是工艺文化的一种艺术表现形式，在创作与发展中必然与生态环境相互共生，最终形成互动的关系，即生态环境影响着民间美术的构成，而人们在适应所处环境中所创作的民间美术形式又对生态环境有着紧密的依赖，一旦生态环境发生了变化，传统的民间美术也就无法延续下去，二者相互影响、相互制约。

在东北地区森林民族的民间美术遗产中，民间艺人创作的美术作品都是通过物质载体来表现，是实实在在的物质文化。但是，创作情感、制作技艺、传承方式、文化功能等又属于精神文化领域的内容。有时二者相互转化，在紧紧围绕森林生态观念下，既可体现出民间美术的实用功能，又能表现出由作品的实用性上升到审美的精神领域的特点。在森林中生活的鄂伦春族、鄂温克族、达斡尔族、赫哲族普遍信仰萨满教，他们创作的民间美术作品中有很多都与萨满教有关，如大兴安岭地区鄂伦春族刺绣、黑龙江呼玛县鄂伦春族萨满服饰、内蒙古根河市鄂温克萨满服饰与器具、莫力达瓦达斡尔自治旗达斡尔族萨满斡包祭等，后一种民俗活动虽然与民间美术没有直接的关系，但其中的萨满服、萨满用具等都属于民间美术的范畴。这些民族信仰的萨满教，表现出在适应森林生态环境下对自然的认识，并且融入与萨满教相关的民间美术的创作中。如鄂温克族萨满服饰中的鹿角冠，表示森林环境下形成的狩猎经济和文化，由于鹿角朝上，又因此成为沟通人与神灵的媒介。服饰上悬挂的铜镜，代表了太阳与月亮；冠后的彩色飘带，象征着天空中的彩虹；衣服下摆垂下的皮条，象征着通向神灵的通道；衣服所绣的蛇、鱼以及花草，象征着氏族来源、人口繁盛和对自然环境的描绘。这一切都是反映了萨满教中"万物有灵"的思想观念。做法仪式中的萨满鼓和鼓槌，可以增加神秘的氛围，以达到驱逐魔鬼的目

---

① 司马云杰：《文化社会学》，中国社会科学出版社2001年版，第153—154页。

的，祈求神灵赐予人们的幸福美满生活和健康长寿的身体。因此，以上与萨满教有关的民间美术，在表面看是属于物质文化，却反映了森林生态下的精神文化价值观念，体现了人与森林生态环境之间的关系。

在森林民族的民间美术中，最常见的是体现出所具有的实用性，即"在创作中首先要满足人们物质和精神的需求，然后才上升到审美的领域"①。这些民族认识到森林生态所给予的资源可以应用在各种生产、生活中，同时不违背森林生态的自然良性运行规律。如桦树皮、狍皮、鱼皮制作工艺及产品，属于这类的民间美术遗产有大兴安岭地区鄂伦春族桦树皮船制作技艺、黑龙江赫哲族鱼皮制作技艺、黑河市爱辉区鄂伦春族狍皮制作技艺、黑河市鄂伦春族桦树皮镶嵌画、黑河市鄂伦春族狍皮制作技艺、黑河市鄂伦春族斜仁柱、内蒙古鄂伦春自治旗鄂伦春族狍皮制作技艺、鄂伦春自治旗桦树皮制作技艺、根河市桦树皮制作技艺、达斡尔车制作技艺、根河市敖鲁古雅鄂温克族撮罗子、根河市鄂温克族口弦琴制作技艺、鄂温克族鹿哨制作技艺等。其中，桦树皮是制作生产和生活用具的主要材料，每年农历的五、六月，桦树树干水分充足，剥皮也较容易，这个季节剥下来的树皮不会伤害到树干，可以使桦树继续生长，从而保护了森林的生态平衡，然后用火烤或经过蒸煮，制作诸如碗、盆、火柴盒、水桶、针线盒、筷子盒、篓、摇篮、船、撮罗子等生活用具和交通工具（图七），并用来搭建住所。狍皮、鱼皮工艺中的材料，也来自于森林

图七　鄂伦春族桦树皮器——长方形盒

---

①　张景明、闫海涛：《东北民间美术的分类与特征》《文艺评论》2014 年第 5 期。

和河流中的动物，这些动物与树木等组成森林链条，如果任之泛滥生衍或过度人工捕猎，会造成森林生态失衡的状况。因此，当地的民族充分利用森林里生存的动物资源，在尊重自然的情况下创作狍皮、鱼皮的美术作品。以上的民间美术遗产除了实用以外，还在生活用具上装饰各种与环境相关的图案，赋予一定的文化寓意，反映出人与森林生态环境和谐相处的文化观念。

综上所述，东北地区由于具备草原生态、农田生态、森林生态环境，在创作民间美术的过程中，基于各自生态的不同，形成具有各自特征的美术形式和文化内涵。从历史上讲，东北地区先后有东胡、肃慎、秽貊三大民族系统，留下了大量的美术遗产，为诸民族经过长期的历史活动所创造的。在这些民族的社会、政治、经济、科学、文化观念和体系中，民间美术蕴含着丰富的思想内容，反映出这些民族对待人与自然、人与社会、人与人之间的基本态度和准则。民间美术作为一种文化艺术的表现形式，与纯美术的概念有着本质上的区别，其最主要的功能就是实用，然后才上升到审美意识。一方面，民间美术包括的绘画、剪纸、刺绣、雕塑、皮影、木作、编结等，在实用基础上反映了诸民族的创作情感、价值观念、审美情趣、宗教信仰等意识形态的精神思想。另一方面，各民族创作的民间美术对草原生态环境、农田生态环境、森林生态环境也产生深远影响。因为民间美术首先是物质层面上的实用产品，然后才反映出多种生态环境下的民族思想和文化观念。

辽代壁画中的茶饮及相关问题

辽朝是契丹族于907年建立的地方政权,在历史大舞台上延续了二百余年。契丹的发祥地西辽河流域,地处燕山山脉和大兴安岭山脉的夹角地带,是衔接华北平原、东北平原和蒙古高原的三角区域,"负山抱海","地沃宜耕植,水草便畜牧",加之山峦叠伏,草木密茂,河湖交错,有着十分优越的农、林、牧、副、渔多种经济资源。契丹兴起后,产业结构以畜牧、射猎为主,兼有微弱的农业。契丹立国后,农业经济迅速发展,而畜牧、渔猎始终并行不废。这就决定了辽代米、面、肉、乳兼容的饮食结构,形成了丰富多样的饮食文化。茶作为四大饮料之一,在中国具有悠久的历史。饮茶风俗大概在汉代时期就已经在巴蜀地区流行,南北朝时期传入北方草原地区,唐朝时期逐渐被北方游牧民族接受。如回纥人行饮茶风习,常以马与唐朝交换茶叶。《新唐书》卷一百九十六《陆羽传》记载:"其后尚茶成风。时回鹘入朝,始驱马市茶。"[1] 契丹族在唐朝时期主要居于北方草原地区的东部,活动于西拉木伦河流域,在这一地域内由于气候条件的缘故,本身并不产茶,其茶全部来自中原地区和南方地区。契丹的茶也应该是在唐朝时期传入,并被人们所接受和嗜好,其后的茶却主要来自五代和北宋。近年来,在辽墓的许多壁画中发现有茶饮场面和茶道情景的内容,这是辽代茶饮文化在绘画艺术中的一种表现方式。

一 辽代壁画茶饮图的考古发现与分类

辽代的壁画墓主要发现于内蒙古赤峰、通辽、辽宁朝阳、河北宣化、山西大同等地区,内容丰富多彩,涉及放牧、狩猎、鼓乐、舞蹈、出行、饮食、人物、车马等,其中的饮食场面、饮食行为的壁画占有大宗,并有很多反映茶饮内容的场面,包括了茶道、煮茶、进茶、备茶、饮茶等画面,反映了辽代契丹人对茶的热衷程度。由于所涉及的壁画较多,这里按照茶饮的分类列举典型的壁画予以描述。

---

[1] (宋)欧阳修、宋祁:《新唐书》卷一百九十六《陆羽传》,中华书局1975年版,第5612页。

（一）煮茶与茶道图壁画

1. 内蒙古敖汉旗羊山 1 号辽墓①壁画的茶道图，绘于墓室西南壁。共画七人。五个成年男子立于高桌周围，桌后立三人，桌两侧各立一人。桌后右一人正身而立，微低首面向桌右侧者，身着白色圆领长袍。中间一人半侧身向右侧，面向桌右侧者似有所语，身着白色圆领长袍。左一人半侧身向左，低首面向桌左侧者似有所语，双手呈操作状，身着白色圆领长袍。桌右侧者侧身向左而立，左手端一小盏正往盏托上放，身着白色圆领长袍。桌左侧者侧身向右而立，双手捧一盛果子的圆盘，身着白色圆领窄袖长袍。桌上放四套盏杯，一个带盖罐和一盘一碗，盘内盛果子，有的盏内盛枣。桌前左侧一髡发男童正袖手压扶竹笥之上，下颔抵于腕处双目紧闭做鼾睡状。女童居右，蹲坐于一个三足大火盆之后，做拨火状，正在煮茶，双目注视火盆上放置的两个瓜棱壶（图一）。

图一　茶道图
（内蒙古敖汉旗羊山 1 号辽墓出土）

---

① 邵国田：《敖汉旗羊山 1—3 号辽墓清理简报》，《内蒙古文物考古》1999 年第 1 期。

2. 河北宣化下八里6号辽墓①壁画的茶道图，绘于前室东壁。共画三男二女和家具、器皿。左右两侧各绘一长方形桌，左边的桌上有夹子、刷子、刀锯、勺、箸、盖罐、提梁壶、方盒等。桌后一髡发男子，怀抱白色执壶半侧身而立，身着黄色圆领长袍。桌前一童，半侧身而坐，身着土红色交领衣，挽袖，身前放一茶碾，右手推碾，正在碾茶。碾前置一漆盘，内置白色小碗。桌子右前方置火炉，炉上放白色瓜棱壶，一髡发男童跪于炉前，身着土黄色圆领长袍，左手扶膝，右手执团扇火。右桌上放花口盘、壶，桌前置盝顶式盖盒。桌左后角立一妇人，双手托盘，半转身回首。妇人身后一髡发男子，双膝着地，身着蓝色圆领长袍，双肘压着茶罗子，手背托下巴（图二）。

图二　茶道图
（河北省张家口市宣化区下八里6号辽墓出土）

3. 河北宣化下八里7号辽墓②壁画的茶道图，绘于前室东壁。共画八人，分两组：南面一组四人，由一个女子和三个不同装束的幼童组成。南面第一人为髡发男

---

① 张家口市宣化区文物保管所：《河北宣化辽代壁画墓》，《文物》1995年第2期。
② 河北省文物研究所等：《河北宣化辽张文藻壁画墓发掘简报》，《文物》1996年第9期。

童，手撑双腿跪于地上，一束髻童子双足踏其肩上，双手伸向吊篮，取篮中的桃子。其左前方站一契丹男童正用衣兜接桃子。桌旁站立一年青女子，右手持带叶桃子一个，左手指向取桃之童。在这四人中间放置茶碾、朱漆盘，盘内有锯子、毛刷、茶砖，茶炉上放一执壶，炉前有一曲柄团扇。第二组人物由四个童子组成，其中三人蹲踞，藏于桌子和食盒之后，最后一人站立，四人皆面右窥视前方取桃之童。人物前面放朱色方桌、食盒，桌上放茶具、文房四宝等。

（二）备茶图壁画

1. 内蒙古敖汉旗七家2号辽墓[①]壁画的备茶图，绘于墓室东南壁。共画五人，前排四人，后排一人。左第一人为女仆，半侧躬身低首向外而立，双手托一黄圆盘，上放一盏，身着浅蓝色交领宽袖长袍。左第二人为女仆，半侧躬身低首向外而立，双手执物递于第三人，身着黄色交领宽袖长袍。第三、四两人只剩袍角。在第一、二人之后立一男仆，髡发，身着黄色圆领袍。在第一、二人之前放一红色高桌，桌上置一盘一碗。桌右侧有一浅腹火盆，敛口，如意云头状三足，盆内炭火正燃，左侧炭火上放一黄色弦纹长颈瓶，正在煮茶备饮。

2. 内蒙古敖汉旗喇嘛沟辽墓[②]壁画的备茶图，绘于墓室的西南壁。共画三个男子，右第一人为青年，站立于高桌后，右手持一勺伸向左手拿着的白色罐中作舀物状，身着蓝色圆领窄袖长袍。第二人为年长者，右手向第三人做指使状，身着红色圆领窄袖长袍。第三人为青年，正躬身弯向火盆，右手执一双铁筷子做拨火状，身着蓝色圆领窄袖长袍。第一人前有一桌，桌上左侧置一圆形双叠食盒，上小下大；右侧放圆盘，内盛三个白碗，后边放两个蓝色小罐。桌前置一黄色酒瓶架，上插三个深蓝色大执壶，似在煮茶备饮。

3. 内蒙古巴林左旗滴水壶辽墓[③]壁画的备茶图，绘于墓室南壁。左侧是帐门的另一边，红色帐帘用绿带系扎，画面是三个男子的立像，右边一人面向中间一人躬身接茶，身着黄色圆领窄袖长袍，双手捧黑色盏托，托上有白釉茶碗。中间一人身着黄色圆领窄袖长袍，右手提白釉提梁执壶，左手扶右边青年男子所捧茶碗，做倒水状。左边一人穿直领长袍，身体大部分隐入红色帐帘后，目视其他两人，似在帐边听候吩咐。这是为墓主人准备饮茶的场面（图三）。

[①] 邵国田：《敖汉旗七家辽墓》，《内蒙古文物考古》1999年第1期。
[②] 邵国田：《敖汉旗喇嘛沟辽代壁画墓》，《内蒙古文物考古》1999年第1期。
[③] 巴林左旗博物馆：《内蒙古巴林左旗滴水壶辽代壁画墓》，《考古》1999年第8期。

辽代壁画中的茶饮及相关问题

图三 备茶图

（内蒙古巴林左旗滴水壶辽墓出土）

4. 辽宁法库叶茂台辽肖义墓①壁画的备食备茶图，绘于墓门西侧壁。画二人站在桌后，身着长袍束腰带，一人头戴黑帽，另一人髡发，各捧盏托，托上有碗。桌为长方形，上正中放一酒坛，盖已敞开，内插一长柄勺。坛旁有两个盏托，托上各有一碗，一函书一钵。另有一包裹，似乎为主人准备路上用的食品。桌下另有一人，蹲在火盆旁，手拿火筷，在拨弄炭火，火上置一长颈瓶和一带盖小罐，正在温酒和煮茶。

5. 辽宁朝阳召都巴辽墓②壁画的备茶图，绘于墓室左侧壁。在画面中间放浅绿色方桌，桌边有红色围幔。桌上放黄色三足罐、三足盘、三足盏托与盏、凤首莲花瓣形带流注壶。方桌左右各站立一人，左侧人物头戴黑色幞头，身着红色圆领长

---

① 温丽和：《辽宁法库县叶茂台辽肖义墓》，《考古》1989年第4期。
② 朝阳市博物馆等：《辽宁朝阳召都巴辽壁画墓》，《北方文物》2004年第2期。

· 257 ·

袍，腰系黑带，双手握于胸前；右侧人物头戴黑色幞头，身着绿色圆领长袍，双手姿势同于左侧人物。正在等待主人饮茶（图四）。

图四　备茶图
（辽宁省朝阳市召都巴辽墓出土）

（三）进茶图壁画

1. 河北宣化下八里 6 号辽墓壁画的进茶图，绘于前室东壁。画面由三人和一些用具、器皿组成。画面中间置一赭色方桌，桌上有红色盝顶式箱子、四个红色盏托、四个白色小碗、一个白色深腹盆，桌前放灰色五兽足火炉，炉内有火炭，上置一白色瓜棱壶，正在煮茶。桌后站一妇人，双手捧盏托，目视前方。桌右妇人双手捧唾盂于胸前，目视桌上。桌左一人左手拿团扇，右手抬起翘食指，与桌后妇人交谈。此画与"茶道图"相互衬托，反映契丹茶饮的真实场面。

2. 内蒙古敖汉旗下湾子 5 号辽墓①壁画的进茶图，绘于墓室西南壁。画中共四人，左侧第一人为契丹青年男子，双目视向第二人所端的碗，面含严肃之态。其余三人皆汉装，均半侧身双目视第一人，面含微笑，表现恭敬之态。第二人右手托一黄色大碗端向第一人，左手举至肩部；第三人手捧一浅盘，盘内放一黄色大碗；第四人双手捧一黄色洗。在四人前，左侧放一摞方形食盒，右侧放一黄色三足曲口浅腹火盆，内燃炭火，上放两个黄色执壶。画面人物形象逼真，神态各异，刻画细

---

① 邵国田：《敖汉旗下湾子辽墓清理简报》，《内蒙古文物考古》1999 年第 1 期。

腻，表现了给主人进茶的真实场景（图五）。

图五 进茶图
（内蒙古敖汉旗下湾子5号辽墓出土）

3. 内蒙古巴林左旗滴水壶辽墓壁画的进茶（食）图，绘于墓室西北壁。共画三个成年男子，髡发，身着白色圆领窄袖长袍。右边一人躬身而立，左手端筒形钵，右手持一勺放在钵内，眼神专注于钵。中间一人侧身而立，双手捧红色大盘，盘内放四个倒扣的碗、碟，一双箸，一把匙。左边一人躬身，右手提三足提梁鼎，左手持勺（图六）。

4. 河北宣化下八里5号辽墓[①]壁画的进茶图，绘于后室东南壁。共画四人和器皿。左边绘一张褐色方桌，桌上有两摞倒置的白色小碗和一个白色深腹花口盆，盆内放一红色勺子。桌后站着两个男子，右边一人身着深绿色圆领长袍，双手捧一白色平底盘，盘内放一白色花口碗。左边一人髡发，身着浅绿色圆领长袍，手拿白色执壶，壶口斜到碗口处。画面右边影作一扇敞开的红色大门，两个妇人一内一外在门口相遇（图七）。

---

① 张家口市宣化区文物保管所：《河北宣化辽代壁画墓》，《文物》1995年第2期。

图六 进茶（食）图
（内蒙古巴林左旗滴水壶辽墓出土）

图七 进茶图
（河北省张家口市宣化区下八里 5 号辽墓出土）

(四) 饮茶图壁画

1. 内蒙古翁牛特旗解放营子辽墓①壁画的原野饮茶图，绘于木椁东南壁。前桌上放炊具，地上放三个长颈瓶，桌右立一人，髡发，身着窄袖黄袍，腰系带，左手扶杖，右手平举伸指。左立者髡发，长袍，袖手。后一桌上放碗、盆、勺、叠盒等。正中一人席地而坐，身着窄袖红衣，腰系红带。右立者身着圆领紧袖红袍，腰系红带，左立者身着蓝袍，手抱一物。此桌前置二器，一为圈足高杯，一为方形火盆，一侍者身着黄短衣，踞坐于桌前。宴饮场上还有奏乐、起舞助兴，背景以山间、树丛、群鹿为衬，显示出契丹人原野炊饮的生活情景。

2. 内蒙古敖汉旗羊山1号辽墓壁画的墓主人饮茶图，绘于墓室东壁。共画四个男子，墓主人半侧身向右端坐于砖砌半浮雕的黑色椅子上，右臂肘枕于椅背上端，左手扶膝，身着红色圆领窄袖长袍，足踩红色方方形木矮凳。身后立一双手捧盂的契丹人，身着白色圆领窄袖长袍。墓主人近前的侍奉者，躬身面向墓主，双手捧一托有曲口小盏的海棠盘做恭请主人饮茶状。其后立一契丹侍者，半侧身向内而立，面向主人，双手捧一垫有方巾的方盘，上放一小口带盖大罐，身着白色圆领窄袖长袍。墓主人前置砖砌半浮雕式黑色小方桌，桌前侧放一带子母口的黑色浅盘，内盛三个西瓜。桌后侧放曲口竹编式浅盘，内盛石榴、桃、枣等水果（图八）。

3. 内蒙古敖汉旗下湾子1号辽墓壁画的墓主人饮茶图，绘于墓室东壁。墓主人袖手，半侧身向右端坐于红色木椅上，头戴软脚幞头，身着紫色圆领紧袖长袍，双脚踏在红腿蓝面的矮凳上，面含微笑，双目前视。椅后立一女侍，半侧身面向外，袖手，身着黑色交领窄袖长袍。桌一侧有一侍女，半侧身向外而立。回首面向主人如有所语，双手捧仰莲纹红色温碗，内放蓝色执壶，身着红色交领紧袖长袍。正中放一高桌，上置两个红色长盘，内盛形似桃子的水果。近主人一侧桌上放有红托蓝盏一组，黑色箸一双。背景为红框黑边的大屏风，上墨书契丹文字（图九）。

---

① 翁牛特旗文化馆等：《内蒙古解放营子辽墓发掘简报》，《考古》1979年第4期。

图八　墓主人饮茶图
（内蒙古敖汉旗羊山 1 号辽墓出土）

图九　墓主人饮茶图
（内蒙古敖汉旗下湾子 1 号辽墓出土）

二 辽代壁画茶饮图所反映的饮茶方式

契丹的茶主要来自中原王朝的馈赠、贸易以及军事掠夺，其饮茶的方法也从中原地区传入，大体上有两种，一为煎茶，一为点茶。煎茶是唐人所普遍饮用的方法，陆羽的《茶经》中有记载，包括两道程序，即烧水和煮茶。先将水放入锅中烧开，这谓第一沸，随即放入适量的盐来调味，再行烧开，到了"缘边如涌泉连珠"的程度，这谓第二沸，随后舀出一瓢水，用竹筴在锅中搅动，形成水涡，使水的沸度均匀，然后用量茶的小勺量取研磨细碎的茶末，投入水涡中心，再行搅动，到茶汤"势如奔涛溅沫"时，这谓第三沸，此时将事先舀出去的开水倒回锅中，使开水停沸，茶汤面上便会出现许多浮沫，谓之汤花，就可以"酌茶"饮用。点茶是宋人的饮法，将茶饼磨碎成沫，调成膏状，放入茶盏之中，然后被用称为"汤提点"的有盖壶把水烧开，将沸水注入盏中，并用茶筅在盏中环回搅拂即可饮用。辽代早期的契丹人行煎茶，中期以后流行点茶。

在辽代早期的墓葬中，没有发现煎茶的壁画，只能根据陆羽的《茶经》记载去复原。在上述列举的茶道图中，所发现的壁画都属于辽代晚期，表现的茶饮场面皆为点茶。如河北宣化下八里6号辽墓、7号辽墓壁画的茶道图，画面中都有煮茶用的茶碾、夹子、刷子、刀锯、勺、箸、盖罐、提梁壶、方盒等，还有火炉上沸水的情景和喝茶的盏。这些都是点茶必不可少的用具和程序。辽代茶道的主要程序有选茶、碾茶、罗茶、候汤、点注，那么在壁画的茶道图中就有贮茶的方盒、碾茶的茶碾、箩茶的茶箩、候汤的燎炉、烹点的汤瓶、饮茶的盏和盏托等。说明辽代茶饮非常讲究。

在辽代的上中层社会中，饮茶成为日常生活中不可缺少的一部分。从壁画的茶饮图看，要经过煮茶、备茶、进茶、饮茶几个程序，而且与其他的饮食活动相结合。如敖汉旗羊山1号辽墓壁画的煮茶图、巴林左旗滴水壶辽墓壁画的备茶图、敖汉旗下湾子5号辽墓壁画的进茶图、翁牛特旗解放营子辽墓壁画的原野饮茶图（图十），都与饮酒、食肉、行肴等饮食行为有关，反映了辽人宴饮中饮茶的生活习惯。辽人饮茶前必先点汤。宋人朱彧的《萍洲可谈》卷一记载："今世俗客，至则啜茶，去则啜汤，汤取药材甘香者屑之，或温或凉，未有不用甘草者，此俗遍天下。先公使辽，辽人相见，其俗先点汤，后点茶。至饮会亦先水饮，然后品味以进。"①《辽史》卷五十一《礼志四》四记载宋使见皇太后仪："赞各就坐，行汤，行茶。"② 周

---

① （宋）朱彧：《萍洲可谈》卷一，李伟国校点，上海古籍出版社2012年版，第10页。
② （元）脱脱等：《辽史》卷五十一《礼志四》，中华书局1974年版，第849页。

第三编
　艺术学篇

图十　原野饮茶图
（内蒙古翁牛特旗解放营子辽墓出土）

煇的《北辕录》亦曰："虏法：先汤后茶。"[1] 这与朱彧的记述完全相同，说明辽代饮茶习俗为先汤后茶，壁画中所见火炉上的执壶、长颈瓶等都为烧水或煮汤，并非直接煮茶，然后按照饮茶程序进行。

　　在辽墓的壁画中，还能看到与茶饮活动相关的果品与点心，这也是辽人饮茶的一种方式。《辽史》卷五十一《礼志四》记载的曲宴宋使礼仪中，有"行单茶，行酒，行膳，行果"的饮食行为活动。敖汉旗羊山1号辽墓壁画的茶道图，桌上的盘、盏内盛有果子和枣。宣化下八里7号辽墓壁画的茶道图，有童子搭人梯取吊在空中篮子里盛放桃子的画面。敖汉旗羊山1号辽墓壁画的墓主人饮茶图，在墓主人前置砖砌半浮雕式黑色小方桌前侧放一带子母口的黑色浅盘，内盛三个西瓜；桌后侧放曲口竹编式浅盘，内盛石榴、桃、枣等水果。这些壁画内容证实了辽人一边行茶一边行果的真实场景。

　　辽人饮茶的器具多样。根据考古学资料表明，辽代茶具发现的数量很多，有

---

[1] （宋）周煇：《北辕录》，载赵永春辑注《奉使辽金行程录》（增订本），商务印书馆2017年版，第425页。

· 264 ·

金、银、铜、铁、瓷、陶等,分为煮茶器、点茶器、贮茶器、碾茶器、饮茶器。煮茶器有铁炉、铁镬、铁火盆,如敖汉旗羊山1号辽墓壁画的煮茶图中的三足火盆;点茶器有银执壶、铜执壶、瓷注壶、铁勺等,如宣化下八里6号辽墓壁画的茶道图中髡发男子怀抱的白色执壶;贮茶器有茶箱、茶盒,如宣化下八里6号辽墓壁画的茶道图中右桌上放置的盝顶式盖盒。碾茶器有茶碾,如宣化下八里6号辽墓壁画的茶道图,在左下方有一童子正在碾茶,茶碾有底座,槽呈船形,碾盘为圆形,有横轴穿过,此类的茶碾在内蒙古宁城县埋王沟辽墓①中曾出土;饮茶器有碗、杯、盏、盏托,如翁牛特旗解放营子辽墓壁画的原野饮茶图中的碗、高圈足,辽宁法库叶茂台辽肖义墓壁画的备食备茶图中的碗、盏、盏托。这些茶器在考古学资料中都有实物,壁画从另一侧面印证了辽代的茶饮器具,也可看出辽代茶饮的风行程度。

三 辽代壁画茶饮图所表现的茶事活动

通过辽墓壁画的茶饮图,结合文献记载,可以看出当时辽人的茶事活动,涉及各种礼仪、人际交往、岁时节日、日常生活、音乐舞蹈等方面。随着茶饮文化的逐渐深入,在辽代宫廷中形成了与此相关的一些礼仪,如祭山仪中的"茶果",宋使进遗留礼物仪中的"茶膳",宋使见皇太后、皇帝仪中的"行茶",曲宴宋使仪中的"行单茶",皇后生辰朝贺仪中的"茶饼",重九仪中的"赐茶"等。《辽史》卷五十一《礼志四》记载的"宋使见皇帝仪","宋使贺生辰、正旦。至日,臣僚昧爽入朝,使者至幕次。奏'班齐',声警,皇帝升殿坐。……殿上酒三行,行茶、行肴、行膳"②。宋代使者在辽代皇帝的生日和过"正旦"节(正月初一)时,辽代皇帝在皇宫摆酒宴,与宋代使臣及其辽代大臣共同宴饮,行酒、行茶、行肴、行膳都有一套礼仪。另外,在"宋使见皇太后仪""贺生辰正旦宋使朝辞皇帝仪""皇帝生辰朝贺仪""皇太后生辰朝贺仪""皇后生辰仪"上,都有一套礼仪,并且摆设酒宴,辽代皇帝、皇后、大臣和宋代使臣、副使及随从一起行酒、行膳、行茶、行汤,而行茶是宴席中的一个重要的环节,与其他的饮食行为相辅相成。辽墓壁画虽然没有记录皇宫礼仪,但在烹饪备饮图中明显体现出行酒、行茶、行膳的饮食礼仪特点。如内蒙古敖汉旗七家1号辽墓壁画的烹饪备饮图,绘于墓室东南壁。共画三人,均为女仆。右一人为担坛者,半侧身向内,双脚迈开做走动状,左手拿扁担,右手提坛,另一坛置于地上,身着浅蓝色交领窄袖长袍。中间一人半侧向内

---

① 内蒙古文物考古研究所:《宁城县埋王沟辽代墓地发掘简报》,载魏坚主编《内蒙古文物考古文集》第二辑,中国大百科全书出版社1997年版,第609—630页。

② (元)脱脱等:《辽史》卷五十一《礼志四》,中华书局1974年版,第850—851页。

半跪状，左手握棍正拨锅下之火，嘴做吹火状，身着浅蓝色窄袖长袍。左一人正面坐于铁锅之后的圆凳之上，上身向外倾斜，右脚踏于小矮桌上，双手握一弯柄状器正在搅动锅内肉食，身着黑色交领长袍。三足铁锅内有食物，其下火苗跳动，正在煮食。锅左侧置一长条矮桌，桌上放盘、碗、盏、箸等，其中一黑碗内放一长柄勺，其他碗内盛红色食物或茶饮。这幅壁画包括了酒、茶、食的准备情景，反映了墓主人生前行酒、行茶、行膳的饮食状况。

茶事活动的一个社会功能，就是通过不同主体间共同的饮茶活动作为媒介来维系人际关系，加强个体与个体、个体与群体以及群体与群体之间的交往和合作。在人际交往中，茶事活动可以反映人与人之间的地位和身份，不同群体间的茶事活动也可以知道人际关系的亲疏远近。契丹与周邻民族和中原诸王朝的人际往来，很多场面都依靠茶事等饮食活动，从中探窥宾主间的关系，并通过宴会来表明宾客及各级官吏的身份和地位。在契丹皇帝宴请宋朝使者的仪式中，"昧爽，臣僚入朝，宋使至幕次。皇帝升殿，殿前、教坊、契丹文武班，皆如初见之仪。宋使副缀翰林学士班，东洞门入，面西鞠躬。舍人鞠躬，通文武百僚臣某以下起居，七拜。谢宣召赴宴，致词讫，舞蹈，五拜毕，赞各上殿祗候。舍人引大臣、使相、臣僚、使副及方茵朵殿应坐臣僚并于西阶上殿，就位立；其余不应坐臣僚并于西洞门出。勾从人入，起居，谢赐宴，两廊立，如初见之仪。二人监盏，教坊再拜，赞各上殿祗候。入御床，大臣进酒。舍人、阁使赞拜、行酒，皆如初见之仪。次行方茵朵殿臣僚酒，传宣饮尽，如常仪。殿上酒一行毕，两廊从人行酒如初。殿上行饼茶毕，教坊致语，揖臣僚、使副并廊下从人皆起立，候口号绝，揖臣僚等皆鞠躬。赞拜，殿上应坐并侍立臣僚皆拜，称'万岁'。赞各就坐。次赞廊下从人拜，亦如之，歇宴，揖臣僚起立，御床出，皇帝起，入阁"[①]。从皇帝上殿，到宋使和辽代大臣入拜、就宴坐、行酒、行茶、行食，都有一套严格的等级安排，体现了契丹皇帝与各级臣僚、契丹国主人与宋朝宾客之间的人际关系中的高上和卑下。在辽人的日常饮食生活中，也能表现出人与人之间地位的差异。在敖汉旗羊山1号辽墓壁画的墓主人宴饮图中，墓主人端坐于黑色椅子之上，身后站立一双手捧渣斗的契丹仆人，近前为双手捧盏的拱身侍仆恭请诸人喝茶，其身后站立一双手捧罐的侍仆。主仆关系在饮茶的一瞬间便清晰地体现出来，这是辽代人际关系在茶事活动中的真实体现。《契丹国志》卷二十一《南北朝馈献礼物》记载了契丹与宋朝互贺的生日礼物，宋朝给契丹皇帝的生日礼物有酒食茶器、乳茶、岳麓茶等。说明了国与国之间在茶饮文化上所表现的友好关系。

---

① （元）脱脱等：《辽史》卷五十一《礼志四》，中华书局1974年版，第851—852页。

辽代的茶事活动还表现在岁时节日方面，有的节日本身又带有原始宗教祭祀的性质。如每到冬至日，契丹人杀白羊、白马、白雁，用其血与酒相和，皇帝用其向北遥祭黑山。在冬至这一天，契丹宫廷要举行饮酒、饮茶等行为来庆贺。"冬至朝贺仪：臣僚班齐，如正旦仪。皇帝、皇后拜日，臣僚陪位再拜。皇帝、皇后升殿坐，契丹舍人通，臣僚入，合班，亲王祝寿，宣答，皆如正旦之仪。……皇后进酒，如皇帝之仪。三进酒，行茶，教坊致语，行肴膳，大馔，七进酒。曲破，臣僚起，御床出，谢宴，皆如皇太后生辰仪。"① 在庆贺冬至的时候，契丹皇帝、皇后、皇太后、亲王、臣僚相聚在一起，共同宴饮行乐，礼仪虽然繁缛，但进酒、行酒、行茶、行膳的饮食行为始终贯穿整个礼仪过程。立春日，"皇帝出就内殿，拜先帝御容，北南臣僚丹墀内合班，再拜。……撒谷豆，许众夺之。臣僚依位坐，酒两行，春盘入。酒三行毕，行茶。皆起。礼毕"②。在祭仪之中，多次以酒、茶、肉等饮食活动来祭奠，祈求大自然和祖先的保佑，达到风调雨顺、国泰平安的功效。在辽墓壁画的茶事活动中，虽然没有标明是为某个节日而进行的茶饮，但不排除节庆中的备茶、进茶、饮茶等场面。

契丹的音乐和舞蹈往往伴随着茶事活动等饮食行为而进行，在一些礼仪宴会中，多有散乐。《辽史》卷五十三《礼志六》记载："皇帝生辰朝贺仪：臣僚、国使班齐，皇帝升殿坐。臣僚、使副入，合班称贺，合班出，皆如皇太后生辰仪。……赞各就坐，行酒。宣饮尽，就位谢如仪。殿上一进酒毕，从人入就位如仪。亲王进酒，行饼茶，教坊致语如仪。行茶、行肴膳如仪。七进酒，使相乐曲终，从人起。曲破，臣僚、使副起。余皆如正旦之仪。"③《辽史》卷五十四《乐志》记载："皇帝生辰乐次：酒一行，觱篥起，歌。酒二行，歌，手伎入。酒三行，琵琶独弹。饼、茶、致语。食入，杂剧进。酒四行，阙。酒五行，笙独吹，鼓笛进。酒六行，筝独弹，筑球。酒七行，歌曲破，角觝。"④ 在举行宴会时，根据礼仪内容、饮酒的巡数、饮茶行为和用食情况，决定弹什么乐器、奏什么乐曲，并形成定制。在翁牛特旗解放营子辽墓壁画的原野饮茶图中，墓主人在辽阔的草原上席地而坐，旁有侍仆恭奉饮茶、行酒、进膳，宴饮场上还有奏乐、起舞助兴，背景以山间、树丛、群鹿为衬，显示出契丹人原野炊饮与乐舞的生活情景。

在总体上辽墓壁画均以写实的手法，艺术的形式，反映了当时的茶道、煮茶、进茶、备茶、饮茶等茶饮场面，构图巧妙，布局适宜，画技高超，寓意深远。其

---

① （元）脱脱等：《辽史》卷五十三《礼志六》，中华书局1974年版，第876页。
② （元）脱脱等：《辽史》卷五十三《礼志六》，中华书局1974年版，第876页。
③ （元）脱脱等：《辽史》卷五十三《礼志六》，中华书局1974年版，第869页。
④ （元）脱脱等：《辽史》卷五十四《乐志》，中华书局1974年版，第891—892页。

中，茶道图尤为珍贵，表现了选茶、碾茶、煮茶等一系列过程，绘出的茶道工具和用具十余种，主要有加工碾子、煮茶炉、点茶执壶、存茶箱子和用茶杯子。所有茶饮画面中有男有女，还有孩童，人物形象惟妙惟肖，场面阔绰，可想当时人们对茶饮的追求与喜好。通过辽代壁画的茶饮图，了解到辽人饮茶的方式和饮茶的器具，并透过茶事活动来反映饮食礼俗、人际交往、节日庆典、乐舞礼仪等方面的内容，从而进一步探讨了辽代茶饮文化的内涵以及南北文化的交流。

论北方游牧民族的皮木器及其造型艺术

北方草原地区约在公元前 16 世纪由于气候条件发生变化，由温暖、湿润逐渐变得寒冷、干旱，在这种情况下已经不再适应农业的发展，原来从事农业的群体渐变为牧业生产，并且存在一个半农半牧的阶段。西周晚期，中国北方游牧民族诞生，从此产生了游牧文化。鉴于北方游牧民族有着发达的畜牧业经济和良好的自然森林资源，可以就地取材，创作纯朴的造型艺术，诸如皮制的容器、带饰、桦树皮器、漆木食器、木车、乐器等，这些以物质为载体的造型艺术反映出诸民族的经济状况、生存环境、社会文化等问题。

一　皮革及桦树皮器物的造型艺术

从北方游牧民族从事的畜牧业经济类型来看，皮制器物比较普遍，但由于不易保存，遗迹中很少发现完整的器物。在鲜卑和契丹的许多墓葬中，常见皮制的器物，多数因腐朽而器形不明，有的作为带饰和马具上的带鞓。在内蒙古阿鲁科尔沁旗的辽代遗迹中，还发现有皮制的弓囊、箭囊等。《元史》卷一《太祖纪》记载："帝与诸族及薛彻别吉之母忽儿真之前，共置马湩一革囊；薛彻别吉次母野别该之前，独置一革囊。"[①] 皮囊是当时盛装饮料的主要器物，一般选用马皮、牛皮熟制后缝合而成，辽代契丹族的陶、瓷、木制鸡冠壶就是仿皮囊壶的形状而制作。

木器制作也是北方游牧民族的主要工艺之一，其中，桦树皮造型艺术是其重要的组成部分。桦树皮器物是生产和生活用具，以轻便、耐用的桦皮作原料，用于建筑、生产、生活、交通等方面，并讲究各种造型和图案艺术。桦树皮造型艺术是在社会生产力极端低下的条件中产生，最早可追溯到旧石器时代晚期，原始人类常年生活在茫茫的森林中，在长期的劳动实践中，认识到桦树皮特有的性能，与游而不定的狩猎生活相适应，制作成轻便、防水、防潮、耐用的桦树皮器物。考古资料表明，早在东北

---

① （明）宋濂等：《元史》卷一《太祖纪》，中华书局 1976 年版，第 4 页。

第三编　艺术学篇

地区新石器时代遗址中就有仿桦树皮制作的陶器。山戎创造的夏家店上层文化遗址中，出土有一种筒形陶罐，口沿下有锥刺纹，平底向外平伸突出器身，显然为仿制桦树皮器的造型。东汉鲜卑族的桦树皮造型艺术比较发达，以后的契丹、室韦、女真、蒙古等民族继续制作桦树皮器物，成为北方游牧民族的一个重要的工艺门类。在桦树皮器物产生后，就形成独特的制作工艺和造型艺术，体现了北方游牧民族对物质、工艺、审美的统一认识。桦树皮器物首先突出了实用价值，在此基础上产生审美价值，即融制作工艺和器物造型为一体，使用于日常生活的各个方面。

从鲜卑族的桦树皮器物看，种类有壶、罐、筒、船形明器、箭囊、弓囊、弯刀形器、圆牌、人形饰、钱形饰片等。如内蒙古满洲里市扎赉诺尔墓葬[①]出土的桦皮壶，小口，高领，广肩，直腹，器底缺失；其制法是领部用双层桦皮，外层的下缘剪作锯齿状；腹部也为双层，内层用一片桦皮，外层分作上下两段，各用数片桦皮缝合；肩部为单层，分别夹在领、腹的双层间，接口缝合处都留有针脚（图一）。内蒙古额尔古纳市拉布达林墓葬[②]出土桦皮罐，直领，斜肩，直腹，由于缝制原因，罐底大于器身一周，底心向内凹；制法是分段缝制，整个器物分领、肩、身、底四

图一　桦树皮壶
（东汉，内蒙古满洲里市扎赉诺尔墓葬出土）

---

① 内蒙古文物考古研究所：《扎赉诺尔古墓群1986年清理发掘简报》，载李逸文、魏坚主编《内蒙古文物考古文集》第一辑，中国大百科全书出版社1994年版，第369—382页。

② 内蒙古文物考古研究所等：《额尔古纳右旗拉布达林鲜卑墓群发掘简报》，载李逸文、魏坚主编《内蒙古文物考古文集》第一辑，中国大百科全书出版社1994年版，第384—396页。

个部分，单层桦皮，个别的底部为双层；领为竖向纹理的桦皮，其下缘围住器身的上缘；罐身也为竖向纹理的桦皮，其底缘外折，压在罐的底缘之上；在肩部、帮底等部位各另加一周条状桦皮，起加固罐底和罐身的作用。桦皮筒状罐，小口，斜折肩，直腹，双层底，底稍呈椭圆形；整个器身为一张单层竖向纹理的桦皮，上缘有七个豁口，将其分成宽度基本相等的九片，两侧的各一片较窄，缝成筒形后变为七片，均向内斜折，顺序叠压，以线固定，形成小口、斜肩；器身底缘向外平折与底缘缝合，底部外露一圈。桦皮筒，为直口，筒状，多为单层底，个别为双层底，底缘外露一圈，由底和帮两部分组成。桦皮箭袋，为一张单层桦皮卷成的扁筒状，相交处用针线缝合。桦皮人形饰，用单层桦皮剪成人体形状。圆牌为单层或双层桦皮，有的表面残留有皮革痕迹，应为皮革容器的盖或底。内蒙古察哈尔右翼后旗三道湾墓葬①出土桦皮圆牌和残器，圆牌边缘有均匀的针孔。

内蒙古新巴尔虎左旗甘珠尔花契丹墓②中，出土有桦皮筒，无盖无底，系一张桦皮卷成，外壁上下各缝有一周条状桦皮，起加固作用。此外，黑龙江、吉林等地的女真墓葬也出土桦树皮器物，有弓囊、箭囊、篓、托圈等，采用缝制工艺成型。内蒙古四子王旗、达尔罕茂明安联合旗、兴和县的金代和元代墓葬中，出土有桦树皮顾姑冠、盒、筒等，均缝制而成。③如内蒙古四子王旗红格尔金代墓葬出土的桦皮盒，呈圆筒状，有的上有提梁，缝合痕迹清晰。内蒙古博物馆收藏的元代顾姑冠，用桦树皮制成，在外面包织锦（图二）。在内蒙古阿拉善左旗曼德拉山西夏岩画中，有圆锥状建筑的画面，其造型与

图二　桦树皮顾固冠

（元代，内蒙古四子王旗净州路故城出土）

---

① 乌兰察布博物馆：《察右后旗三道湾墓地》，载李逸文、魏坚主编《内蒙古文物考古文集》第一辑，中国大百科全书出版社1994年版，第407—433页。
② 王成、陈风山：《新巴尔虎左旗甘珠尔花石椁墓群清理简报》，《内蒙古文物考古》1992年第1、2期合刊。
③ 田广金：《四子王旗红格尔地区金代遗址和墓葬》，《内蒙古文物考古》创刊号，1981年；盖山林：《阴山汪古》，内蒙古人民出版社1991年版，第233—238页；盖山林：《兴和县五甲地古墓》，《内蒙古文物考古》1984年第3期。

近现代鄂温克族流行的桦树皮"撮罗子"的形制接近，应该为党项民族的一种木制的建筑形式（图三）。

图三 锥状建筑岩画
（西夏，内蒙古阿拉善右旗曼德拉山）

在近现代，蒙古族、鄂温克族、鄂伦春族、达斡尔族、赫哲族、满族等民族都继承这一古老的艺术形式和制作工艺，在建筑、交通及日常生活和生产中广泛地使用，主要的桦树皮制作类别有居住的"斜仁柱"、交通中的桦皮船、生产中的刀鞘、鹿哨以及生活中的桶、盒（图四）、碗、篓、盆、箱、撮子、挎包、摇车、帽等。在装饰艺术上，纹样有动物、植物、几何形等象征性和借鉴性的图案，但诸民族既有共性又有不同的差异。如鄂温克族的桦树皮器物装饰方法分三种，即刻划纹装饰法、点刺纹装饰法、剔花纹装饰法。动物纹有驯鹿、蝴蝶、兽角；植物纹有花草、树叶、树木、幼芽等；几何形纹有三角形、菱形、圆圈形、半圆形、锯齿形、山形、"十"字形等。装饰的部位在器盖、器身和器身对合处，分别装饰不同的纹样。纹饰布局分三种，一为重复排列的单独纹样；二为并列的两种纹样，不分主次；三为主体图案间填补几何纹。鄂伦春桦树皮器物的装饰手法与鄂温克族大致相同，新增加一种补花装饰，即把桦皮剪成所需图案，在器身或器盖上缝合，有浮雕之感。动物纹比较少见，多为鹿、马装饰；植物纹居多，有树纹、树枝纹、花朵纹、叶形纹、幼芽纹等；几何纹较多，有三角、方格、菱形、半圆、山形、直线、波线、折线、锯齿等，多以二方连续组合或适合纹样组合表现；象征性纹样以花卉象征吉

论北方游牧民族的皮木器及其造型艺术

图四 圆形桦树皮盒
（现代，鄂伦春族）

祥、喜庆、团圆等；借鉴纹样吸收了其他民族的图案综合而成，有回纹、盘长纹、八宝纹等。纹样布局有四种，为单独纹样、连续纹样、适合纹样、相互组合纹样，装饰色彩以黑色为主，还有红、绿、黄等色，也有几种颜色搭配使用。达斡尔族桦树皮器物的压印点刺装饰法同于鄂温克族，新增镂刻镶嵌装饰法和墨绘勾勒装饰法。动物纹有马、鹿、蝴蝶、鱼、鸟等；植物纹有牡丹、宝相花、灵芝、梅、兰、杏等，这两种纹样常出现在同一器物上，以植物纹衬托作为主体的动物纹。几何形纹有三角、方格、菱形、圆圈、半圆、水波等；文字形取材于满汉民族的吉祥纹，有"福"、"禄"、"财"、"寿"、回纹、八结盘长纹等；建筑纹多表现楼台亭阁、小桥流水、山野树木等自然与人文结合的景象；人物故事纹常以民间故事为题材，以花鸟山水为陪衬，组成完整的平视画面。在纹饰布局上，与鄂温克、鄂伦春族相同，但图案中的动物显得活泼、随意，富有浓厚的生活气息。装饰色彩多以毛笔勾勒图案，再施一层桐油，有的在勾勒的图案内填红、蓝彩，增加纹样的艺术效果。

关于桦树皮器物的造型和使用范围，在文献资料中有很多记载。《山海经·海外西经》记载："肃慎之国在白民北，有树名曰雒棠，圣人代立，于此取衣。"[1]《隋书》卷八十四《室韦传》曰："（钵室韦）用桦皮盖屋，其余同北室韦。"[2]《柳边纪略》记载："桦皮，桦木皮也。桦木遍山皆是，状类白杨。春夏间剥其皮，入

---

[1] 田姝译注：《山海经》，光明日报出版社2014年版，第187页。
[2] （唐）魏征等：《隋书》卷八十四《室韦传》，中华书局1973年版，第1883页。

· 273 ·

污泥中，谓之曰槽。槽数日乃出，而曝之地，白而花成形者为贵，《金史》所谓酱瓣是也。"①《黑龙江外记》记载："山谷多桦木，土人以为箭笥，为鞍版，为刀柄，皮以贴弓，为车盖、为穹庐、为扎哈（桦皮船），缝之如栲栳，大担水，小盛米面，谓之桦皮斗。"②另外，桦树皮器物的制作讲究原料和程序，每年五、六月是剥取桦树皮的最好季节，制作桦树皮器时，先将所需的桦皮从桦树上剥下，削去表面的结节，使其光滑均匀，再剪裁缝合成器物。也有把桦树皮剥离后，卷成筒保存，用时先在温水中浸泡，或在吊锅中蒸煮，使桦皮柔软，刮去粗糙面，使皮内外平整光滑，裁剪所需形状，用兽筋线、马尾等缝合。

二 漆木器物的造型艺术

在辽代契丹族的木器中，还包括生活用具、兵器、马具、佛教造像、文化用品、俑模型等。辽代契丹族的木质饮食器，在宋使路振的《乘轺录》有记录。在参加辽驸马都尉兰陵郡王萧宁侑的宴会上，"文木器盛庞食，先荐骆麋，用勺而啖焉。"③李焘的《续资治通鉴长编》卷五十九记载，宋真宗景德二年（1005年），任命开封府推官孙仅为贺契丹国母生辰使出使辽朝，"仅等入契丹境，其刺史皆迎谒，又命幕职、县令、父老捧卮献酒于马前，民以斗焚香相迎，门置水浆盂勺于路侧，接伴者察使人中途所须，即供应之。具蕃汉食味，汉食贮以金器，蕃食贮以木器"④。内蒙古奈曼旗辽陈国公主墓⑤出土的木器有鸡冠壶、弓、弓囊、鸣镝、围棋、杆、俑等。木鸡冠壶，用两块木料各将其一面修平，另一面挖空，然后接在一起成型；壶体宽扁，平沿，方形直口，平底；外壁涂深赭色颜料和清油。木弓，呈弓背形，以铜丝作弦。弓囊，呈不规则的扁盒形，上宽下窄，外表两面通体呈红褐色，并有彩绘，一面绘卷云纹，另一面上端绘一个圆形，内中所绘纹样已漫漶不清，下部绘长尾振翅的凤鸟，前后以云纹；花纹用墨线勾勒轮廓，内填浅黄色。木俑，身着右衽长袍，戴冠，汉式装束；双手拱于胸前，脸庞丰润，颧骨微突，浓眉大眼，鼻梁狭长，八字胡，短须，表情严肃；用墨勾画和涂染眉、眼、胡须、冠，

---

① （清）杨宾：《柳边纪略》，载姜维公、刘立强主编《东北边疆》卷八，黑龙江教育出版社2014年版，第66页。
② （清）西清：《黑龙江外记》，载姜维公、刘立强主编《东北边疆》卷十，黑龙江教育出版社2014年版，第253页。
③ （宋）路振：《乘轺录》，载赵永春辑注《奉使辽金行程录》，商务印书馆2017年版，第15页。
④ （宋）李焘：《续资治通鉴长编》卷五十九，中华书局1995年版，第1319页。
⑤ 内蒙古自治区文物考古研究所等：《辽陈国公主墓》，文物出版社1993年版，第62—64页。

论北方游牧民族的皮木器及其造型艺术

身涂黄色和黑色，颜色多已脱落。辽宁法库县叶茂台七号辽墓①出土有酱红漆小碗、龙柄漆勺、包银竹节式漆箸、黑漆盆等，其中，酱红漆小碗呈直口，弧腹，圈足，素面，作为生活器皿（图五）。

图五 酱红漆小碗
（辽代，辽宁法库县叶茂台 7 号辽墓出土）

在辽代的墓葬中发现有木制的覆尸小帐，为木制工艺中的杰出代表。如内蒙古巴林右旗巴音尔登苏木和布特哈达图木胡柱 4 号辽墓②出土的九脊覆尸小帐，为九脊中单檐歇山式建筑，由帐身和帐头两部分组成，无座，四角以楔形木加以稳垫。帐身四角以透榫卯合，伸出阑面，四根角柱和两根檐柱与镯形横木吻接，帐身四面除正面外，柱间以素面壁板镶槽组装。帐门双扇，以转枢固定于门槛，门槛外作圆弧形，以方体铁钉固定帐身，门扇开合处似有插闩。帐头自柱头枋至火珠顶，檐下有栱眼壁板，四角以齿榫相接，并与戗脊及月梁卯榫固定，顶端与屋面板以竹钉栓锁。拱眼壁板饰斗拱 11 朵，均为单抄，除转角铺作外，其余等距离安排，似作补间铺作。屋面板下端铺出栱眼壁板，出檐，上端与正脊、戗脊、平梁槽齿相接，瓦陇以竹栓固定。九脊正脊平直，脊背漫圆，两端各有一鸱尾，中饰木雕火珠。垂脊以博风板高出屋面板，戗脊直通四角。歇山山板横向装置，收山明显，山尖下饰悬

---

① 辽宁省博物馆等：《法库叶茂台辽墓纪略》，《文物》1975 年第 12 期。
② 韩仁信：《图木胡柱山辽墓九脊覆尸小帐及辽代葬俗举隅》，《内蒙古文物考古》1996 年第 1、2 期合刊。

鱼。帐内明栿，月梁以槽齿相接，上方正中设分心柱，明间一侧饰驼峰角背板，顶端设"斗子"，与正脊卯接（图六）。此帐设计新颖别致，构筑精巧，堪称辽代木作艺术的典范。在帐中有的有木椁，椁内有木雕真偶像、木桌、木椅、木枕、木床等，有的木床雕龙绘凤，制作十分精致。

图六　九脊覆尸小帐
（辽代，内蒙古巴林右旗巴音尔登苏木和布特哈达图木胡柱4号辽墓出土）

在内蒙古巴林右旗庆州白塔的天宫地宫[①]中，出土108座木塔，都用柏木旋雕。塔均由塔座、筒形塔身、塔檐、塔刹组成，各部件旋雕后又相互插接而成，塔座底部多有墨书制作匠人姓名、数字、标记等。七佛贴金彩绘法舍利塔，塔身外壁雕刻七佛立像，形态逼真，衣着线条简练流畅，刀法遒劲娴熟，七佛全身贴金并勾绘有胡须；塔身彩绘以平涂勾勒为主，塔刹宝珠贴金，色彩明快典雅（图七）。贴金素旋密檐法舍利塔，须弥座式塔座、单檐塔身、筒腹形薄壁，为十一层密檐；顶为仰莲刹座，相轮五道，其上依次为再置覆莲一层、仰莲二层、宝珠二重冠顶，组成一

---

① 德新等：《内蒙古巴林右旗庆州白塔发现辽代佛教文物》，《文物》1994年第12期。

种特殊形制的塔刹。原木素旋舍利塔，由须弥塔基及仰莲台为座，上为塔身、塔檐、仰莲刹座、覆钵、相轮五道和圆形宝顶，不施雕饰，不作覆彩。这些佛塔集佛教艺术与木雕艺术为一体，反映了契丹民族木作造型艺术的精深文化内涵。

西夏的木质饮食器在考古学资料也有发现，如甘肃武威西郊林场西夏墓葬①和南营乡出土有九件（双）木器，分别为木瓶、木碗、木箸。女真人早期以木器作为饮食器使用。徐梦莘的《三朝北盟会编》政宣上帙三记载："食器无瓠陶，无匕箸，皆以木为盆。春夏之间，止用木盆贮鲜粥，随人多寡盛之，以长柄小木勺子数柄回还共食。"② 许亢宗《宣和乙巳奉使金国行程录》记录说："器无陶埴，惟以木刓为盂碟，髹以漆，以贮食物。"③ 元代蒙古草原仍以木器为食器，元末熊梦祥的《析津志辑佚·风俗》记载：大都"早晚多便水饭。人家多用木匙，少使箸，仍以大乌盆木勺就地分坐而共食之。"④《析津志辑佚·物产》说：大都木器，用"高丽榧子木刓成或旋成，大小不等，极为朴质。凡碗、碟、盂、盏、托，大概俱有。"⑤ 内蒙古博物院收藏一件红漆木盘，为敞口，弧腹，圈足。清代蒙古族王公贵族经常得到清政府的馈赠，其中就包括许多的漆木饮食器，器类有盘、碗、盒（图八）、勺、箸等，并以象征吉祥、喜庆的图案作装饰，如龙、凤、鹿、牡丹、莲花、盘长等。总之，皮木饮食器在草原饮食器具中最能体现出游牧生活的特点，并且有一套制作工艺，有的相当精致，同时还将与之生活有密切关系的动植物作为主要的装饰题材。

勒勒车，又名大轱辘车、罗罗车、牛牛车，是为适应北方草原的自然环境和蒙古族生活习惯而制造的交通工具，现在东乌珠穆沁旗及其周边地区依然可见（图九）。这种

图七 七佛贴金彩绘法舍利塔
（辽代，内蒙古巴林右旗庆州白塔的天宫地宫出土）

---

① 宁笃学、钟长发：《甘肃武威西郊林场西夏墓清理简报》，《考古与文物》1980年第3期。
② （宋）徐梦莘：《三朝北盟会编》卷三政宣上帙三，上海古籍出版社2019年版，第17页。
③ （宋）许亢宗：《宣和乙巳奉使金国行程录》，载赵永春辑注《奉使辽金行程录》，商务印书馆2017年版，第213页。
④ （元）熊梦祥：《析津志辑佚》，北京古籍出版社1983年版，第207—208页。
⑤ （元）熊梦祥：《析津志辑佚》，北京古籍出版社1983年版，第230页。

图八　龙纹漆盒

（清代，内蒙古博物院藏）

图九　蒙古族制作勒勒车

（现代，内蒙古地区）

车轮体高大，车身轻便，对于草地、雪地、沼泽地等有较强的适应能力。勒勒车在《汉书》中记载为"辕辐"。南北朝时期，鲜卑、柔然、敕勒等族，造车技术已经相当高超，敕勒人就以造车闻名，他们造的车"车轮高大，辐数至多"，被史书称为"高车人"。辽代，契丹人的造车技术已经很发达。蒙古族沿用了这种造车技术，并且广泛用于游牧生活中。勒勒车通常以草原上常见的桦木为原料，车轴、车轮、车瓦、辐条、轮心、车辕、车架，都用桦木做成，也有用松木、柳木、榆木、柞木、樟木等制作。桦木质地坚硬，耐磕碰，车体又轻，着水受潮不易变形，适宜在草原、沙滩上通行。造车时，将桦木或柞木烘烤软和，并使之弯曲成弧状，两三段弯曲的木弧联结在一起，便成车轮。它的构造分为车上部和车下部两部分，车上部是由车辕、车撑、车槽组成，车下部是由车轮、车辐、车轴组成。车辐多在 15—20 根之间，车轮直径最大的有 1.5 米左右，相当于牛身的高度。在两辕的顶端系上编拧而成的绳状柳条，套于牛脖子上的横木上，以供拉行。勒勒车上有用柳木条弯曲成半圆形的车棚，周围包以羊毛毡，形成篷帐，起遮阳、挡雨、防雪、御寒等作用。勒勒车整体不用金属件，结构简单，便于制造和修理。木制乐器也是蒙古族工艺的一大特色，如马头琴（图十）、琵琶、四弦琴等。

图十　马头琴
（现代，内蒙古地区）

由此看来，北方游牧民族的皮革、桦皮以及漆木造型艺术，与所处的草原生态环境、牧业经济、森林资源和民族文化内涵有密切的关系。自从西周以来形成游牧文化以后，草原生态环境决定了牧业经济为社会经济的主业地位，其中的皮革生产为主要的手工业部门，加之草原东部大兴安岭的优势森林资源，可以就地取材创作皮木造型艺术，并成为造型艺术的主要门类之一，应用在饮食器、建筑、交通、乐器、佛教用具、装饰、墓葬等方面，反映出游牧民族独特的造型艺术和文化特征。

第四编
非物质文化遗产篇

中国民族民间工艺的非物质文化界定与保护

在中国民族文物中，保存有大量的工艺品，它是工艺文化的主体，是非物质文化遗产的重要组成部分。联合国教科文组织将世界遗产划分为三种类型，即文化遗产、自然遗产、文化与自然双重遗产；又根据形态和性质分为物质遗产和非物质文化遗产。在我国，非物质文化遗产就是民族民间文化遗产，包括两个部分：一为传统的有形文化遗产，一为传统的无形文化遗产；一般意义上的非物质文化遗产主要指后一部分的文化遗产。

一 民族工艺的非物质文化界定

非物质文化遗产是指各族人民世代相承的、与群众生活密切相关的各种传统文化表现形式（如民俗活动、表演艺术、传统知识和技能，以及与之相关的器具、实物、手工制品等）和文化空间（即实期举行传统文化活动或集中展现传统文化表现形式的场所、兼具空间性和时间性）。这种遗产维护了各国人民的共同记忆，只有它才能够确保文化特性永存。非物质文化遗产又称口头或无形遗产，它包括各种类型的民族传统和民间知识，各种语言，口头文学，风俗习惯，民族民间的音乐、舞蹈、礼仪、手工艺、传统医学、建筑术以及其他艺术。"非物质文化遗产"的概念，比我们通常所说的"传统文化"更宽泛，包括口头传统和作为文化载体的语言；传统表演艺术；民俗活动、礼仪、节庆；有关自然界和宇宙的民间传统知识和实践；传统手工艺技能；与上述表现形式相关的文化空间。

进入现代社会，在市场经济冲击下，非物质文化遗产赖以生存和发展的重要基础——农耕（游牧）文明逐渐削弱，民众生活方式嬗变，主要靠口传心授方式传承的非物质文化，失却了生存的土壤，一些有历史、文化和科研价值的非物质文化遗产遭到不同程度的破坏，甚至随着传承人逝去而消失。

《中华人民共和国非物质文化遗产保护法》于2011年颁布并施行，说明对我国

第四编

非物质文化遗产篇

非物质文化遗产的保护已经受到国家层面的重视。2003年以来，已由国家文化部社科司（文化与旅游部非物质文化遗产司）和中国民间文艺家协会牵头，正式启动了中国非物质文化遗产的抢救工程。这项工作虽然刚刚开始，但是已有了一批专职研究和工作人员，成立了国家非物质文化遗产保护工作专家委员会。在2003年10月上旬召开的中央民族大学"民族学/人类学与中国经验论坛"上，首场论坛就是以"民间文化遗产的保护与开发"为主题，专家学者各抒己见，针对民间文化遗产的保护问题，就"博物馆与文化遗产保护""文化人类学与少数民族文化遗产""文化遗产的保护""保护与发展的问题""福建漆艺的保护"等专题展开研讨。2003年12月，在北京召开"中国少数民族艺术遗产保护及当代艺术发展国际学术研讨会"，与会专家学者围绕"少数民族文化艺术遗产保护与民族地区社会发展""文化多样性与少数民族艺术遗产保护""少数民族艺术遗产保护与当代艺术发展""新世纪少数民族文化生态保护""世界各国民族艺术遗产保护经验"等进行了研讨。2006年6月国务院公布了第一批国家级非物质文化遗产名录，共有518项入选。2006年11月和12月，分别在广州和北京召开的"文化多样性与当今世界"国际学术研讨会与"中国艺术人类学学会成立大会暨首届学术研讨会"，都围绕着我国非物质文化遗产的保护问题进行了探讨。这些学术活动的开展标志着我国对民族民间文化遗产的保护已纳入正常的轨道。

对于民族工艺文化的物质载体，从文化的外化形态上看，是属于物质文化的范畴，但从文化的内在形式看又具有非物质文化的属性，如工艺、技法、制作者、传承方式、象征意义等。在国务院颁布的第一批国家级非物质文化遗产名录中，民间美术、传统手工技艺作为一个独立的门类出现，这就涉及民族民间工艺的非物质文化的界定问题。如雕塑作品是看得见摸得着的物质，但是，制作者身怀绝技的手艺，从他口传心授的传承，到艺术构思和操作的手法技巧，雕塑过程中的行业规矩、信仰禁忌等，都是人们难以看到和难以触摸到的，这就是"无形的""非物质的"文化遗产。精雕细刻的物质作品是制作者绝技、绝艺的载体，这种技艺正是亟待加强抢救和保护的非物质文化遗产。因此，必须牢牢把握非物质文化遗产的"非物质"这个概念，才能将民族民间工艺中非物质因素把握得更加准确。

我国著名的民俗学家、国家非物质文化遗产保护工作专家委员会副主任委员乌丙安先生对非物质文化遗产作了解释，他认为关键是需要找到中国专业学科中和中国文化工作中与"非物质文化遗产"相似、相近、几乎相同而又耳熟能详的名词术语，这作为对"非物质文化遗产"的直接解读是十分必要的，也是最容易被接受的。他举实例说明：其一，"精神文化遗产"。例如天坛无疑是我国物质文化遗产的代表作，而天坛的建筑艺术、设计构思、祭祀功能、祈年礼俗等则是宝贵的古代精神文化遗产。在中国文化语境中，非物质的就是精神的；反之，非精神的也就是物质的。当然，在中国文化语境中，"精神文化遗产"的内涵和外延远比现在所引进的"非物质文化遗产"的概念和范围大得多。其二，"民族民间文化遗产"。它已经是被我国文化界接受并应用着的词语。联合国教科文组织第二十五届大会通过了官方文件《保护民间创作建议案》，"民间创作"这个词语，本来就可以翻译为"民间文化"，我们为了把这个概念扩展成为"全民族"的广义的概念，把它叫作"民族民间文化遗产"，这就使我国遍及56个民族的全民的文化遗产（当然不包括文物类遗产）都得到概括。与此同时，在我国早已通行的"民俗文化遗产"一词，其概念和"民间文化遗产"几乎是同义语。"传统文化遗产"一词也是泛指自古流传下来的精神文化事象，也包括文化传承的遗产在内。这些概念都可以在很大程度上作为"非物质文化遗产"概念可参照的有价值的常用词语。乌丙安先生还说，在文化遗产保护的可操作实践中，科学说明"非物质文化"和与其密切相关的"物质文化"之间的联系，从而确认"非物质文化"所指的具体对象。例如，剪纸作品是物质文化，但是剪纸艺人的艺术传承和创作构思，剪纸的技巧工艺则是无形的非物质文化。同样道理，古琴乐器本身是物质文化，而古琴的制作工艺、弹奏古琴的手法和技巧、口传心授的乐曲调式、传统记谱方式方法、演奏形式或仪式等综合在一起形成的文化的链接，才够得上是无形的非物质文化。[①]

中国是一个文化大国，也是一个文明古国，遗留下大量的民族民间文化遗产。体现在民间音乐、民间舞蹈、民间戏剧、民间礼仪、民间信仰、民间节日、民间神话、民间歌谣、民间谚语、史诗、故事、民间美术、民间建筑等方面，可谓浩如烟海，博大精深，成为研究民族民间文化遗产的主要对象。从其所包含的内容看，民族民间文化遗产通常是指民俗的、大众的、老百姓之间流传或传承的民间文化，具有民族性、民俗性的地方文化。

综上所述，民族工艺文化所研究的对象中的很多文化内涵都属于非物质文化遗产的范畴，所以说工艺文化在某种意义上就是非物质文化遗产的重要组成部分，虽然要通过物质载体来反映文化内涵，表现文化现象，但不是仅仅局限在对物质载体的表面上的描述，而是进一步揭示物质表面背后隐藏着的深层次的精神文化的实质。如中国传统的刺绣，是纺织品、皮革品上的一种工艺，在衣服、鞋帽、被面、枕头、枕巾、背包、荷包、手帕等上绣制。这些绣品都是物质的，是可以看得到的

---

① 乌丙安：《中国文化语境中的"非物质文化遗产"界定》，光明网（http://edu.QQ.com），2006年8月26日。

物品。大件绣品（被面、衣服等）由于绣面的空间比较宽敞，图案的自由度与随意性强；小件绣品（枕顶、荷包等）具有外形轻小、内容丰富、工艺精巧、色彩斑斓、民风浓厚的特征，作为工艺美术品的一类，其作用除实用性外，还可以美化生活，增进交际往来，反映民间最纯朴的习俗。刺绣的造型和纹样题材呈现多样化，有丰富多彩的内容，并有着深刻的文化象征意义，纹样采用描绘对象名称的谐音，以求吉祥；用象征寓意的手法，以物寄情；以变形的花、鸟、虫、鱼，适应在各种几何纹中，反映人们的人生观、价值观、审美观等，来寄托对美好生活的憧憬和向往。刺绣就是用多种技法绣制作品，用手工一针一线地形成一幅幅的绣片，展示出民间女子灵巧的心智、独特的艺术构思和高超的绣技。同时，在为自己的亲人刺绣时，也倾注了深深的情感。在构图上，同一幅作品的颜色对比非常强烈，增加了画面的反差，具有层次感、体积感、空间感，使之醒目明快，充满生气。从刺绣的社会功能看，包括了礼仪制度、等级高卑、医学保健、尊老爱幼、人际交往、人生礼俗等诸多方面，还有灿烂辉煌的艺术价值。因此，民族民间工艺文化中的物质载体所表露出的文化信息，都是非物质文化遗产所包括的内容。

二 民族民间工艺文化的抢救与保护

前文已经论述了民族民间工艺文化的非物质遗产的界定，其也属于非物质遗产的重要组成部分。保护我国的文化遗产，是每一个公民应尽的义务和职责。民族民间工艺文化兼容了物质文化、制度文化、精神文化的多重属性，在研究人类社会发展过程中各个时代不同民族的工艺制作、文化心理、价值观念、审美情趣、传统信仰、伦理道德、风俗习惯以及所反映的礼制、等级、身份等内容，具有实用美观性、历史传承性、民族民间性、传播交流性、区域结构性的文化特性，反映了一定的社会风尚和文化追求，具有多方面的社会功能，也具有灿烂辉煌的艺术价值。在现代化进程中如果保护工作做好了，会使我们继承传统文化遗产，保留民间的纯朴民风，弘扬民族的优秀文化，增强民众的爱国意识，对中国民族的发展和文化的创造创新具有重大而深远的现实意义。

（一）民族民间工艺文化保护的必要性

民族民间工艺文化的抢救与保护是一项意义十分重大的工程，在国务院颁布的第一批国家级非物质文化遗产名录中，有很多民族民间手工技艺都榜上有名，如天津杨柳青年画、蒙古族勒勒车制作、黎族原始制陶、传统纺染织绣、傣族慢轮制陶、维吾尔族模制法土陶烧制、土家族织锦、苗族蜡染、银饰锻制、白族扎染、侗族木构建筑营造、藏族造纸等。所以，必须采取建立原生态保护区、培训传承人员、挖掘各种手工技艺等措施，不但可以保护民族民间文化艺术遗产，还可以向世人展示和弘扬民族民间优秀传统文化，让文化魅力倾倒世界人民，领略中华民族优秀传统文化的真谛。同时，以传统工艺文化开展爱国主义教育活动，树立人们远大的理想，激发人们的爱国热情，为保护人类共同的文化遗产而努力奋进。

在保护和抢救民族民间工艺文化之时，依据"保护为主，抢救第一"的方针，应该加大抢救的力度，使珍贵的文化遗产得到有效、妥善的保存和传承。在全球化和世界经济一体化的大趋势下，如何抢救作为非物质文化遗产的工艺文化，或抢救的好与坏、及时与缓慢，将对弘扬中华民族优秀传统文化产生重大的影响。

笔者曾多次到民族民间地区进行田野调查，在此列举几个实例来说明保护民族民间工艺文化的重要性和必要性。2005年5月，在安徽省黟县西递村、宏村考察期间，一方面对保存完好的古民居建筑感到惊叹，另一方面对古民居保护中的一些现象感到吃惊。随着我国现代化进程的不断加快，经济发展如此高速猛进，旅游业发展如此之快，如何解决城镇发展和经济繁荣与文化遗产保护之间的矛盾，成为必须要重视的问题。西递、宏村的明清民居现在已经开发为旅游地，随着游人的增多，在保护方面出现了一些负面影响。首先开放的民居数量太多，又是当地比较有名的建筑，势必造成不利于保护的结果。在一些开放游览的民居中，没有专门的管理人员监管，游人可以随便在前厅的木椅上坐，或者翻弄屋内的摆设品，这容易损坏屋内的木器家具。建议在今后有重点地开放几间民居，数量不宜太多，并加强管理的力度，同时增加民俗活动的内容，让游人感受历史文化遗产的风范，体验中国传统的民间文化的真谛和淳朴的民俗民风。其次，宏村外围的建筑和设施之现代意识太浓，如在村边上建有旅馆、酒吧、网吧、商店等，与古民居建筑在整体上不协调，特别是各地的艺术院校（系）都在此建立写生基地，每年接待写生的师生达几万人之多，在村落的青石地面上到处都是绘画颜料的残渣，破坏了原有建筑艺术中的色彩美。建议将商业性质的新建筑迁移到重点文物保护单位的保护范围之外，并加强对艺术实践基地的规范化管理。再次，黟县、歙县是皖南古民居保存最完整的地区，随着城镇的开发，商业意识的加重，许多的古民居被拆毁，特别是那些没有被列入国家级、省市级文物保护单位的村落，这种现象更为严重。在开放的几个古民居村落中，到处可以看到商业性质的古玩店，店内随处见到作为交易的木雕、石雕、砖雕及木器，虽然有些是仿古品，但不乏从古民居上拆下来的真品，这种破坏更加显得彻底。建议当地政府管理部门加大力度制止这种拆毁的严重行为，并在当地建立古民居建筑艺术博物馆或陈列馆，将流入民间的艺术品由政府收购，妥善保存，以向民众展示精美的徽派建筑艺术品。

第四编
非物质文化遗产篇

2002年7月,在内蒙古鄂温克自治旗进行民族学田野调查时,适逢鄂温克族的最后一位萨满为祭祖而举行作法仪式。人们都知道,萨满教是北方民族信仰的一种古老的原始宗教,认为万物有灵,可以借助神灵的力量为人间祛邪治病、祈求平安。通过专访得知,这位萨满当时已73岁,而且没有继承者。问其原因,萨满为人们义务服务,生活清贫,现代的年轻人都不愿意再学习这门技艺。其实,在现代文明和市场经济的冲击下,信仰萨满教的群体越来越少,意味着这种原始民间信仰将面临消失。因为在调查时得知,内蒙古地区其他民族的萨满也很少见。对于这种民间信仰和制作萨满服饰、法器的技能,光靠记录是不能反映其真正的文化内涵。政府应该给予扶持,拿出一定的资金让少部分年轻人专门去学萨满技能,不要把它视为是一种落后的文化现象,而是看作一个珍贵的文化遗产,从而使这一原始宗教和制作技艺得到有效的保护。

内蒙古呼和浩特市是我国的历史文化名城,始建于明朝,在旧城区保留有大量的明清建筑,这也是其历史文化名城的主要支撑。在前几年,随着城市的开发,拆迁了很多的明清建筑,大量珍贵的砖雕、石雕、木雕遭到破坏。现在到旧城区看,代之而起的是一座座高楼大厦,无法品味历史文化名城的深刻文化内涵。这个实例暴露出现代城市建设与保护民间建筑之间的矛盾,有相当一部分城市都存在着这一现象,如何解决二者之间的矛盾是当前一个非常迫切的问题。领导首先要转变树立政绩的观念,改造旧城区需要大笔资金,何不在保留旧城区的基础上开发新城区?这样既发展了城市建设,又保护了古代建筑,还可带动旅游业,促进经济的增长,可以有效地解决二者之间的矛盾,没有必要把老祖宗留下的资本毁坏。

在北京市朝阳区高牌店村的旧木器市场,随处可以见到明清时期的木质建筑构件和家具,由于保存不当,有很多已开始腐朽。这些古旧木器,从制作工艺看不乏精品,据说多数来源于山西省。人们都知道,山西省是我国保留明清建筑最多的地区之一,有许多的古旧民居,如保存完好的乔家大院、丁家大院、王家大院、曹家大院等,反映了淳朴的民风。但在市场经济的冲击下,农村大肆拆毁已不居住的古民居,把建筑构件和家具以很低廉的价格卖掉,只为追逐一点小利,而当地政府视而不见,以至于在北京的古旧市场有那么多的明清木器。这说明保护文化遗产的立法已迫在眉睫,有关部门应加强对古旧木器市场的严格管理,不能再让这些珍贵的民间文化遗产流失、损坏,否则我们的后人将无法看到它们的真实面貌。

从20世纪80年代开始,各地陆续开始启动保护民族民间文化遗产的工作。进入21世纪以后,各级政府和民间组织更加重视民族民间文化遗产的抢救与保护工作,昆曲、古琴、新疆十二木卡姆、蒙古长调先后被列入世界非物质文化遗产的代表作名录,由此可带动包括工艺文化在内的非物质文化遗产保护工作的进一步开展。中国共有56个民族,他们的历史久远,文化内涵丰富,表现在建筑、雕刻、绘画、工艺品、刺绣、人工器物、技术、工艺、风俗习惯等有形和无形遗产,都具有历史真实、情感价值、文化价值和使用价值,属于保护的对象,一旦遭到破坏,就不能再生,不可替代。如果能以生态博物馆(类似于北京的中华民族园)、生态民族文化村等形式保存下来,那么民族文化遗产、自然景观、建筑、可移动实物、传统风俗等一系列文化因素均具有特定的价值和意义。

在调查民族工艺文化的基础上,注意挖掘现存的民间手工艺人,因为他们是真正的民族工艺文化的传承者。但现今的状况是民间艺人越来越少,有些工艺面临着濒危的状态,因而保护现有民间手工艺人也是一项比较紧迫的工程。同时,政府出资举办民族工艺文化的学习班,使那些工艺技术得以长久保存。在征集好各种民族工艺品和制作技艺以后,及时建立相关的博物馆,并通过这个文化窗口向世人展示丰富的民族工艺文化,激发民众对工艺文化的保护意识。在调查过程中,对那些民族工艺比较集中的地区,建立原生态工艺文化保护区,如内蒙古乌珠穆沁旗的勒勒车制作保护区、赤峰契丹工艺文化保护区等,既能有效地保护诸民族工艺文化,又能带动旅游业的发展,对繁荣民族地区的经济、文化将会起很大的促进作用。在这一点上,可以借鉴云南大学人类学博物馆在少数民族聚居区建立原生态文化保护区的经验,他们做得非常成功,将经济、文化落后的村寨全部带动起来。另外,还应该建立保护民族工艺文化的长效机制和规划,使这一项工程一直保持下去。

(二)以北方民族为例说明民族民间工艺文化保护的意义

北方民族工艺文化作为非物质文化遗产的重要组成部分,包括雕塑、绘画技艺、建筑艺术、刺绣、剪纸、皮毛工艺以及陶瓷器、铜器、金银器、玉石器、铁器、木器等造型艺术方面的内容,以物质为载体,反映出北方民族的物质文化。同时,载体的造型与装饰艺术又体现了北方民族的精神文化,而不同阶层的物质工艺是北方民族制度文化的直接表现。公元前16世纪,由于北方草原地区气候条件发生了变化,由温暖、湿润变得寒冷、干旱,适宜草的生长,生态环境趋于典型草原类型,生活在这一地区的人类群体已不再单纯的从事农业生产,逐渐转向牧业生产,直到西周时期完全变为游牧式的生产和生活方式。从此,在北方草原地区诞生了游牧民族,他们创造了独具特色的工艺文化,经过三千余年的文化变迁,一直传承到现代。最大的特征就是具有草原的风格,同时融入了我国中原地区、南方地区以及西方国家的文化因素,形成了民族性、地域性明显的传统工艺文化。在研究古代民族传统工艺的基础上,对传承和发展北方民族工艺文化有很大的现实意义,可以保护和抢救即将消失的非物质文化遗产,促进现代工艺文化的创新和发展。

第四编

非物质文化遗产篇

1. 加强保护工艺文化工作，继承民族民间文化遗产

北方游牧民族工艺文化作为中国民族民间文化遗产的重要组成部分，保护工作应该引起人们的重视，特别是从事民族学或人类学的研究人员或职业者，更应注重"物"的研究，以各种工艺品为载体，深入开展下去，这就要求把工艺文化的保护工作列入首要位置，并认真对待，以继承民族民间文化遗产的精髓。在东北三省、内蒙古、宁夏、新疆等地的各级博物馆中，收藏有很多制作精美的工艺品，保护了一大批可能失传的工艺品，能够有条件的系统研究、收藏、陈列和保护。有一些个人收藏者，出于爱好而收藏了许多的工艺品。他们对保护工艺文化这一珍贵的民族民间文化遗产做出了不可忽视的贡献。

从北方民族工艺文化的现状来看，存在着比较大的问题。首先专职研究人员和收藏人员比较少，研究专家更是凤毛麟角，缺少对外界的宣传，不能引起人们的重视，这与丰富的文化艺术内涵十分不相称。其次，迄今为止还没有专门以民族工艺文化命名的博物馆，缺乏系统地收藏、研究、陈列、宣传和保护。散存在各个博物馆的民族工艺作品，陈列展出的数量、种类很少，多数藏于库房之内，在保存条件简陋的情况下，很容易造成发霉、腐朽的现象，不利于保护。有些个人虽然收藏了数量较多的民族工艺品，但限于自身的条件，没有保存的空间环境、资金以及保护技术，也会造成损坏。再次，对北方民族工艺文化的研究散见于少量的书籍和论文之中，没有形成系统地整理和研究成果，不被世人所知，甚至有相当一部分人都不知道工艺文化所包括的内容，因而不利于保护。

对工艺文化的保护是一项长久而责任重大的工作，各级博物馆将肩负起这个重任，不要把小小的工艺品看作普通的民族民间用品和装饰品，而应当作为珍贵的文物去看待，这样才能更好地保护工艺文化，不至于使不易保存的工艺品在库房中霉烂。对个人收藏的工艺品，应给予大力支持，甚至在资金上予以扶持，以改善收藏的条件，建立小型的私人收藏馆或博物馆，更好地保护工艺文化，传承各种工艺和技法，让工艺文化内涵和艺术魅力流传后世。

2. 加大抢救工艺文化力度，弘扬民族传统文化

随着我国经济的迅速增长和高速发展，世界文化遗产抢救运动的促进，我国整体文化遗产的抢救事业超过了过去几十年发展的总和。抢救民族民间文化遗产工程的启动，就是一个非常好的例证。中国艺术研究院成立了专门的非物质文化遗产研究保护国家中心，作为我国第一家关于保护和抢救民族民间文化遗产的官方机构，将带动我国抢救民族民间文化遗产活动走向一个新的阶段。

民族民间文化艺术遗产的保护与抢救工作已在全国范围内展开，文化遗产所包括的种类很多，在客观条件和人员配备齐全的情况下，可以全方位地一起进行抢

救，以防止更多遗产的流失、损坏和濒危现象的发生。笔者在文化人类学的田野调查时发现，在许多地区的家庭中或古玩市场上，都保存或出售民族民间工艺品，其中一部分已呈现腐坏和残损。市场上的民族民间工艺品价格非常便宜，用一件钧窑瓷器的价钱可以购买成千上万件民族民间工艺品，可见抢救的工作并不艰难。留存民间的工艺品和制作技艺并不被人们所重视，因为他们不知道工艺文化的实际价值和文化价值，就目前人们对工艺文化的认识程度来看，征集工艺品工作非常容易，等到将来人们认清这一切之后，再去从事征集、抢救工作，恐怕就不是那么简单容易了，这与历史文物的商品化过程是相同的。与其这样，何不尽快行动起来，投入少量的资金就可得到大量的民族民间工艺品，从而保护了珍贵的民族民间文化遗产。

在调查北方民族工艺文化的过程中，为了避免征集工艺品的盲目性，为了更好地记录珍贵的制作技艺流程，首先要选定这种工艺分布集中的地区或者历史上遗留比较聚集的地区。如内蒙古的赤峰、呼伦贝尔、鄂尔多斯、锡林郭勒等地，在古代为匈奴、鲜卑、突厥、契丹的活动中心，必然遗留有大量的相关工艺和制作品。而呼伦贝尔、锡林郭勒、科尔沁、乌兰察布、鄂尔多斯等地，又是各个蒙古族诸部聚居的地区，北方民族的工艺文化在此根深蒂固，对这些地区应做详细地调查。然后再到那些保存较少的地区做调查工作，来弥补不足和遗漏。按照区域划分派遣若干个工作队，重点地区可单独派遣一个工作队。根据要抢救、保护、征集的工艺对象，在工作队之下设工作组，每组由专业研究人员和各种技术人员组成。如抢救蒙古族刺绣工艺的小组，必须有全面懂得刺绣工艺的研究人员，还应有现场技术处理人员，对每一件刺绣作品都要有详细的原始记录，包括质地、时代、工艺、纹饰、分类、文化象征意义、收藏者姓名、流传过程等内容。回来后再做系统的整理，分类填写每一件刺绣的资料卡片，编总号和分类号，制作专用的柜架放置，并调控存放地的温度与湿度，放防虫、防腐的药物，对已有损坏的刺绣予以修复。最后选出其中的一部分向观众展示，以弘扬民族的优秀文化。在条件成熟时，工艺文化展览可以走出国门，向世界各国宣扬我国的民族传统文化，与国际接轨，争报联合国教科文组织启动的非物质文化遗产的保护项目，从而尽可能获得更大的知名度，进一步从更深层次上促进北方民族的经济发展，在全球化的过程中发挥越来越重要的作用。

由此而知，抢救工艺文化工作的意义非常重大，它不但可以保护民族民间的文化遗产，还可以向世人展示和弘扬民族的优秀传统文化，使更多的人都来参与这项造福后代的工作，争取让工艺文化在全球化的过程中占有一席之地，让其文化魅力倾倒世界人民，领略中华民族优秀传统文化的精髓。

3. 充分挖掘工艺文化资源，保留乡间纯朴民风

由于工艺文化的普遍性，决定了其分布范围的广泛性。在我国北方广大的农

村、牧区、山地，散布有各民族的工艺品，并且各有特点，资源非常丰富。充分挖掘工艺文化的资源，对保留我国北方民族民间淳朴的民风和习俗有很大的作用。

怎样挖掘工艺文化资源是目前摆在我们面前的一个重要问题，如何挖掘工艺文化资源也是一个现实问题。我们知道，工艺品大多散布于乡间，但有一部分已流传到城市。笔者在内蒙古呼伦贝尔市进行民族学田野调查时，就在该地博物馆职工手中看到一幅枕顶绣，是其达斡尔族外祖母留下的遗物，已有近百年的历史。在呼和浩特市、包头市、通辽市等地的古玩市场上，也见到不少的木器、铜器、银器、刺绣、头饰等，分属蒙古族、满族、汉族。因此，在挖掘工艺文化的资源时，首先应做工艺文化的普查工作，摸清工艺文化的分布范围，然后才能进一步的从事抢救工作。同时，在调查时，尽可能地参加一些当地的人生礼仪或节日庆典，从中观察工艺文化在这些礼仪中的作用和意义。

如热情好客的蒙古族，见了客人以后，一边握手、一边问好。当客人进入蒙古包后，家庭主妇便双手向客人敬献奶茶，同时摆上黄油、奶皮子、奶豆腐、奶酪、炒米等食品，供客人食用。客人告别时，全家走出蒙古包欢送，祝客人一路平安，欢迎再次光临。这些奶食品本来就是蒙古族传统的手工艺品，现在仍然保留了制作精美的奶豆腐模子。哈达是蒙古族的一种礼仪用品，在拜佛、祭祀、婚丧、拜年以及对长辈和贵宾表示尊敬的场合下，需要敬献哈达，这是蒙古族传统的礼节。哈达以丝绸为料，一般为白色、浅蓝色和黄色，长度通常为五尺左右，宽度不等，有的绣"云林""八宝"等民间图案。对长辈献哈达时，献者略弯腰向前倾，双手捧过头，哈达对折起来，折缝向着长者；对平辈，双手平举送给对方；对小辈，将哈达搭在其脖子上。敬鼻烟壶是蒙古族的一种日常见面礼。鼻烟壶用玉石、象牙、水晶、玛瑙、翡翠、琥珀和陶瓷等制成。晚辈同长辈相见时，晚辈曲身鞠躬，双手捧着鼻烟壶，敬献长辈，长辈用左手接受，闻后归还。同辈相见时用右手相互交换鼻烟壶，双方闻后归还。由此可见，工艺文化在蒙古族礼仪中起到重要的作用。

正因为一些传统的民间风俗，使工艺品的造型艺术得到传承、发展，也为挖掘工艺文化资源提供了便利条件，二者之间的关系是互动的。我国著名考古学家俞伟超先生说："一定的地理环境、历史条件和某些偶然因素，会造成他们特定的、共同的心理状态和风俗习惯、喜爱情绪、审美观念，而正是这种特定的精神因素，决定一些人们共同体都使用的物品。"[①] 工艺品就是一种可以反映北方民族风俗的文化

[①] 俞伟超：《关于"考古类型学"的问题——为北京大学七七至七九级青海、湖北考古实习同学而讲》，载《考古类型学的理论与实践》，文物出版社1989年版，第9页。

遗产，是人类共同使用的兼容装饰与实用为一体的附着物，在当前保护和抢救民族民间文化遗产的活动中，必须充分挖掘工艺文化资源，开发和利用这个资源，以促进现代工艺文化的发展。

4. 继续发展工艺文化优势，增强人们爱国意识

我国幅员辽阔，民族众多，文化多样，有着丰富的民族民间文化遗产。工艺品作为文化遗产不可分割的一部分，散布在我国北方的农村、牧区。在目前启动的保护和抢救民族民间文化遗产活动的大好形势下，继续发展工艺文化优势，充分挖掘工艺资源，让工艺文化的深刻内涵来增强人们热爱祖国、热爱人民、热爱社会主义的激情。

从北方民族工艺文化的发展历史看，每一阶段都有其各自的特征和风格，可以反映一定历史时期各民族的社会风尚。人们对工艺品材料的选择，不同时代有不同的心理表现、价值观念和审美意识。隋朝以前，工艺品在保持传统的制陶工艺基础上，多选用青铜作材料，耐用的观念和心理占据了主要地位。隋朝以后，随着陶瓷的大量烧制，人们开始使用这种质地的材料制作各种工艺品，转变了选择原料的心理和观念。从目前发现的陶瓷器，既有本民族的特点，又有外来文化的风格，每一件都精工细作，色彩、图案斑斓繁多，造型设计符合人们追求美感的心理愿望。在辽、金、元时期，为了满足一些文人追求文风的心愿或人们祈盼成为文人的愿望，制作者在陶瓷器上刻、绘诗文和景画，还有象征吉祥如意的花草、祛邪祈福的神兽等，将人的激情、理想、希望、传统信仰、伦理道德表现出来，塑造了真实的审美情趣，从而把人们带入一个精神世间。明清以后，刺绣在民间大量流行，图案绣有动物、植物、人物、建筑、诗文、几何纹等，表达了各民族人们的生育观、长寿观、爱情观、婚姻观、家庭观、安全观、生活观、财富观、丰收观、交谊观、人生观等。可见，工艺文化在人类历史的发展过程中占有很大的优势。如今，只有继承这种传统的工艺文化，才能唤起民众爱我家乡的热情。

5. 深入了解工艺文化底蕴，促进民族旅游经济发展

从民族学的发展历史来看，能够被一个民族传承下来的传统文化，具有超越时间的强大穿透力和影响力。北方民族工艺文化有着悠久的发展历史和深厚的文化底蕴，在传承传统文化的过程中，既有创新，又有发展；既有前后的承继，又有与其他民族文化相互交融的事实。包含的内容极其丰富，不仅为研究文化人类学、民族学、艺术学、宗教学、生态学等学科提供了宝贵的财富，也为文化产业和旅游经济的开发提供了丰富的资源。北方民族工艺文化的传承与旅游经济协调发展，是拓宽旅游市场的需要，也是发展民族经济的需要。寻求工艺文化和旅游协调发展，就是为了保护、抢救和开发利用民族文化遗产，重构游牧民族工艺文化的传承、传播方

式，旨在把握特色文化与特色旅游相结合，发展文化旅游配套产业，促进经济社会发展。

从北方草原地区的旅游业发展状况看，基本上是利用几千年来游牧民族的工艺特色来运行的。如在内蒙古地区的各类草原旅游区，都可见到白色的蒙古包如同繁星一样点缀在广阔的绿色苍野中，让游客的第一感觉就是到了蒙古族的聚落区，是展现蒙古族文化的集中反映。每当草原地区的七八月，各地的蒙古族都要召开隆重的"那达慕"大会，届时男女老幼都穿着盛装参加，同时进行赛马、射箭、摔跤的好男三项竞技，其实也是蒙古族服饰展示的盛会，吸引了大批国内外游客前来观赏。在各个旅游点，可以随时见到各种民族特色的工艺品，有蒙古刀、鼻烟壶、头饰、服装、皮制品、蒙古包模型、银碗、牛角杯等，这些工艺品使游客情不自禁地购买几件，赠送亲朋好友或者留作纪念。但是，随着旅游业的进一步发展，挖掘传统的游牧民族工艺文化需要进一步提升。如内蒙古赤峰市缸瓦窑辽金遗址，各种瓷片俯首可拾，如果在保护区内开辟一个旅游专区，供游客参观和亲手制作，可以更加促进该地区旅游业的发展，充分展示"草原瓷都"的文化魅力。

北方民族工艺文化的实用性、美观性和吉祥性对游客总是具有很强的吸引力，关键是要深入了解工艺文化的底蕴，营造出文化和旅游协调发展所必需的环境和氛围。如新疆维吾尔族的十二木卡姆、蒙古族的马头琴演奏、蒙古包的建筑形式和装饰艺术、赤峰市的红山文化玉器、辽代瓷器、呼伦贝尔三少民族桦树皮工艺、乌兰察布岩画、鄂尔多斯青铜和金银艺术等，都属于高品位的工艺文化旅游资源，具有更深层次开发潜力和价值。常言说"文化搭台，经济唱戏"，就是指文化和经济只有协调发展，才能唱好区域文化旅游产业这台大戏。因此，必须深入了解北方民族工艺文化的底蕴，才能更好促进民族地区旅游经济的高速发展。

中国非物质文化遗产的研究理论与保护传承及发展趋势

在铸牢中华民族共同体意识下，促进非物质文化遗产的保护与合理利用，有利于优秀传统文化的传承和乡村振兴，有利于推动中华优秀传统文化的创造性转化和创新性发展。非物质文化遗产保护与传承的问题，一直是学术界讨论与研究的一个主题，也是各级政府积极探索的一个实践性论题。1999 年，联合国教科文组织在第 30 届大会上，通过设立"人类口头和非物质文化遗产代表作名录"的决定，把名录制度的适用范围从物质文化领域扩展到非物质文化领域。2003 年，在第 32 届大会上通过了《保护非物质文化遗产公约》，确定了三种名录类型，即人类非物质文化遗产代表作名录、急需保护的非物质文化遗产名录、最佳实践项目名录。迄今为止，我国的非物质文化遗产已经有 35 项入选世界非物质文化遗产代表作名录，7 项入选急需保护的非物质文化遗产名录，1 项入选非物质文化遗产最佳实践项目名录，以总数 43 项占世界第一位。

一 对非物质文化遗产概念的理解

根据联合国教科文组织通过的《保护非物质文化遗产公约》的解释："'非物质文化遗产'指被各群体、团体、有时为个人所视为其文化遗产的各种实践、表演、表现形式、知识体系和技能及其有关的工具、实物、工艺品和文化场所。"从字面上理解似乎很难懂，这需要作进一步解释。

我国入选世界非物质文化遗产代表作名录有：古琴艺术、昆曲、蒙古长调民歌、新疆维吾尔族木卡姆（2008）、中国篆刻、中国雕版印刷技艺、中国书法、中国剪纸、中国传统木结构建筑营造技艺、南京云锦织造技艺、端午节、中国朝鲜族农乐舞、花儿、柯尔克孜族玛纳斯、妈祖信仰、蒙古族呼麦歌唱艺术、南音、热贡艺术、中国传统桑蚕丝织技艺、龙泉青瓷传统烧制技艺、宣纸传统制作技艺、西安鼓乐、粤剧、中国针灸、藏族格萨尔、侗族大歌、藏戏（2009）、京剧（2010）、中国皮影戏（2011）、中国珠算（2013）、二十四节气（2016）、藏医药浴法（2018）、太极拳、送王船（2020）、中国传统制茶技艺及其相关习俗（2022）。

急需保护的非物质文化遗产名录：羌年、中国木拱桥传统营造技艺、黎族传统纺染织绣技艺（2009）、麦西热甫、中国水密隔舱福船制造技艺、中国活字印刷术（2010）、赫哲族的伊玛堪（2011）。

最佳实践项目名录：福建木偶戏后继人才培养计划（2012）。

在这里，可以将非物质文化遗产通俗地解释为："老祖宗留下来的，现已濒临失传的技艺及习俗。"就是说，非物质文化遗产包括三个方面的内容。第一，老祖宗留下来的，具有三个特点：（1）传承性（三代以上）；（2）口头性（口传心授、言传身教）；（3）可塑性（可以改变，活态的）。第二，濒临失传，即濒危性。第三，技艺及习俗，属于无形的，是看不见、摸不着的。

二 非物质文化遗产的理论与研究方法

非物质文化遗产作为中华文化的重要组成部分，包含的许多内容是文化人类学研究"物像"的主要对象之一，而遗产中涉及的造型艺术又是附着在"物像"的载体上。因此，文化人类学的理论与方法是研究非物质文化遗产的基本依据。另外，民俗学、美术学、考古学、历史学、文献学的理论与方法也是研究非物质文化遗产的主要参照，运用跨学科综合性的研究方法，特别是依靠文化人类学的"直接参与观察"方法和历史文献分析方法以及考古学的类型学、美术学的造型艺术等。

非物质文化遗产是文化的一种形式。关于文化的概念学术界大概多达260多种，在社会科学领域中，文化的概念一直是个争论不休而又歧义层出的问题。自从19世纪中叶以来，人类学、民族学各种流派的代表人都给文化下过定义，并对文化的内涵和外延做出了不同的界定。另外，历史学、考古学、语言学、社会学、哲学、心理学、宗教学、政治学、艺术学等学科在涉及文化研究时也各抒己见，提出各种概括的文化定义。人类自从诞生以后，随着社会历史的发展，形成各个民族共同体，随之产生了不同民族或群体的文化。所以说，与其他学科比较而言，文化是民族学或人类学首先要研究的一个重要问题。其中以被称为人类学之父的英国人类学家泰勒（Edward Burnett Tylor）的定义为基准，即："文化，就其在民族志中的广义而论，是个复合的整体，它包含知识、信仰、艺术、道德、法律、习俗和个人作为社会成员所必需的其他能力及习惯。"[①] 这个定义被人类学和民族学界包括不同学

[①] E. B. Tylor, *The Origins of Culture*, Haeper and Brothers Publishers, New York, 1958, p. 1.

派的学者以及其他社会科学家所普遍接受，这就为非物质文化遗产的研究提供了理论基础。

人类学进化学派的代表人物之一——英国人类学家泰勒在《原始文化》一书中，说明人类学是研究"文化的科学"，他主张将文化列出细目，分门别类，诸如艺术、信仰、习俗等，认为一个民族的全部生活细目就代表着我们称之为民族文化的整体，对文化进行探讨是为了研究人类思想和行为的规律。泰勒还认为不同地区、不同民族出现相似的文化，某些制度、仪式、习俗、艺术、神话有惊人的相似点，可以证明人类生活的现象是由有规律的起因产生的。他认为文化是进化的，技艺、工具以至各种文化现象都有其发展的历史，有从低级上升到高级而不是由高级降低到低级的过程。这些理论对非物质文化遗产的分类和发展历史奠定了基础。

人类学播化学派的先驱人物德国的拉策尔（F. Ratzel）认为，各民族间的联系，包括诸如战争、贸易、通婚、迁徙等，都能导致各种文化现象的转移，而民族迁徙又常常使文化面貌发生重大变化，如影响到具体文化形态的形成。德国人类学家格雷布奈尔认为物质文化形式以及社会生活和精神文化的某些现象都属于文化元素。他建立文化圈，认为当两种性质不同的文化区域，彼此相互接触的时候，两者边境便会重叠起来，因而产生混合现象；或者仅是边缘相遇，因而产生接触现象。虽然他的文化圈概念并不严密，如将凡是有图腾崇拜的都划为一个文化圈内，认为图腾崇拜是文化传播的结果，这似乎有牵强之感，因为两个相距较远的地区有相同的文化现象不一定就是传播所致，因为人类本身就有相同的文化形态。当然，播化学派（又译作"传播学派"）的传播理论，对非物质文化遗产的传播与交流有直接的指导作用，当然要排除以英国人类学家史密斯提出的"埃及中心论"。

人类学功能主义学派的代表人物英国人类学家马林诺夫斯基（B. K. Malinowski）认为，社会中的每一种文化现象都与其他现象互相联系、互相作用，而没有主次之分，每一个文化特质都会在整体文化中起一定的作用。他提出文化的八个方面：经济、教育、政治、法律与秩序、知识、巫术宗教、艺术、娱乐，分别代表了文化的功能，而艺术归为一个大类，这对非物质文化遗产的社会功能研究提供了参考的理论价值。人类学的"直接参与观察"方法，就是要求深入现今的民族地区和广大的民间，对一些民族、民间文化现象作详细地调查，以解释这些文化现象。马林诺夫斯基曾指出：一位民族学家进行研究，仅仅局限在文献资料，或宗教，或技术，或社会组织方面，而省略掉人工的田野访问，那么他的工作将会有严重的缺陷。所以，进行非物质文化遗产研究时，必须进行实地的调查，否则闭门造车，就会成为空中楼阁。

象征人类学作为文化人类学的一个分支学科，认为只有将意义和象征作为人类的特征来进行研究才有真正的重要意义。象征人类学视文化为象征系统，通过象征表现文化的含义，由此形成文化象征论、文化符号论。关于对象征的解释和理解，国内外的一些词典中的界定都不相同。归纳起来，共有两种表达意思：一为象征是用来表达某种意义的事物，一为象征是用某种事物表示某种特殊意义的手法。但其总体上都包含相同的意思，认为象征是一种表达方式，是人类有意识地用某种事物或行为表现某种特定意义。非物质文化遗产中的各种装饰图案、艺术行为、民俗风情，都承载着某种文化信息，具有文化的象征意义。

人类学的历史文献分析方法和考古学的类型学，可以研究非物质文化遗产的发展历史和分类状况。把古今的非物质文化遗产作对比研究，来探讨非物质文化遗产的传承和变迁，也就是说，运用人类学中的历时性和共时性相结合的方法，具体研究非物质文化遗产。考古学是根据古代人类通过各种活动遗留下来的实物，研究人类古代社会历史的一门学科。考古学有地层学和类型学两种研究方法，类型学对非物质文化遗产中的载体造型和特征以及分类有着重要的指导作用，特别是工艺与技艺的分类。

在造型艺术中，用审美的视觉和知觉注意指向性的一个重要方面是处理"图"与"底"的关系。美国学者阿恩海姆（Rudolf Arnheim）说："'图形'与'基底'之间的关系，就是指一个封闭的式样与另一个和它同质的非封闭的背景之间的关系。"[①] 后来的学者根据阿恩海姆的观点，把"图"与"底"的关系归结为几个方面：（1）被包围的或封闭的形成"图"，包围者却成为"底"（或称"地"）；（2）小面积者为"图"，大面积者为"底"；（3）密度高或有纹理描写者容易成为"图"；（4）二形位于上下之位置。

运用上述的理论看非物质文化遗产中的造型与构图，非常符合其造型的安排。如绘画、雕塑、刺绣、剪纸等本身的质地就是所说的"底"，其中的纹样就是"图"，二者处于一个包围与被包围的关系。造型的创作，分为"构图（构思）"和"传达"两个阶段。构图是创造者根据对现实生活的认识和观察，经过反复体验归纳，在头脑中首先形成一个造型的艺术形象，然后在"底"上表现出来。英国学者克莱夫·贝尔（Quentin Bell）说："当一个艺术家的头脑被一个真实的情感意象所占有，又有能力把它保留在那里和把它'翻译'出来时，他就会创造出一个好的构图。"[②] 传达就是借助于一定的诸如金属、布、绢、纸等物质媒介，运用一定的艺术技法，通过线条、块面、色彩等，把原来升华于艺术家头脑中的自然艺术形象再创

---

① ［美］鲁道夫·阿恩海姆：《艺术与视知觉》，滕守尧、朱疆源译，中国社会科学出版社1984年版，第311页。
② ［英］克莱夫·贝尔：《艺术》，周金环、马钟元译，中国文联出版公司1984年版，第156页。

作出来，使之成为一个物化了的、静态的，并能为人们所欣赏的造型艺术品。

"构图"和"传达"二者是辨证统一的，在塑造艺术品时缺一不可。"一方面，在构思时即已考虑到了传达，不能离开传达去构思；另一方面，在传达时构思并未终止，传达是构思的继续和深化。"① 任何人在这种构图和传达的过程中，都要受社会的影响，以及个人文化素质与艺术水平的制约。同样一个要创作的对象，在众人眼中是同样的物品，反映在"底"上却风格各异，"使人看来不只是直接存在的现实世界中的一件事物，而是人的思想和精神的艺术活动的产品。"② 因此，任何一种造型都是用物质形式描绘记载了历史，并在一定的审美情趣的指导下，采用艺术的技法展现了时代的风尚。

诸如绘画、雕塑、刺绣、剪纸等非物质文化遗产就是在"图"与"底"之间的关系中产生，它也经历了构图与传达的过程，包括形状、图案和工艺三个方面，工艺又分为制作工艺和装饰工艺。正如黑格尔所言："因为艺术作品全部都是精神产品，象自然界产品那样，不可能一步就达到完美，而是要经过开始、进展、完成和终结，要经过抽苗、开花和枯谢。"③ 非物质文化遗产中的民间美术、传统手工技艺等项目的成熟和完美就是经历了这么一个发展的过程。

美国著名哲学家杜威（Dewey John）认为造型艺术创作和欣赏是种直接经验，它本质上不适合用理智去加以探讨，因此造型艺术的鉴赏不适合用鉴赏文学作品的方法去进行。他说："艺术家把他们的直接经验到的东西的性质作为题材。运用理智去探讨的人和这些性质间隔一层，须要通过记号；记号象征这些性质，但这些性质如果当前呈现，记号就没有意义了。这两种人在思想方法和感情上有很大的根本区别，但同样都依靠具有感情的思想和下意识里的酝酿，直接用颜色、声调、形象来思维和用文字来思维在技巧上是不同的方法。"④

民俗学是研究人们在日常的物质生活和精神生活中，通过语言和行为传承的各种民俗事象的学科。其研究领域包括三个方面：（1）物质民俗，如居住、服饰、饮食、生产、交通、工艺诸民俗；（2）社会民俗，如家庭、村落、社会结构、民间职业集团、岁时、成丁礼、婚礼、丧葬诸民俗；（3）精神民俗，如宗教信仰、各种禁忌、道德礼仪、民间口承文学（神话、传说、故事、歌谣、叙事诗、谚语、谜语、民间戏曲）诸民俗。从研究领域看，民俗学与非物质文化遗产存在着密切的联系，

---

① 刘纲纪：《美术概论》三，《美术史论》1982年第4期。
② ［德］黑格尔：《美学》第3卷上册，朱光潜译，商务印书馆1991年版，第33页。
③ ［德］黑格尔：《美学》第3卷上册，朱光潜译，商务印书馆1991年版，第5页。
④ ［俄］别林斯基：《外国理论家作家论形象思维》，朱光潜译，中国社会科学出版社1979年版，第197页。

民俗学主要是表现民俗文化方面，而非物质文化遗产侧重于艺术的成分和特征，在民间又通过文化遗产来反映民俗现象。

三 非物质文化遗产的保护与传承

我国政府从 2003 年开始启动"中国民族民间文化保护工程"，并先后颁布了一系列政策和法规。如 2004 年颁布的《中国民族民间文化保护工程实施方案》、2005 年颁布的《国务院办公厅关于加强我国非物质文化遗产保护工作的意见》、2005 年发出的《关于申报第一批国家级非物质文化遗产代表作的通知》、2011 年颁布的《中华人民共和国非物质文化遗产法》、2017 年颁布的《中国传统工艺振兴计划》、2019 年颁布的《国家级非物质文化遗产代表性传承人认定与管理办法》、2021 年颁布的《关于进一步加强非物质文化遗产保护工作的意见》、2022 年颁布的《关于推动传统工艺高质量传承发展的通知》等。这些政策和法规对我国非物质文化遗产的保护起到了指导性的作用。自从启动了非物质文化遗产保护工程以来，我国先后于 2006 年、2008 年、2011 年、2014 年、2021 年颁布了五批国家级非物质文化遗产名录，包括代表作和扩展项目，共计 3102 项，省、市、县级项目 10 万余项，形成了庞大的非物质文化遗产名录体系。先后五批共有 3068 人入选国家级非物质文化遗产代表性传承人。可以看出取得了很大的成绩，这不能不说我国非物质文化遗产的保护工作在近 20 年的时间里取得巨大的成就。

尽管如此，在保护与传承方面依然存在着很多的问题。在保护方面，自 2003 年开始启动中国民族民间文化保护工程以来，政府曾提出了抢救性保护、整体性保护、恢复性保护、生产性保护等政策。2012 年在北京举办的"中国非物质文化遗产生产性保护成果大展"的开幕式上，文化部原部长蔡武在讲话中指出："在非物质文化遗产保护中，文化部根据非物质文化遗产自身特点和内在规律，积极探索科学的保护方式和方法，对濒危和传承困难的代表性项目，采取抢救性保护的方式；对非物质文化遗产代表性项目集中、特色鲜明、形式和内涵保持完整的特定区域，采取整体性保护的方式；对部分具有生产性质和特点的代表性项目，采取生产性保护的方式。"但事实上在实施过程中并非取得好的效果。在传承方面，主张原生性、本真性、活态性的传承原则，可是在传承中却遇到许多的问题，如创新的问题、现有传承人年龄偏大的问题、后代传承断代的问题等，使传承难以继任。在产业化方面，不是所有的遗产都能作为资源转化成产业，即使有的遗产已经向产业化方向发展，也只是小规模的生产，集约化、规模化的非遗产业相对较少。

目前，关于非物质文化遗产保护工作可以从五个层面去思考，即政府、民间团体、专家学者、媒体和传承人。其中，政府作为牵头单位，在遗产的保护中起到指导性的作用；民间团体是由民间自发形成的一种组织形式，如剪纸协会、农民画协会等，在遗产的保护中可以起到具体的组织作用；专家学者在实际研究中，提供保护方案、信息咨询，给政府在保护工作提供智库支持；媒体包括报刊、广播电视、网络等，通过宣传可以提升民众对非物质文化遗产的认识，促进非物质文化遗产保护工作的全民化；传承人是非物质文化遗产的直接创作者和承继者，也是最终的落实者，只有保护好传承人，才能使遗产更好地延续后世。

第一，在政府层面上，除了以上提到的全国人大、国务院、文化部颁布的有关法律、政策外，各省也相继颁布了非物质文化遗产保护的条例和细则，并先后成立了非物质文化遗产保护中心，或在文化厅设立非物质文化遗产处。同时，地市级城市也陆续成立了非物质文化遗产保护中心，有的县也成立了相应的保护机构。但多数的市、县级政府将非物质文化遗产的保护工作放在了群众艺术馆、文化馆，相对没有独立出来，这势必会影响保护工作的深入开展。但这些保护条文和机构为非物质文化遗产保护提供了政策上的指导和引导。

第二，在民间团体层面上，中国民间文艺家协会和各地民间文艺家协会为最大的群众性团体，其成立的主要宗旨就是组织、规划、指导我国和各地的民间文学、民间艺术及民俗的考察、采集、保护、传承等工作，有的区县也成立了相应的协会，以更好地组织非物质文化遗产的保护工作。除此之外，有的地方还成立了专业性或专门性的学会、协会和研究院，来组织举办非物质文化遗产展览、大赛等工作，这在一定程度上也促进了非物质文化遗产的普及和保护。另外，要动员企业参加非物质文化遗产的保护行动，特别是将遗产作为资源转化为文化产业，配合生产性保护原则来解决政府投入经费不足的现象。

第三，在专家学者层面上，积极参与到非物质文化遗产的保护之中，涉及学科有艺术学、民族学、人类学、历史学、文学等，主要以召开学术研讨会的形式，有的也参与到政府的保护规划或方案的策划中，著书撰文谈各自对非物质文化遗产保护的看法，如中国艺术人类学学会举办的历届年会，收到的相关学术论文达千余篇。这些研究成果为非物质文化遗产的保护提供了重要参考，但学者与政府之间的脱节现象比较严重，许多好的建议不为政府所知，因而也不能被政府采纳。

第四，在媒体层面上，各地非物质文化遗产保护中心已经建立了数据库，对名录中的项目申报资料、传承人档案进行分类整理，实现了数字化管理，这可以说是最为专业的数据库，但是开放式的网络平台亟须加强建设。在建立数据库的实际操作中，以国家、省、市、县各级非物质文化遗产为切入点，分为四个层面。每个层面下按照类别将遗产的文字档案予以数字化，采用网络技术、计算机技术等先进手段，将每一项遗产的分布、历史、现状、内容、传承谱系、传承方式、产业化情况等形成文字、图片、影像、音频等综合体系，最后建成遗产多媒体资源库和信息平台。

第五，在传承人层面上，由于他们掌握着非物质文化遗产所蕴含的知识和技艺，是遗产的承载者和传递者。在非物质文化遗产的传承过程中，一定要基于遗产的本真性、原生性和活态性，其中，活态性是一个重要的特点，如果失去了活态性，非物质文化遗产项目只能保存在博物馆或者失传。因此，对传承人的保护是非物质文化遗产保护的关键所在。当今，所有列入非物质文化遗产的项目都建立起传承的谱系，而且确定了现有的传承人。但是，有很多项目传承人出现断档现象。根据非物质文化遗产申报的条件看，必须是世代传承、活态延续，至少是三代以上，说明传承人在遗产保护中的重要性。目前，很多的非物质文化遗产项目只有一位代表性传承人，随着市场经济的冲击，有的遗产项目出现了没有后继者的现象，不能使遗产项目活态地延续下去，等到这一代传承人年事已高或去世后，这些非物质文化遗产项目会随之失传。

因此，我国虽然已经建立了国家级、省级、市级非物质文化遗产名录，但县区级名录亟待健全，这样可以形成四级非物质文化遗产保护体系。在遵循抢救性、整体性、恢复性、生产性保护的原则上，从各级政府、民间团体、专家学者、媒体、传承人自身等层面上协同合作，共同承担起非物质文化遗产保护工作，彻底打破长期以来存在的"重申报、轻保护"的局面。

四　非物质文化遗产的发展趋势

在2014年国家召开"两会"期间，全国政协常委冯骥才提出："反对对文化用'开发'这个词，这是个'野蛮的词汇'，联合国对文化遗产用的是'利用'，香港和台湾用的是'活化'。"[①]"开发"一词在字面上理解太硬，用在文化遗产上容易超出度，还是用"利用"一词比较合适。那么，在当下的非物质文化领域中，一方面注重保护与传承的问题，另一方面就是如何把非物质文化遗产的衍生品产业化的问题，这就涉及合理利用的问题。目前，我国文化产业仍然停留在传统的文学艺术创作、音乐创作、舞蹈、摄影、工业设计、建筑设计等领域中，并没有将优势的历史文化遗产和非物质文化遗产的丰富资源利用起来，导致了文化产业在发展中的缺失现象。从传统文化产业领域看，并不存在着优势，而文化遗产资源却非常丰富。

---

① 冯骥才:《最反对对文化用"开发"这个野蛮的词汇》，新华网（www.news.cn），2014年3月9日。

因此，必须打破传统的文化产业领域，拓宽文化产业发展的途径，本着"保护性利用和利用中保护"的原则，把非物质文化遗产资源合理地利用起来，进一步增长国民经济的产值。

1. 非物质文化遗产衍生品产业化前景分析

国家统计局颁布新修订的《文化及相关产业分类（2012）标准》，文化及相关产业被分为 10 个大类，在"文化艺术服务"的"文化遗产保护服务"中包括文物及非物质文化遗产保护，历史文化遗产与非物质文化遗产已经被列入文化产业领域。这里所指的遗产强调了保护，在保护的前提下予以合理利用。遗产属于不可再生资源，如果直接把遗产开发成文化产业，这是破坏而非保护，不利于遗产的可持续发展。所以说只能把遗产衍生品进行产业化，或者利用遗产元素进行文化创意产业的研发，不要错误地理解成把遗产直接转化为文化产业。

文化部在 2012 年颁发了《关于加强非物质文化遗产生产性保护的指导意见》，在这个文件中提出了非物质文化遗产生产性保护的概念，即"指在具有生产性质的实践过程中，以保持非物质文化遗产的真实性、整体性和传承性为核心，以有效传承非物质文化遗产技艺为前提，借助生产、流通、销售等手段，将非物质文化遗产及其资源转化为文化产品的保护方式"。在这个概念中，首先非物质文化遗产要有生产性质的实践过程，其次要保持遗产的真实性、整体性、传承性的特征，再次要借助生产、流通、销售的手段，最后将其资源变为文化产品，并强调是一种保护方式。因此，从概念上看，不是说所有的非物质文化遗产都可以实现生产，而是有限定的领域，《意见》中说："这一保护方式主要是在传统技艺、传统美术和传统医药药物炮制类非物质文化遗产领域实施。"说明非物质文化遗产的生产性保护存在着一定的局限性，但是为非物质文化遗产衍生品转化为文化产业提出了指导性的建议。

除了政府明确对非物质文化遗产的生产性保护外，在学术界关于非物质文化遗产产业化的问题一直在进行讨论。有的学者认为，非物质文化遗产必须与旅游相结合，才能走向产业化。如色音的《试论蒙古族非物质文化遗产的旅游开发——以成吉思汗祭奠为例》一文，以成吉思汗祭奠为例，提出借助其文化价值和资源优势，依托旅游业为文化产业性质，促进民族地区经济发展。[1] 王燕琦在《非物质文化遗产亟待抢救保护》中说："文化遗产今后应向文化产业转化，一旦形成品牌效应，将推动旅游业等产业的发展。"[2] 有的学者认为非物质文化遗产发展的重要之路就是

---

[1] 色音：《试论蒙古族非物质文化遗产的旅游开发——以成吉思汗祭奠为例》，载《非物质文化遗产传承与艺术人类学研究》（上册），学苑出版社 2013 年版，第 247—251 页。

[2] 王燕琦：《非物质文化遗产亟待抢救保护》，《光明日报》2002 年 1 月 20 日。

第四编
非物质文化遗产篇

商业开发，如邵长波在《非物质文化遗产背景下土家族织锦发展现状研究的调查报告——以湖南省龙山县为例》中指出，将非物质文化遗产项目作为商业开发，必须把握好"度"的问题，不能把粗制滥造的产品充实市场。[①] 李昕在《论非物质文化遗产保护产业化运作的可能性——从非物质文化遗产的符号价值谈起》中提到，要将非物质文化遗产中所蕴含的文化符号作为发展文化产业的文化资源，如传统节日可以发展旅游业，民间戏曲可以进入演出市场，民间服饰元素可以提升纺织业的竞争力等。[②] 类似这样的研究成果有很多，无论是哪一种观点，总体上就是支持非物质文化遗产的产业化。

但是，也存在另外一种认识，就是非物质文化遗产的不可产业化观点，如陈岸英的《人类口传及无形遗产——保护什么？如何保护》，强调原生态保护，产业化"不仅不能复兴一个崩解中的文化活体，反倒只能加速它的死亡"[③]。总的来说，学术界多数学者主张将非物质文化遗产资源进行合理利用，使其走向产业化，并以此发展文化产业，只不过在产业化过程中的前提条件就是保护。因此，在保护非物质文化遗产可持续发展中，将其衍生品进行创意开发是可行的。

以辽宁地区民间美术遗产为例，资源非常丰富，涉及民间美术的各个领域。从国家级文化产业园区和示范基地看，基本上没有利用民间美术的资源进行衍生品的开发。目前，多在一些民间雕塑类的遗产项目中进行产业化开发，如阜新市玛瑙雕、鞍山岫岩玉雕、大连市西岗区核雕、抚顺市煤精雕、抚顺市琥珀雕、本溪市砚台制作技艺、锦州市传统锡雕、本溪市桥头石雕、铁岭市王千石雕、朝阳红土泥塑、朝阳市根雕等，有的已经形成一定的产业规模。如鞍山市岫岩玉雕，截止到2018年，岫岩县共有3000余家玉石企业，从业人员多达10万余人，玉石年产值达25亿元，已经成为颇具规模的主要产业之一。

阜新玛瑙雕的制作主要分选料、剥皮、设计、粗雕、细雕、修整、抛光等工序，雕刻种类有人物、动物、花卉、山子等，以巧、俏、绝、雅为艺术特点。近年来，成立了市玛瑙产业协会、市玛瑙产业办，指导玛瑙企业的生产和销售。2012年，玛瑙从业人员超过6万人，实现产值达13亿元。抚顺市煤精雕刻，以风格独特、造型美观、色泽乌黑光亮、材质细腻而著称。抚顺市琥珀雕刻，以雕件、首饰和内画形成三大系列产品。这两个非物质文化遗产项目，经过多年来对衍生品的开

---

① 邵长波：《非物质文化遗产背景下土家织锦发展现状研究的调查报告——以湖南省龙山县为例》，载《非物质文化遗产传承与艺术人类学研究》（下册），学苑出版社2013年版，第361—376页。
② 李昕：《论非物质文化遗产保护产业化运作的可能性——从非物质文化遗产的符号价值谈起》，《贵州民族研究》2008年第2期。
③ 陈岸英：《人类口传及无形遗产——保护什么？如何保护》，《装饰》2003年第3期。

发已经初具规模，仅望花区的煤精和琥珀产品的产值达8000万元。本溪市砚台，因其材质优良、色彩奇特、品相多样而被书画界和收藏界的人们青睐。到2015年初，已经建立辽砚文化产业园，集研发、加工、制作、销售为一体，共有50余家制作砚台的企业，从业人员达1500余人，创造的总产值近2亿元。锦州市传统锡雕，以造型紧凑、材质纯正、比例协调、制作简约著称，通过一定的艺术手段反映出作品的内在意蕴。目前，已经成立了由20人组成的研发团队，产业初具规模，并向精深发展。铁岭市王千石雕，作品具有高大雄健、种类齐全、造型古朴、刀法纯熟、线条流畅、个性鲜明的特点，具有极强的艺术感染力和生命力。在王千村，家家都有手工石雕作坊，已经形成"采、工、销"产业链条，有5家大型采石场，加工和雕刻工匠达300余人，年均实现产值1200余万元。

从以上的实例来看，民间雕塑遗产多数形成了产业规模，每年实现产业产值在千万元以上，有的达亿元以上，这种发展势头还会继续下去，创造更大的产业价值。其他类的民间美术遗产，多以传承人本身为主，个体作坊或工作室成为主要的经营方式，没有形成产业链，因而发展规模有限。如庄河剪纸作为辽南民间文化艺术的代表，这些年来以创作和建立传承基地为主，零星地出售传承人的作品，没有形成产业化开发。其实，剪纸是民间美术中最普遍的一种类型，利用国家级非物质文化遗产的优势，建立生产性保护基地和产业园，将现有传承人、后续传承人以及从事剪纸的人集中在园区内，从事剪纸的创作。同时，建立研发中心和服务中心，一边出售传统的作品，一边利用剪纸元素开发创意产品和创意设计，如以剪纸为造型开发动漫产业、设计明信片和邮票、舞台表演、陶瓷图案等，形成设计、创作、销售的产业链。其他的诸如满族服饰、皮影制作、农民画、风筝等也可以建立产业园区，进一步开发美术类非物质文化遗产的衍生品，对促进文化创意产业的发展有着广阔的前景。

2. 文化产业发展新途径的探索

根据《中国文化产业年度发展报告》的统计，2016年中国文化产业增加值占GDP的比重约4.07%，2017年全国文化产业增加值占GDP的4.2%，2018年占4.48%，2019年占4.5%，2020年占4.43%，2021年占4.43%，专家预计2022年占5%，成为国民经济支柱产业。说明文化产业的产值和在GDP中所占比重都有了很大的提升，对拉动国民经济的发展有很大的作用。这里所指的文化产业基本上是传统的出版发行、广播、电视、电影、网络等，非物质文化遗产资源所占的比例很小，这就为遗产资源的产业开发提供了很大的空间。目前，许多地方的非物质文化遗产作为产业性的发展刚刚起步，还没有探索出一条有效的途径。因此，要以非物质文化遗产为资源，探索文化产业发展的新途径，来实现经济的增长点，提升文化软实力。

目前,现代化发展与城市全域化以及城镇化的发展正在改变传统文化,非物质文化遗产作为传统文化的重要组成,正走向微弱化,甚至消亡。由于财力有限,传统文化的保护与承继遇到了许多的瓶颈,使保护措施难以得到实施。因此,为了让包括非物质文化遗产在内的传统文化得以很好的保护与传承,提高人们文化自觉的意识,必须走产业化发展的道路,在传统文化的基础上进行文化创新,全面实现文化产业的大繁荣。通过有效的生产性保护,非物质文化遗产开始逐渐融入现代人的生活,很多优秀的非物质文化遗产项目能够在现代人的生活中产生新的价值和发挥新的作用。如在出席重要活动时,越来越多的人开始穿着满族、蒙古族等少数民族服饰;传统中医药、蒙药在现代社会中仍然为很多患者解决了病痛;赵本山演出团队的二人转的演出每年能够产生上亿元的经济效益。所以说,以非物质文化遗产的衍生品作为文化产业发展的资源,进一步提升文化产业产值。

第一,认清非物质文化遗产与其衍生品的概念,有助于遗产资源的合理利用。非物质文化遗产是一种文化表现形式,首先是以非物质形态存在的;其次是与人民群众的生活密切相关;再次是世代活态相承,强调以人为核心,包括技艺、精神、经验和文化场所。以民间美术遗产为例,虽然通过物质载体表现,但创作者的思想、感情、技艺、图案、传承方式、文化含义等却是非物质的,从物质文化形态上升到精神文化形态。由于活态传承在三代以上,有序延续时间超过百年,并保持了原生性、本身性的特点,故定为遗产。这种遗产是可持续发展的,一旦断代就不可再生。所以说,遗产本身并不能开发。

非物质文化遗产的衍生品,有两种解释,一是遗产所附着的作品,如民间美术遗产中的剪纸、绘画、雕塑、皮影、刺绣、服饰、陶瓷、玩具、编织等作品,通过传承人和后继者的活态传承所创作,具有历史和艺术价值,兼顾实用性和审美性。可以分为两个方面,一个方面是传统的作品,一个方面反映现代社会中的国事、家事、伟人、新人、新风尚、新生活的作品。二是利用遗产作品本身的图案、色彩等元素,开发新的创意产品。如将剪纸元素运用在文化创意设计中,衍生出系列的作品,运用在婚礼头饰、室内装饰、书籍装帧、日常生活、建筑雕塑等方面,在传统的基础上予以传承和创新。因此,要合理利用遗产的衍生品进行开发,将之转化为文化产业。

第二,建立非物质文化遗产综合性与专题性文化产业园区,有利于遗产文化附加值的稳步提升。以辽宁本溪市建立的剪纸文化创意产业园为例,将全市剪纸人才和外来剪纸集中在一起,包括剪纸遗产的传承人和从事剪纸创作的人才,给予限额内免征增值税、小额担保贷款、相关保险费用补助、专项借款资金支持、普惠制就业免费培训、设立剪纸企业注册登记"绿色通道"等优惠政策，鼓励人们在园区内进行剪纸创意产业的开发。同时，园区内设立剪纸产品生产区、展示区、公共服务区、外部功能区，借助剪纸遗产的衍生品发展文化产业，集生产、展示、体验、创意和销售为一体，形成了剪纸文化产业的链条，取得了很好的经济效益，为民间美术遗产衍生品开发开创了良好的典范。

所以，要以国家级和省级遗产项目为龙头，在非物质文化遗产集中的地区应该建立综合性和专题性文化产业园。如辽宁地区的民间皮影比较发达，省级以上遗产项目有15个，但市场空间比较窄，而且各自进行演出，没有形成产业。如果在沈阳市建立一个皮影文化产业园区，把所有的皮影遗产项目纳入园区中，形成制作、表演、展示、体验、销售和创意的产业链条，必能救活皮影的市场，促进皮影遗产文化附加值的提高。类似的遗产文化产业园还可以涉及剪纸、农民画、雕塑、刺绣与服饰等领域，建立专题性文化产业园。或者建立非物质文化遗产综合性文化产业园，将各种非物质文化遗产集中在园区内，即可巩固遗产的保护成果，还能扩大遗产衍生品的产业开发。

第三，以各种文化博览会、文化节为契机，来提高非物质文化遗产衍生品产值的逐步增加。除了建立文化产业园区外，还要借助各种文化博览会、文化节，将非物质文化遗产的衍生品推广出去。辽宁省每年举办多个博览会和文化节，如沈阳的中国北方文化产品交易会、东北艺术品博览会、红木家具及收藏品、艺术品博览会、全国特产（礼品）博览会、中国东北文化产业博览交易会、东北国际旅游商品博览会，盘锦的中国珠宝玉石、红木书画、工艺品博览会，大连的中国国际服装纺织博览会，阜新的玛瑙博览会，本溪的辽砚文化节，中国剪纸创意文化节，抚顺的赫图阿拉旗袍文化节，丹东的大孤山妈祖文化节，葫芦岛市的国际葫芦文化节。还有全国性的博览会和文化节，如中国非物质文化遗产博览会、中国博物馆及相关产品与技术博览会、各地举办的文博会、文化遗产日活动等。

这些博览会和文化节，为非物质文化遗产衍生品的开发、宣传和销售搭建了很好的平台。如2020年在阜新举办的第十五届中国·阜新玛瑙博览会，吸引了北京、广东、福建、澳门等地的客商达20余万人次参会，签订订货协议资金额10亿元，实现销售额1.5亿元，取得了非常好的经济效益，使阜新玛瑙遗产的文化附加值产值得到很大的提升。2017年，在沈阳举办的第七届中国东北文化产业博览交易会上，本溪市以辽砚作为主打产品，兼顾奇石、天龙洞核桃葫芦、桓仁东明木雕等工艺品，展会期间的现场交易额超100多万元。2019年，在第十五届中国（深圳）国际文化产业博览交易会上，辽宁省文化产业项目总签约额300多亿元。这些交易和销售的数字，充分说明了博览会、文化节在包括非物质文化遗产衍生品在内的文

· 307 ·

化产业发展中已经成为重要的媒介。

第四，充分利用互联网的资源，借助"互联网＋非物质文化遗产文化衍生品"的行动计划，扩大非物质文化遗产衍生品的宣传和销售平台。李克强总理在2015年3月召开的第十二届全国人民代表大会第三次会议上所作的《政府工作报告》中提出，"制定'互联网＋'行动计划，推动移动互联网、云计算、大数据、物联网等与现代制造业结合，促进电子商务、工业互联网和互联网金融健康发展，引导互联网企业拓展国际市场。"这个提法是一个前所未有的高度，就是通过互联网对传统产业的升级换代，把新兴产业变为主导产业，文化产业非常符合"互联网＋"的行动计划。

在合理利用非物质文化遗产资源中，也要借助这种模式，采用网络技术、计算机技术等先进手段，将每一项遗产的分布、历史、现状、内容、传承谱系、传承方式、创作过程、产业化情况、衍生品开发等形成文字、图片、影像、音频等综合体系，最后建成非物质文化遗产以及衍生产品的多媒体资源库和信息平台，来扩大这方面产业的宣传和销售途径，既能实现非物质文化遗产的生产性保护目的，还能进一步拓宽文化产业发展的领域。

第五，利用高校的人才培养资源，嵌入非物质文化遗产的元素，研发文化创意产品。目前，多数高校都设有美术学或设计学学科，涉及绘画、雕塑、陶艺、视觉传达、产品设计、环境艺术、服装设计、动画传媒、工业造型等专业，有的高校还培养美术学一级学科硕士学位授权中的非物质文化遗产与文化产业方向的研究生，为非物质文化遗产衍生品的开发和创意人才培养创造了良好的学科和专业基础。但目前多数都停留在传统的专业教学层面上，没有很好地嵌入非物质文化遗产的元素，从而缺乏创新和创意设计的能力，这一方面应该向台湾的高校学习。

笔者曾经在台湾的高校进行考察，凡是有美术或设计专业的高校，都有文化创意方向的设置，学生在学校旁边的夜市上销售自创产品，拉动了文化创意产业的发展。而我国的高校却很少有文化创意方向的设置，也没有专门的市场。即使有的高校开设创意设计的课程，但很少把非物质文化遗产的元素运用其中，只是随意的创作所谓的具有现代艺术的作品，缺乏了中国传统文化的特色，可以说不能形成产业，也拉动不了文化创意产业的发展。因此，必须扭转传统的人才培养方向，更好地利用非物质文化遗产中的造型、图案、色彩等元素，培养文化创意设计和研发的人才，促进文化创意产品的产业化发展。

为了让包括非物质文化遗产在内的传统文化得以很好的保护与传承，提高人们文化自觉、文化自信的高度意识，必须走产业化发展的道路，在传统文化的基础上进行文化创新。GDP中占到5%以上才能成为支柱性产业，从2016年以来，全国文化产业增加值占 GDP 的比重逐年提高，要想在未来几年内实现文化产业成为支柱性产业的目标还需继续努力，这就要求必须扩大文化产业领域，探求文化产业发展的新途径。我国多民族非物质文化遗产在铸牢中华民族共同体意识下，通过自然地理环境和人文社会诸多因素的综合作用下，在地区性特点和与外来文化交往交流交融下，经过一定的历史时期孕育而生成，是形成文化经济、推动文化生产力、成为地方经济社会全面发展的重要精神动力和增强经济竞争力的基础因素，反映着各民族独特的生活情趣，包含着丰富深刻的社会历史信息，代表着民众的审美理想。因此，我国各民族非物质文化遗产衍生品产业化有着广阔的前景，在不破坏遗产的前提条件下，进行生产性保护，充分利用产业园、博览会、互联网、高校人才等资源，来扩大文化产业发展的领域，深入挖掘非物质文化遗产的文化附加值，开创民族文化产业发展的新局面。

东北地区民间美术类非物质
文化遗产的现状分析

东北地区包括黑龙江、吉林、辽宁省三省和内蒙古的呼伦贝尔市、兴安盟、通辽市、赤峰市,从这个地区的发展历史看,早在距今8000年前的兴隆洼文化和查海类型遗址中就出现了石雕女像、陶塑等雕塑作品,在7000年前的赵宝沟文化遗址中出现了彩陶艺术,在5000年前后彩陶艺术达到了鼎盛时期,同时期石雕、玉雕、骨雕等艺术较为发达,并且显示出地域上的文化特征。在西周以后,这里是农业民族、游牧民族、游猎民族交叉生息的地方,留下了丰富的美术类历史文化遗产和非物质文化遗产。近现代在传承古代遗产的基础上又有发展,几乎遍布整个白山黑水。从保存状况看,虽然已经颁布了各级民间美术类非物质文化遗产名录和传承人,但很多的遗产已经消失或处于濒危状态,急需调查、记录和保护。

一 东北美术类文化遗产的历史渊源与发展

东北地区早在旧石器时代晚期和新石器时代就出现了具有本地区特征的文化内涵和美术形式,后来历代又有东胡、肃慎、秽貊、乌桓、鲜卑、靺鞨、高句丽、契丹、女真、蒙古、满族等民族在此生息,近现代有满族、蒙古族、鄂温克族、鄂伦春族、达斡尔族、赫哲族、锡伯族、朝鲜族等少数民族聚居,他们与汉民族共同创造了丰富的民族民间文化艺术。民间美术遗产根植于众多的民族和广大的农村之中,其范围广泛,内涵深厚,反映着劳动人民独特的生活情趣,包含着丰富深刻的社会历史信息,代表着民众的审美理想。

在旧石器时代晚期,辽宁省海城小孤山遗址[①]出土以兽牙、鸟类肢骨、贝壳、小砾石组成的装饰品,采用了较为先进的磨光和钻孔技术,还有骨针、骨鱼叉等骨角制品,这应该是东北地区美术作品的雏形。新石器时代,在分布于西辽河流域的

---

① 张镇洪等:《辽宁海城小孤山遗址发掘简报》,《人类学学报》1985年第1期。

红山文化系统中，早在 8000 年前的兴隆洼文化中开始出现玉器，从制作工艺看，已掌握了琢磨、抛光、钻孔等技术。尤其在同一时期的查海类型遗址中，聚落的中心广场内发现一条用石块堆塑的龙，这大概是目前所知时代最早的龙形象。陶器制作虽然粗糙，但已经出现有规律的"三段式"装饰纹样，有的陶器上堆塑有龙的形象。赵宝沟文化是紧随兴隆洼文化之后而发展起来的原始文化，在陶器的装饰艺术中，动物纹已不是单纯的写实形象，出现了具有原始崇拜的"神灵"图案，达到了神化的境界，反映了原始礼仪制度有了进一步的发展。同时，彩陶艺术开始出现。红山文化以"之"字纹筒形陶罐、玉器、龙鳞纹彩陶等为文化的主要特征，其中玉龙与赵宝沟文化的凤形陶杯被称为中华第一龙凤，是中华文明肇始的象征。与其相应的建筑艺术、宗教和社会形态有了划时代的变化，在建筑上最杰出的成就是坛、庙、冢。小河沿文化的陶器除了大量的彩陶和彩绘陶外，有少量刻绘文字符号，意为对日、月崇拜和男耕女织情景的抽象描写以及氏族图腾的一种徽号，这是文明出现的重要标志之一。另外，红山文化系统还出现了石雕、陶塑的艺术品，如石雕人像、陶塑人像、陶猪、猪首彩绘陶罐、鸟形彩绘陶罐等，代表了这一时期杰出的原始美术品。在黑龙江宁安市莺歌岭文化遗址[1]中，发现有陶猪等雕塑品。吉林省农安左家山遗址[2]出土有"之"字纹陶器和石雕、骨雕器。辽宁省沈阳市新乐遗址[3]出土陶器、煤精制品、木雕艺术品等。

夏商时期，分布在西辽河流域的夏家店下层文化，以筒形灰陶鬲为陶器的主要特征之一，陶鬶和陶爵上的成排泥质铆钉装饰，与中原地区商代青铜器上的铆钉装饰手法非常相似，可能来源于同类的青铜器上。彩绘陶器是其文化内涵的主要特点，饕餮纹、带目夔纹、云雷纹、勾云纹等纹饰以及在器物上的位置，都与中原地区商代青铜器有着内在的联系，这些彩绘纹饰可能是当时氏族或部落的族徽。从发现的小型青铜器和少量的大型青铜器看，已经具备了较高的冶炼和铸造技术，进入青铜器发展的早期阶段。用金制作的装饰品，标志着贵重金属工艺在上层社会的生活中开始使用，扩大了美术的内容和种类。西周至春秋中期，从夏家店上层文化遗址出土的工艺品看，青铜工艺和金银工艺的制作已有相当高的水平，游牧文化性质的装饰工艺普遍出现，其中的动物造型成为美术作品的核心内容。

在民族出现以后，东北地区形成三大民族系，即东胡系、肃慎系、秽貊系。东胡系民族包括山戎、东胡、乌桓、鲜卑、契丹、蒙古等。这些民族为了适应草原生

---

[1] 张太湘等：《黑龙江宁安市莺歌岭遗址》，《考古》1981 年第 6 期。
[2] 陈全家、赵宾福：《农安左家山新石器时代遗址》，《考古学报》1989 年第 2 期。
[3] 周阳生：《辽宁沈阳新乐遗址抢救清理发掘简报》，《考古》1990 年第 11 期。

态环境的生活，在创造美术作品中都离不开草原的特征，将草原上生存的动植物作为塑造美术作品的主要内涵和装饰题材，特别是动物造型一直作为美术创作的主要对象。如山戎的青铜器、金银器出现大量动物装饰，作为美术创作的主体。动物分为鸟禽类、兽类、其他类三大类，在表现手法上，多为写实性，但并非对动物外表僵死的描绘，而是形神兼备，力求用准确的形态表现出动物的神韵。还有一种表现形式是在写实性基础上，采用了象征性的手法，在主体动物中辅以人为的纹样，具有写意的韵味。契丹的美术创作包括陶瓷、铜铁、金银、玉石、漆木、骨牙、刺绣、皮革、绘画、建筑等。如在绘画艺术中，以壁画的形式反映游牧民族的放牧、狩猎、宴饮、出行、鼓乐、舞蹈等场景，运笔自如流畅，色彩搭配均匀，人物描绘真实，场面构图清晰，具有很高的艺术价值。其他美术作品的内涵也是如此，就是说更多地接受外来文化的因素，呈现出文化的多样性，说明游牧民族的文化属于开放式，并没有封闭自守。当然，在外来文化的冲击下，造成北方游牧民族美术文化内涵的局部变迁，其基本的文化模式没有改变，紧紧与游牧式的生产与生活方式相连接，一直延续到近现代。

　　肃慎系民族包括肃慎、挹娄、勿吉、靺鞨、女真、满族等，这些民族的美术创作包括陶瓷、玉石、金属、木作、刺绣、绘画等。如金代金银器的器口分花瓣形、圆形和曲角形，圈足较发达，有一定数量的平底器。纹饰分动物、植物和墨书。动物纹有龙、鱼，以龙纹最为常见。植物纹有缠枝花草、如意草。墨书标明器物重量和制作工匠的名字。在装饰布局上，采用环带夹单点式装饰和满地装饰，有的器物造型与纹饰和谐统一。金代瓷器多为白釉，用褐彩绘花纹，随意性较大。器形有罐、壶、瓶、碗、盘、碟等，葫芦瓶、梅瓶、玉壶春瓶的造型美观大方。白釉剔花工艺比较独特，即先烧制好瓷器后，将器物腹部的釉剔去，刻上花纹，有的在空隙处添褐彩，以衬托主体图案，最后再施一层透明的白釉，突出了器物的整体效果。

　　秽貊系民族包括秽、貊、夫余、高句丽等，所创作的美术品有陶瓷、青铜、金银、刺绣、绘画、建筑艺术等。如高句丽的建筑艺术反映在城市建设、山城修造、宫室、寺院、住宅及墓葬建筑等方面，既有本民族传统的艺术风格，又体现出中原典型的特征。吉林省集安高句丽墓葬壁画，内容有出行、宴饮、舞蹈、杂耍、角力、狩猎、战争、宗教等，色彩鲜艳，技巧高超，自成体系，有一个从早期、中期到晚期的发展过程，具有"西北有敦煌，东北有集安"的学术评价。

　　在近现代，蒙古族、鄂温克族、鄂伦春族、达斡尔族、赫哲族、满族等民族都有发达的桦树皮制作工艺，在建筑、交通及日常生活和生产中广泛地使用，主要类别有居住的"斜仁柱"、交通中的桦皮船、生产中的刀鞘、鹿哨以及生活中的桶、盒、碗、篓、盆、箱、撮子、挎包、摇车、帽等。在装饰艺术上，纹样有动物、植物、几何形等象征性和借鉴性的图案，但诸民族桦树皮制作工艺既有共性又有不同的差异。同样，这些民族的服饰和刺绣艺术也很突出，如满族的服饰非常有个性，虽然平时不再穿着配饰，但在传统节日中仍可看到。"旗头""旗袍""旗鞋"是满族妇女的主要服饰内容，尤其是旗袍，在经过现代重新设计改革后，款式显得端庄典雅，具有东方神韵，成为中华民族代表性的服装之一。男子喜欢在旗袍外穿坎肩和马褂，马褂为短衣，较为宽大，便于骑射，后演变为常服和礼服。刺绣作品有服装、荷包、枕顶、挎包等，多以中国传统的花草、鸟兽、鱼虫、人物、戏剧、文字、符号为题材，寓意深刻的文化含义。

以上的美术遗产在流传延续的过程中，由于现代经济的冲击，外来和新的艺术形式运用而生，传承的艺人越来越少，使这些民族民间美术处于濒危状态。从目前来看，传统的民族民间美术的发展前景不容乐观，需要加大保护的力度，使集物质文化和精神财富于一体的美术遗产在现代文化的创新中继续发挥其重大的作用。

二 东北民间美术类非物质文化遗产名录的建立

自从非物质文化遗产保护工程启动以后，各级政府组织人员在深入调查的基础上，确定各级遗产名录，基本上分为四级，即国家级、省（自治区）级、市（盟）级、县（旗）级。从分类上讲，分为民间文学、杂技与竞技、民间音乐、民间舞蹈、民间戏剧、民间曲艺、民间美术、传统手工技艺、传统医药、民俗十类，其中，美术类遗产包括绘画、剪纸、雕塑、玩具、编结、皮影、刺绣、服饰、陶瓷、木作等。这里以东北民间美术为例，以国家级和省级名录为代表，以黑龙江、吉林、辽宁、内蒙古东北地区为地域划分，以2014年为时间节点，列举美术类非物质文化遗产名录。

在2006年国家颁布的第一批非物质文化遗产名录中，有黑龙江赫哲族鱼皮制作技艺、黑河市爱辉区鄂伦春族狍皮制作技艺、大兴安岭地区鄂伦春族桦树皮船制作技艺、辽宁锦州市的医巫闾山满族剪纸、大连瓦房店市复州皮影、朝阳凌源皮影、鞍山岫岩满族自治县玉雕、阜新玛瑙雕、辽西木偶戏、内蒙古鄂伦春自治旗桦树皮制作技艺。在2008年国家颁布的第二批非物质文化遗产名录和第一批扩展项目名录中，有黑龙江方正县剪纸、吉林通化市长白山满族剪纸、松花砚雕刻技艺、延吉市民族乐器制作技艺、辽宁省大连庄河剪纸、鞍山市岫岩满族自治县满族剪纸、岫岩满族民间刺绣、朝阳市建平剪纸、抚顺市新宾满族剪纸、煤精雕刻、鞍山市千山区皮影、营口市盖州皮影、大连市金州龙舞、锦州市古塔区满族民间刺绣、

第四编
非物质文化遗产篇

内蒙古鄂伦春自治旗鄂伦春族狍皮制作技艺、科尔沁左翼后旗蒙古族马具制作技艺、阿鲁科尔沁旗蒙古族勒勒车制作技艺、根河市桦树皮制作技艺。在2011年国家颁布的第三批非物质文化遗产名录和第二批扩展项目名录中，有黑龙江哈尔滨市龙江皮影、吉林省前郭尔罗斯蒙古族自治县马头琴制作技艺、内蒙古巴林左旗皮影。三批国家级名录共计31项。

在黑龙江省先后颁布的三批省级非物质文化遗产名录中，属于民间美术范畴的遗产有黑河市鄂伦春族桦树皮镶嵌画、佳木斯鱼皮镂刻粘贴画、安达市描金工艺、黑龙江省装裱艺术研究会中国传统书画装裱修复技术、方正剪纸、绥化市海伦剪纸、呼玛县鄂伦春族剪纸、佳木斯市赫哲族剪纸、大庆市北方民俗剪纸、哈尔滨市龙江皮影、绥化市望奎皮影、双城市皮影镂刻技艺、宁安市民间纸扎、同江市鱼骨工艺、伊春市山核桃工艺、哈尔滨冰灯冰雕制作技艺、哈尔滨市阿城区金源青铜镜透光工艺、哈尔滨市角雕制作技艺、史作玺糖艺面塑、哈尔滨市阿城区木雕重彩、泥塑、宁安市宁古塔彩灯制作技艺、哈尔滨市匏器制作技艺、赫哲族鱼皮制作技艺、黑河市鄂伦春族狍皮制作技艺、大兴安岭地区鄂伦春族刺绣、克东满绣、呼玛县鄂伦春族传统服饰、佳木斯市赫哲族传统服饰、宁安市朝鲜族传统服饰、呼玛县鄂伦春族萨满服饰、安图县老白山张氏皮匠、齐齐哈尔市达斡尔族刺绣、牡丹江市渤海靺鞨绣、鱼皮制作技艺、绥化市绥棱黑陶制作技艺、七台河市勃利黑陶制作技艺、依安县粗陶泥塑制作技艺、大兴安岭地区鄂伦春族桦树皮船制作技艺、黑河市鄂伦春族斜仁柱、穆棱市漆糊酒容器技艺、七台河市王氏橡木酒桶制作技艺、哈尔滨市麦秸工艺、哈尔滨市革兀革拉制作技艺、宾县柳编技艺、哈尔滨市青牛葫芦制作技艺。共计46项。

在吉林省先后颁布的三批省级非物质文化遗产名录中，属于民间美术范畴的遗产有吉林市王氏布贴画、东辽葫芦画、通榆闯关东年画、通榆费景富硬笔画、东丰农民画、白城市姜淑艳布贴画、高乃峰根须画、洮南市丛翠莲缝绣画、通榆县张玉欣布贴画、李向荣无笔画、通化市长白山满族剪纸、九台市关云德剪纸、吉林市潘氏剪纸、乌拉满族赫舍里氏刻纸与剪纸、宋氏民俗剪纸、乌拉陈氏刻纸、乌拉黄氏满族民俗剪纸、通榆李锐士剪纸、通榆王岩剪纸、集安市艺发刻纸技艺、通化市佟佳江满族剪纸、通化县长白山满族撕纸、辉南县辉发满族剪纸、前郭县郭尔罗斯剪纸、舒兰皮影、通化市松花砚雕刻技艺、吉林市马氏布偶、辽源市沙氏石木雕、安图松花砚制作工艺、通化市长白山山核桃拼贴工艺、白山市安氏雕刻技艺、白山松花石雕刻技艺、长春市东升泥人、通榆李国祥石雕、和龙市朝鲜族石锅制作技艺、长春市宇平绢人、通化市长白山红松根雕、白山市长白山根雕、长白山木瓢、通榆县于洋鱼骨工艺、刘福山黄榆根雕、刘景峰蛋雕、吉

· 314 ·

林面人胡、永吉县满族萨满骨质神偶制作技艺、松原市伯都讷满族扎彩技艺、安图隋氏铁制品制作技艺、通化市长白山满族枕头顶刺绣、延吉市朝鲜族传统服饰、吉林市满族旗袍传统工艺、前郭县蒙古族枕头顶刺绣、长春市郭丽传统手工艺布鞋、满族服饰手工技艺、前郭县蒙古族服饰、延边州朝鲜族刺绣、吉林缸窑烧造技艺、延吉市民族乐器制作技艺、前郭县马头琴制作技艺、吉林市乌拉满族民居建造技艺、通化市长白山满族木屋建造技艺、吉林市爬犁、郭尔罗斯传统民居建造技艺、延吉市朝鲜族民居建筑技艺、和龙市朝鲜族稻草编制、长春市贾春红编织、公主岭市刘学仁高粱杆哨、长春市董丛仁草编、前郭县乌力吉将嘎（绳编）、镇赉柳编技艺。共计68项。

在辽宁省先后颁布的四批省级非物质文化遗产名录中，属于民间美术范畴的遗产有沈阳市建筑彩绘、铁岭市指画艺术、沈阳烙画艺术、古建筑彩绘技法、书画装裱修复技艺、锦州市医巫闾山满族剪纸、庄河剪纸、岫岩满族剪纸、建平剪纸、新宾满族剪纸、瓦房店东岗剪纸、沈阳市初春枝满族剪纸、彰武民间剪纸、西丰满族剪纸、阜新市朱月岚剪纸、瓦房店市复州皮影、凌源皮影、鞍山皮影、盖州皮影、海城皮影、岫岩皮影、锦州皮影、宽甸八河川皮影、黑山皮影、庄河皮影、沈阳关氏皮影、凌海民间皮影、抚顺皮影、喀左皮影、岫岩玉雕、阜新玛瑙雕、锦州市辽西木偶戏、抚顺煤精雕刻、大连金州龙舞、本溪桥头石雕、沈阳"面人汤"、营口陈氏面塑工艺、铁岭王千石雕、大连市马驷骥根艺、抚顺琥珀雕刻制作工艺、黑山玛瑙雕、营口木浮雕工艺、铁岭伞灯秧歌、大连市西岗区桃核微雕、丹东市孤山泥塑、锦州市传统锡雕、黑山县传统泥塑彩绘、朝阳红土泥塑、本溪松花石砚雕刻技艺、岫岩满族民间刺绣、锦州满族民间刺绣、普兰店传统手工布艺技艺、凤城满族荷包、阜新蒙古勒津刺绣、大连金州狮舞、盖州风筝、盘锦市民间香蜡制作技艺、沈阳胡魁章制笔工艺。共计58项。

在内蒙古（东北地区）先后颁布的三批区级非物质文化遗产名录中，属于民间美术范畴的遗产有扎鲁特版画、奈曼旗宝石柱民间美术（绘画、泥塑）、开鲁剪纸、科尔沁蒙古族民间剪纸、突泉剪纸、赤峰红山剪纸、通辽市科尔沁剪纸、巴林左旗皮影、开鲁皮影、鄂伦春自治旗鄂伦春族狍皮制作技艺、阿鲁科尔沁旗蒙古族服饰图案、陈巴尔虎旗巴尔虎博服饰与器具、莫力达瓦达斡尔族自治旗达斡尔雅都根服饰与器具、根河市鄂温克萨满服饰与器具、巴尔虎服饰、扎鲁特旗科尔沁服饰、科尔沁右翼中旗图什业图王府服饰、莫力达瓦达斡尔族自治旗达斡尔族刺绣、扎鲁特刺绣、陈巴尔虎旗通古斯鄂温克萨满服饰、通古斯鄂温克民族服饰、根河市鄂温克族熟皮子技艺、扎赉特服饰、鄂温克旗布里亚特服饰、乌兰浩特奥日雅玛拉刺绣、鄂伦春自治旗桦树皮制作技艺、科尔沁左翼后旗蒙古族马具制作技艺、阿鲁科尔沁旗蒙古族勒勒车制作技艺、根河市桦树皮制作技艺、科尔沁右翼中旗蒙古族拉弦乐器制作技艺、陈巴尔虎旗蒙古包、达斡尔车制作技艺、达斡尔民居营造技艺、鄂伦春自治旗鄂伦春斜仁柱制作技艺、达斡尔猎刀制作技艺、根河市敖鲁古雅鄂温克族撮罗子、陈巴尔虎旗通古斯鄂温克木制四轮车制作技艺、巴尔虎索海固图勒制作技艺、兴安盟白狼林业局木刻楞制作技艺、克什克腾蒙古族马鞍具制作技艺、根河市鄂温克族口弦琴制作技艺、鄂温克族鹿哨制作技艺、阿鲁科尔沁旗蒙古包营造技艺、莫力达瓦达斡尔族自治旗哈尼卡（纸偶）。共计44项。

另外，在一些民俗活动也有民间美术的内涵。如黑龙江佳木斯市赫哲族乌日贡大会、哈尔滨市阿城区满族颁金节，吉林省前郭县蒙古族婚俗、延边州朝鲜族传统婚礼、长春市满族关氏家族祭祖习俗，辽宁省丹东市朝鲜族花甲礼、本溪社火，内蒙古鄂温克族自治旗鄂温克抢"枢"、根河市敖鲁古雅鄂温克婚礼、莫力达瓦达斡尔自治旗达斡尔族萨满斡包祭等，这些活动中包含了面塑、服饰、刺绣等民间美术的内容。如辽宁省丹东市朝鲜族花甲礼中，在寿星老人面前摆放有各种的面塑，象征长寿、幸福、平安。

三　东北民间美术类非物质文化遗产保护现状

从东北地区民间美术类非物质文化遗产的保护现状来看，尚存在着一些问题。首先专职研究人员和收藏人员比较少，研究专家更是凤毛麟角，缺少对外界的宣传，不能引起人们的注意，这与丰富的遗产内涵十分不相称。其次，以民间美术类非物质文化遗产命名的博物馆建立的数量少，有的只是提到日程中，并没有去实际操作，因而缺乏系统的收藏、研究、陈列、宣传和保护。散存各个博物馆的民间美术作品，陈列展出的数量、种类很少，多数藏于库房之内，不能很好地加以利用与宣传。有些个人虽然收藏了数量较多的民间美术品，但限于自身的条件，没有保存的空间环境、资金以及保护技术，也会造成损坏。再次，对东北地区民间美术非物质文化遗产的研究散见于少量的书籍和论文之中，有的只是以小地域或门类去研究，没有形成整体上系统的整理和研究成果，不被世人所知，甚至有相当一部分人都不知道民间美术所包括的内容，因而不利于遗产保护。

在调查中发现，省级文化部门都成立了非物质文化遗产保护中心和行政机构，各级政府对包括民间美术在内的非物质文化遗产制定了相关的保护政策或措施。如从2005年以来，内蒙古自治区政府先后颁布了《内蒙古自治区民族民间文化保护工程实施方案》《关于民族民间文化保护工程实施方案》《关于加强文化遗产保护工作的实施意见》《内蒙古自治区非物质文化遗产保护专项资金管理暂行办法》

《关于设立草原文化遗产保护日的通知》等重要文件，确立了自治区非遗工作方针和目标，从政策上为非遗保护提供了有力的支持。2004年，自治区成立了以分管主席为组长的全区民族民间文化保护工作领导小组，就文化遗产保护工作的重大问题进行统一协调，各盟市也陆续成立专门的组织机构和工作班子，结合实际出台相应的政策措施，落实专项保护经费，建立名录体系等，非遗保护工作真正被提上了重要议事日程。2009年成立了自治区非物质文化遗产保护中心。在此基础上对内蒙古的非物质文化遗产进行全面系统的调查，提出保护规划的具体措施和方案。吉林省文化厅于2007年成立了非物质文化遗产保护中心，在国家文化部成立非物质文化遗产司不久，文化厅就设置了非物质文化遗产处，非遗机构的合理设置为更好地开展非物质文化遗产保护工作打下了坚实的基础。吉林、辽源、延边等地还成立了地市级非物质文化遗产保护中心。黑龙江、辽宁也先后成立了非物质文化遗产保护中心，为保护提供政策上的指导和引导。

尽管如此，"重申报、轻保护"的现象却一直难以改变，导致的结果就是不利于非物质文化遗产保护工作的顺利进行。2008年，中国非物质文化遗产保护专家委员会副主任乌丙安教授在"大连文化大讲堂"中讲道："国家和地方对非物质文化遗产的重视已经上升到新的高度，但是也存在问题。现在有一个倾向是应该引起重视的，就是'重申报、轻保护'，这对非物质文化遗产的传承并不利，其实非物质文化遗产关键的侧重点是在人，而非物，人是文化的载体，对民间文化的老艺人应该给予重视，让他们的艺术能够流传下来，发扬下来是最关键的。"乌丙安还说，非物质文化遗产的保护工作很急迫，各地在申报的同时，也要增加相关的保护投入，不能仅仅等着向国家要钱。笔者在大连庄河市调研时发现，从现有的非物质文化遗产的保护状况看，可以说喜忧皆有，一方面诸如剪纸等项目已经普及，不存在保护难的问题；另一方面多数的非遗项目由于传承人年龄偏大又后继无人等原因而面临濒危状态，如单鼓制作技艺的仅剩四五人，其中年龄最小的76岁，最大的已85岁，因此这个项目会随着传承人的去世或年事已高而濒临失传，应该引起社会的关注与思考。

在颁布的第一批国家级非物质文化遗产生产性保护示范基地中，东北地区没有一个项目列入其中，这说明在保护方面与其他地区相比存在着一定的差距。在《文化部关于加强非物质文化遗产生产性保护的指导意见》中说："非物质文化遗产生产性保护是指在具有生产性质的实践过程中，以保持非物质文化遗产的真实性、整体性和传承性为核心，以有效传承非物质文化遗产技艺为前提，借助生产、流通、销售等手段，将非物质文化遗产及其资源转化为文化产品的保护方式。目前，这一保护方式主要是在传统技艺、传统美术和传统医药药物炮制类非物质文化遗产领域实施。"① 从而为非物质文化遗产生产性保护的具体实施指明了方向。在大连庄河、吉林通化调研时发现，属于民间美术类非物质文化遗产多数停留在传统的保护层面，只有松花砚雕刻技艺的开发属于生产性保护，但存在着原料来源困难、生产工艺的机械化等问题，真正属于手工技艺的产品较少，过度地追求产品数量的增多，势必会造成松花砚的原生态、本真性的失传，脱离了生产性保护的真实意义。其他的庄河剪纸、谱绣、通化长白山满族剪纸、长白山满族撕纸、长白山红松根雕、长白山山核桃拼贴工艺等项目都没有更多地进行开发，甚至有的省级传承人不知道自己的作品能创造经济价值，因而需要各级政府给予实质性支持，帮助传承人去尝试生产性的保护活动。

总之，东北地区的民间美术类非物质文化遗产有着丰富的资源，但在保护现状中尚存在着一些问题，归纳起来有四个方面。其一，现有传承人年龄偏大，下一代传承人尚未成熟。在非物质文化遗产的传承与延续过程中，由于现代经济的冲击，外来和新的艺术形式运用而生，传承的艺人越来越少，使一些遗产处于濒危状态。其二，民间美术专题博物馆或文化保护区的数量少，不能更好地对外宣传。建立专题博物馆或文化保护区有利于保存现有的遗产实物，展示传统文化内涵，能起到非物质文化遗产保护的宣传效应。其三，"活态"传承不普及，不利于遗产的可持续发展。在调查中可知，东北地区基本上没有给传承人提供创作的集中场地，只是自发地在家中创作，有少部分传承者在小学校进行定期或不定期的传承活动，还有的高校设置有民间美术的课程（如通化师范学院），虽然有普及的倾向，但类别单一，学生学习的时间较短。如果能将现有的传承者定期集中在传习所（馆）面向社会进行传承，同时加大各级学校设置民间美术的课程体系，定会加强这种传统文化艺术的普及。其四，生产性保护没有实质性实施。要认真贯彻"保护为主、抢救第一、合理利用、传承发展"的方针，选取部分代表性民间美术遗产作为生产性保护对象，在保护的基础上进行产业开发，创造出一定的经济效果，等到试点成功后再扩展到其他的遗产项目，并利用产业化所取得的资金再次投入到保护之中，来缓减各级政府对保护经费投入不足的现象。

---

① 《文化部关于加强非物质文化遗产生产性保护的指导意见》，文化部网（http://www.ccnt.gov.cn），2012年2月2日。

东北美术类非物质文化遗产保护的对策分析与文化产业的关系

联合国教科文组织将世界遗产划分为四个部分，即自然遗产、历史遗产、口述及非物质遗产、地质公园。口述及非物质遗产是指各族人民世代相承的、与群众生活密切相关的各种传统文化表现形式（如民俗活动、表演艺术、传统知识和技能，以及与之相关的器具、实物、手工制品等）和文化空间（即定期举行传统文化活动或集中展现传统文化表现形式的场所、兼具空间性和时间性）。非物质文化遗产又称口述或无形遗产，包括各种类型的民族传统和民间知识，各种语言，口头文学，风俗习惯，民族民间的音乐、舞蹈、礼仪、手工艺、传统医学、建筑术以及其他艺术。进入21世纪以后，中国非物质文化遗产随着抢救与保护工程的启动，越来越被各级政府、学术界和广大民众重视。在这种大背景下，东北各省、内蒙古自治区启动了非物质文化遗产保护工程，站在本真性、原生态、活态性、生产性等视野中建立保护政策与机制，确立各级保护名录，其中包括了美术类非物质文化遗产。东北地区美术类非物质文化遗产有着较长的历史，文化内涵非常深厚，并且与其他地区的同类遗产有着可比之处。同时，该地区有多个少数民族，拥有很多传统的民间美术遗产，但多数遗产资源在延续过程中不断萎缩甚至消失。因此，研究东北地区美术类非物质文化遗产的形成、特征以及延续和保护，成为一个刻不容缓的问题，如果充分地利用起来就可在保护的基础上促进文化产业的发展。

一 东北地区美术类非物质文化遗产的保护对策与建议

东北地区的美术类非物质文化遗产包括民间绘画、剪纸、雕塑、皮影、刺绣与服饰、陶瓷、木作、玩具、编结、金属制作、民俗用品和其他艺术形式的道具等。按照这种分类计算，截止到2014年，有国家级美术类非物质文化遗产项目31项，省级遗产项目216项，还有很多的市县级项目，可谓资源众多、内容丰富。进入21世纪以来，黑龙江、吉林、辽宁、内蒙古先后成立了非物质文化遗产保护中心，指导遗产保护与传承的具体工作。同时，还制定了各种保护措施和方案，确保包括美术类在内的非物质文化遗产保护工作有序地进行。

笔者先后几次深入东北各地，针对民间美术类非物质文化遗产的保护从事田野调查工作，根据所见所闻，加之综合各地的保护情况，提出一些个人的看法，希望能给各级政府的保护对策提供参考。

第一，规范美术类非物质文化遗产的管理、调查与研究工作。目前，东北各省、内蒙古自治区都先后成立了非物质文化遗产处和保护中心，统一制订相关的政策和措施。但是基层的保护工作不尽人意，许多遗产项目全靠传承人和感兴趣的研究者去做具体工作，没有将政府的保护措施贯彻下去，这必须引起政府的重视，以将《非物质文化遗产法》和宣传工作相结合，真正落实到基层。另外，在保护美术类非物质文化遗产的过程中，为了避免盲目的征集，首先要选定非物质文化遗产分布集中的地区。如黑龙江哈尔滨、大兴安岭地区，吉林通化市、延边朝鲜族自治州，辽宁大连市、沈阳市、丹东市，内蒙古呼伦贝尔市、通辽市等。然后再到那些保存较少的地区做详细的调查。按照区域划分派遣若干个工作队，重点地区可单独派遣一个工作队。根据要抢救、保护、征集的对象，在工作队之下设工作组，每组由专业研究人员和各种技师组成。如抢救征集通化长白山满族剪纸、满族刺绣小组，必须有全面懂得剪纸和刺绣制作技艺的研究人员，还应有现场技术处理人员，对每一件作品都要有详细的原始记录，包括质地、时间、工艺、纹饰、分类、文化意义、收藏者姓名、流传过程等内容。回来后再做系统的整理，分类填写每一件作品的资料卡片，编总号和分类号，以专用的场地放置，并调控存放地的温度与湿度，防止腐坏和虫咬。最后选出其中的一部分向观众展示，以弘扬满族传统文化。在条件成熟时，各种美术类遗产展览可以走出国门，向世界各国宣扬东北的民间传统文化，与国际接轨，争报联合国教科文组织启动的口述及非物质文化遗产的保护项目，从而尽可能获得更大的知名度，进一步从更深层次上促进东北区域经济和文化建设的发展，在全球化的过程中发挥越来越重要的作用。同时，在研究方面要进一步深入，不仅记录好原始资料，还要编写区域美术类非物质文化遗产的概论，并按照每一类省级以上名录编著学术论著，这样也能促进遗产的保护和宣传工作。

第二，建立美术类非物质文化遗产博物馆、原生态非物质文化遗产保护区和生产性保护基地。东北地区除汉民族以外，还有蒙古族、满族、锡伯族、鄂伦春族、鄂温克族、达斡尔族、赫哲族、朝鲜族等少数民族。这些民族的建筑、雕刻、绘画、工艺品、服饰、人工器物、技术、工艺、风俗习惯等，都具有历史真实、情感价值、文化价值和使用价值，属于保护的对象，一旦遭到破坏，就不能再生，不可替代。如果能以美术类非物质文化遗产博物馆和原生态非物质文化遗产保护区以及生产性保护基地等形式保存下来，那么民族文化遗产、自然景观、建筑、可移动实物、传统风俗等一系列文化因素均具有特定的价值和意义。目前，东北各省、自治区有众多的被文化部命名的全国民间文化艺术之乡，被省级文化厅命名的民间文化艺术之乡，这些为建立非物质文化遗产博物馆和原生态保护区以及生产性保护基地奠定了基础。如果能够建立起来，既能有效地保护民间美术，又能带动旅游业的发展，对繁荣区域经济、文化将会起很大的促进作用。另外，还应该建立包括民间美术在内的民间文化的长效机制和规划，使这一项工程一直保持下去。特别是在颁布的第一批国家级非物质文化遗产生产性保护示范基地中，东北地区没有一个项目列入其中，这说明在保护方面与其他地区相比存在着一定的差距。但有的基层个别项目结合生产性进行保护，如锦州满族民间刺绣项目，2008年成立锦州市夏氏满族工艺发展有限公司，2012年随着公司规模不断壮大，纯利将达60万元，在经济效益和保护方面达到初步的共赢。有的基层已经设置了非物质文化遗产保护区，如内蒙古阿鲁科尔沁旗建立了以玛尼图和巴彦呼舒为中心的北元都城查干浩特文化保护区域，以三条河（黑哈尔、苏吉和达拉林）流域为中心的蒙古族游牧文化保护区，以罕苏木庙和根丕庙为中心的蒙古族佛教文化保护区，乌力格尔、好力宝艺术保护区域，以花根塔拉为中心的满族文化保护区域，以天山镇为中心的蒙古族传统手工技艺保护区，以天山镇为中心的全旗民间文化保护区，民歌保护区域，以先锋乡为中心的皮影戏艺术保护区。这些保护区有七个涉及民间美术，体现了遗产的本真性和原生态。

第三，完善国家、省、市、县四级美术类非物质文化遗产名录体系和保护体系的构建。对于非物质文化遗产，当前以政府为主导，学者、民众共同参与，逐渐建立国家、省（自治区、直辖市）、市、县四级遗产名录体系。但是从目前情况看，县级名录的建立比较滞后，很多县并没有建起非物质文化遗产的名录，有的县做得比较好。如内蒙古阿鲁科尔沁旗在2009年颁布了第一批非物质文化遗产名录，共有140项，其中民间美术和传统手工技艺有43项。因此，必须全范围地建立县级非物质文化遗产名录，使这个体系更为完善，以更加有利于保护工作的开展。四级名录的建立就要有相应的四级保护体系，二者之间相互依托，前者是资源，后者是政策引导和实际操作。就机构设置而言，国家级保护机构有文化部非物质文化遗产司、中国艺术研究院中国非物质文化遗产保护中心，省级机构有黑龙江省非物质文化遗产保护中心、吉林省非物质文化遗产保护中心、吉林省文化厅非物质文化遗产处、辽宁省非物质文化遗产保护中心、内蒙古自治区非物质文化遗产保护中心。市县级有少数成立了非物质文化遗产保护中心，如吉林、辽源、延边等，多数没有成立相应的保护机构，附属于文化部门的文化馆、群众艺术馆等管理。也就是说在市县级出现了非物质文化遗产保护体系中的断层,这样不利于遗产保护工作的开展和落实。

第四,加强美术类非物质文化遗产的资源和资金整合。东北地区民间美术类非物质文化遗产资源非常丰富,但现存的问题是"各顾各"的现象比较普遍,每年借"文化遗产日"举办一次非物质文化遗产展示,没有实行跨省、跨地区的资源整合与共享。东北地区处于一个比较完整的区域文化体系中,有许多的美术类非物质文化遗产项目相似,如黑龙江黑河市鄂伦春族狍皮制作技艺与内蒙古鄂伦春自治旗鄂伦春族狍皮制作技艺,都属于同一民族的民间美术,在质材、款式、刺绣图样、制作工艺等方面有着共同性。黑龙江方正县剪纸、吉林通化市长白山满族剪纸、辽宁省大连庄河剪纸、鞍山市岫岩满族自治县满族剪纸、朝阳市建平剪纸、抚顺市新宾满族剪纸等,都反映出东北地域剪纸文化的特色,既有大众化的剪纸题材,又有地域特点。以上的美术类非物质文化遗产完全可以实现跨省的资源整合,来打造同一民族、同一地区的传统文化品牌。在资金方面,一方面靠政府的投入,另一方面要依靠民间资金的支撑,还要依托生产性的收入再次使用,将各方面的资金统一规划和管理,使能有更多的资金来保护现有的美术类非物质文化遗产。目前,政府投入资金毕竟有限,不足以保证正常的保护工作。而民间资金难以回笼,有的专业协会靠社会企业以赞助的名义举办一些大赛,还没有形成基金会的形式对遗产保护给予资金上的支持。生产性的项目也比较少,多为民间艺人出售一些自己的作品来养家糊口,很少形成具有一定规模的产业化,更别说是让收入再次投入保护之中。因此,必须以政府专项资金为龙头,以民间自筹资金为主导,以生产性创收资金为目的,整合各方面的资金来保护美术类非物质文化遗产的正常运行。

第五,注重挖掘民间美术遗产的艺人和传人。在对东北地区美术类非物质文化遗产保护的基础上,注意挖掘民间美术艺人和传人,因为他们是真正的民间美术和技艺的传承者。但现今的状况是民间艺人越来越少,有些美术类非物质文化遗产面临着濒危的状态,因而保护现有民间艺人也是一项比较紧迫的工程。到现在为止,国家级美术类非物质文化遗产的传承人黑龙江有5位,吉林1位,辽宁9位,内蒙古东部2位,共17位,这与东北地区丰富的美术类遗产资源不相符,今后要继续深入挖掘。从目前情况看,遗产的传承人主要通过家族和师徒形式来传承,会造成传承人数量少的状况,有些传承人与学校合作,将学校作为传承基地,这只限于诸如剪纸等少数项目。所以说,政府要出资举办非物质文化遗产的学习班,将那些美术技艺得以长久的保存。如在中小学设置传承场地,在高等院校设置传习馆,在社会上设置传习所等。并且可以按照传统的方式进行集体收徒,使得一些美术遗产有了后继之人。重点保护有重大影响的代表性传承人,加强对继承人及青少年学习者的培养。在确定各种美术类非物质文化遗产名录和征集遗产项目以后，及时建立相关的博物馆，并通过这个文化窗口向世人展示丰富的民间美术或进行"活态"表演，激发民众对非物质文化的保护意识，进一步传播东北地区非物质文化遗产的历史知识，推进非物质文化遗产的保护与宣传工作。

二 东北地区文化创意产业现状透析

文化创意产业通常是指"源自个人的创造力、技能和天赋，通过知识产权的开发和运用，具有创造财富和就业潜力的行业"[①]。文化创意产业特别强调通过开发人的智能创造财富的能力，它是一种在全球化的消费社会的背景中发展起来的，推崇创新、个人创造力，强调文化艺术对经济的支撑与推动的新兴理念、思潮和经济实践，个人的灵感、理念、技能是创造价值的核心。尽管各国对这一概念的内涵看法不一，但从现有各国有关文化创意产业内容的表述来看，其主要内容包括广告、建筑、艺术、古董市场、手工艺、设计、时尚造型、电影、游戏软件、音乐、电视和广播、表演艺术、出版和软件等。上述内容既包括传统的艺术门类，如艺术、建筑、手工艺、古董，也包括商业化的传媒，如电影、电视和广播，还包括数字化的新经济部门，如软件设计。英国经济学家约翰·霍金斯在《创意经济：人们如何从思想中创造金钱》一书中，对创意产业作了更为宽泛的定义。他认为版权、专利、商标和设计四个部门共同构成了创意经济和创意产业。霍金斯这一宽泛的定义，实际上包含了所有以科学—工程—技术为基础的部门中所有以专利为基础的研究和开发。

根据相关的资料，自 2004 年以来，中国的文化创意产业成为迅速崛起的新兴产业，在规模、产值占 GDP 的比重、创新意识、知识密集性等方面虽然偏小，但已越来越为人们所关注。作为现代服务业重要组成部分的文化创意产业，具有很强的渗透力和辐射力，渗透到各行各业，可大大提升产品的附加值，如产品构思、设计、造型、款式、包装、商标、广告等，无一不凝结着一定的文化素养、文化个性和审美意识。一个好的创意能带来新的附加值，而文化创意产业的辐射力显然可以推动产品热销，为产品拓展市场开路。

东北地区的黑龙江、吉林、辽宁和内蒙古东四盟市，与俄罗斯、蒙古国、朝鲜等国相邻，可谓是中国的东北大门，有的地区还被划在环渤海经济圈内。近年来，

[①] 张晓军：《文化创意产业的概念、特质与发展关键》，《安徽电子信息职业技术学院学报》2006 年第 6 期。

第四编
非物质文化遗产篇

随着改革开放的进一步深入,经济、文化建设有了长足的发展。特别是东北边疆历史与现状系列研究工程、草原文化研究工程等重大项目的具体实施,出版了一批研究成果,对中华文明起源的问题进行深入的探讨,认为东北区域文化与草原文化和黄河文化、长江文化共同铸造了中华民族传统文化,这些成果和观点极大地推动了地域文化建设的发展。同时,又提出"文化兴省""文化兴区"的目标,这就涉及文化建设的问题。一方面要挖掘东北地区丰富的历史文化遗产和非物质文化遗产,另一方面要以文化遗产为契机,发展文化创意产业,推动东北整体区域的经济、文化上升到一个新的高度。从现有民众的综合素质来看,可谓参差不齐,离高品位文化居民素质的要求还有较大差距,必须把提升民众综合素质,培育现代民众群体,作为提升文化品位的根本任务。培养高素质民众群体,其主要途径是构建学习型社会。那么,构建学习型社会就是要整合东北的教育资源,为各个年龄段有着不同学习需求的人群提供多元式、全方位的学习服务,以保证每一个人随时都能接受教育,从而建立一个面向现代化、面向世界、面向未来的教育制度和终身教育体系,形成提高民众素质的长效机制。培育高素质民众群体,要着重培育现代科学精神和人文精神,如平等互信、遵纪守法的民主法制意识,勇于进取、开拓创新的创新意识,面向世界、面向未来的开放意识,讲求效率、真抓实干的时效意识等。同时,充分发挥高素质群体的文化影响和文明示范作用,政府部门要给这个群体提供舞台和机会,不断地在媒体上发表体现先进文化和现代文明的思想观点,弘扬先进文化观念,批判不良文化现象,以此来产生文化影响作用,起到对民众群体的思想影响和行为示范作用。推进"文化兴省""文化兴区",重塑具有时代特征的、与时俱进的文化精神,造就高素质的群体,为东北地区文化创意产业的长久建设服务。

发展文化创意产业,增加文化投入,改善文化设施,丰富文化活动,鼓励文化消费,可以带动经济的增长点。根据《2001—2002年中国文化产业蓝皮书总报告》分析,文化娱乐业、新闻出版、广播影视、音像、网络及计算机服务、旅游、教育为文化产业的主体或核心行业;传统的文学、戏剧、音乐、美术、摄影、舞蹈、电影电视创作,以及艺术博览场馆、图书馆为文化产业的前沿;广告业、咨询业为开拓区域。在这些方面,东北地区与北京、上海、浙江、广东等地相比存在着很大的差距。东北在我国北方地区最具开放力,近年来文化产业的发展也有一定的进步,如内蒙古乌兰浩特大剧院举行的顶级音乐会和蒙古族传统歌舞表演,图书馆组织的文化系列讲座和草原印象厅展览,草原文化节、昭君文化节等系列文化节日,新建博物院的精彩展览,国际贸易中心的艺术博览会,辽宁省盘锦市辽源美术馆及文辽河化产业区,大连市十五库文化创意产业区,吉林省通化市东安文化产业区等,都带动了文化产业的发展。但是,东北文化创意产业并没有成为支柱产业,与旅游等产业的经济增长点存在着较大的差距，究其原因是多方面的，这需要各级政府加强宏观调控，实施人才战略，组织新型文化产业集团，增进人们对文化创意产业观念的认识，提高文化消费群体的购买能力，尽快使文化创意产业成为新的经济增长点和支柱行业。

目前，在东北地区建立了一些文化创意产业区或生态园区。如黑龙江哈尔滨市群力文化产业示范区，规划呈现"两带一区"格局，即文博艺术展览带、文史景观游览带和文化休闲体验区。按照聚集国内艺术名品，挖掘龙江特色文化精品的定位，确定七大功能：龙江地域文化艺术精品展销、中外著名艺术家作品展览、文化服务会展、文化休闲娱乐、少年生活体验教育、图书阅览销售和文化项目配套服务。大庆市文化创意产业园先后吸纳新华国际石油资讯中心、国际动漫城、联想科技城、北国之春梦幻城、百湖艺术群落、黑鱼湖国际艺术村、黑龙江新媒体产业基地等分园加盟，成为国家级文化产业试验园区，目前初步形成文化创意、能源资讯、动漫原创、IT创智、文化休闲五大产业群。其中，黑鱼湖国际艺术村由主体广场、景观碑林、交流中心、摄影家工作室、演艺广场、展览中心、艺术家俱乐部、陶艺、雕塑家工作室、画家工作室等组成。吉林省长春市东北亚文化创意科技园为国家级文化产业试验园区，已经聚集起动漫游戏、创意设计、新媒体、软件及服务外包、金融投资、教育培训等企业200多家，形成了具有较高科技含量和文化创意特质的核心产业体系。辽宁省沈阳市棋盘山文化产业区是国家级文化产业示范园区，重点方向是休闲娱乐业、影视传媒业、数码创意业、创业设计业，形成四大产业集群。内蒙古呼和浩特市雍和科技园区，重点打造"北京动漫和互联网游戏研发制作中心"，使其逐步成为城市区域经济结构调整的强大引擎和科技创新基地，将大力发展以动漫、电玩、影音、出版为主的数字内容产业和文化创意产业。同时，还将整合一批区属办公楼宇，修缮还原一批特色四合院作为高档总部、创意工作室、文化创意产业孵化器，吸引文化、艺术、科技等创意型人才，引导形成一个"文化群落"。呼和浩特文化产业园区，是集民族演艺中心、群众艺术场馆、文化休闲、娱乐、购物、展览、收藏、文物鉴定等为一体的综合文化产业园。

从以上的情况看，东北地区虽然建立了各级文化产业区，但基本上都是刚刚开始，或者正在建设中，这标志着文化创意产业刚刚起步，自然存在着很多问题。（1）综合性的文化产业区较多，涉及美术方面的很少，只有绘画、陶瓷等项目，而且倾向于学院派，民间美术寥寥无几，这样无法集中丰富的民间美术类遗产资源，因而带有探索、试验的特点。（2）东北地区的创意产业基地，主要依托以前的文化设施改建或者新建，虽然已粗具规模，但它们或多或少面临着商务性房地产开发的危险。同时要想走北京798艺术区的模式，但难度很大，没法与北京的独特条件相比，不妨借助当地民间艺术的优势创造新的模式，如建立民间美术艺术区、民间音乐艺术区、民间戏剧艺术区、民间舞蹈艺术区等，来带动整体文化创意产业的发展。(3) 我国大多数创意成果都未能形成规模化的产业，东北地区自然也有同样的问题。究其原因是未能集聚创意力量，不断地去发展"故事"，积累特定的"文化资本"。另外缺乏运作创意成果的经营人才和联系文化与产业的文化经纪人。因此，要想大力发展文化创意产业，必须提高对发展文化创意产业重要性、前沿性的认识。发展我国文化创意产业需要全社会，特别是各级决策层进一步解放思想，转变观念，学习和掌握世界各国文化创意产业发展的理论、战略、策略、经验、方法和措施，并结合本地经济和社会发展实践，实事求是地开拓跨越式发展的新途径。

三 东北地区美术类非物质文化遗产产业化的可行性分析

　　东北地区美术类非物质文化遗产有着悠久的历史，早在新石器时代就出现了具有本地区特征的文化内涵和美术形式，后来历代又有东胡、肃慎、秽貊、乌桓、鲜卑、靺鞨、高句丽、契丹、女真、蒙古族、满族等民族在此生息，近现代有满族、蒙古族、鄂伦春族、鄂温克族、达斡尔族、赫哲族、朝鲜族少数民族等聚居，他们与汉民族共同创造了丰富的美术类非物质文化遗产，形成了具有实用美观性、原生本真性、历史传承性、区域结构性、民族民间性、传播交流性等特征。因此，应该在保护的基础上将美术类非物质文化遗产进行产业化的转化，让传统美术为现代社会服务，促进地域经济的发展。对目前以小团体或个人为主、分散经营的传统手工技艺类项目，加强引导和扶持，形成具有独特文化内涵的品牌，提高竞争力，扩大规模效益。变资源优势为产业优势。加大政策和资金扶持力度。要制定和完善有利于促进美术类非物质文化遗产实施生产性保护促进相关产业发展的优惠政策，加大扶持力度。建立健全相关财政扶持政策，对美术类非物质文化遗产实施生产性保护在税收上实行减免或优惠等政策，推动非物质文化遗产生产性保护工作，促进非物质文化遗产资源转化相关产品和生产力，推动文化产业的发展。

　　从目前关于东北地区美术类非物质文化遗产对文化创意产业发展的作用立题看，前人研究的成果甚少，甚至很多政府部门不敢提及对非物质文化遗产产业化的问题。在 2005 年 3 月 19 日的《大连晚报》上刊登了一篇《别让大连老传统"香消玉殒"》一文，列举了大连地区濒危的文化艺术形式，如金州的太平鼓、农民画、龙舞、复州的皮影戏、西岗区的木偶戏，庄河的剪纸，普兰店的新金大鼓，以及各种民间故事、谚语、曲调等，还有文化艺术的传播者铜艺孙德忠、布老虎王格丽、微雕韩志耀、豆画崔岩、剪纸韩月琴等，呼吁社会要抢救和保护这些珍贵的文化遗产，设立专项基金培养文化艺术的传承者，让大连地区的非物质文化遗产重新焕发生命力。《中国文化报》2006年2月23日第3版刊登了《非物质文化遗产产业化之惑》，就非物质文化遗产能否产业化运作，产业化对非物质文化遗产的保护和发展到底是利多还是弊大等问题，综合了学术界的一些观点，并列举实例来说明。如产业化盘活发展了文化遗产，少林寺和少林寺实业有限公司、《云南映象》的背后就是成功的典范。同时，提出产业化会使遗产保护发生偏离，中国艺术研究院研究员刘晓真指出，非物质文化遗产保护要重内涵，当前在非物质文化遗产保护工作中尤其值得注意也非常可怕的是，很多地方把保护工作同经济利益挂钩，以文化产业的方式来作对策，这就更凸显了非物质文化遗产作为资源的被动局面，更加偏离了保护文化遗产的意义。因此，一方面我们要全力以赴地保护非物质文化遗产，另一方面在保护的基础上如何将非物质文化遗产作为文化产业的一部分去开发和利用。

根据东北地区丰富的美术类非物质文化遗产资源和各地的文化产业园区为代表事例看，笔者认为有些美术类非物质文化遗产项目可以作为转化文化创意产业的资源，如果转化得好可以促进非物质文化遗产的保护。在调查中发现，东北地区美术类非物质文化遗产具有以下几个特性与价值。（1）地域属性。东北地区美术类非物质文化遗产是在自然地理环境和人文社会诸多因素的综合作用下，在地区性特点或者经过外来文化因素交融吸收之下，经过一定的历史时期孕育和形成的，是形成文化经济，推动文化生产力，成为地域经济社会全面发展的重要精神动力和增强经济竞争力的基础因素。如"吉林通化长白山满族剪纸"是一种传统的民间美术形式，早在清代晚期由山东剪纸传入并融合当地的剪纸形成，运用的题材与满族的生活方式息息相关，承载着满族的历史和文化，是满族生产生活和精神性格的标志性展现。（2）基本特质。东北地区自古代以来形成的多种民间美术形式，反映着居住在"白山黑水"之际各族人民独特的生活情趣，包含着丰富深刻的社会历史信息，代表着民众的审美观念和理想。（3）历史价值。东北地区在历史上形成由东胡系民族文化、肃慎系民族文化、秽貊系民族文化组成了独特的文化总体格局。在民族民间美术中，表现出独特的文化特征，并且一旦形成就贯穿始终。如内蒙古的草原文化节、大连的艺术博览会等活动，都有内容丰富的民族民间美术展示，说明民族民间美术的延续发展状况。（4）资源价值。东北地区传统美术资源丰富多彩，民族民间个性鲜明，地域色彩浓厚，历史发展悠久。在当今文化与经济相互交融，文化在综合实力竞争的地位与作用越来越突出的时代，以民间美术资源开发为主要内容的文化创意产业将成为国民经济的重要产业。

东北地区的美术类非物质文化遗产所包含的内容丰富多样，通过实地调查了解

第四编
非物质文化遗产篇

到分布的状况，并对此提出保护的对策和建议，本着"保护性开发和开发中保护"的原则振兴具有区域特色的民间美术、传统工艺等。如果能在代表性的美术类非物质文化遗产集中的地区建立原生态的遗产保护区，并凭借优势资源开发利用，结合旅游开发，不仅对美术类非物质文化遗产起到传承的作用，还可以促进文化产业的发展。在学术界，有的学者提出将非物质文化遗产转化为产业化会使保护工作偏离实际意义，我觉得这种担忧的情况可能会出现。这里所说的将非物质文化遗产进行产业化的转变，并不是所有的遗产都可以转化，应适当地选出一些代表性的遗产作为文化产业的资源，这样可以控制保护遗产工作偏离正常轨道的现象。在东北的美术类非物质文化遗产中，一方面将某些可开发的遗产直接转化为文化产业，创造区域性的文化品牌，如辽宁抚顺煤精雕刻、岫岩玉雕、阜新玛瑙调、本溪桥头石雕、铁岭王千石雕、吉林通化松花砚雕、满族剪纸、核桃雕、内蒙古蒙古族勒勒车制作技艺、鄂伦春桦树皮制作技艺、蒙古族马具制作技艺、蒙古包营造技艺等，这些比目前所见到的所谓现代文化产品要有深层次的文化内涵。另一方面，将遗产作为产品的题材，运用在具体的形象设计中，如辽宁大连庄河剪纸、瓦房店东岗剪纸、岫岩满族刺绣、吉林通榆闯关东年画、前郭县蒙古族枕头顶刺绣、黑龙江佳木斯鱼皮镂刻粘贴画、大庆市北方民俗剪纸、内蒙古蒙古族传统图案等。还有一个重要的方面，就是举办"活态"表演，如在文化创意产业园区或者文化保护园区内定期举办各种民间美术的表演活动。这方面的资源非常丰富，诸如剪纸、绘画、皮影、雕刻等，既可以继承和保护这些美术类非物质文化遗产，还能在民众中宣传保护遗产的意识，更能促成文化创意产业的正常发展的轨道。

因此，如果将美术类非物质文化遗产的资源利用好，不但不会破坏遗产保护工作，还能在保护的基础上促进文化创意产业的发展，这需要多方的合作才能顺利进行。借鉴产官学模式，由政府提供法律保障和政策支持，学术和研究机构负责提供具体题材、市场预测、发展前景等信息支持，企业通过与政府和研究机构合作，中介机构介入，借助高科技手段谋求文化创意产业发展，形成美术比较突出的以非物质文化遗产为内核的文化创意产品产业板块。如果能将美术类非物质文化遗产与文化创意产业有机地结合起来，既能很好地保护非物质文化遗产，又能促进社会经济的增长，还能在民众中推广非物质文化遗产知识的普及教育。把民族民间传统美术资源开发为主要内容的文化创意产业开拓作为经济发展的重要产业，从而形成新的经济增长点，实现"以文化带动区域经济"的战略目标。

东北民间皮影的造型与审美价值

皮影戏在各级政府颁布的非物质文化遗产名录中列入传统戏剧类，也称"灯影戏"，是中国古老的戏剧种类和民间传统的表演艺术形式。皮影戏演出时，民间艺人在幕后用手脚操纵影人和道具，借助灯光的透射将影人和道具照映到屏幕上，并有各种乐器的伴奏和艺人唱腔的配合，来演出完整的剧目，是民间俗称"一口叙还千古事，双手对舞百万兵"的活动艺术形象。在表演中所用的影人既是主要的道具，又是具有民俗意境的美术作品。制作影人最初用"素纸"，后来用驴皮或牛皮、羊皮，现代用硬塑纸。传统的家畜皮经过削制刮平，再按照演出剧中的角色和衬景的设计，通过雕琢、敷色、熨平、订缀等工序制作。因此，皮影是一种专门的技艺，经过历史的演变与发展一直延续到现在，其中蕴含着一定的思想观念，具有特定的艺术风格，反映出人们的审美意识，折射出民间淳朴的文化价值。

一　民间皮影的制作工艺

在东北民间美术类省级非物质文化遗产中，民间皮影占有一席之地，具体的项目有黑龙江省哈尔滨市龙江皮影戏、绥化市望奎皮影戏、双城市皮影镂刻技艺、吉林省舒兰皮影（图一），辽宁省大连瓦房店市复州皮影戏、鞍山皮影戏、海城皮影戏、岫岩皮影戏、营口市盖州皮影戏、锦州皮影戏、朝阳市凌源皮影戏、丹东市宽甸八河川皮影戏（图二）、黑山皮影戏、大连庄河皮影戏、沈阳关氏皮影、凌海民间皮影、抚顺皮影戏、喀左皮影戏、内蒙古巴林左旗皮影戏（图三）、开鲁皮影戏等。由于东北地区民间皮影多数从山东、河北传入，属于北方系统的东路皮影，一般用驴皮、牛皮、羊皮进行雕琢，身高在20—30厘米，最高达60多厘米。但是，传承到现在，除了传统的影人以外，为了追求表演上的更好效果，有的地方的影人制作得比较高大，为了减轻传统制作材料的高成本，改为电缆纸、塑料纸等，并且在制作工序上也减少了时间和序数。

第四编
非物质文化遗产篇

图一　吉林省舒兰皮影传承人王升及其道具

图二　辽宁省丹东市宽甸八河川皮影戏

东北民间皮影的造型与审美价值

图三　内蒙古巴林左旗皮影戏——影人道具

　　传统的影人制作工序要经过制皮、描样、雕镂、上色、熨平、施油、订缀、装操纵杆等。(1) 制皮，以刚宰杀的驴、牛、羊的皮为最佳材料。具体制皮工艺是先将皮在清水中浸泡数日，然后取出，将皮两面的毛、脂肪等反复刮制（分硬刮和软刮）干净，直到刮得薄而透明，洗净后在木框上绷紧阴干，便于雕刻。(2) 描样，把制好的皮料切成块状，用湿布捂软后，以硬木推扳打磨平滑，再将图稿放在皮子下面，用钢针在皮子上依图稿描绘图样。(3) 雕镂，把有图样的皮子放在木板或蜡板上按照样稿雕刻，因为皮影为侧面形象，采用平面造型的方法塑造，人物和景物道具呈现镂空的效果。雕镂的技法很多，主要用线条表现，分为实线、虚实线、暗线、绘刻线等。有的地区在雕镂中使用多种型刃工具，并采用推皮走刀的刻法，如西北的陕西、甘肃等地。有的地区在雕镂中不用型刃工具，如东北的黑龙江、吉林、辽宁等地。(4) 上色，将雕好的影人及道具擦洗干净，压平着色。由于皮影表演的特殊要求，多用透明色着色，不影响灯光照射的效果。传统的皮影上色以皮胶调和，附着力强，常见的色彩为红、黄、青、绿、黑五种纯色，互相之间不调配，分深色区和浅色区来表现层次。上色时兼顾双面，以平涂为主。(5) 熨平，皮影在着色以后必须阴干，不能在日照下或用火烤干，然后熨平定型。(6) 施油，将皮影压平以后，要在表面施一层桐油或清漆，来增强透明度和耐用性，增加表演效果。(7) 订缀，在影人和道具各部位都制作好后，就要将其订缀起来。如在影人的双手、双下臂、双上臂、上身、下身、双腿等部件的关节点处，用线订缀起来，再用一皮条围在上身的脖领处作为安装影人

· 331 ·

头部的插口,各部位的固定点要上下左右合适,否则会发生表演时的倾斜。(8)装操纵杆,这是制作皮影的最后一道工序,在影人脖领前订一根铁丝作为支撑影人的主干,在两个手腕处各拴一根铁丝为耍杆,插上影人头部后即告完成,可以装入影箱。

黑龙江哈尔滨市龙江皮影,制作过程基于传统的技艺,需要经过选料、熟皮、画稿、过稿、雕刻、敷彩、发汗(即熨平)、订缀八个基本步骤(图四)。

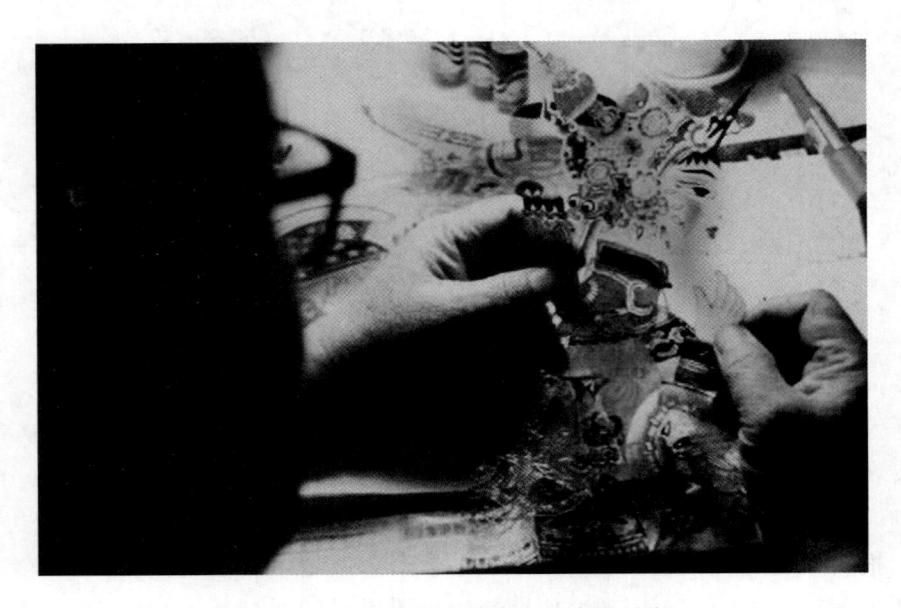

图四 黑龙江省哈尔滨市龙江皮影制作

材料最好选用四至六岁母牛皮,在制作前先用干净的凉水浸泡两三天,然后经过刮牛毛、肉渣、脂肪等工序,将牛皮刮好泡亮,固定在木架上阴干。对镂刻等工艺有更高的要求,一个影人一般要刻三千多刀,使用的刀具需要三十把以上。着色以红、黑、绿、黄为主,热冷色对比强烈。为了使人物形象灵活多变,传承人于九文在创作中重点雕刻眼睛。如《水漫金山》作品,将白娘子的眼睛雕刻得又大又圆,给人以聪慧勇敢的感觉;法海的眼睛雕刻得又小又尖,有凶狠毒辣之感。在雕刻上还将传统的影人五分脸变为七分脸,增加了立体的视觉效果。在分节订缀上,原有的制作方法为两层皮革订缀,这样影窗出现黑点,影响了视觉效果,针对这一问题于九文经过改革,将原来的双层皮革去掉一层,以赛璐珞片取而代之,增加透明度,使观众看到影窗上的影人浑然一体,没有以前的铆钉之感。就是说,现代皮影中的影人选用材料和制作技艺从传统的驴皮雕刻转变为赛璐板彩绘,这一变化虽然改变了传统的选料和做法,但在表现空间上却有了比较大的拓展，使形象更加逼真和灵动，极大地提高了人们的观赏性。凌源皮影的制作材料非常讲究，选用本地的刚宰杀的驴皮，薄厚适中，质地坚硬而柔软。制作采用造皮、刻制、刮皮、拓样、针稿簇刻、着色、出汗、砖烫、上油、订缀等工序。其中的雕刻刀法十分精练，走刀、推皮、打眼等技法按照先繁后简、先内后外的顺序进行。

二　民间皮影的题材与艺术风格

在题材上，主要是传统的历史故事、神话传说，即将传统的戏剧以皮影的形式进行表演，所以塑造各种戏剧人物形象成为皮影的主要制作题材，还有各种表演用的道具。宋代无名氏的《百宝总珍·影戏》记载："大小影戏分类等，水晶羊皮五彩装……影戏头样并皮脚并长五小尺。中样小样大小身儿一百六十个。小将三十二替，驾前二替。杂使公二，茶酒着马；马军共记一百二十个。单马、橐石、水城、船门、大虫、桌椅共二百四件，刀枪四十件，亡国十八国，唐书、三国志、五代史、前后汉并杂使头一千二百头。"这是说在宋代的影箱中，有各种人物影人和道具1200个，可见影人和道具的数量之多。哈尔滨市龙江皮影中，生、旦、净、末、丑的影人俱全。双城皮影的影人分头部和身子两个部分，头部称"头茬"，分生、旦、净、末、丑五种角色；身子有蟒、靠、官衣、道袍、袈裟、裙袄、打衣、抱衣，用头和身子表示不同人物形象。同时，舞台道具从最初简单的桌椅、车马、刀枪之类，变为比较复杂的文案、武案，包括亭台楼阁、山水园林、风云花鸟、雨雪雷电、硝烟烽火、刀枪剑戟、飞机大炮等。凌源皮影的影人有生、小、大、髯、丑五大类，根据人物的不同身份对眉、眼、鼻、嘴、胡须采用夸张的手法，雕刻采取"五分脸"的方法，即一个眉、一只眼、一个耳垂、半边嘴鼻、一个脸。凌海皮影的人物、景物造型精巧、生动传神。男性浓眉大眼，女性秀婉妩媚，文臣武将、才子佳人形象生动、惟妙惟肖，帝王宫殿、秀阁书房、军营帅帐、花木怪石形象逼真。锦州皮影的影人造型接近于京剧，分生、小、大、净、丑五类。生有文生、武生；小为旦角，分中间旦、闺门旦、文旦、武旦、彩旦、刀马旦、老旦、青衣等；大即大花脸；净多指小花脸，分红净、黑净；丑分为文丑、武丑（图五）。

在皮影的人物和道具的塑造上，由于材料、制作工序、题材与其他的民间美术种类具有一定的差异性，形成了独特的艺术风格，主要体现在四个方面。第一，人物造型具有艺术性的风格。在皮影的各种道具中，人物形象占有绝大多数，制作影人常采用写实与抽象相结合的手法，突出人物的面部表情和着装的艺术化特点。一

图五 辽宁省锦州皮影的影人和道具

般情况下,人物的面容神韵生动形象、夸张幽默、诙谐浪漫。用镂空技法雕刻人物线条,平涂着色,简单凝练,在灯光的照射下呈现出剔透明朗的表演视觉效果。第二,人物和道具造型具有平面性的艺术特征。对于人物的造型,常采用侧身"五分脸"和"七分脸"的平面形象,道具因材料的局限性也呈平面化,只是在颜色上有深浅之分,表明层次性。第三,人物造型具有卡通型的艺术形象。皮影人物由头、上身、下身、双上臂、双下臂、双腿、双手等组成,每一部分在表演时可以活动自如,在操纵杆的操纵下能机械性地进行动态表演,如同卡通般的人物形象。第四,人物和道具造型具有戏剧化的艺术效果。皮影人物造型,按照戏剧中的生、旦、净、末、丑五大类来设计,脸谱与装束都来自舞台戏剧,但表演时的场地、演员都不需要戏剧那么大的规模,在一定意义上说是超越了戏剧。此外,还有其他的道具用于衬托戏剧的场景,如龙、凤、野兽、花卉、树木、虫鱼、山石、亭台、楼阁、塔寺、兵器、用具、车船、马轿等(图六)。

在东北地区的皮影戏中,基本上具备了以上的几大艺术特征。如黑山皮影主要有影人、影幕、影卷、影箱和伴奏乐器,其中的人物和道具的制作采用了写实与抽象相结合的技法,大胆的予以艺术化、戏剧化、卡通化的综合处理。舒兰皮影既有戏剧艺术的共性,又与戏剧有一定的差异。戏剧是演员在舞台上表演,皮影则是影窗上的影人表演。戏剧的演员从出场到剧终,扮演的是一个固定人物,皮影的影人从出场到剧终,并不是一个固定的人物,会随着剧情的变化而改变,一会儿是东宫娘娘,一会儿是西宫娘娘,即可以扮演同性且同一身份的人物,具

图六　辽宁省大连市庄河皮影表演

有一定的灵活性和随意性。

三　民间皮影的表演方式与剧本及蕴含的原始观念

东北民间皮影的表演方式相对其他的艺术形式比较简单，一个表演班子由五六人组成，加之一箱皮影、影窗、灯具、伴奏乐器等，就可以进行演出。场地可大可小，如剧场、农家场面、露天小院、农户家中等，都可作为演出的场地。过去，一个戏班子往往流动演出，走街串巷，在夜幕来临之时就可演出。现在，由于电影、电视、网络等新兴传媒形式的出现，冲击了传统的皮影表演。皮影表演往往参加一些文化节、艺术节、皮影大赛等，有的也走进社区、学校进行表演，并且作为一种非物质文化遗产予以保护。皮影戏的演出内容有历史演义戏、武侠公案戏、民间传说戏、神话寓言戏、爱情故事戏、时装现代戏等，剧目有单本戏、连本戏、折子戏等，演出的传统剧目有《牛郎织女》《白蛇传》《西厢记》《穆桂英挂帅》《杨家将》《拾玉镯》《岳飞传》《水浒传》《秦香莲》《三国演义》《三侠五义》《西游记》《封神演义》等。除此之外，还有一些战争年代、中华人民共和国成立后新诞生的剧目，如现代戏、时装戏、童话戏等，常见的剧目有《刘胡兰》《白毛女》《红灯记》《林海雪原》《兄妹开荒》《两朋友》《小二黑结婚》《小女婿》《龟与鹤》《东郭先生》等。

第四编

非物质文化遗产篇

　　龙江皮影的剧目种类有现代戏、历史戏、神话戏、寓言戏、动物戏等。唱腔粗犷豪放，吸收东北二人转、单鼓、民间小调的腔调，具有活泼、风趣的地方特色。传承人于九文在传统演出形式的基础上进行了创新，将皮影与设计的简易机器人相结合，通过电脑程序来控制机器人的手臂，让机器人通过光电传感追踪皮影戏中的影子，预先设置程序，采取连锁命令的方式，让机器人表演皮影戏。传统剧目有《月影》《木兰从军》《鹤与龟》《秃尾巴老李》《三个和尚》《美猴王学艺》《猪八戒背媳妇》《武松打虎》《幽灵组合》《魔女巧梳妆》《黔驴技穷》《三打白骨精》《水漫金山》《司马光砸缸》《小羊过桥》《乌鸦喝水》。新编剧目有《母子情》《老鼠送礼》等。

　　望奎皮影的传统题材有宫廷、市井民俗、征战、公案、剑侠、传奇故事等，以警世教化思想为主。唱腔既有河北冀东民间小调的风格，又有双城皮影戏的外调及杂牌子曲牌，融二者的唱腔为一体，丰富了望奎皮影的唱法和曲牌，使之具有流畅的唱腔与表现力极强的特点，被人们称为"两合水"影腔。演出的传统剧目有《五峰会》《包公案》《杨怀玉扫北》《双失婚》《穆桂英指路》《杨文广征西》《镇冤塔》《岳飞传》等，新编神话剧有《秃尾巴老李》《猪八戒背媳妇》等。从2007年以来，望奎县成立了皮影协会，广泛征集流散在民间的传统影卷和影人，先后创作出皮影舞蹈6个，整理、改编《秘建游宫》《界牌关》《石岭山招亲》等传统影卷15折，整理出皮影戏曲牌13种，整理了《薛丁山招亲》《金石缘》《二郎山》等皮影唱腔22段。同时开展以宣传皮影戏非物质文化遗产保护为主题的文艺演出、影人作品展示、皮影画创作、影卷精品创作等活动。皮影协会还利用农闲之际，组织皮影艺人深入乡村义务演出，丰富了乡村群众的文化生活（图七）。

　　双城皮影的影人凭借三根竹棍儿操纵，操纵者分为"拿上影"与"拿下影"两人，必须站立表演与演唱。特别是拿上影者，要对影卷和每部戏的角色特别熟悉，掌握整部戏的人物上下场和进程。乐队分文武场，有四弦胡、葫芦头、二胡、鼓板、锣鼓，演奏均由演员兼任。影卷上除唱词、念白外，还有许多表演提示。唱腔分行当，唱词韵律严谨。经常演出《五峰会》《双失婚》《金石缘》《万宝阵》等传统剧目。还创作演出现代戏，如《美军暴行》。

　　舒兰皮影由影人、影窗、影卷、影键子、影箱组成。文武场乐器有锣、鼓、钹、二胡、笛子、四弦胡琴、喇叭等。演出活动分为唱庙会、唱山沟、唱屯场，即走村串屯，赶各种场子演出。传承人王升唱影的剧目分两种：一种是按写出来的剧本唱，即影卷，常见的剧目有《猪八戒背媳妇》《紫金钟》《四平山》《五锋会》《双奎传》《红沙国》《紫金锤》《四节山》《十把传金扇》《金鸡吐风火》《大金

· 336 ·

图七 黑龙江省望奎皮影演出的传统剧目——三国演义

鞭》《智截生辰纲》《欧阳海之歌》《刘英俊》等。另一种是现抓事随机演唱,即根据现实生活中身边发生的事作为题材现编现演,或把具有传奇色彩的人和事编成剧目,进行活灵活现的演唱。

岫岩皮影的音乐、唱腔特别丰富,大致有三赶七、硬唱、七言句子、五字锦、十字锦、答拉嘴组成唱词类别,有大慢板、慢板、流水、快流水、快板五个板式,演唱中旦角、青衣保留了男演员演唱的风格,这是岫岩皮影的主要特征。目前有近百部传统剧目,20余部现代剧目。传统剧目有《四平山》《五凤山》等。锦州皮影戏的唱腔别具一格,吸收唐山影和东北影的艺术精华自成一体。唱腔包括硬辙、七字句、十字句、三赶七、五字锦,以及快板、慢板、流水板、散板、杂调等。经常演出的传统剧目有《岳飞传》《三国演义》《水浒传》《白蛇传》《杨家将》《西厢记》《秦香莲》《拾玉镯》《西游记》《封神榜》《牛郎织女》等。中华人民共和国成立后新创作的剧目有《龟与鹤》《东郭先生》《兄妹开荒》《刘胡兰》《白毛女》《红灯记》《小二黑结婚》《林海雪原》《小女婿》《两朋友》等。

宽甸八河川皮影戏早期无影卷,念白、唱腔都是师父口传心授,直到清末民初才形成了影卷。宽甸皮影戏属于"翻书影"阶段,借鉴了戏曲程式化表演方式,按

· 337 ·

生、旦、净、末、丑分为"唱大"和"唱小"两种唱法，但在唱腔和弦挂上还是口传心记，保留了"溜口影"的原生态特征。现存留的影卷多为传统剧目，有《杨家将》《呼延庆打擂》《金鞭记》《三宝记》《四平山》《小金花》等。庄河皮影戏的影卷卷头大，多以长篇传统历史题材为主，主要剧目有《界牌关》《卧凤山》《秦英征东》等50余部。还改编和创作了现代剧目《刘胡兰》《雷锋》《肖飞买药》等10余部。庄河皮影戏分为平唱和硬唱，在发展过程中形成了两个派别，即"翻书影"（北派影）和"本地影"（南派影），大致分为乐影、愿影、会影三种形式（图八）。

图八 辽宁省丹东市宽甸八河川皮影演出的传统剧目——杨家将

沈阳关氏皮影融合了东北老影调和唐山皮影唱腔为一体，夹以当地方言为主的道白，逐渐形成了婉转动听、激情高亢的演唱艺术风格。有快板、慢板、绕口令、流水板等曲调，采用对唱、合唱、带板唱、数板、紧拉慢唱等演唱方法。在演出的实践过程中不断地对影幕、照明等设施进行创新和改革，改变了只用四弦伴奏的传统音乐，增加了月琴、扬琴、笙管、横笛等乐器，还用"大下巴"串场（一个大嘴的傻童影人），表演时具有幽默、滑稽的神态。传统剧目有《青云剑》《凤仪亭》《穆柯寨》《二度梅》《薛刚反唐》《呼家将》《薛家将》《花木兰》《武松打虎》《杨家将》等近百部书种，也有新编《小女婿》《小二黑结婚》《欢乐农家》《马刚的故事》等现代剧目。凌海皮影的唱腔源于河北滦州影调，长期以来广泛吸收了弦板腔、阿宫腔、老腔、秦腔、吹腔等10多种地方戏曲、曲艺、民歌小调的精华，在唱腔中融进了辽西方言。表演时由两人操纵皮影，即"上线"（正面角色）和"下线"（反面角色）。演出影卷有60余部，主要剧目有《平西传》《降虎阵》《西游记》《警忠梦》《聚虎山》《杨家将》《三请樊梨花》《牛郎织女》等。

开鲁皮影戏受河北滦洲皮影戏的影响，在发展过程中吸收了评剧一些唱腔，集绘画、雕刻、文学、音乐、舞台、灯光表演于一体。一个皮影戏班子由五六个人组成，往往是一人扮多个角色，有的是边耍影人边唱，还有的是边伴奏边唱。在演唱方面，强调唇、齿、舌、鼻、喉的硬功夫，要求吐字清、行腔圆。唱腔的板式有慢板、三赶七、二六板、五字锦、三字经、赞词、大金边等。演出情况有唐会酬神、唱喜彩、唱愿彩、庆丰收酬谢天地保佑、为物资交流助兴、配合时事形势教育。主要剧目有《杨家将》《岳飞传》《雁飞女侠》《九头鸟》《大隋唐》《三国》《薛礼征西》《薛礼征东》《镇元塔》《长寿山》《高君宝三下南唐》《五峰会》《白蛇传》《画皮》《大金牌》《狸猫换太子》《陈桥兵变》等。

以上各地的皮影戏不论在什么情况下或者在什么地方演出，所表演的唱腔都是固定的，但表演的剧目却不是固定的。在演出前，根据人们喜欢的剧目临时决定，完全取决于现场观众的心愿，极大地体现出皮影戏灵活机动的特点。在不同的历史发展阶段中，既有公演也有收费演出，收费也是灵活多样，有的付现金，有的给粮食，有的甚至管一顿饭也照样演出。目前，在非物质文化遗产保护的前提下，政府多有经费上的支持，有的参加社区、学校的惠民演出。如大连瓦房店市复州皮影戏，在2013年6月先后在大连市劳动公园园中园广场、沙河口区白山路街道、甘井子区甘井子街道为市民公演，由传承人宋国超亲自亮阵演出，使市民近距离感受民间美术遗产的文化魅力。

民间皮影戏最早都是人们为了祭祀神明、巫术活动、庆祝丰收、岁时节庆的一种娱乐方式，通过这种方式来表达了他们对未来美好生活的渴望和企盼。如东北地区，农闲的时间比较长，从入冬以后基本没什么农事，此时正是皮影戏演出的最佳时间。每当夜幕降临，人们围坐在一起，望着雪白的影窗，在悠扬的唱腔和铿锵的乐声中，享受着传统剧目带来的精神愉悦。有些剧目内容多反映灵魂不死、因果报应，这其中蕴含着对神灵崇敬之意。在各种民俗活动中，皮影戏具有重要的作用，表达了人们的精神寄托。遇到春节、端午、中秋、结婚、过寿、庆丰收等节日喜庆之事，都要以演出"喜影"来庆祝；每逢碰到天灾人祸、祈求生育、祭祀祖先、延寿纳福之事，就要演出"愿影"来祈愿，等到实现以后还以影戏还愿。可见，民间皮影的表现形式、造型手法、反映的内容等方面，都与民俗活动联系在一起，同时民俗活动也促进了民间皮影的发展。另外，有的地方的皮影戏体现了东北少数民族的文化。如哈尔滨市龙江皮影戏，反映出北方森林民族的渔猎文化和萨满教文化的内涵。在皮影的造型中存在着大量的程式化符号，寓意北方森林民族先民的天体与星辰崇拜、灵魂与精灵信仰、萨满教灵禽崇拜、山林动物崇拜、植物崇拜、祖先崇拜及民间世代相传的阴阳生殖崇拜、祈福求祥信仰等思想，就连少数民族传统的服饰特征也有明显的体现。皮影中的戳子、头荐造型极具森林民族的形象特点，如细眼睛、长鼻子、尖嘴等，具有真实、自然、质朴、生动的造型风格，将东北少数民族的生活气息和文化内涵以皮影的形式直接表现出来。

东北民间绘画的特点与流变

民间绘画是指由民间艺人运用简朴的技法创作农村、牧区、林区题材的美术形式，包括版画、油画、国画、烙画、壁画、葫芦画、皮画等种类，反映了民间人们淳朴的思想感情、宗教信仰和生活、生产情景。东北地区民间绘画产生于乡村、牧区、林区，是在农田生态、草原生态、森林生态等特定的自然条件以及区域社会文化生活条件下创作出来的，在形式、题材、内容、技法、色彩等方面，都与自然环境、民众生活、文化心理、审美情趣密切相关。其种类较多，有桦树皮镶嵌画、鱼皮镂刻粘贴画、桦树皮画、布贴画、葫芦画、年画、硬笔画、农民画、根须画、缝绣画、无笔画、建筑彩绘画、指画、版画等，都围绕民间生活和文化传统进行创作，借以表达和寄托人们在生产、生活方面驱灾避难、迎祥纳福的愿望和期盼。目前，学术界关于东北地区民间绘画的研究成果较少，现有的成果主要针对某一画种进行探讨。如董国峰的《绥棱农民画的现状发展探析》[1]、王荐的《铁岭的文化符号——手指画》[2]、关德富的《东北民间美术的文化阐释——〈萨满绘画研究〉读后》[3]等，分别对黑龙江绥棱农民画、辽宁铁岭指画、吉林满族萨满画的发展现状、文化寓意、文化阐释等作了较深入的分析，但就整个东北地区民间绘画来说不够全面和系统。笔者站在艺术人类学的视角中，通过实地调查，梳理了省级以上的民间绘画遗产项目，就东北地区民间绘画的艺术特征、文化寓意、画种流变、发展现状、申遗瓶颈等问题，提出一些看法，以供学界同行批评指正。

一 民间绘画的艺术特征

在东北地区民间美术类省级以上的非物质文化遗产中，民间绘画有黑龙江黑河市鄂伦春族桦树皮镶嵌画、佳木斯市鱼皮镂刻粘贴画、牡丹江市鱼皮（鱼皮

---

[1] 董国峰：《绥棱农民画的现状发展探析》，《文艺评论》2011年第11期。
[2] 王荐：《铁岭的文化符号——手指画》，《铁岭日报》2008年4月5日。
[3] 关德富：《东北民间美术的文化阐释——〈萨满绘画研究〉读后》，《文艺争鸣》2004年第5期。

画）制作技艺、哈尔滨市桦树皮画、大庆市肇源古建筑彩绘、绥棱县农民画、安达市描金工艺、哈尔滨市中国传统书画装裱修复技术；吉林省吉林市王氏布贴画、东辽县葫芦画、通榆县闯关东年画、通榆县费景富硬笔画、东丰县农民画（图一）、白城市姜淑艳布贴画、白城市高乃峰根须画、洮南市丛翠莲缝绣画、通榆县张玉欣布贴画、通榆县李向荣无笔画；辽宁省沈阳市建筑彩绘（传统地仗彩画技艺）、铁岭市指画艺术、沈阳市烙画艺术、沈阳市古建筑彩绘技法、沈阳市书画装裱修复技艺；内蒙古扎鲁特旗版画、奈曼旗宝石柱绘画等。从这些绘画种类看，内容和题材可谓丰富多彩，作品都与人们的生活、生产、风俗习惯、宗教信仰等有着密切的联系，而且实用性比较强，多数直接用来美化自身、美化物品和美化生活环境。民间绘画简洁的造型、完美的功能，在精神和物质上满足了劳动者多层次、多方面的需要。同时由于东北地区有众多的少数民族，民间绘画也蕴含着深刻的民族文化内涵，在不同类别的绘画表象和隐藏在背后的文化表意中具有一定的艺术特征。

图一　吉林省东丰农民画——画乡

第一，民间绘画中的年画是由于年俗的特殊需要，为了满足人们丰实的过年心理而创作的红火、饱满画面的作品，具有欢乐、吉祥、红火、兴旺、丰足的文化蕴意，突出装饰性的艺术特点。如通榆县闯关东年画，延续了中原木版年画的生产技艺与历程，填补了东北没有"木版年画"的空白，早期多为传统年画，以喜庆、吉祥等题材为主，后来表现题材发生了重大变化，多反映时代气息、新人新貌、英雄人物、建设成就、科学知识、历史人物、神话传说等。如《打猪草》《剪窗花》《同心协力》《花木兰》《长白珍奇》《犟驴》《八仙过海》等（图二）。渲染出这种年画特征的是木版年画的色彩，早期为套版印刷，颜色必须达到简练而富有表现力，色彩追求鲜明热烈，具有很强的视觉冲击力。

图二 吉林省通榆县闯关东年画第四代传承人李向荣在展示作品《八仙过海》

第二，民间绘画表现出乡土性的艺术风格和内容。东北地区具有多种生态环境，民间绘画就是在这种田野、牧区、林区中诞生并成长起来，具有纯朴率真、乐观诙谐的艺术特点。民间艺人在农耕、放牧、狩猎的闲暇之际，自娱自乐，创作作品，虽然所塑造的形象表现出民间绘画的特点，即简练、稚拙、夸张、随意，但这种特点将乡土美感体现出来，具有率直、淳朴、生动的艺术风格，反映出民间艺人抒发情感的自由与自然（图三）。以前乡村的人们文化水平普遍不高，识字有限，有的干脆一字不识，于是就借助图案的形式将心里美好愿望表现出来。如露籽的石榴表示"多子"，盛开的牡丹象征"富贵"，鸡的形象表示吉祥，蝙蝠的形象同于"福"字，充分利用图像和字的谐音弥补识字的欠缺，来表达人们淳朴的内心世界和创作意图。还有一种表达形式就是把多种动植物组合成复合图案，衍变为吉祥成语的谐音，如一只蜘蛛和一座房屋或一株树木的组合与"喜从天降"谐音；莲花、娃娃和鱼的组合与"连年有余""吉祥有余"谐音等。这些谐音图像呈现出人们内心的向往，将乡村常见的动物、植物、历史故事人物、建筑等巧妙地结合在一起，

· 343 ·

第四编
非物质文化遗产篇

形成绘画作品，带有强烈的乡土气息。

图三 吉林省东丰农民画——山乡花季

第三，民间绘画的艺术价值在于根植于东北的地域性。由于东北地区的地域特征和独特的文化背景，使民间绘画在题材、内容、风格、手法、制作方式等方面表现出与其他地区不同的风格，大体上具有粗犷豪放、明艳质朴的艺术特点。随着山东人早期的闯关东之举，东北民间绘画多数受到山东地区的影响，又融入本地区的艺术土壤，使得绘画作品的地域性非常突出。如黑龙江黑河市鄂伦春族树皮镶嵌画，以鄂伦春族长期生活环境中的桦树皮为原料，利用天然的不同颜色桦树皮拼贴镶嵌成画，题材为生产生活场景、动植物、萨满教神像等，这些材料、技法、创作内容只有在森林环境中才能体现出艺术价值，反映出森林民族绘画艺术的地域性（图四）。东北地区的妇女善于刺绣，用于日常生活用品，这就需要裁剪布料，利用剩余的布头拼贴画面，从而就有了吉林省吉林市王氏布贴画、白城市姜淑艳布贴画、通榆县张玉欣布贴画等；它主要以分布在东北地区满族的生产生活、宗教信仰、神话传说、人物故事等为创作题材，也体现了地域性的艺术风格与文化内涵。黑龙江绥棱农民画在北大荒的独特地理环境中产生和发展，表现最多的是农民的生产、劳动和生活（图五）。如戴文革的《豆腐坊》，以凝重的色彩、粗犷的笔意，描绘了农家豆腐坊的全景图。

第四，民间绘画体现了淳朴的民风习俗。在东北地区的白山黑水、三江平原、

东北民间绘画的特点与流变

图四 黑龙江省黑河市鄂伦春族树皮镶嵌画——人物

图五 黑龙江省绥棱县农民画——跳舞

第四编
非物质文化遗产篇

大小兴安岭中,历史上就留下了淳朴的民风习俗,并且在民间绘画中表现出来,主要体现在创作题材上。鄂伦春族、鄂温克族、达斡尔族、赫哲族等少数民族都有制作桦树皮器的历史,在制作器物的过程中,出于审美目的考虑在桦皮器物表面装饰图案,便有了桦树皮画的创作。如哈尔滨市桦树皮画,采用剪、刻、雕、烫、画等多种技法,将森林民族的狩猎、捕鱼、出行、崇拜等风俗习惯用画面的形式记录下来。满族信仰萨满教,属于多神教,即万物有灵,图腾与萨满教有直接的关系,主要有乌鸦、野猪、鱼、狼、鹿、鹰、豹、蟒蛇、蛙等,王氏布贴画中的内容就有满族萨满教中的神话传说、祭神场面,反映了满族宗教信仰的风俗活动(图六)。还有一些民间绘画的题材随着时代发展而发生变化,如吉林东丰农民画代表着现代农民绘画的形式,在构图、造型、色彩及审美方面彰显着农民作者独特的思维理念、结构技巧和丰富的创造性,题材有喜乐的庄稼老汉、喜庆丰收的舞蹈、新春闹元宵、农家八仙、山乡花季、农家乐等,反映了新农村建设的新气象和现代民俗风情。辽宁丹东农民画表现了辽东地区特有的风土民情,如回娘家、田间劳作、春到农家、渔业丰收等。

图六 吉林省吉林市王氏布贴画——神前献牲

二 民间绘画的流变

东北民间绘画不仅具有独特的艺术特征与风格,还有传承流变的过程。多数画种都是在清代中晚期或民国初期产生，经过三至五代传承下来，并且随着时代的发展，创作的群体、技法、题材、社会影响等都在发生变化。如绥棱农民画来源于民国年间的画门斗和画柜，后来发展到画立柜、炕围、高低柜、书橱、碗架子等，并出现了玻璃画、烫画。题材由以前的木纹、四季花、福字、吉利语发展到后来的山水、花鸟等。1971年，绥棱县文化馆对农村乡土文艺人才进行调查，开始挖掘出从事农民画创作的队伍，使得这一画种得到迅速的兴起。到1985年，县里先后举办三次农民画展，创作群体达400人之多，在《中国农民报》《农村报》上发表专版，对外开展农民画发展经验，将农民画打造成当地的艺术名片。此后，绥棱农民画参加了全国性农民画展（图七），在全省的民间美术工作会议上介绍经验，在省级以上报刊发表作品，接受媒体的专访，入选省级优秀美术作品，举办农民画培训班，为此农民画入选第二届中国民族文化博览会美术大展，被评为市级优秀创作群体和"全国民间艺术之乡"的荣誉称号，与陕西户县、上海金山并称为中国三大农民画产地。

吉林东辽县建安镇，处于长白山山脉西行与吉林西部平原连接的地方，地势平坦，黑土肥沃，气候条件非常适合种植葫芦，为葫芦画的创作提供了原料。现有传承人赵文秀以务农为生，喜欢在自家种的葫芦上画动植物、山水人物，人们送其绰号"葫芦赵"。1850年，赵文秀的曾祖父赵长君领着家人逃荒到东辽的夹信子屯，在地下煤矿背煤为生。当时的矿灯比较简陋，用泥制作，含在口中，时间长了会把牙磨掉。在一次下工回家，路经一家院子，发现院内种植很多葫芦，于是就萌发了用葫芦制作矿灯，并试制成功。在端午节，东辽地区的人们喜欢在葫芦上画图案，挂在门窗旁以示辟邪招宝，葫芦艺术逐渐盛行起来。赵长君发明葫芦灯以后，就专

图七　黑龙江绥棱农民画——赶集

心画葫芦，并将这门艺术传承下来。赵长君去世之前，把自己的葫芦烙画手艺传给了儿子赵光运、孙子赵占海以及后代赵平和赵文秀。到赵文秀这一代，葫芦画已经成熟，创作题材主要是历史故事、戏曲人物、神话传说等，其本人也被当地人称为

东北葫芦画大王（图八）。

图八　吉林省东辽县葫芦画

　　辽宁铁岭指画从清代开始出现，经过历代相传，迄今已经形成完整的传承谱系。清代晚期，从事指画创作的人有高其佩、高傲、甘士调等，民国时期有李梓郑、王均衡、刘乃刚等人。中华人民共和国成立以后，指画艺术得到进一步的发展，宁斧成、端木蕻良等人成为这一画种的传承人。到目前为止，铁岭指画的创作人员达100余人。其中以杨一墨的艺术成就最大，他创作的指画继承了高其佩的风格，在此基础上有新的发展。如山水、花鸟、人物画呈现浑厚雅逸的艺术特点，在指画艺术界独领风骚。还有吴润龄、张晓风、刘永春、王晓峰、杨春、于一丁、王殿辰等人的指画作品在国内外画界均有很大的影响，并多次在指画大赛中获奖。正因为有如此多的人从事指画艺术，铁岭才成为"指画艺术之乡"。近年来，铁岭在指画艺术方面做了很多的工作，如确定指画的现有传承人，成立铁岭中国手指画研究院，出版了《铁岭指画艺术》《铁岭文史资料·指画专辑》等多部作品集，多次举办各种层次的指画展览和研讨会，积极参加指画大赛，创办《指画研究》刊物和网站，与铁岭师专联合设置指画专业。这些活动极大地促进了指画艺术的发展，并为后备梯队培养人才（图九）。

　　内蒙古扎鲁特版画源于20世纪50年代，由莫日根老师首开先河，又经三代的发展壮大，现已成为扎鲁特旗文化艺术品牌之一。版画的创始者莫日根在60年代任教于鲁北中学，其间积极从事版画的创作，完成了一批版画作品，并培养相关的绘画人才。在70年代，张淮清的《羊毛丰收》，照日格图的《良种》《途中》等作品，先后参加全国美展、吉林省美展、"东北之声"美术联展等展事活动。在80年代，扎鲁特旗成立了民族版画研究学会，入会的会员有教师、农民、工人、牧民、干部、学生等，统一组织学会会员进行版画创作，并且在北京、日本等国内外参加作品展览，出版《萨日朗》版画集、《扎鲁特旗版画集》等作品集。至80年代后期，从事版画创作的人员达到150余人，所创作的版画题材多为草原生活的情景，反映了农村牧区的新生活和风俗民情。进入90年代以后，随着改革开放的进一步深入，版画创作也呈现出新的高

图九　辽宁省铁岭市指画艺术——孔子

度。1993年，中央电视台"神州风采"栏目播放了《民族版画之乡——扎鲁特》电视纪录片，使扎鲁特版画的知名度进一步提高。2002年，扎鲁特版画应邀参加了全国版画之乡版画作品展览，当地报纸给予了高度的评价。2004年，扎鲁特旗青年版画家韩戴沁在蒙古国首都乌兰巴托举办了《日月之故乡》个人版画展，共展出60幅作品，获得了巨大的成功。2008年，在全国第二届农民版画展《神采云南》中，韩戴沁版画《迎奥运》获得了银奖。此外，扎鲁特版画曾两度进京展出，深受界内的好评。版画作品的风格朴素而热情，细致而生动，有强烈的艺术感染力（图十）。

从以上几个民间绘画的案例看，从产生到现在都传承了三至五代，最早的可追溯到清代中晚期，最晚的到20世纪50年代就已经出现。基本的情况是早期往往由某个人创作出来，成为第一代遗产传承人，然后通过家族内或带徒进行传承。时至今日，形成两种状况，一是现有传承人越来越多，组成一个绘画创作的群体，呈现出欣欣向荣的局面，如辽宁铁岭指画、内蒙古扎鲁特版画等。二是传承人越来越少，这种情况主要是在家族内传承，承继者只有一两个人，这样会面临着濒危状态，如吉林东辽葫芦画。在创作题材上，一方面保留有传统的吉祥祈福的内容，另

图十　内蒙古扎鲁特旗版画——摇篮曲

一方面有从传统的吉祥图案、历史故事、神话传说等向反映现代农村牧区新气象转变的趋势。在创作形式上，绝大部分都是自始至终地延续下来，有个别是从某一功用转化而来的，如东辽葫芦画是从葫芦灯演变过来。因此，东北地区民间绘画都有一个传承流变的过程，在发展中基于创作原则而不断创新，为繁荣民间美术作出了应有的贡献。

三　农民画的现状与申遗遇到的问题

东北地区的农民画作为民间绘画的一种艺术形式，主要有黑龙江绥棱县农民画、吉林东丰县农民画、辽宁丹东市农民画、大连庄河农民画、金州农民画等。在这些农民画中，东丰农民画入选为省级非物质文化遗产名录，丹东农民画入选为市级非物质文化遗产名录，庄河农民画、金州农民画由于传承时间短还没有成为非物质文化遗产。在传承的现状中，基本形成群体的创作，有的在小学建立传承基地，如庄河农民画以栗子房小学作为传承基地，定期教授学生创作，还举办农民画大赛和展览。因此，在当地一定的范围内比较普及。但也有的农民画传承存在着一些问题,以绥棱县农民画为例说明。

绥棱县农民画的传承人孙铁成,虽然师从他学生多达40多人,一度成为传承绥棱农民画艺术的领军人,但从1995年以来,绥棱农民画逐渐走向低迷。究其原因有几个方面:第一,辅导教师严重缺乏。目前绥棱农村仍有许多农民画创作者,分散进行着个体创作,因创作水平偏低,对艺术辅导的渴求十分强烈。但是,曾作为"绥棱农民画"培养基地的绥棱县文化馆,辅导教师大量外流,能担当辅导工作的教师目前寥寥无几,辅导任务无法完成,造成创作的低迷状态。如辅导教师徐宝铭和刘文华调至绥化市书画院工作,崔维林、朱广生已退休,到外地生活。第二,创作队伍大量流失。当年的农民画作者,尤其是骨干作者,受市场经济的影响,后来多从事美术装潢等行业,已对农民画失去创作感情。生活在农村的创作骨干或因年事已高,或因荒笔多年,已经不再创作农民画了,造成农民画创作队伍的严重缩减,新的创作队伍有待挖掘。目前骨干作者仅有3名,爱好者不到20人。第三,经费严重不足。由于培训需要一定财力和人力支持,而文化馆办公经费只能维持正常支出,没有多余资金投入保证培训工作。因此,使抢救和发展绥棱农民画工作一直未能有效启动。第四,作品大量流失。过去农民画的大量作品由于参展或与各地文化交流,使部分作品都没有收回来,加之一些爱好者争相收藏,都使作品严重流失。目前,文化馆原始的农民画作品不足百件,近几年新增高质量作品仅30多件。因此,需要政府加大投资,严格执行《绥棱农民画保护条例》,尽可能地争取到社会资金的支持,扩大创作队伍,加强艺术营销的实力,使之成为一种产业,在生产性保护中将农民画这个遗产继续传承下去。

东北地区民间绘画中,多数已经成为各级非物质文化遗产,但也有亟待申报的遗产项目,如大连庄河农民画、金州农民画等。那么,这些项目为何在申报市级以上的遗产中遭遇瓶颈问题,笔者在调查过程中,站在艺术人类学田野考察的视野中分析不够资格或申报失败的原因。

根据《国家级非物质文化遗产代表作申报评定暂行办法》的规定,申报非物质文化遗产必须具备几个条件,即"具有突出的历史、文化和科学价值;具有在一定群体中世代传承的特点;在当地有较大影响;符合以上条件,且处于濒危状态"[①]。据此来分析庄河农民画、金州农民画没有申报成功遗产的项目,各自有其缘由。大连庄河农民画以栗子房的农民画为代表,在20世纪70—80年代发展起来,已经形成群体性的传承,创作的作品声名远播,但由于历史比较短,没有资格申报非物质文化遗产名录(图十一)。大连金州农民画兴起于20世纪70—80年代,虽然当时

---

① 国务院办公厅:《国家级非物质文化遗产代表作申报评定暂行办法》,2005年3月26日。

第四编
非物质文化遗产篇

图十一 辽宁省大连市庄河农民画——养猪女

曾名噪一时，1988年金县与当时的上海金山县、陕西户县一起被国家命名为首批农民画画乡。但至20世纪90年代，随着社会的转型，金州农民画好像销声匿迹，在延续传承中有间断的现象。正如现有传承人葛柱兴所说："不是不想画了，而是要先解决吃饭问题。"回忆起那段岁月，葛柱兴感慨万千，那时候我们的土地没了，也住上了楼房，好像成了城里人，但是突然之间我们发现自己没有了生存技能。因为有绘画功底，葛柱兴选择了做艺术装饰。他说，当时之所以忍痛放下画笔，就是想有了稳定的经济基础后，再心无旁骛地认真画画。金州农民画红火的时候曾有100多名作者，现在却不足10人，历史传承时间短，中间又出现了传承短路，同样不符合遗产的申报条件（图十二）。

这两个农民画项目因同样原因没有资格申报非物质文化遗产项目，但目前已经形成创作群体，而且颇受当地政府重视，每年都能出产新的作品，参加各级画展，形成一定的规模。在调查中发现庄河很早以前就出现了带有祭祀功能的版画艺术和带有宣传功能的墙画艺术形式，创作者往往为民间艺人，这些是否可以作为农民画的渊源，有待于进一步的挖掘和整理。非物质文化遗产的地域性很强，必须在一定群体、团体环境中才能产生，且在一定地域中才非常有代表性，如庄河剪纸在庄河

图十二　辽宁省大连市金州农民画——农家乐

当地就非常有代表性，它有别于一般剪纸，不需要先打样，而是艺人自己在脑海里有了形象后直接剪成。那么，大连庄河农民画、金州农民画都在当地有代表性，已经具备了申报非物质文化遗产的条件，只要继续深入挖掘，找出活态传承人和传承过程，申遗成功指日可待。另一方面，应修改申遗的条件，让新兴的艺术形式传承后代；否则，也会走已经灭绝的艺术遗产之路。

论东北民间美术在社会风俗中的作用

　　东北民间美术是由广大的劳动者创作的，首先表现在它的实用性上，在此基础上上升到具有审美价值的观赏性。由于在社会方面有其约定俗成的行为规范，因而也就有了一定的社会文化功能，主要反映在与各民族日常活动相关的各种礼俗中。民间美术在发展与延续的过程中，在生辰、婚嫁、丧葬、喜庆节日、日常生活和宗教信仰等礼俗中扮演着重要的作用。二者之间有着密切的联系。民间美术可以丰富民俗活动的内容，社会风俗又可以促进民间美术的发展，二者之间有着密切的联系。

一　民间美术与人生礼俗

　　在人的生命历程中，伴随着降生、生日、成人、婚姻、丧葬等环节都形成了一定的风俗习惯，而民间美术作品常见于这些礼俗之中。降生是人生中第一个阶段，在民间也是人们的头等大事，特别是在过去的农村，当一个男孩出生以后，被认为是整个家族人丁兴旺的标志，因而围绕小生命出生前后便形成了约定俗成的礼俗。东北地区的农村、牧区、林区，在小孩降生的一些礼俗中，民间美术的表现形式起到一定的作用。妇女在怀孕以后，就开始为即将诞生的新生婴儿准备日用品，其中的衣服上会绣有老虎等避邪图案，祈盼婴儿出生以后有一个强壮的体格。婴儿出生后，亲朋好友携带玩具、衣物等表示祝贺。满族在生育方面所表现的习俗与汉族接近，但由于本身所具有的民族文化、生活方式、宗教信仰等特点，又与汉族体现出不同的地方。如在宗教信仰方面，满族传统的宗教为萨满教，在孩子出生前，要请萨满向佛陀妈妈祷告。如果生男孩，在门左边悬挂弓箭；如果是女孩，在门右边挂红布，这样的做法以不同的物件表示出生孩子的性别，同时也是为了避邪。孩子生下第七天，要放进摇车中，称"上车日"。摇车育儿是在满族传统的狩猎经济中形成的，可以防止虫兽的侵害，便于大人的做活。在小孩满月的时候，要在脖子上挂长命锁，然后下摇车，起名字。娘家送来一百个馒头，称之"蒸（增）百岁"；送一百钱,称之"百岁钱"。等到孩子过了满月,就将门边挂的物件系在子孙绳上,并收到子孙袋中。萨满向佛陀妈妈求福保佑小孩健康成长之时,把子孙绳放在孩子家中院子的柳树上,以柳枝洒水于小孩身上以示驱魔辟邪,再把子孙绳上的五彩线套于小孩身上,一直到三天后收回子孙袋中,因五彩线俗称"锁线",故称为"换锁"之俗。

生日是人们为了纪念出生之日进行的活动,并围绕这一活动形成了生日礼俗。在人的一生中,每年都会过生日,但有些年岁会举办得很隆重,如周岁、十二岁、六十岁、七十岁、八十岁等生日。丹东朝鲜族寿礼,是融礼节、服饰、饮食、伦理等各种民族习俗于一体的文化遗产,这一地区的朝鲜族每逢六十大寿都举办寿礼,叫作"回甲宴"或"花甲宴"。寿礼首先讲究孝道,充分展现子女们对父母的养育之恩和祝贺长寿的诚心;其次讲究摆大席,展现孝敬之意外,还有传承饮食文化之意;再次讲究礼节,从服饰到摆席、献寿,严格按着礼节规范进行,以此传承民族的礼节风范;最后讲究民族和谐,亲属邻里一齐共同庆祝,体现了和谐相处的美风、良俗。寿礼有着比较严格的程序,主要分为摆寿席、献寿、放寿席、闹寿夜、分寿桌等项目。传统的仪式一般在农家院里举行,寿星夫妇以及亲属子女必须穿着民族服装。寿礼的重头戏就是献寿,先是由主持人介绍寿星的人生经历,然后由长子夫妻开始敬酒,行大礼,接着次子,一直到孙子辈依次献寿。献寿之后便是娱乐性的祝寿,人们载歌载舞,体现出尊老敬老的传统美德。接着便是放寿席,寿星或其子女向宾朋敬酒答谢。晚宴结束后,家人及亲朋欢聚一室,载歌载舞,通宵达旦。在各路亲朋临别之际,东家要分寿桌,把寿桌上所摆的糕点果品分赠给亲友,用以带给未参加者吉祥和长寿。

结婚是人生礼俗中的一个重要环节,东北地区有众多的民族,每个民族都有各自的结婚礼仪,在仪式中民间美术品起到一定的作用,并具有某种文化的象征意义。阜新蒙古勒津婚礼,能表现出蒙古族传统的婚礼形式,分接亲、迎亲、送亲等程序。在男方求婚之时,往往由男方长辈到女方家中,并携带礼品以示诚意。求婚成功后要举行订婚仪式,男方带上奶酒、熟羊等礼品到女方家中,并给女方长辈敬献哈达。在结婚仪式上,新郎、新娘以及双方的亲友都要穿戴传统的蒙古族服饰,设宴招待参加婚礼的亲朋好友,举行歌舞欢乐竟日。

朝鲜族传统的婚礼仪式包括议婚、大礼、后礼三大阶段。议婚的主要内容有核对宫合、书写婚书、涓吉等。大礼主要是男方家向女方家赠送彩礼箱,还举行奠雁礼、交拜礼、合卺礼、新郎接受大桌等礼仪。其中的奠雁礼为重要的环节,新郎来到新娘家,将"雁夫"手中的木雁接过,双手交给出来迎接的岳父,岳父把木雁横放在桌上,新郎端正跪在桌前,双手横握折扇,轻推木雁三次,以此表示新郎对爱情的忠贞不渝。后礼主要是新娘前往新郎家接受大桌，次日举行见舅姑礼等。朝鲜族传统婚礼受儒家婚姻观的影响，婚礼仪式中的许多内容都具有一定的象征意义。满族婚礼中有晾枕顶绣帘子的习俗，借此展示新娘的手工活，并作为与婆家交流绣艺的媒介物。鄂伦春族的婚礼包括认亲、送礼、迎亲三个阶段。在这三个阶段中所涉及的男方礼品中，许多用本民族特色的桦树皮器皿盛装；女方家的嫁妆包括精致的马鞍、彩绘的桦树皮箱、华丽的服饰和桦皮针线盒等物品。

丧葬礼俗是人生中的最后一个阶段，每个民族的丧葬习俗都不相同，但能反映出鲜明的民族特点。从东北地区葬礼看，很少列入遗产项目中，这与葬礼中的陋俗有关。在鄂伦春族传统的丧葬习俗中，葬婴多用桦树皮包裹，埋葬成年人则多以桦树皮制作的棺作为葬具，有的葬具用桦树条或者柳条编成棺底，棺头、棺尾以桦树皮封堵，在死者身上覆盖桦树皮，这种葬具比较原始，称为"巴克萨"。随葬品多为桦树皮制作的器物，如碗、盒等。吉林省延边朝鲜族葬礼，体现了中国朝鲜族的"尊重父母、崇拜先祖"的传统，在文化性、思想性、民俗性等方面具有浓厚的民族特色。葬礼包括临终、招魂、收尸、发丧、洗脸、成服、吊丧、葬礼、三虞祭、卒哭祭、小祥、大祥等，葬后的祭礼又分忌祭、时祭、俗节祭等。大连庄河葬礼的程序有设灵床、盖单、点长命灯、洗死者生前衣服、放祭桌、撞天门、烧包袱、挂岁寿纸、报庙、准备孝衫和孝棒、入殓、接祭接旌、烧大纸、传三献、送盘缠、吹鼓乐、出殡、葬后祭奠等，包括了临终前后的所有事宜。尤其是葬后祭奠，每到元宵节，人们给故人"送灯"，即把做好的面塑灯送到自家的祖坟或公墓灵位前。如果是双老下世的坟地，摆放双灯芯的面塑龙凤灯；如果是单老下世的坟地，摆放龙或凤的单灯芯灯。这种传统的丧葬礼俗虽然延续到现在，但已经弱化，应该作为一种民俗文化的现象，不应该作为一种陋习来看待，完全可以成为一项非物质文化遗产项目。

在东北地区的人生礼俗中，随处可见民间美术品。如满族降生礼俗中的摇车、门签、长命锁、挂锁，朝鲜族寿礼中的传统服饰、寿宴礼品，蒙古族婚礼中的服饰、哈达，朝鲜族婚礼中的服饰、木雁，满族婚礼中的枕顶绣，鄂伦春族婚礼和葬礼中的桦树皮器物、服饰，庄河葬礼中的挂岁寿纸、纸扎、面塑灯等，都属于民间美术的范畴，可以起到烘托喜礼的热烈气氛和丧礼的庄重悲哀之情。有的民间美术品还能沟通婚礼中人与人之间的感情，如枕顶绣既是展示新娘手艺的标准，又是沟通新娘与婆家人友好关系的纽带。

二 民间美术与岁时节庆习俗

"岁时节庆是民族民间文化生活的直接表现形式，能比较集中地反映民族或民间的历史、经济、物质生活、宗教、道德、审美、禁忌等文化现象。"① 在东北民间美术遗产中，有一些都与节庆有关，每当庆祝节日之时，除了正常的庆贺形式以外，民间美术创作行为与作品往往可以烘托整个节日的热烈氛围。如满族的颁金节、大连庄河的端午节、正月十五等节日，民间美术都起到重要的作用，丰富了民俗活动的内容。

东北满族的节日很多，如颁金节、春节、二月二、清明节、端午节、中秋节等，其中的颁金节非常隆重。颁金节是满族传统的节日，是每年农历十月十三为了纪念满族诞生而举行。这一天，大家纷纷聚集在一起，载歌载舞。许多满族人穿起旗袍等民族服装，跳起民间传统舞蹈，唱起民间歌曲；伴有猜谜语、联欢、雪祭、背灯祭等传统满族祭祀活动和焰火晚会等节目和游戏。同时，还准备各种各样的荷包绣品以及具有满族特色的打糕、粉饺、酸汤子、酥叶糕等食品供大家交流与品尝。春节到来之际，家家门上贴对联，按旗属分别挂红、黄、蓝、白不同颜色的彩笺。除夕夜里祭祀神佛、祖先，初一相互拜年祝福。端午节的凌晨，家家早起至郊外踏青，采艾蒿、折柳枝插于门首。同时戴香袋、荷包，孩子颈腕上拴五色丝绳，穿绣五毒的鞋和背心。

大连市庄河人过端午，分为大端午（五月初五）和小端午（五月初一），届时大人孩子的手脖、脚脖、脖子、腰上系上单股五彩丝线；同时，在大端午的头一天，将拴有小盖、小扫帚、小黑豆人的桃树枝与艾蒿、蒲草一起插在门窗上，起避邪的作用。端午节有许多的装饰品。如粽子用五色线编织，有六角六面、三角三面的形制。粽子上根据挂处的不同，分别编绣各种祝愿、祝福词语，挂在孩子身上的有"福、禄、寿、喜"字样，行业中挂的粽子有"年年有余""恭喜发财""一帆风顺""四海如春"等吉祥语。除此之外还有一些动物饰品，以猴子为主，用红布缝制，其中有孙悟空的形象，与其他饰品一起挂在门窗等处，意在降妖避魔。小扫帚用彩色染成的麻丝扎制，小黑豆人用红线穿成，托在一块长方形红布上，拴在桃树枝上与艾草、蒲草一起插在门窗上方，寓意扫除病灾。过端午节还有佩戴的饰品，如绣兜为白里红面，面上多绣石榴，意为多子。兜口上绣"富贵不到头"的云子，有的在云子中间绣"福寿"或"长命百岁"等字样。兜上有配挂的小辣椒、小粽子、小猴子、小荷包、小扫帚、小黑豆人等绣品。每逢端午当日，给小孩的手脖、脚脖、脖子、腰上拴五彩线，当地人称之为"葛撸线"，以便用撸线拴住孩子，寄托人们长生不老的心愿。遇到下雨天，将撸线解下扔到长流水的地方，寓意平安长寿。

---

① 张景明：《岁时节庆与北方游牧民族的饮食文化》，《黑龙江民族丛刊》2006 年第 2 期。

庄河面塑灯民俗是民间人们伴着生活需要和节令习俗活动而形成的具有地方性特点的历史文化现象，以大豆面为原料，制作各种动物、花鸟鱼虫造型的灯制品，作为节日的装饰品。庄河人在过完春节后，开始准备元宵节，届时家家户户都制作属相灯、十二月灯等面塑灯。每年正月十五晚上，每家把制作好的属相灯放在屋内的柜顶或窗台上，并把灯点亮，每个人都伴随着属于自己的属相灯来欢度元宵之夜。十二月灯是人们为营造节日气氛，祈盼国泰民安、风调雨顺的美好年景以及伴着生活和生产活动而产生的，不同月份的灯放置的地方各异，具有不同的文化含义。如放在粮仓象征着五谷丰登；面塑金鱼灯放在水缸里，寓意连年有余；将相对应的动物面塑灯放在猪圈、牛棚、鸡窝、狗窝等，寓意牲畜兴旺、膘肥体壮。

在东北民间岁时节庆活动中，民间美术品的实用功能表现得比较突出，并且具有一定的文化象征意义。如辽宁义县社火中的旱船，满族节日中的民族服饰、春联、荷包、香袋，庄河端午节中的挂饰、配饰以及元宵节的面塑灯，都具有民俗意义，以此烘托节日的欢乐和寓意幸福、美好、吉祥的生活。

三　民间美术与生活生产习俗

在日常生活和生产中，民间美术的形式无处不在。民间艺人本为广大的劳动者之一，在日常生活和生产中创作出很多的民间美术作品，用于美化生活。如大连庄河、瓦房店东岗、岫岩、建平、黑龙江方正、绥化、吉林通化长白山地区等地的剪纸艺术，过去常用于墙花、窗花、顶花、刺绣底样等，可谓人们生活中最价廉物美的装饰品。在东北非物质文化遗产中，与生活及生产相关的项目有黑龙江讷河市鄂温克族瑟宾节、佳木斯市赫哲族乌日贡大会、吉林龙井市朝鲜族农夫节、内蒙古克什克腾旗达尔罕兴畜节、鄂伦春自治旗鄂伦春族篝火节等，这些民族的生活与生产习俗活动都有民间美术品的装点。

讷河市鄂温克族瑟宾节，根据史料记载，鄂温克人的先祖在捕获熊以后，都要唱歌跳舞进行庆祝，历时三天，这是瑟宾节的雏形。后来由于熊的数量越来越少，就开始猎取貂、鹿等动物，节日的活动由熊祭祀过渡到山神祭祀。随着狩猎对象种类的不断增多，节日的内容也逐渐丰富起来，增加了模仿动物、飞禽的歌舞，狩猎、采集生产的劳动竞技游戏以及源自取暖狂欢的篝火舞等内容。每年阴历五月中下旬，居住在讷河农区的鄂温克人都会择日欢庆瑟宾节。届时男女老幼身穿节日盛装，相聚在嫩江边的河谷草滩，以特有的民俗活动来表达他们向天祈福，祝福部落或家族平安兴旺的美好愿望。瑟宾节活动从祭祀开始，一般由家族、部落头领或部落的"萨满"主持，在山神牌位或敖包前供奉鹿、牛、羊、马奶酒、野山珍等祭品，以祈求风调雨顺、人畜兴旺、四季平安。祭祀仪式后，人们跳传统舞蹈、即兴表演填词的民歌以及进行赛马、射箭、摔跤、拉棍、腕力、颈力、拔河、抢枢、贝奇那、勒勒车等一系列的传统项目，一直到"风情野餐"开始才会宣告结束。最后是篝火晚会，这也是节日的高潮，家族或部落里的男女老少，乘着酒兴，围着篝火跳起篝火舞，一直欢愉到次日黎明。从节日内容看，既有原始古老的崇拜、祭祀特点，又是鄂温克族历史文化、社会风俗、民族精神的集中体现。

吉林龙井市朝鲜族农夫节，按照朝鲜族民族惯例，每年农忙之后，农夫们要开展以迎丰收为主要内容的庆祝活动。随着岁月的积累，朝鲜族将每年农历七月十五定为祭奠农神"百种"的日子，称之为"百种节"，又称"农夫节"。这一天，农夫们穿上传统的民族服装，自行表演歌舞，祭祀农神，还要根据农作物的收成评选出农事状元。被评上的农事状元胸戴红花，骑着大黄牛，在村民的簇拥下绕村一周，以示荣耀。

蒙古族的兴畜节，大体上在每年的正月和清明前后举行。如内蒙古克什克腾旗达尔罕兴畜节，每年正月十二举行，牧民们穿着鲜艳的蒙古族冬装，赶着勒勒车，拉着肉食、奶食、奶酒、炒米、炊具、柴草，有的骑着骏马或骆驼、赶着成群的牛马羊，聚集到达日罕乌拉苏木参加"兴畜节"。节日这天，牛羊倌为上宾，牲畜唱主角，各家各户交流放牧经验，查看膘情，评选头畜，互换种公畜，优化品种，庆贺畜牧大丰收。"兴畜节"有固定的程序，即集中拜年、交流放牧经验、查看膘情、烟祭驱除瘟神、评选头畜（封荣誉、挂穗子、抹黄油、念祝词）、举行小型那达慕（跑马比赛、摔跤比赛、拔河比赛、歌舞表演、猜谜活动等）。其目的是祝福草原上的家家户户六畜兴旺，祈盼牧业大丰收。

鄂伦春自治旗鄂伦春族篝火节，每年公历六月十八日举行。届时，鄂伦春族男女老少都穿戴节日的传统服饰，集中在依山傍水的篝火广场上。篝火节的主要活动分为三个部分，第一部分为开幕式，由族长主持，站在祭坛上，一手拿盛满酒的桦树皮碗，一手执柳枝或蒿枝，蘸酒洒祭天地，并用本民族语言诵唱祭文。参加者都面向祭坛，双手分别持装酒的桦树皮碗和柳蒿枝，跟着族长洒酒祭祀，虔诚地诵唱祭文，整个场面庄重肃穆。第二部分为传统体育比赛，有赛马、射击、射箭、摔跤、颈力绳赛、拉钩扳腕、划桦皮船赛等，竞争得非常激烈。第三部分为篝火娱乐晚会，天刚黑下来的时候举行生火仪式，萨满代言人先点燃手中的火把，再将参加活动的贵宾和有威望老人手中的火把点着，最后交给族长，然后由手持火把的人点燃广场上早已摆好的三堆篝火。此后，参加者以家庭或相互组合为单位，以烤骨占卜、悬斧祈祷、用烟袋装灰等方式祭火。此后人们拉起手围着篝火边舞边唱，欢乐到天亮。

以上这些民族的节日，都是在长期的生活与生产活动中产生的，或为了庆祝农业丰收、牧业兴旺、渔猎收获，或为了祝福美好生活。在节日中，各民族都穿上传统的服装，祭祀天地、山神、农神等，同时载歌载舞、体育竞技、评选农事或牲畜，共同欢度传统的生活或生产节日。其中的服饰、桦皮器物等都是民间美术品，是烘托节日的氛围和作为祭神的用具。

四　民间美术与原始信仰

在东北地区生活的满—通古斯语族的民族中，普遍信仰萨满教，这是人们对大自然的崇拜而产生的一种原始信仰。这些民族继承了先祖的文化，将萨满教及其文化延续至今，并在一些民间美术形式中夹杂有很多的萨满文化的因素。佛教等宗教形式传入东北地区后，留下了与佛教有关的美术形式，如建筑、绘画、造像、用具等。同时，满族、蒙古族等民族传统的祭祀活动，也带有浓厚的宗教色彩，并且民族美术用品在仪式中起到一定的作用，如满族祭祖用的白色剪纸挂签。

在东北非物质文化遗产中，有数量较多的与宗教有关的项目，如黑龙江鄂伦春族古伦木沓节、哈尔滨市阿城区满族家祭、黑龙江省民族博物馆祭孔大典、吉林省吉林市乌拉满族瓜尔佳氏家祭、前郭县蒙古族萨满祭天仪式、蒙古族祭敖包、蒙古族祭神树、蒙古族祭火、成吉思汗祭、九台满族石氏家族祭祖习俗、吉林市满族松花江祭、长春市满族关氏家族祭祖习俗、满族杨氏家族祭祖习俗、满族赵氏家族祭祖习俗、敦化市正觉寺庙会、辽宁省大连市旅顺放海灯、阜新蒙古族自治县蒙古勒津祭敖包、内蒙古新巴尔虎左旗甘珠尔庙会、乌兰浩特市成吉思汗庙祭祀、巴林右旗翁根毛都祭祀、敖汉旗青城寺祭星、克什克腾旗祭敖包、莫力达瓦达斡尔自治旗达斡尔族萨满斡包祭、鄂温克自治旗鄂温克族巴彦呼硕敖包祭祀等。

笔者在内蒙古呼伦贝尔市进行民族学调研时，曾经跟踪了鄂温克族萨满作法的整个仪式。当时，萨满涂明阳为了自己的身体健康，选择在他师傅的墓地进行作法。整个作法仪式分为供奉法衣、在墓地插柳条并拴彩色哈达、摆放供品、穿法衣、祭祖、跳萨满舞、诵唱词、神灵附体、再舞再唱、送神灵、共享供品等。在仪式中，萨满法衣、神鼓、鼓槌等都属于民间美术的范畴。尤其是外层法衣，用鹿皮制作，穿绣花边的坎肩，上面绣成排的白色四瓣花卉。正面的腹、腿部悬挂20面铜镜，下摆装饰成排的铜铃，两袖上有间隔的横条彩色刺绣，腰两侧垂皮条；背部有一大四小的铜镜，腰下垂彩色绣条。头戴鹿角冠，上面有刺绣，冠后有彩色布和线拧成的飘带。萨满身穿法衣，一手拿单面皮鼓，一手持套由鹿尾的鼓槌，边舞边唱，在铜镜、铜铃相互撞击的声音中充满了神秘的色彩。

北方民族信仰萨满的历史比较悠久，根据《汉书》记载早在匈奴占据草原时期就已经出现了萨满的明确记录，以后各个民族都有萨满的活动痕迹。在张星烺的《中西交通史料汇编》第三册中，详细记载了突厥萨满作法的过程。即在6世纪中，突厥室点密可汗在位时期，东罗马使臣蔡马库斯出使西突厥，抵达中亚索格底亚境时，"有（突厥）人来言，能驱逐魔鬼，预阻不祥之兆。围绕蔡马库斯及从人，取其行李，置众中，摇铃击鼓于其上。又有手持香者，火势熊熊，来往绕走，状类疯狂，指天画地，几若魔鬼诚被其驱除者。咒既读毕，乃请蔡马库斯经过两火间，其人亦自皆陆续走过两火间。谓如是，则妖魔悉可洗净也"①。由此看出，突厥的萨满作法与调查所见的鄂温克萨满作法仪式几近相同，但也有不同的内容，不管怎样，都可以说明萨满祭祀的历史非常久远。萨满服饰及用具是东北古老的民间美术遗产，在萨满教造型艺术中占有重要的地位，也在萨满祭祀仪式中起到重要的作用。

综上所述，可以看出东北民间美术在社会风俗中所起的作用，归纳起来有几个方面的特点。第一，东北民间美术中的许多方面，特别是传统的吉祥造型，包括外形、图案、工艺等，以及民间美术在民俗活动中所承载的文化信息，都具有某种文化的象征含义，表达了人们对美好愿望的追求和企盼。第二，民间美术的文化特征决定了实用与美观的统一，在不同的场合下具有某些特定的社会文化功能，如在人生礼俗、岁时节庆等社会风俗方面都有具体的表现。第三，民间美术的形成来源于广大的劳动群众，他们在创作过程中，以粗犷豪放、朴实敦厚的性格，将自己朴素的情感都倾注于作品之中，反映出劳动者淳朴的情思和观念，并融入进各种社会风俗以体现民间美术的魅力。所以说，东北民间美术在社会风俗中占有重要的地位。

---

① 张星烺：《中西交通史料汇编》（第三册），朱杰勤校订，中华书局2003年版，第1557—1558页。

论南沟剪纸的传承与特色文化产业发展

在豫西地区，南沟剪纸以黑色剪纸、染色剪纸、边剪边唱、男人创作为特征，形成了独具风格的民间美术形式。南沟剪纸刚开始并没有受到政府的重视。无论是传承群体、艺术风格，还是生存环境、传承活动、地方特色等，南沟剪纸都超越了同属三门峡市的灵宝剪纸；但后者已经列入国家级非物质文化遗产名录。以南沟剪纸为代表的陕县剪纸只是省级非物质文化遗产，因为灵宝剪纸申报的时间较早。直到 2006 年中央美术学院薄松年教授发现了南沟剪纸的独特性以后，才得到省、市政府的关注，并在保护方面采取了一定的措施。如举办各级剪纸大赛、成立剪纸协会、建立各个层次传承人生活补贴制度等，在一定程度上促进了南沟剪纸的保护工作。同时，在南沟剪纸传男不传女的传承思想的影响下，作为遗产层面的保护比较好，并以此为资源合理利用，通过各种途径实现了具有良好经济效益的剪纸产业。

一　南沟剪纸的传承与保护

在传承方面，由于南沟剪纸具有传男不传女的世袭传承习惯，传承谱系有序，后继有人。根据《南沟任氏族谱》的记载，清光绪年间盛行的剪纸，村中人把剪纸先祖追溯到清乾隆年间的任伯相、任伯善，是为第一代（图一）。现在村中的剪纸先师被认为是任伯相的曾孙任三才，相传此时就剪染色剪纸的窗花，并拿到市场上去卖，可见染色剪纸已经有 150 多年的历史，是为第二代。进入 20 世纪以后，以任伯善的第五世孙任崇卓和任凤山、常梅英、石百巧为代表的剪纸艺人，通过剪纸获得收益并改善生活，组成了第三代剪纸传承人。50 年代初期，第四代传承人的剪纸技艺已经成熟，出现了 30 余人的剪纸队伍，以任国仓、任孟仓、任丙虎为代表。60—70 年代，南沟剪纸的队伍迅速扩大到 150 余人，以任保珠、任国昌、任来昌、任更厚为代表的第五代传承人，在原有基础上将南沟剪纸发扬光大。到 70 年代又出现了以莫缎超、任石娃、任千锁、任群智为代表的第六代传承人，为南沟剪纸的传承发展起到承前启后的作用，与前两代传承人共同把剪纸艺术推向一个高峰时期。80年代中期以后，由于城镇化的快速发展，南沟村民逐渐搬离原有的地坑院，使剪纸失去了原有的用途与市场，剪纸艺术面临着衰微和濒危状况，在这种情况下，经过上几代传承人的共同努力，积极培养以任育新、孙苏慧、任涛为代表的第七代传承人，最终使剪纸又走向正常的传承发展之路，直到以任正茂为代表的第八代传承群体也渐成雏形。从八代的传承情况看，多数为男性，在家族内传承，保留有良好的传承态势。此外，从 20 世纪 60 年代以后，许多妇女开始剪纸，目前已经成为主要的剪纸力量，虽然多数没有列入传承谱系，但全村 300 余人的剪纸大军，足以说明剪纸在南沟村的普及性。

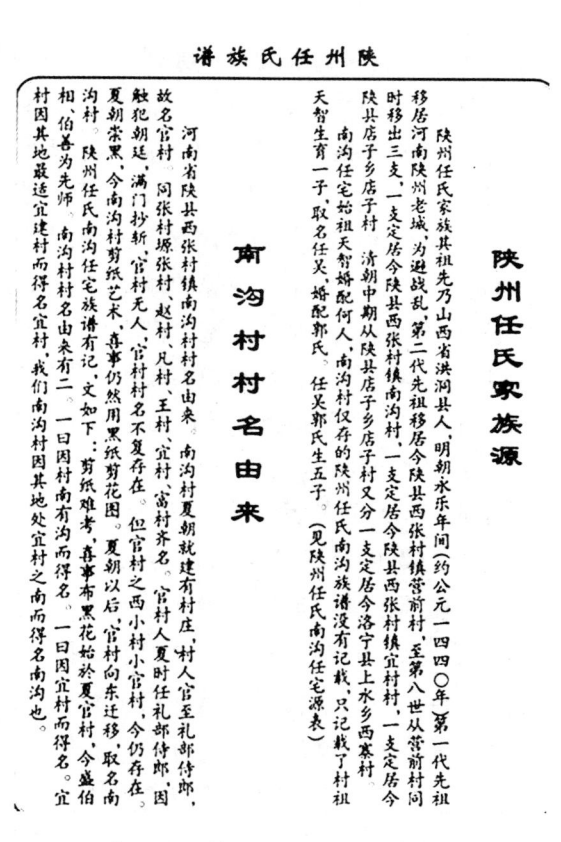

陕州任氏家族源

陕州任氏家族其祖先乃山西省洪洞县人，明朝永乐年间（约公元一四〇年）第一代先祖移居河南陕州老城，为避战乱，第二代先祖移居今陕县西张村镇营前村，至第八世从营前村同时移出三支。一支定居今陕县西张村镇南沟村。一支定居今陕县店子乡店子村。清朝中期从陕县店子乡店子村又分一支定居今洛宁县上水乡西窑村。陕州任氏南沟村宅始祖天智婚配何人，南沟村仅存的陕州任氏南沟族谱没有记载，只记载了村祖天智生育一子，取名任吴，婚配郭氏。任吴郭氏生五子。（见陕州任氏南沟任宅源表）

南沟村村名由来

河南省陕县西张村镇南沟村村名由来。南沟村夏朝就建有村庄，村人官至礼部侍郎，同张村原张村、赵村、凡村、王村、宜村、富村齐名。官村人夏时任礼部侍郎，因触犯朝廷，满门抄斩，官村无人，官村村名不复存在。但官村之西小村小官村，夏朝以后，官村向东迁移，取名南沟村荣黑，今南沟剪纸艺术，喜事仍然用黑纸剪花图。剪纸难考，喜事布黑花始於夏官村。一曰官村南有宜村，一曰因村南有宜村而得名，今盛伯相因其地适宜建村而得名宜村，我们南沟村因其地处宜村之南而得名南沟也。陕州任氏南沟任宅族谱有记，文如下：剪纸难考，喜事布黑花始於夏官村。一曰官村南有宜村而得名。伯善为先师，南沟村村名由来有二。一曰因村南有宜村而得名，

图一 《任氏族谱》中记载的南沟剪纸先祖情况

南沟剪纸在传承过程中，先后形成八代具有代表性的传承人，使剪纸艺术完整地延续下来，这与各代传承人的努力是分不开的。下面介绍几位主要传承人的简历，以便对南沟剪纸进行深入的了解。

任伯相，1738 年出生，任氏家族第十三世先祖，粗通文字，为南沟村有文字记载的最早的剪纸艺人之一。擅长剪黑色剪纸，用于洞房、窗户的张贴，还工于丧事

· 363 ·

的纸扎。被奉为南沟剪纸的祖师。

任伯善，1740年出生，任氏家族第十三世先祖，任伯相的堂弟，上过私塾，也是南沟村最早的剪纸艺人之一。自幼喜欢剪纸，擅长染色剪纸，也被奉为南沟剪纸的祖师。

任三才，1801年出生，任氏家族第十七世先祖，任伯相的曾孙，上过私塾。受家族影响从小学习剪纸，跟着祖父给别人布置洞房、绑扎丧事纸扎；过春节时，除了剪黑色剪纸外，还剪染色剪纸，并拿到市场上去卖，是南沟村已知最早的把剪纸推向市场的艺人，也是现在南沟村剪纸的直系祖师。

任崇卓，1905年出生，任氏家族第十九世先祖，任伯善的第五世孙，粗通文字。自小跟从画师学徒，在寺庙中塑神像、绘壁画，练就了一身的民间技艺，还会炸麻花、捏面花、画门帘。受家族影响从小就会剪纸，并且掌握了很高的技艺，颇受当地农民的喜欢，跟其索要窗花的人越来越多，名气传播颇远，甚至外地的人都来索要窗花。后来，在过春节时上街摆摊卖窗花，带动了村里人的积极性，使从事剪纸的人越来越多。在剪纸技艺中最擅长染色剪纸，剪出的窗花颜色浓淡相宜、清秀典雅、自然纯朴，并对染色剪纸用四句口诀予以总结："葱绿的狮子红眼嘴，金黄的艾虎草上飞，绿色花叶蘸黄尖，粉红的花朵黄金蕊。"从此奠定了南沟染色剪纸的色彩规范。

任孟仓，1938年出生，小学文化，为南沟剪纸第四代代表性传承人之一（图二）。中国民间文艺家协会剪纸艺术委员会会员，河南省非物质文化遗产代表性传承人，高级民间艺术师，三门峡市民间文化杰出传承人，陕县第六次科技拔尖人才，南沟剪纸协会艺术顾问。其天资聪明，从小跟随母亲、姐姐学习剪纸技艺，还跟任崇卓学习染窗花，是南沟染色剪纸的第四代传人。在60多年的剪纸生涯中，形成了独特的剪纸风格，即构图饱满、造型准确、精致清秀，有专家称其作品为中原农耕文化典型的代表（图三）。中央电视台、中国书画报、河南省电视台、羊城晚报等多家媒体作过报道，作品多次在全国剪纸大赛上获奖，并被中国民间文艺家协会、中国剪纸艺术家学会等机构收藏。

任更厚，1952年生，大专文化，为南沟剪纸第五代代表性传承人之一（图四）。中国剪纸艺术家学会副会长，河南省民间文艺家协会会员，南沟剪纸协会会长，高级民间艺术师。自幼跟祖母常梅英学习剪纸和绘画艺术，剪法独特，线条均匀，构图饱满（图五）。河南省委书记徐光春在观看南沟任更厚的边剪边唱的现场献艺后，称赞为"民俗奇葩，中原一绝"。中央电视台、河南省电视台、凤凰卫视（中文台）、《人民日报》、《人民日报》（海外版）、《中国书画报》、《河南日报》、《大河报》等媒体都作过报道。2008年7月在北京中孟文化艺术交流活动中，剪纸作品《十二生肖》作为国礼赠送孟加拉国大使馆，并获该次活动金奖。2009年9月在北

图二　南沟剪纸第四代传承人任孟仓

图三　双鱼戏莲

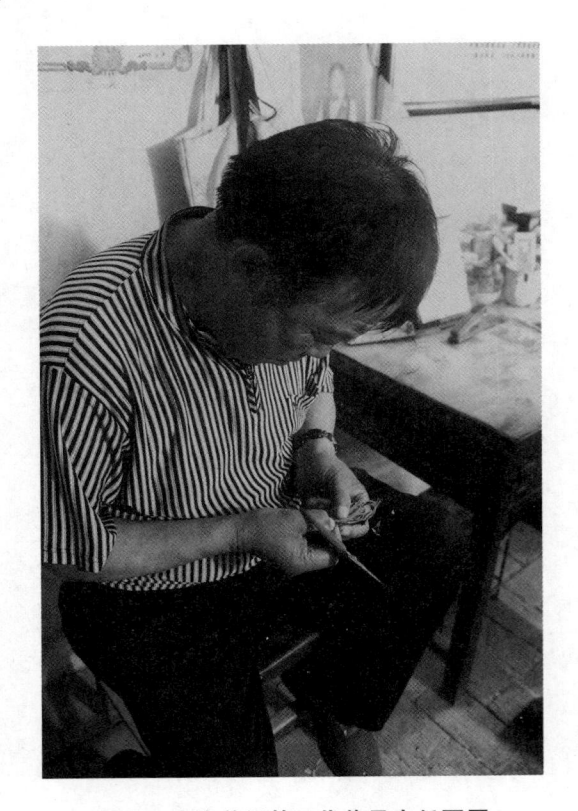

图四　南沟剪纸第五代传承人任更厚

图五　人面桃花

京市红楼梦大观园由中国民协和北京市宣武区人民政府举办的迎国庆60周年书法剪纸大赛中，剪纸作品《祖国万岁》获金奖。作品《金鸡啼春》《玉犬》《牡丹》被中国农业博物馆收藏。

南沟剪纸在二百多年的传承中，男人创作群体起了重要的作用。日本爱知大学周星教授指出："已经和即将列入国家非物质文化遗产保护名录的内容，为数众多的都是中国各地方、各民族的民间、民俗或乡土艺术。它们被认为是国家的文化瑰宝，但在全球化和市场经济大潮的冲击下却面临着失传和濒于灭绝的危机。如何保护这些传统的民族、民间和民俗的艺术，确实是艺术人类学在当代中国大有作为的现实需求。尤其是对于所有这些民族、民间或民俗的艺术形态来说，最好的方法或长久的保存和发展之道莫过于把它们保护在基层社群之中，亦即创造、解释和不断地再生产出这些艺术的社会环境与文化土壤之中，而要做好基层社群的文化艺术遗产的保护工作，很显然，是必须借重艺术人类学基于田野调查和深入研究所获得的大量学术成果。"[①] 时至今日，南沟剪纸很好地利用了政府、专家学者、民间力量、媒体、传承人自身五个层面的协同创新，使剪纸艺术的土壤长期保留在乡村并得以长久地延续下去，对当前我国非物质文化遗产的保护与传承起到一定的借鉴作用。

二　南沟剪纸特色产业发展的探索

在南沟村，人人都是民间艺术家，户户从事剪纸手艺，他们边生产，边思索，边生活，边创作，用手中的剪刀，传承和延续这一民间艺术的瑰宝，并形成一定的产业运作。南沟剪纸的产业化较早，如在改革开放以前，过春节前，许多人把剪纸拿到市场上销售，可以挣够过年的所需费用。在20世纪60年代初期，染色窗花一毛钱卖25方，黑色窗花一毛钱卖12方。说明在农耕经济为主的南沟，剪纸早已成为人们的副业，但这个时期的产业纯属个人行为。如今，南沟剪纸已经名扬全国。在访谈中，任更厚说："村里人，有的一幅作品能卖上千元，有的能卖百元，全村一年剪纸收入超过百万元。这些剪纸不仅销往陕县、三门峡及其他各省市，而且还远销美国。这是手艺，能卖钱啊！"南沟村村民黄亮娥的剪纸作品，被中国民间文艺家协会核准为每幅2800元。可见，几代传承人获得的荣誉和剪纸作品的获奖，不仅给南沟人带来了物质上的丰收，也使他们的精神得到极大满足，并为特色产业的发展奠定了基础。主要表现在五个方面。

第一，注重遗产的保护与衍生品开发的结合。南沟剪纸作为陕县剪纸的代表入

---

① 周星：《艺术人类学及其在中国的可能性》，《广西民族大学学报》2009年第1期。

第四编
非物质文化遗产篇

选为河南省非物质文化遗产名录，通过物质载体表现当地民间艺人的思想感情、技艺传承、文化内涵，具有可持续发展的不可再生的特点，因此，遗产本身并不能开发。南沟剪纸的传承人以及从事剪纸的群体，充分认识到这一点，除了政府给予的保护政策外，主要依靠自身的自发性保护来维系遗产的传承。此外，积极开发遗产的衍生品，一方面为遗产所附着的作品，即剪纸本身，配合旅游出售作品，或者利用其名声出售作品（图六）；另一方面利用剪纸的图案、色彩、文化寓意等开发创意产品，与河南中原工学院艺术设计学院合作，成立南沟艺涛剪纸农民合作社，研发文化创意产品，如手提布袋、书签、镜子、项链、手镯、钥匙链、笔记本（图七）、小册页、明信片等，取得一定的经济效益。其中，仅剪纸作品一项，全村一年的产值达200余万元。

第二，扩大宣传力度，打造南沟剪纸的文化品牌。南沟剪纸的传承人及其他剪纸群体，通过各种形式向外宣传。如任孟仓、任更厚前后参加了中央电视台、上海东方电视台、河南省电视台、三门峡市电视台的相关节目的录制，扩大了南沟剪纸的声誉。还积极参加各种剪纸展览和大赛，如任孟仓作为省级非物质文化遗产传承人、中国剪纸研究中心艺委会委员、三门峡市民间文化杰出传承人、陕县第六批拔尖人才、南沟村剪纸艺术带头人，其作品在国家、省级、市级、县级大赛中获奖。任更厚作为中国剪纸艺术家学会副会长、三门峡市级非物质文化遗产传承人、南沟剪纸协会会长、河南省民间工艺美术家、民间剪纸艺术大师，其作品在各级剪纸大赛中获奖。二人的作品还被中国农业博物馆、中国剪纸艺术家协会、中国民间文艺家协会剪纸艺委会、中央美术学院等收藏。通过电视台的宣传和参加各种展览、大赛，打造出南沟剪纸的文化品牌，使得南沟剪纸在2015年由国家工商总局商标局注册为商标（图八）。

第三，成立剪纸协会，带动剪纸产业的规模化。2006年，南沟村成立了剪纸协会，由任更厚任会长。全村300余人的剪纸大军在他的带领下，把剪纸产业推向了规模化。为此，南沟村被河南省文化厅命名为特色文化产业村（图九）、河南省民间艺术之乡，被三门峡市文化局命名为知名文化产品。2008年，南沟村被中国民间文艺家协会剪纸艺术委员会授予"中国剪纸第一村"的称号。2012年，南沟剪纸协会被河南省电视台授予特色艺术品上榜单位。在下一步的发展规划中，将全村的剪纸传承人和从事剪纸创作的人群集中起来，在政府的支持下建立剪纸文化产业园区，集生产区、创意设计区、展示区、公共服务区、销售区、外部功能区等为一体，形成生产、设计、展示、体验、销售等文化产业链条，有利于遗产文化附加值的稳步提升。

第四，参加各种博览会、文化节，提高剪纸产值的逐步增加。博览会、文化节

图六 多寿

图七 有剪纸元素的笔记本

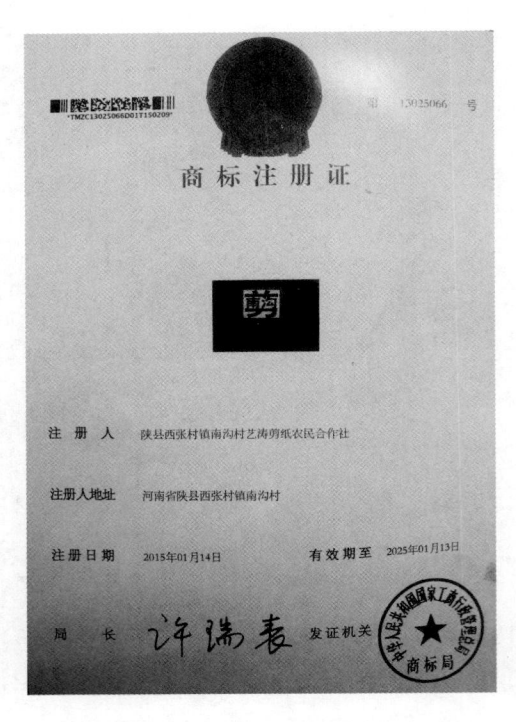

图八　南沟剪纸的商标注册证

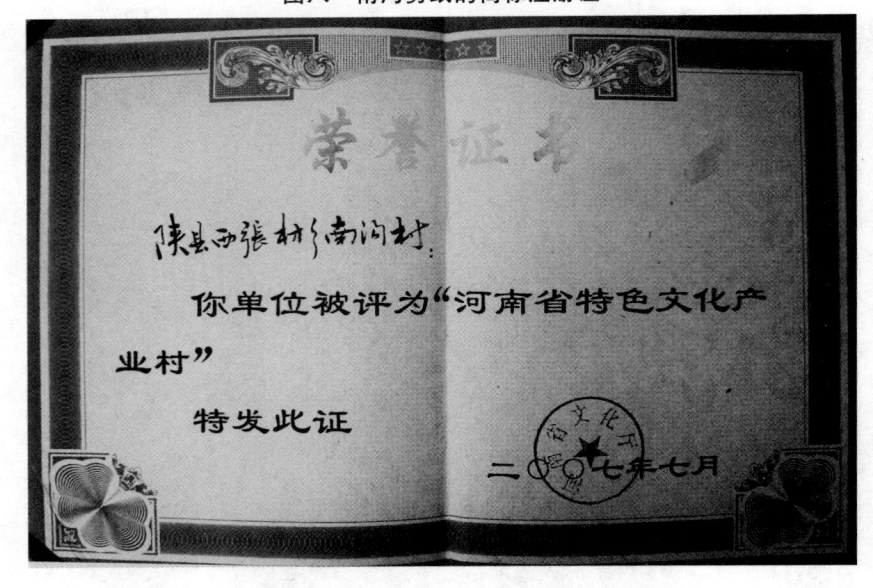

图九　河南省特色文化产业村证书

等渠道,是民间美术遗产的衍生品推广出去的主要形式。南沟剪纸作品及衍生品,先后参加了2007年第八届中国艺术节暨第二届(武汉)国际剪纸艺术博览会、2008年第十四届三门峡国际黄河旅游节、2011年第六届孝义三皇文化艺术节、

2010年上海世博会、2013年第八届中博会暨第十九届三门峡国际黄河旅游节、2014年全国年货购物节暨黄河金三角区域精品年货会、2014年中原旅游商品博览会、2014年三门峡市全民技能振兴工程暨崤函创业扶持行动、2014年三门峡首届春节文化庙会等，取得了非常好的经济效益。充分说明博览会、文化节在特色产业发展中已经成为重要的媒介。

第五，借助"互联网+南沟剪纸"的行动计划，扩大剪纸的宣传与销售平台。自李克强总理在第十二届人大三次会议上提出的"互联网+"行动计划以来，各行各业都在提出各自的行动计划。南沟村与陕州区电商产业园合作，利用园区的网络技术、计算机技术等，将南沟剪纸的渊源、历史、现状、传承、创作、产业化、衍生品开发等情况构建多媒体资源库和信息平台，来扩大宣传和销售剪纸的途径。目前，这项工作正在推进之中。

南沟村现有621户，14个村民小组，村民2400余人。为了推进南沟剪纸特色产业的进度，于2013年7月成立艺涛剪纸农民专业合作社，成为河南省首家农民剪纸艺术合作社，下设月娥剪纸艺术工作室、亮娥纸艺文化中心、南沟梦剪纸艺术中心三家个体工商户。该社现有100余人从事剪纸，投资200余万元，年创收达100余万元。目前，合作社拥有国家级剪纸协会会员35人，省政府命名的高级民间艺术师2人，省民协和其他单位认定的高级工艺美术大师6人，还有河南省非物质文化遗产代表性传承人1人，市级12人，县级8人。多年来，南沟剪纸在协会的统一协调下，连续六年出席洛阳民俗文化庙会，获"牡丹花会四大亮点"之一；应邀参加北京奥运会、中原文化港澳行、中孟国际文化艺术交流活动、河南省农民工风采展、中原水产论坛、河南省职能技术大赛等节庆盛会；《三门峡十景图》《陕州风光》《东方红》《长征诗》《王羲之兰亭序》《清明上河图》等作品远销英、美、法等国家，畅销全国各地，《十二生肖》作品作为国礼赠送给孟加拉国；多位艺人被相关大专院校聘为剪纸老师，剪纸作品多次获国家级赛事大奖。河南省委原书记徐光春称南沟剪纸为"民俗奇葩，中原一绝"；中国民间文艺家协会剪纸艺术委员会主席赵光明亲笔题写"南沟剪纸，中华一绝"。2013年南沟村被国家文化部、财政部、建设部命名为"中国传统村落村庄"。2014年3月，南沟村艺涛剪纸农民专业合作社被陕县人民政府授予"先进示范合作社"。如今，南沟剪纸已成为慧眼艺术家的收藏珍品，同时也是省、市、县各级政府对外交流的文化名片。

从南沟艺涛剪纸农民合作社2015年的主要活动情况看，也能说明剪纸的影响力和产业化的状况。第一，1月14日至20日，中国剪纸艺术学家学会、北京市朝阳区人民政府联合在北京市今日美术馆举办"红红火火过大年·中国剪纸艺术家迎新春"作品展,合作社的任更厚、任苏静、任涛、贠英朋等四人参加。活动期间,任更厚的剪纸作品《兰亭序》《钟馗》,任涛的剪纸作品《马到成功》,任苏静的剪纸作品《江东二娇》,贠英朋的剪纸作品《一路连科》,被中国剪纸艺术家学会、北京市朝阳区人民政府收藏。第二,2月14日至21日,上海东方卫视拍摄《绝对中国元宵夜》,任更厚、任苏静代表三门峡民间艺术家应邀参会,现场仅用12分钟就剪制了《十全十美十大碗、百合百宜百吉图》剪纸对联,得到现场评委、观众鼓掌叫绝,为三门峡民间文化艺术争了光。第三,7月2日至8日,吉林通化师范学院举办"中国非物质文化遗产保护与当代传承理论研讨会暨全国剪纸艺术家作品邀请展",任更厚、任苏静作为特邀嘉宾出席。在会上,任更厚作了《面对现实:中国非物质文化遗产如何传承与发展》的发言,任更厚剪纸作品《关羽》、任苏静剪纸作品《长征》经专家委员会评审,评为一级收藏品。第四,8月10日至13日,应合作社邀请,中国剪纸艺术家学会会长赵玉亮、秘书长华安、对外联络部主任美籍华人张克一行三人,到陕县北营地坑院、南沟村考察民俗和民间剪纸艺术。合作社的黄亮娥作品《昭君出塞》、刘月娥作品《马到成功》、霍改苗作品《富贵牡丹》,被中国剪纸艺术家学会收藏。第五,10月1日至7日,清华大学美术学院、北京蜗牛集团,在北京国粹苑国际艺术品交易中心,联合举办"北京国际设计周·首届民艺论坛",合作社的任更厚、任理明、任梦仓、贠月英、霍改苗应邀参加,进一步扩大了南沟剪纸在民间艺术界的影响。第六,10月17日至18日,河南中原工学院举行建校60周年校庆活动,合作社的任更厚、任理明、任孟仓、任苏静、任辉应邀参加,并捐赠大型剪纸作品《传承》《五牛图》给中原工学院作为贺礼。同时,举行现场义卖活动,收入一万余元用于鼓励学生在民间艺术方面的创新奖励。还与中原工学院艺术与设计学院签订合同,联合开发文化创意产品,进一步把南沟剪纸的产业化推向一个新的发展阶段。

南沟剪纸传承二百余年来,以独有的男人剪纸的创作群体、黑色和染色剪纸的内容、边剪边唱的形式、团花构成的题材、地坑院与民间剪纸的相融等特点(图十),来丰富着中国民间美术的内涵,在民间剪纸艺术中独树一帜,在非物质文化遗产保护中树立典范。从近年来河南省文化产业的发展状况看,在国内生产总值中的比例逐年增加,力争在2020年成为国民经济的支柱性产业,其中的文化遗产资源产业化的前景非常看好,尤其是非物质文化遗产衍生品的开发潜力很大,成为文化产业发展的新的领域。李昕在《论非物质文化遗产保护产业化运作的可能性——从非物质文化遗产的符号价值谈起》一文中提到,要将非物质文化遗产中所蕴含的文化符号作为发展文化产业的文化资源,如传统节日可以发展旅游业,民间戏曲可以进入演出市场，民间服饰元素可以提升纺织业的竞争力等。[①] 南沟剪纸以其在国内民间艺术界的影响力和独特的文化内涵，充分认识到遗产与衍生品之间的关系，通过大力宣传、成立剪纸协会和剪纸农民专业合作社、参加博览会和文化节，借助"互联网+南沟剪纸"的行动计划，积极开发剪纸的衍生品，挖掘民间美术遗产的文化附加值，取得了非常好的经济效益，成为当地以非物质文化遗产为资源发展文化产业的典型示范村落，对文化产业发展的新途径提供了真实可靠的案例。南沟村的民间美术种类除了剪纸外，还有木刻、绘画、面塑、刺绣等。这样，以剪纸艺术为龙头产业，带动多项民间美术的文化产业全面发展，使南沟村成为远近闻名的特色文化产业村。

图十　南沟村地坑院内的剪纸创作

[①] 李昕：《论非物质文化遗产保护产业化运作的可能性——从非物质文化遗产的符号价值谈起》，《贵州民族研究》2008年第2期。

学术自传

张景明，1966年9月出生于内蒙古乌兰察布市凉城县。1973年9月至1978年6月在凉城县第一小学读书，1978年9月至1984年6月在凉城县第一中学读书，自幼对历史感兴趣。1984年9月考入西北大学历史系考古专业，通过四年的学习，系统地掌握了考古学的理论和方法，并开始接触民族学的相关资料。1988年7月大学毕业后，分配到内蒙古自治区博物馆工作，先在全国重点文物保护单位——大窑文物管理所从事研究，师从著名的旧石器时代考古学家汪宇平先生。后回到博物馆历史部从事研究、陈列、库房管理等工作。此期间借调至内蒙古文物考古研究所，先后主持和参与多项考古发掘和调查工作，计有内蒙古呼和浩特市东郊大窑八道沟新石器时代遗址、宁城县三座店夏家店上下层文化遗址、包古鲁夏家店下层文化遗址、小黑石沟夏家店上层文化遗址、克什克腾旗龙头山夏家店上层文化遗址、林西县白音长汗新石器时代遗址、巴林左旗二道梁新石器时代遗址、王家湾金代墓葬、乌审旗翁滚梁大夏墓葬等，并参加集通铁路沿线、呼伦贝尔大兴安岭区域文物考古的调查工作。在博物馆参与"内蒙古历史文物陈列展""成吉思汗大展""鞍马文化展"等重要展览的提纲编写和陈列工作，其中，1992年作为随展和科研人员参加在加拿大魁北克文化博物馆举办的"成吉思汗大展"，对魁北克和蒙特利尔各地的博物馆进行了调研。1997年3月至1999年3月，在中国社会科学院研究生院宗教系佛教文化艺术专业在职学习，取得研究生学历。2001年9月至2004年6月，在中央民族大学民族学与社会学学院民族学专业脱产学习，师从著名民族学家徐万邦先生，获法学（民族学）博士学位，其间系统地学习了民族学、人类学的理论与方法。

在学术道路上，以专题考古学、北方民族史、饮食人类学、艺术人类学、民族文化学、民间美术学、文化遗产学等为研究方向。主持国家社会科学基金艺术学项目、国家社会科学基金重大项目子项目、国家社会科学基金特别委托项目、教育部人文社会科学项目、国家文物局全国文物保护科学领域与技术研究项目、辽宁省"兴辽英才计划"项目、辽宁省哲学社会科学规划项目、辽宁省教育厅人文社会科学项目、辽宁省经济社会发展研究项目、大连市社科联项目等 16 项，参与国家、省市级科研项目 20 余项，入选 2021 年国家社科基金重大招标项目选题。出版学术著作 19 部，代表作有《草原文化》（香港商务印书馆 1995 年版）、《鞍马文化——中国北方游牧民族》（香港区域市政 1996 年版）、《世界博物馆巡礼——内蒙古博物馆》（台湾大地地理出版公司 1996 年版）、《历史文化名城——呼和浩特》（内蒙古画报社 1997 年版）、《中国北方草原古代金银器》（文物出版社 2005 年版）、《中国北方游牧民族饮食文化研究》（文物出版社 2008 年版）、《辽代金银器研究》（文物出版社 2011 年版）、《中国饮食器具发展史》（上海古籍出版社 2011 年版）、《海粟集——大连大学历史学论文选》（副主编，世界图书出版广东有限公司 2012 年版）、《中国北方游牧民族的造型艺术与文化表意》（知识产权出版社 2013 年版）、《中国饮食文化史·中北地区卷》（中国轻工业出版社 2013 年版）、《东北民间美术遗产研究》（中国社会科学出版社 2014 年版）、《大连庄河孙秀英剪纸艺术研究——一个国家级非物质文化遗产的艺术人类学分析》（辽宁美术出版社 2014 年版）、《草原饮食文化研究》（内蒙古教育出版社 2016 年版）、《金银器与草原丝绸之路研究》（兰州大学出版社 2017 年版）、《艺术人类学的中国建构》（副主编，兰州大学出版社 2017 年版）、《南沟剪纸的手工精神——艺术人类学的解读》（兰州大学出版社 2018 年版）、《饮食人类学视域下的辽代饮食文化研究》（科学出版社 2021 年版）。在《文物》《考古》《考古与文物》《边疆考古研究》《北方文物》《中原文物》《中央民族大学学报》《内蒙古社会科学》《民族艺术》《青海民族研究》《宋史研究论丛》《南京艺术学院学报·美术与设计》《艺术学界》《黑龙江民族丛刊》《内蒙古大学学报》《思想战线》《史前研究》《江南大学学报》《文艺评论》《贵州大学学报》《内蒙古大学艺术学院学报》《饮食文化研究》《历史月刊》《宁夏社会科学》《北方民族大学学报》等刊物上，发表考古学、历史学、民族学、艺术学等方面学术论文 160 篇，其中，被 CSSCI 检索 30 余篇，《光明日报》全文转载 1 篇，人大复印报刊资料转载 4 篇，《中国社会科学文摘》转载 1 篇，《新华文摘》篇目辑览转载 1 篇，港台期刊发表 11 篇。科研成果获各种奖励 27 项，如辽宁省哲学社会科学成果奖（政府奖）二等奖 2 项，国家民委社会科学研究成果奖三等奖 3 项、优秀奖 1 项，宁夏哲学社会科学优秀成果奖三等奖 1 项，中华优秀出版物图书提名奖 1 项，首届改革开放四十年优秀食学著作"随园奖" 1 项，第五届中华食学著作随园奖提名奖 1 项，吴文藻文化人类学奖二等奖 1 项、三等奖 2 项，大连市社会科学进步奖（政府奖）二等奖 1 项、三等奖 1 项。

在上述的著作与论文中，提出了北方草原地区古代金银器的分期和分区、辽代金银器的分期与特征、金银器在草原丝绸之路文化交流中的作用、北方游牧民族造型艺术理论与方法、民间美术学学科构建以及饮食人类学的学科界定、中国区域饮食文化等方面的创新观点。

《辽代金银器研究》一书，作为辽宁省哲学社会科学规划基金项目，获国家民委第二届社会科学研究成果奖三等奖。运用考古学、民族学、历史学、艺术学的理论与研究方法，从八个方面阐述了辽代金银器造型艺术的主要内容和发展历史，涉及到契丹族源和历史发展进程、金银器的考古发现、分期与特征、分类研究、制作与管理、造型艺术、文化内涵、文化交流、文化象征等，还阐释了辽代金银器所反映的社会生活、风俗习惯、服饰制度、人际交往等。热带海洋学院刘朝晖教授在评价该书时指出，作者提出了六个方面的学术观点，颇有新意，即关于契丹的族源问题；重新对辽代金银器进行分期；翔实地论述了辽代金银器的造型艺术；分析了辽代金银器的文化内涵和外来因素；以辽代金银器为载体论证了当时的社会生活与风俗习惯；通过金银器探讨草原丝绸之路的兴盛状况。特别是在书中将辽代金银器按照器物特征重新分为三期，第一期又分早、晚两个阶段，有别于学术界按照辽代分期的传统做法，更有利于对金银器造型艺术进行分类研究。在对辽代金银器造型艺术的研究中，把金银器融入辽代社会历史的发展过程中，通过金银器的物质载体，了解辽代契丹民族物质文明、制度文明、精神文明的发展程度以及与中华文明的整体性，进一步探讨辽代社会的文化内涵和历史现象（见《大连大学学报》2012年第1期）。

《中国北方游牧民族饮食文化研究》一书，在博士学位论文的基础上形成，获改革开放四十周年优秀食学著作"随园奖"。通过对民族学史的梳理和中国饮食文化的独特性，提出在中国创建饮食民族学，这种提法不是凭空捏造的，有众多的民族学流派的理论和方法为基础，形成独立的分支学科，研究人类社会发展过程中饮食生产、饮食生活以及相关的文化现象，是符合学科整合的发展规律。饮食民族学作为民族学的一个分支学科，主要是研究各个民族或群体在人类社会发展过程中的食生产、食生活及相关的文化现象，包括物质文化、制度文化和精神文化，运用民族学、考古学、历史学、生态学等学科的理论和方法，跨学科综合性地研究人类生活的饮食和饮食行为。它有别于学术界对饮食文化的单纯研究，将其列入人类社会生活史的一部分，甚至仅仅是物质文化的一个方面，而忽视制度文化和精神文化。饮食民族学的提法，具有学科规范化的特点，更有利于对一个民族或群体的饮食以及由此而衍生的各种文化现象的系统研究。在书中还对学术界提出的饮食文化区提出了质疑，特别是中北地区饮食文化区的划分，无论是从生态文化区还是从饮食文化范式看，应该以北方草原饮食文化区为标准，这里涉及一个区域饮食文化的概念。中央民族大学博士生导师徐万邦教授对该书给予很高的评价，认为书中有六个方面的创新点,即梳理了国内外关于饮食民族学的研究现状,对饮食民族学进行学科界定;论证了北方游牧民族饮食文化与草原生态环境的互动关系;提出了北方游牧民族饮食文化与政策军略的关系;论述了居住保藏形式和人口及卫生保健对北方游牧民族饮食文化的影响;提出北方游牧民族饮食文化的社会功能和与艺术的关系;提出北方游牧民族的饮食理论。他还认为该书以北方游牧民族食生产和食生活以及相关的文化现象为研究对象,填补了饮食文化领域专题研究的空白,是目前所看到的唯一关于中国北方游牧民族饮食文化研究方面的力作(见《大连大学学报》2008年第4期)。西北大学王善军教授以《游动饮食的文化阐释——〈中国北方游牧民族饮食文化研究〉评介》为题进行了评介,认为该书有四个方面的特点:思路开阔,视角多维;多重证据,论证翔实;不囿成说,迭有创见;图文并茂,再现实景。本书虽然是一本关于我国北方民族"通"的著作,但绝不是泛泛而谈,在书中的每一章都是经过作者的细心雕琢,对许多问题都进行了深入探究,形成了一种作者自我独特的视角。如在书中的"北方游牧民族饮食文化与艺术"一章中,作者深入地探讨了北方游牧民族特有的饮食习俗与文化的联系,及饮食文化的艺术表现形式。在书的最后,作者对北方游牧民族的饮食理论进行了归纳总结,探索出其特有的深层次饮食理论。(见《文化学刊》2009年第2期)

《中国饮食器具发展史》,作为《中国饮食文化专题史》丛书中的一部,综合运用考古学、历史学、民族学、艺术学的理论与方法,站在中国历史的整体角度,论述了中国饮食器具的发展历史、分类、社会功能、造型艺术、阶层性、文化交流等诸多问题。大连大学张晓刚教授在对该书评价时指出:"从该著作的内容看,以历史时期为纵线,将饮食器具的分类、造型艺术、社会功能、阶层性、文化交流一贯而通,在某种意义上来说是一项学术专题性研究的成果。从研究方法看,遵循马克思主义历史唯物和辩证法的发展规律,运用考古学的类型学、历史学的文献分析法、民族学的跨文化比较分析法、艺术学的造型艺术原理等,跨学科综合性地研究中国饮食器具的发展历史,与已经出版的同类著作相比,无论是研究内容还是研究方法皆具有一定的新意。"(见《大连大学学报》2013年第2期)

《中国北方游牧民族的造型艺术与文化表意》,作为国家社会科学基金艺术学项目,获国家民委第三届社会科学研究成果奖三等奖。运用艺术学、考古学、人类学的理论与方法,指出北方游牧民族造型艺术是游牧文化的直接体现,包括雕塑、绘画技艺、建筑艺术、刺绣、剪纸、皮毛工艺以及陶瓷器、铜器、金银器、玉石器、铁器、木器等造型艺术方面的内容,以物质为载体,反映出游牧民族的物质文化。同时,载体的造型与装饰艺术又体现了游牧民族的精神文化,而不同阶层的造型艺术又是游牧民族制度文化的直接表现。北京大学郑岩教授以《造型艺术的理论与实践》(《大连大学学报》2014年第1期)、中山大学郑君雷教授以《北方草原造型艺术研究的开篇——读〈中国北方游牧民族的造型艺术与文化表意〉》(《中国文物报》2014年8月22日)、日本神奈川大学周星教授以《游牧民族审美倾向自然》(《中国社会科学报》2014年9月1日),都对该书进行了客观评价,普遍认为这是目前学术界对北方游牧民族文化艺术研究的一部力作。

《中国饮食文化史·中北地区卷》,作为《中国饮食文化史》丛书中的一部,属于国家"十二五"重点图书出版规划项目、国家出版基金资助项目,获第五届中华优秀出版物图书提名奖。该书以"中国饮食文化是地域文化"的坚实理论为基础,按十个饮食文化圈的分法,将全书分为十卷,共同组成一部中华民族饮食文化的整体历史。在中北地区卷中,勾勒出本地区饮食文化发展的萌芽期、发展期、繁荣期、转型期等,全面、科学地总结了自畜牧业出现以来北方民族的历史文化成果,并以鲜明的学术风骨,勾勒出一条清晰的人文思想主线,充分彰显了中华民族的优秀传统文化,如"医食同源""天人合一""尚和""尊老"等。中国农业科学院原院长卢良恕院士和中国著名历史学家李学勤教授分别为本丛书作序力荐。卢良恕院士说:"这部学术专著的出版,填补了中国饮食文化无大型史著的空白,开启了中国饮食文化研究的新篇章,是一项具有划时代意义的鸿篇巨制,是一件功德无量的历史性文化工程。它的出版,是中华民族五千年饮食文化与改革开放三十多年来最新科研成果的一次大梳理、大总结,将对传播、振兴民族文化,重建中国饮食文化在国际学术领域的领先地位,起到重要推动作用。"中国社会科学院学部委员李学勤教授说:该书"规模宏大,内容充实,在许多方面都具有创新意义,从这一点来说,确实是前所未有的"。(见中国轻工业出版社网站,2013年)

《东北民间美术遗产研究》,作为教育部人文社会科学项目的最终成果,获辽宁省第六届哲学社会科学成果奖二等奖和大连市第十六届社会科学进步奖二等奖。该书以东北地区民间美术类非物质文化遗产为研究对象,站在美术学的角度,并运用文化人类学、历史学、民俗学等学科的理论和方法及资料,在构建民间美术学理论与研究方法的基础上,重新对民间美术的主要形式进行分类研究,进而探讨其传承、流变与发展脉络,挖掘隐藏在美术表象背后的深层次文化内涵,如社会文化功能、文化象征表意、文化生态观念等,并根据现有的分布和保存状况提出民间美术遗产保护的对策,在可行性的基础上予以合理利用,促进保护和抢救工作,特别要注重"活态"的保护与传承。同时,在民族教育中要加大对非物质文化遗产的宣传力度,更好地贯彻《中华人民共和国非物质文化遗产法》,提升民众对非物质文化遗产保护的意识,为振兴和繁荣东北地区文化艺术和经济发展而服务。大连市文联副主席邢德武以《中国东北民间美术遗产研究新论——〈东北民间美术遗产〉有感》(《大连大学学报》2015 年第 1 期)、山东工艺美术学院唐家路教授以《东北区域性非物质文化遗产研究的新开篇——评〈东北民间美术遗产研究〉》(《设计艺术》2015 年第 1 期)、中央民族大学麻国庆教授以《探究美术文化生态　创新民间美术形式》(《中国社会科学报》2015 年 4 月 8 日)、北京师范大学色音教授以《中国非物质文化遗产研究的新收获——简评〈东北民间美术遗产研究〉》(《民族艺术》2015 年第 2 期),分别对该书进行了较高的评价,一致认为这是目前我国境内区域性非物质文化遗产研究领域中的一部力作,代表了该领域研究的高水平学术成果。

《草原饮食文化研究》,作为国家社会科学基金特别委托项目"草原文化研究二、三期工程"子课题的最终成果,获国家民委第四届民族问题研究成果三等奖。以草原饮食文化为载体,从饮食人类学的视角出发,综合运用人类学、民族学、考古学、历史学等学科的理论、方法及资料,对饮食人类学与草原饮食文化、草原饮食文化出现的背景与文化区的划分、北方草原饮食结构与风味、草原地区饮食器具及其造型艺术、草原地区各种习俗中的饮食文化、草原地区艺术形式中的饮食文化与饮食艺术、草原饮食文化的阶层性、草原饮食文化的传承与交流、草原饮食文化的特征与文化寓意、草原饮食观念与理论发展创新等进行全面的阐述。长江学者、中央民族大学麻国庆教授以《草原饮食文化研究的新动向》(《通化师范学院学报》2017 年第 1 期)为题,对该书进行客观的评价,认为饮食文化是草原文化研究领域中的主要内容之一,无论是命题方面还是研究方法、研究理论、成果结构、资料运用、观点论述等方面,都有很多的创新。北京师范大学色音教授认为,作者主要站在饮食人类学的视野中,梳理草原饮食文化的研究状况和发展趋势,在此基础上提出了创新发展饮食人类学理论方法的新观点。(《地域文化研究》2018 年第 1 期)

《金银器与草原丝绸之路研究》,作为国家文物局全国文物保护科学领域与技术研究项目的最终成果。该书包括的内容有中国北方草原游牧文化产生的自然与社会历史背景、草原丝绸之路的考古学和民族学研究之思考、北方草原金银器产生的历史条件及早期丝绸之路的开通、匈奴金银器与草原丝绸之路的文化交流、鲜卑金银器及其在草原丝绸之路文化交流中的作用、内蒙古凉城县小坝子滩金银器窖藏、论白道城在草原丝绸之路上的历史地位、北方草原地区发现的隋唐与西方风格的金银器、辽代金银器的造型艺术与文化内涵、辽代金银器的外来文化因素、辽代冠带类型与文化交流现象、西夏金代金银器与草原丝绸之路、草原丝绸之路上的蒙元金银器发现与研究、明清时期草原丝绸之路金银器的研究。通过金银器的物质载体,了解历代北方民族物质文明、制度文明和精神文明的发展程度,进一步探讨了中国北方草原地区与中原地区和西方国家在历史上的经济交往、文化交流的状况,厘清草原丝绸之路的各种文化现象。在研究思路上，在掌握现有资料的基础上重新对草原丝绸之路东段沿线出土的金银器进行实地调查，将金银器的有关资料尽可能地全部收集起来，进行分类、分期和特征的研究，进而探讨草原丝绸之路沿线上的社会生活、风俗习惯、发展脉络、文化交流等内容，分析金银器在草原丝绸之路中的作用。在研究上主要运用考古学的理论与方法及资料，还运用历史学、民族学、艺术学等学科的理论、方法和资料，跨学科综合性研究金银器与草原丝绸之路。长江学者、吉林大学王立新教授以《草原丝绸之路考古学研究的新收获——评〈金银器与草原丝绸之路研究〉》（《通化师范学院学报》2018年第3期）、山东工艺美术学院唐家路教授以《华光闪烁的中国古代草原丝路——〈金银器与草原丝绸之路研究〉评析》（《山东工艺美术学院学报》2018年第2期），分别对该书进行客观的评价，认为该书以金银器为物质载体，运用考古学、艺术学、历史学、民族学等学科的理论与方法及资料，对金银器与草原丝绸之路进行跨学科综合研究，不仅整合了相关学术资源，拓展了学术视野，也开辟了研究思路和学术视角，从而丰富了多学科交叉研究的理论和方法，使这一研究具有一定领先地位。

《饮食人类学视域下的辽代饮食文化研究》，作为北方民族大学中央高校基本科研业务费专项资金项目和辽宁省"兴辽英才计划"项目的阶段性成果，在饮食人类学的视域下，就有关人类学各个学派理论对辽代饮食文化研究做了专门的分析，包括生计方式与饮食构成、饮食器具分类与造型、制度文化与饮食阶层性、礼仪中的饮食行为与社会文化功能、艺术形式体现的饮食文化与饮食艺术、饮食文化的象征表意与交往交流交融等区域性和民族性特征鲜明的文化内涵，并成为北方草原饮食文化的重要组成部分。通过对草原饮食文化区的界定和历史分期，又可看到辽代饮食文化的主要特征和在中国饮食文化发展史中的重要地位。

在论文《论造型艺术的研究方法》（《郑州轻工业学院学报》2010年第2期）中，认为造型艺术属于工艺文化的主要组成部分，在研究过程中需要有理论作指导，也应有具体的研究方法。造型艺术是中国文化的重要组成，也是意识形态领域中的一种艺术表现形式，但更多地是通过物质载体传达文化表意，如果上升到学科的整体体系中，找到学科发展的规律性和特殊性，必须有适宜于造型艺术研究的方法。由于涉及的文化内涵比较多，单靠一种学科的研究方法是不能够解决的，这就需要艺术学的综合研究方法、分类研究方法、比较研究方法、专题研究方法，文化人类学的"直接参与观察"方法、跨文化比较研究方法、历史文献研究方法、跨学科综合研究方法，历史学的历史文献分析方法，考古学的地层学和类型学方法，即以艺术学研究方法为支撑、以文化人类学研究方法为主体、以其他学科研究方法为辅助，综合性地研究造型艺术的法则和相关的文化现象。

论文《北方游牧民族造型艺术的风格与思想表述》(《内蒙古社会科学》2010年第3期),就是在造型艺术研究方法的基础上完成的,认为在北方游牧民族诞生以后,创造了独具特色的造型艺术,主要体现在金银、青铜、陶瓷、玉石、皮木、建筑、刺绣、民间工艺等方面。由于草原生态环境的影响,与游牧民族生活的自然环境和人文环境有密切关系的动物造型是其艺术的基本形式,同时,由于中原文化和西方文化的渗透,又夹杂了外来的艺术风格。在各类工艺制作的过程中,游牧民族在审美意识上必然根源于对自然美的追求,因而纯朴的自然思想是游牧民族审美的基础。最初的造型艺术与游牧民族的自然崇拜有关,随着外来文化的冲击,中原地区各种经史和理念影响了游牧民族的审美思想,加之西方审美思想的渗入,使游牧民族造型艺术的审美思想和文化价值在原有自然美的基础上呈现多趋发展。

论文《民间美术学的学科构建新论》(《民族艺术》2014年第4期),在梳理国内外研究状况的基础上,对民间美术学进行了学科界定。认为民间美术作为民间艺术的一种创作形式,通过物质载体反映隐藏在美术表象背后的深层次文化内涵,也是一个国家、地区或民族最传统的文化艺术。人民群众是民间美术的创作者,同时又是民间美术的传承者和使用者。在历史的形成和发展过程中,民间美术附着在某种物质载体上而表现出来,因而首先属于物质文化的范畴,但其造型艺术、传承方式、形成技艺、社会功能、象征意义、文化交流、审美思想等又属于精神文化的范畴,具有实用性、完美性、概括性、随意性、抽象性、程式性的艺术特征。在教育部重新调整学科目录中,艺术学已经上升为学科门类,美术学随之调整为一级学科,这样有必要将美术学中的民间美术上升为二级学科,成为一门完整的学科——民间美术学,这就需要进行学科概念的界定,并有理论和研究方法的支撑(2022年又一次对学科进行调整)。以此给民间美术学下一个初步的定义,以供学界作参考和讨论。民间美术学是一门相对于宫廷美术、文人美术、宗教美术而言,借助于美术学、文化人类学等多学科的理论与方法,研究广大劳动群体美术创作以及文化现象的学科。它包括民间绘画、剪纸、皮影、雕塑、刺绣、陶瓷、玩具、编结、织锦、印染等种类,通过物质载体来表现美术造型、手工技艺、传承流变、审美思想、艺术价值、社会功能、文化象征等精神文化内涵,具有大众的、生活的、民俗的艺术特征。

在《北方草原西周至春秋青铜器的造型艺术与多样文化》(《内蒙古社会科学》2008年第4期)中,根据考古学资料表明,中国北方草原地区早在新石器时代晚期就出现了金属冶炼技术,而青铜器出现的历史与中原地区几乎同期产生,有自己发展的渊源。西周至春秋时期,以夏家店上层文化为代表的青铜文化,已经达到草原地区青铜文化的繁盛阶段,具有地域性和民族性的艺术风格。随着北方草原地区与中原地区、西方国家的文化交流，青铜器与亚欧草原的艺术风格达到一致并有创新，与中原地区的青铜器艺术相互影响，加强了双方间的文化交流与族群交融，使草原地区的青铜文化呈现出多样性的特征。《论中国北方草原饮食文化的生态观》（《内蒙古社会科学》2012年第2期），认为草原饮食文化出现的历史比较久远，大致可以追溯到距今50万年前，一开始就具有地域性的文化特征。在游牧民族诞生以后，由于独特的自然环境、经济环境和社会文化环境的不同，在饮食文化内涵上呈现出草原区域性和民族性的双重属性，特别是在遵循崇尚自然、践行开放的草原文化核心理念之下，接受外来文化的影响，使草原饮食文化具有多样性的特点。同时，北方草原地区除了主体上的草原生态环境外，还有农田生态环境、森林生态环境等，这种不同的地理环境导致文化的多样发展，并产生草原饮食文化的生态观。《契丹族源与木叶山方位的考古学考辨》（《青海民族研究》2018年第3期），指出契丹族源与木叶山方位的问题，一直以来在学术界存在着不同的看法。结合史书记载和考古发现，对这两个问题进行考辨，提出了东胡远源、匈奴别源和鲜卑近源的说法，并以考古学资料作为佐证，说明契丹直接源于鲜卑。木叶山的问题，随着考古资料的新发现，为寻找其具体方位提供了可靠的线索，提出新的认识。《辽代葬俗中金属面具与网络的考古学分析》（《宋史研究论丛》第26辑，科学出版社2020年版），认为学术界对辽代金属面具和网络的认识众说纷纭，都有一定的根据，也是诸家不同的学术背景所致。根据考古学资料的分析，辽代金属面具和网络，并非源自东胡或山戎的覆面习俗，而是贯穿于早、中、晚三期自成一体的一种特殊葬俗。从性质上讲，作为皇室成员和贵族殡葬服饰的重要组成，并且具有保护尸体的特殊功用，寓意哀悼死者或者祭祀祖先的文化含义。

在论文方面还形成关于草原丝绸之路和北方民族交往交流交融的系列成果。《草原丝绸之路视域下北方民族交往交流交融的历史书写》（《北方民族大学学报》2022年第5期），认为在草原丝绸之路正式开通以前，北方地区从石器时代就存在着现代人扩散的北方线路、早期陶器的西传线路、彩陶艺术的北传线路、轮轴机械制玉技术的南传线路等，表明了多种文化的互动和交流，并融入中华文明多元一体的主要构成之中。先秦时期，北狄、西戎、东夷中的北方族群形成方国文明，经过相互交往交融成为华夏族的主要构成之一。秦汉时期是中国历史上第一次"大一统"背景下的民族大融合时期，中原王朝与匈奴等民族通过和亲等途径相互交融，北匈奴西迁中亚与世界其他民族相融，扩大了北方民族和文化之间交往交流交融的地域空间。魏晋南北朝时期，北方的匈奴、鲜卑、羯、氐、羌等民族南迁或东移中原地区与汉族相融，汉族也开始反向往边地迁徙，促成了全国性的民族交融局面。隋唐时期，继承前代的民族交融和文化交流之势，又一次出现了在"大一统"背景下的南北和东西方民族融合及文化交流的局面，拓宽草原丝绸之路更大的发展空间。宋辽夏金元时期是中国古代民族大融合的又一个高峰，契丹、党项、女真、蒙古等北方民族进入中原与汉族交融，原宋地的汉族继续南下，加深了南方汉族与当地民族的交融，最后全部融入元朝统一的多民族国家，使南北和东西方商贸往来和文化交流更加频繁，草原丝绸之路各民族交往交流交融进入一个兴盛阶段。《辽代京城两种形制的形成与民族交往交流交融——以辽上京、中京城为中心》（《宁夏社会科学》2022年第6期），认为唐朝以降，北方游牧民族契丹族在草原腹地建立辽朝，并先后设置五京作为都城。上京建造的时间较早，受到唐朝长安城、洛阳城的影响较大，东京、南京、西京分别在渤海国辽阳城和唐朝幽州城、云州城的基础上修建和扩建，辽中京由于修建的较晚，虽然有唐朝长安城的遗风，但更多受到北宋东京城的影响。其中，以辽上京城为代表的"日"字形平面形制和以辽中京城为代表的"回"字形平面形制，体现了对唐长安城和北宋东京城的沿袭与仿效，并对金上京、金中都、元大都等都城形制有着直接的影响，成为历史上北方游牧民族与中原汉民族交往交流交融的一个例证，也表明当时各民族不断融合走向统一大格局的趋势。此外，还有《草原丝绸之路兴盛期北方民族文化交流互鉴的新时代内涵》《草原丝绸之路开通的时间节点与东端起点的探讨》《草原丝绸之路的区位优势及其在北方民族交往交流交融中的贡献》《中国北方民族交往交流交融史国内文献整理与学术研究评述》《草原丝绸之路上的西夏墓葬空间分布及其外来文化影响》《草原丝绸之路上的北方民族交往交流交融的历史作用》等，将陆续发表，以示对主标的2021年和2022年国家社会科学基金重大招标项目和重大专项的落选和评审规则给予有力回应。

在追求学术的人生历程中，2004年10月作为高层次人才从内蒙古博物馆引进到大连大学艺术研究院工作，开始从地方研究人员向高校教师的身份转变。先后任大连大学美术学院副院长、东北文化遗产与文化产业研究院院长、中国东北史研究中心主任、博物馆副馆长，校学术委员会委员，三级教授，中国史一级学科带头人，艺术学二级学科带头人，辽宁省优势特色重点学科专门史文化史方向学术带头人，美术学民族民间美术、非物质文化遗产与文化产业和中国史辽宋夏金史方向硕士研究生导师，入选辽宁省"兴辽英才计划"哲学社会科学领军人才、大连大学金普学者"英才学者"计划。兼任大连市文化和旅游局授予的大连大学非物质文化遗产理论研究基地主任、大连大学东北文化遗产与文化产业研究院与鲁迅美术学院传媒动画学院民间美术和动漫产业联合实验室主任。2020年1月，作为高层次人才引进到北方民族大学民族学学院（2022年11月改名为中华民族共同体学院）工作，任特岗教授，民族学博士生导师，民族学、中国史硕士生导师，校学术委员会委员，校级科研平台"宁夏非物质文化遗产传承保护与乡村振兴理论实践"创新团队负责人，北方民族大学国家民委中华民族共同体研究基地研究员，宁夏回族自治区非物质文化遗产研究基地主任。同时被聘为中央民族大学民族学与社会学学院、中北大学艺术学院、大连艺术学院、吉林艺术学院客座教授和讲座专家，浙江工商大学中国饮食文化研究所客座研究员，中国（绍兴）酱文化博物馆专职研究员，辽宁省高校人文社科重点研究基地大连大学中国古代社会与思想文化研究中心专职研究员和大连大学辽宁经济社会发展研究基地专职教授等。入选国家社会科学基金项目同行评委与成果鉴定专家、教育部学位与研究生教育评估专家、教育部人文社会科学研究项目评审专家、教育部长江学者奖励计划通讯评审专家、辽宁省哲学社会科学成果奖学科评审专家等。担任中国艺术人类学学会常务理事、中国民族学学会东北亚民族文化研究会副会长、中国民族学学会理事、中国民族学学会民族服饰研究会常务理事、中国博物馆协会服装博物馆专业委员会理事会副主任、中国博物馆协会民族博物馆专业委员会常委委员、中国人类学民族学研究会丝绸之路文化产业专业委员会常务理事、中国民族史学会辽金暨契丹女真史分会理事会成员、世界中餐业联合会饮食文化专家委员会委员、中国设计产业协会专家组顾问、动漫产业国际联盟特聘实训专家、内蒙古草原文化研究会理事、吉林省2011重大需求协同创新中心长白山非物质文化遗产协同创新中心学术委员会委员、中国民间文艺家协会会员、辽宁省哲学社会科学专家库专家、辽宁省文化厅专家库专家、大连市人民政府研究室智库专家、大连市非物质文化遗产保护专家委员会委员、大连市地名专家智库成员、大连市委宣传部评审专家、大连市文化产业专项资金评审专家、大连市不可移动文物保护专家库专家、大连市教育局高级职称评审专家、大连市金普新区民间艺术家协会副主席、大连市金普新区文艺评论家协会副主席、宁夏非物质文化遗产保护专家库专家、宁夏吴忠市第六届人民代表大会常务委员会立法咨询专家等，还兼任《大连大学学报》《中国古代社会与思想文化研究论集》编辑委员会委员，《通化师范学院学报》特约编委和审稿人。

在担任大连大学美术学院副院长期间，分管学科建设、科研、研究生工作。作为艺术学学科带头人，带领团队获批国家社科基金艺术学项目2项，国家社科基金特别委托项目1项，全国文物保护科学与技术研究项目1项，教育部人文社科项目4项，教育部人文社科专项1项，辽宁省哲学社会科学规划项目2项，辽宁省教育厅人文社会科学项目5项，辽宁省教育规划项目2项，辽宁省社科联项目6项，大连市社科院项目20项，到账经费60余万元；企业委托横向项目4项，到账经费136万元。出版著作30余部，发表学术论文200余篇，核心期刊40余篇，发表作品近千幅。科研成果获辽宁省社会科学优秀成果奖二等奖2项、三等奖2项，国家民委社会科学优秀成果奖三等奖 3 项，大连市社会科学进步奖二等奖和三等奖各 1 项，其他奖励 100 余项。在此基础上，2010 年申报艺术学一级学科硕士学位授权取得成功。2011 年执笔完成学科调整后美术学一级学科硕士授权申报表，协助完成设计学、音乐舞蹈学一级学科硕士授权申报表，并取得三个一级学科硕士学位授权的申报成功。同时，2006 年教育部对大连大学本科教学工作合格评估中，编写和修改了《美术学院 2005—2006 学年学生工作总结》《美术学院本科教学工作评估整改报告》《美术学院的办学指导思想和定位》《美术学社会需求调查与分析》《美术学院本科教学自评报告》《美术学院本科教学工作水平工作汇报》《美术学院办学亮点》《美术学院各专业师生比情况》《美术学院工作报告》《美术学院师资队伍实施情况》《美术学专业课程建设情况分析》《美学学专业教师科研能力的评价分析》《设计学专业教师科研能力的评价分析》《美术学专业"十一五"建设规划书》《艺术设计学专业"十一五"建设规划书》《大学文化视野下的美术与艺术设计教育工作的思考》等资料，最终获得优秀的结果。2012 年负责教育部对美术学的学科评估，被聘为教育部第三轮学科评估专家，并顺利通过评估。调入北方民族大学以后，参与民族学一级学科评估、中国史二级学科升一级学科申报等工作，取得了预期的结果。

纵观自我学术研究的历程，有快乐也有悲伤，无论处于怎样的境地，从来没有动摇过对学术的执着追求。我国著名的科学家华罗庚曾说："科学的灵感，决不是坐等可以等来的。如果说，科学上的发现有什么偶然的机遇的话，那么这种'偶然的机遇'只能给那些学有素养的人，给那些善于独立思考的人，给那些具有锲而不舍的精神的人，而不会给懒汉。"这句名言一直伴随着我的学术人生。在上中学的时候，曾经给自己起了个笔名为"鸿鸟"，取自《史记·陈涉世家》中的"燕雀安知鸿鹄之志哉"，来激励自己对未来人生追求的期盼和希望。时至今日，在别人看来好似取得了成功，其实这种以勤奋和艰辛换来的成功蕴含着多少的酸苦，又有多少人知道？但是，不管前途是否还继续坦荡和美好，总是还要执着地去走学术之路和探求美好的明天。

后　　记

　　从我自身的学历结构看，在大学本科、研究生期间，先后系统地学习了考古学、民族学的理论与方法。参加工作以后，又进行了深入的田野考古发掘和民族学实地调查，积累了大量的相关资料，从事理论和实践层面的研究。被大连大学、北方民族大学高层次人才引进后，先后在大连大学艺术研究院、美术学院、博物馆和北方民族大学中华民族共同体学院工作，为了学科建设，在考古学、历史学、民族学等多学科背景的支撑下，转向艺术学理论和民间美术的研究领域，并以此为缘起开始研究非物质文化遗产的理论和实践，先后以东北民间美术遗产、大连庄河剪纸、河南三门峡南沟剪纸作为调查对象。因此，从考古学、民族学与人类学、艺术学和非物质文化遗产四个方面，对中国文化遗产进行研究，并形成该部成果。

　　本著作分四个部分。第一部分主要是考古学的研究成果，涉及北方草原地区的旧石器时代、汉代、十六国大夏、辽代、金代、元代的考古遗址和墓葬以及出土文物，并对此进行历史视域的分析。第二部分为民族学与人类学的研究成果，包括汉文古籍中的北方民族、契丹的饮食文化和人口特点、草原丝绸之路问题、饮食人类学视野中的草原饮食文化、草原文化的多样性等，涉及民族学、历史人类学、生态人类学、饮食人类学等学科的理论和研究方法。第三部分为艺术学的研究成果，主要是古代民族的造型艺术、墓葬壁画的图像、民间美术的分类、民间美术遗产的文化生态观等，通过艺术表象挖掘隐藏在背后的多样文化。第四部分为非物质文化遗产的研究成果，既有理论的阐释，又有具体的个案分析，包括非物质文化遗产研究的理论和传承保护及发展趋势，并就其现象和本质进行深入的探讨。从四个部分的内容看，涉及多学科和多领域，也可以说是中国文化遗产的多学科理论和实践的研究成果。

　　这部著作的内容是我在内蒙古、辽宁、宁夏工作期间完成的，对在学术和生活中所有帮助过的亲人、师长、同学、朋友表示真挚的谢意。尤其是在北方民族大学中央高校基本科研业务费专项资金项目、校级科研平台"宁夏非物质文化遗产传承保护与乡村振兴理论实践"创新团队项目、民族学学科建设经费的资助下完成本书的出版，对提供资助的单位和个人致以谢意。

最后，在2017年1月，中共中央办公厅、国务院办公厅印发了《关于实施中华优秀传统文化传承发展工程的意见》，习近平总书记在党的二十大报告中也指出：中华优秀传统文化得到创造性转化、创新性发展。[①] 在这种大背景下推出这部著作，实想为构建中华优秀传统文化体系尽一点微薄之力。

张景明

2023年3月

[①] 《习近平著作选读》，人民出版社2023年版，第35页。